한국 고대사
산책

한국
고대사
산책

초판 3쇄 인쇄 2021년 1월 11일
초판 1쇄 발행 2017년 3월 15일

지은이 한국역사연구회
펴낸이 정순구
책임편집 조수정
기획편집 조원식 정윤경
마케팅 황주영

출력 블루엔
용지 한서지업사
인쇄 한영문화사
제본 한영제책사

펴낸곳 (주) 역사비평사
등록 제300-2007-139호 (2007.9.20)
주소 10497 경기도 고양시 덕양구 화중로 100 (비전타워21), 506호
전화 02-741-6123~5
팩스 02-741-6126
홈페이지 www.yukbi.com
이메일 yukbi88@naver.com

한국
고대사
산책

한국역사
연구회
지음

| 전면개정판 |

역사비평사

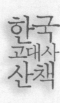

한국
고대사
산책

차례

일러두기

본문에 나오는 중국의 인명과 지명은 우리식 한자 발음으로 표기하고, 그 밖의 외국어를 포함하여 일본 인명과 지명은 국립국어원의 외래어표기법 규정에 맞춰 표기하였다.

책을 펴내며

『한국 고대사 산책』이라는 이름의 책을 다시 낸다. 20여 년 전에 낸 책(『문답으로 엮은 한국 고대사 산책』, 1994를 가리킴 — 편집자 주)을 세월 속에 묻어버리기보다는 새로 단장하는 것이 어떠냐는 의견이 필자들 사이에서 나왔다. 지금도 여전히 의미 있는 내용이 많아서 마음이 훌쩍 떠나지 않았기 때문이다. 수년 전의 일이었다.

다만 그동안 세상이 바뀌고 필자들의 연구 성과가 쌓이면서 생각도 달라진 만큼 집필 방향을 새로 다듬어야 했다. 새 필진을 보완한 뒤, 그에 따라 일부 주제는 덜어내고 몇 개 주제를 새로이 보강했으며, 주제별 서술 분량을 늘리고 내용의 이해를 돕는 다양한 도판을 실었다. 또한 해당 주제를 더 자세히 알고 싶은 독자를 위해 각 주제별 참고문헌 목록도 뒤에 덧붙였다. 이렇게 심혈을 기울여 새로운 내용과 편집으로 단장한 책을 이제 내놓는다.

책 이름을 아예 새롭게 바꾸려는 생각도 했지만 옛 이름에 대한 애착이 강하게 남았다. 역사비평사도 비슷한 의견을 냈다. 고대사에 대한 막연한 환상이 퍼져 나가는 현실에 연구자가 대응해야 한다는 것, 그러면서도 흥미롭게 읽을 수 있는 역사 이야기를 담아야 한다는 생각이 20여 년 전에 책을 펴낸 계기였다. 이 책이 독자에게 좀 더 친근하게 다가가고, 독자는 이 책을 딱딱하거나 고리타분하게 느끼지 않고 매 주제마다 흥미진진하게 읽기를 바라는 마음에서 '산책'이라는 가벼운 이름을 제목에 붙였다. 과거와 크게 달라지지 않은 지금의 현실에서도 이 이름은 여전히 유효할 듯싶다.

예전에 펴낸 책은 각각의 필자가 쓴 글을 다 함께 검토하면서 다수가 동의하는 내용을 추려 담았다. 이렇듯 공동 작업의 성격이 짙었기 때문에 개별 주제마다 필자 이름을 밝히지 않았다. 그러나 이번에는 각 주제마다 필자를 밝혔다.(뒤의 '이 책의 집필진' 소개) 전문적인 내용이라 하더라도 가급적 학계에서 일반적으로 통용되는 사실을 이해하기 쉽게 설명하는 방향으로 글을 쓰지만, 연구자 개인의 의견과 해석을 존중했기 때문이다. 다만, 편집진의 손길을 빌려 일반 시민의 눈높이에 맞도록 순서를 손질하거나 문장을 다듬는 일은 빠트리지 않았다.

최근 한국 사회에는 고대사에 관한 불합리하고 비이성적인 목소리가 유례없이 커졌다. '민족'이라는 이름으로 황당한 주장을 앞세워 학계를 공격하는 일이 심심찮게 벌어진다. 때로는 폭력이 행사되기도 한다. 심지어 권력의 핵심부가 이 같은 목소리를 지원하며, 일부 정치인이 이에 편승하였다. 이러한 움직임은 대중의 이성적 판단을 흐리게 함으로써 우리 사회의 불합리성을 높이는 구실을 하고 있다.

고대사의 영역에는 '사실 자체'를 판정하기 어려운 부분이 많은 편이다. 이 때문에 여러 의문이 생겨나고 서로 다른 주장을 내세워 논란도 따르기 마련이다. 그러나 역사를 이야기할 때는 언제나 '사실'에 바탕을 두어야 하며, 과거와 현재의 관계 속에서 합리적으로 이해할 방향을 찾아야 한다. '영광스런 고대사'나 '광대한 영토'에 끌리기 쉽지만, 막연한 환상이나 아쉬움으로부터 비롯된 것은 아닌지 짚어볼 필요가 있다. 현실에 대한 불만으로 과거에 대한 환상을 만들어서는 안 된다.

현실을 피하여 '과거의 영광'에만 집착하거나 명백한 사실을 부정하며 환상적 과거를 '만들어내려고' 하는 행태는 바람직하지 않다. 역사를 읽고 배우는 목적은 인간을 알고 사회를 이해하기 위해서다. 과거의 인간과 사회를 이해하면 오늘날의 현실을 판단하여 더 나은 미래를 추구할 수 있는 안목을 얻게 된다. 고대사뿐만 아니라 과거의 모든 시대, 즉 '역사'를 공부하면 얻을 수 있는 지혜라고 할 것이다.

따라서 고대사를 마주할 때는 역사의 긴 흐름을 염두에 두고 고대인의 활동을 당대의 사회구조 속에서 이해해야 한다. 한 개인이 자신의 욕망을 이루려고 활동한 결과는 짧은 순간의 성취를 이루었을지언정 길게 이어지지 않는 경우가 많다. 반면에 당대에는 크게 성공하지 못했을지라도 길게 보아 깊은 영향을 남긴 경우도 있다.

이 책에는 총 6개의 대분류하에 38편의 주제를 담았다. 전체적으로 한국 고대의 인간과 사회, 문화를 이해할 주제로 다양하게 구성했다. 고대사 이해에 필수적인 사료 및 신화·설화에 다가서는 방법론(I. 기록 : 신화와 설화), 오늘날의 기준으로 판단할 수 없는 공간과 영토 문제(II. 공간 : 그때와 지금), 고대인의 소속과 국적 문제(III. 소속 : 출신과 국적), 개인의 꿈과 야망(IV. 인물 : 이상과 현실), 막연히 갖기 쉬운 오해(V. 함정 : 역사와 사실), 끝으로 고대인이 남긴 유물·유적을 통해 문화를 살펴보는 내용(VI. 흔적 : 유적과 유물)이다. 독자가 지루하지 않게 읽을 수 있기를 기대한다.

한국역사연구회는 1988년 창립한 이래 시민과 함께 역사를 공유하는 노력을 꾸준히 해왔다. 이 책도 그 노력의 작은 결과물이다. 전문적인 내용을 일반 시민이 읽기 편하게 전달하는 일은 말처럼 쉽지 않다. 필자들의 노력도 있었지만, 파트너로서 역사비평사 식구들이 애쓴 결과로 이만큼 내용과 모양을 갖추게 되었다고 생각한다. 고마운 마음이다.

— 2017년 2월
한국역사연구회

I.
기록

: 신화와 설화

지어낸 『환단고기』, 만들어낸 '환국'

대형 서점의 고대사 분야 서가에는 편집 체제를 달리하여 여러 종류로 출판된 『환단고기桓檀古記』가 진열되어 있다. 수년 전부터는 어느 종교 단체가 전국을 돌면서 '환단고기 북콘서트'를 열었는데, 천여 명이 모일 때도 있었다. 청중의 연령대는 대부분 50대 이상이었다. 이런 현상을 두고 '영광스런 고대사'를 터무니없이 강조하여 환상을 자아낸다는 비판도 일고 있다.

『환단고기』는 오랫동안 숨겨져왔다가 이유립李裕岦(1907~1986)이 세상에 알려 드러냈다고 한다. 그러나 워낙 근거 없는 내용에다 시대를 초월한 표현까지 담겨 있어 학계의 어느 누구도 이 책을 신뢰하지 않는다. 20세기에 조작된 것이라 판단한 지 오래다.

4개 책자를 묶었다는 『환단고기』

『환단고기』는 『삼성기三聖記』, 『단군세기檀君世記』, 『북부여기北夫餘記』, 『태가시마 노보루鹿島昇의 일본어판 『환단고기』에 실린 『삼성기』
『환단고기』는 계연수가 이곳저곳에서 얻은 기록을 엮은 것이라 하는데, 이유립이 이를 1979년에 책자로 출판하였다. 출간 당시에는 큰 반향을 얻지 못하다가 일본에서 가시마 노보루가 일본어판을 펴내고 그것이 역수입되면서 주목을 끌기 시작하였다.

백일사太白逸史』라는 4개의 책이 하나로 묶여졌다고 한다. 그 각각의 책은 다음과 같은 특징을 갖고 있다.

『삼성기』는 안함로安含老가 찬한 상편과 원동중元董仲이 찬한 하편을 합친 것이라고 하며, 인류의 출현 및 환족桓族의 등장과 배달국에 관해 간략히 서술하고 있다. 『조선왕조실록』 세조 3년(1457)에 『삼성기』라는 책 이름이 언급되어 있는데, 만약 같은 책이면 1457년 이전에 만들어졌다는 말이 된다.

『단군세기』는 고려 말의 이암李嵒(1297~1364)이 1363년(공민왕 12)에 저술했다고 주장된다. 여기에는 단군조선 47대에 이르는 각각의 국왕과 재위 기간 등이 나온다. 이암은 고려 말 홍건적이 침입했을 때 환갑을 넘긴 나이로 방어 책임자가 되었으나 "겁이 많아 군대를 잘 지휘하지 못한다"며 교체된 기록이 『고려사』에 보인다. 이암이 『단군세기』를 찬술한 것이 맞다면, 이 책은 14세기 중반에 만들어졌다고 추정할 수 있다.

『북부여기』는 이암과 동시대 사람인 범장范樟이 찬술한 것이라고 주장된다. 이유립이 이형식이라는 사람에게서 이 책을 얻었다고 하며, 원래 『단군세기』와 합쳐져 있었다고 한다. 『북부여기』에는 해모수에서 주몽에 이르는 북부여 이야기가 들어 있는데, 『단군세기』에 이어지는 내용인 셈이다. 그리고 끝에는 동부여 역사를 담은 「가섭원부여기迦葉原夫餘紀」가 붙어 있다.

마지막으로 『태백일사』는 이맥李陌(1455~1528)이 찬술했다고 하며, 여기에는 환인이 다스렸다는 '환국'에 관한 이야기를 담은 「환국본기桓國本紀」가 들어 있다. 이맥은 조선 중기의 인물로 『조선왕조실록』에 자주 언급되지만 『태백일사』와 관련된 내용은 없다. 『환단고기』에 묶인 『태백일사』는 한말 계몽운동가인 이기李沂(1848~1909)가 소장했던 것이라 주장되고 있다.

이렇게 보면 『환단고기』로 묶여 있는 4개의 기록물은 대체로 고려 말기 또는 조선 중기에 작성된 셈이다. 그런데 이 책에 담긴 내용은 매우 황당하다. 한국사가 중국 대륙의 한가운데서 출발했다거나, 그 어디에도 나오지 않는 고조선 역대 국왕이 나열되어 있다거나, '환국'·'배달국' 등의 갖가지 나라 이름이 속출한다.

특히 고개를 갸우뚱하면서 눈여겨보게 되는 점은 『환단고기』를 세상에 알렸다는 이유립과 이암·이맥의 관계이다. 이들은 모두 고성 이씨이다. 이암은 이맥의 4대조이고, 이맥의 22대손이 이유립이라고 한다.

근대적 지명과 표현

1980년대에 『환단고기』가 사람들 사이에 퍼져 나갈 무렵, 학계에서는 이를 검토한 뒤 조작된 책이라는 사실을 분명하게 밝혔다. 가장 구체적인 조작의 근거는 고려 말 또는 조선 중기에 지었다고 하는 책들에서 후대의 지명이나 근대적 용어들이 많이 보인다는 점이다. 이를테면 다음과 같은 것들이다.

『단군세기』에 나오는 영고탑寧古塔이란 지명은 청나라 시조의 전설로부터 생긴 것이다. 또, 『태백일사』에 보이는 상춘常春은 장춘長春의 오기誤記인 듯한데, 이 지명도 청나라 가경嘉慶(1796~1820) 연간부터 사용되었다. 이런 지명이 버젓이 표기되었다는 사실은, 이 책이 결국 후대에 만들어졌음을 알려준다고 볼 수밖에 없는 이유가 된다.

후대의 용어는 지명에만 국한되지 않는데, 예를 들어 『단군세기』에는 '문화文化', 『태백일사』에는 '원시 국가' 등의 용어가 보인다. 오늘날 우리는 culture라는 뜻으로 문화라는 낱말을 쓰지만, 전근대에 문화라는 용어는 대개 '글(文)로 백성을 교화教化시킨다'는 뜻으로 많이 사용되었다. 그런데 『단군세기』에는 오늘날과 같은 의미로 이 낱말이 쓰이고 있다. '원시 국가'도 20세기 이후에나 등장한 개념이다.

『태백일사』에는 "옛날에 환인이 있어 … 상하 차등이 없었다. 남녀 권리가 평등했고(男女平權) 노소가 일을 나누니 … 너는 노고를 아끼지 말고 뭇사람을 이끌고 하계下界에 내려가 … 부권父權을 세우라"는 구절이 나온다. 이 구절의 경우 『삼국유사』의 단군신화 내용이 각색된 것인데, 국가가 성립하던 초기에 '상하 차등이 없었다'는 이야기는 몽상이다. '남녀평권'이라는 용어는 20세기 들어 근대 사상이 수용되면서 남녀평등에 대한 의식이 나타난 무렵에나 사용될 법한 단어이다. '부권'도 마찬가지다. 『단군세기』에 보이는 '세계만방世界萬邦'이라는 용어 역시도 그렇다.

특히 『단군세기』 「서序」에는 "나라는 형形과 같고 역사는 혼魂과 같은데

형이 혼을 잃고 보존될 것인가(國猶形 史猶魂 形可失魂而保乎)"라는 문장이 나온다. '형'과 '혼'의 관계는 이 책에서 여러 번 반복하여 언급되고 있다. 하지만 이 문장은 박은식의 『한국통사韓國痛史』「서緖」를 모방한 것으로 지적된다. 바로 다음의 문장이다.

> 옛사람이 나라는 멸망해도 역사는 사라지지 않는다고 했다. 대개 나라는 형이고 역사는 신이다. 지금 한국의 형은 허물어졌으나 신만이 홀로 존재할 수 없을까. 이것이 통사를 짓는 까닭이다.(古人云 國可滅 史不可滅 蓋國形也 史神也 今韓之形殷矣 而神不可以獨存乎 此痛史之所以作也)

이렇게 보면 박은식의 문장을 참고하여 『단군세기』가 작성되었음이 분명해진다. 그래서 『환단고기』가 만들어진 시점은 박은식의 책이 나온 뒤라고 판단하는 것이 합리적이다. 박은식의 『한국통사』는 1915년에 상해에서 처음 출판되었으나 구해 보기 어려웠고, 해방 후 1946년에 국내에서 재출간된 것은 더러 유통되었다. 그러다가 1975년 단국대학교에서 간행한 『박은식전서』에 『한국통사』 영인본이 수록됨으로써 쉽게 이용할 수 있게 되었다. 『단군세기』를 조작한 사람은 언제 출판된 책을 참고했을까?

한편, 『단군세기』는 '사학史學'을 오늘날의 역사(history)라는 뜻으로 세 번이나 사용하였다. 전근대에는 역사라는 뜻으로 주로 '사史'라는 한 글자를 썼다. 다만 『고려사』「민제전閔霽傳」 가운데 민제가 "사학에 능하였다(長於史學)"고 한 구절에서 드물게 용례를 찾을 수 있는데, 이는 그가 '역사 서술'을 잘했다는 뜻이 아니라 이것저것 사실을 비교하고 고증하기를 잘했다는 뜻으로 특별히 쓴 표현이다. 『단군세기』는 근대 번역어인 '역사'라는 표현을 피하려고 했겠지만, '사학'이란 단어도 전근대에는 쓰지 않던 용어라는 사실을 놓친 듯하다.

『단군세기』에는 '자아自我'라는 낱말도 등장하는데, 이 역시 전근대에는 없던 말이며 근대 철학이 수용된 뒤에야 널리 쓰이기 시작하였다. 오늘날 우리가 사용하는 '자아'에 해당하는 말로 전근대 사람들은 '기己' 또는 '아我', '오吾' 등의 한 글자를 주로 사용하였다. 지금까지 지적한 것들 외에도 『환단고기』에는 시대를 초월한 근대적 용어가 매우 많다.

지어내는 과정에서 깜박한 것

『환단고기』가 후대에 지어졌음을 알려주는 또 다른 단서는 "연개소문은 … 아버지는 태조太祚이며 할아버지는 자유子遊이고 증조는 광廣이다"(『태백일사』)라고 한 구절이다. 연개소문의 아버지와 할아버지 이름은 『삼국사기』나 중국 측의 기록 어디에도 나오지 않는다. 그 이름이 알려진 때는 1921년 중국 낙양에서 연개소문의 장남 천남생泉男生의 묘지墓誌가 출토된 뒤부터다. 이를 통해 짐작건대 결국 『태백일사』는 그 뒤에 지어졌고, 이때 연개소문의 증조부인 '광'도 추가되었을 것이다.

역사를 지어내는 과정에서 빚은 착오도 보인다. 안함로와 원동중이 찬술한 상편·하편을 합친 것이 『삼성기』라고 하는데, '삼성기'라는 이름은 1457년(세조 3) 민간에 있는 서적을 수거하라는 명령 가운데 나오는 책 이름을 활용했던 듯하다. 『조선왕조실록』의 원문은 이렇다.

> 8도 관찰사觀察使에게 명령하였다. "『고조선비사古朝鮮秘詞』 … 『대변설大辯說』・『조대기朝代記』 … 『안함노원동중삼성기安含老元董仲三聖記』 … 등의 문서는 마땅히 개인 집에 소장해서는 안 된다. 만약 갖고 있는 경우에는 진

상진上하도록 허가한다. 진상하는 대신, 원하는 책이 있으면 내어줄 테니
관청·민간 및 사사寺社에 널리 설명하도록 하라."

—『조선왕조실록』 세조 3년 5월 26일

　여기서 언급된 책들의 내용이 무엇인지, 왜 개인 소장을 금하며, 소장자가
갖다 바칠 경우 그가 원하는 다른 책으로 바꿔 준다고 했는지는 알 수 없다.
다만 세조가 조카를 내몰고 왕위에 오른 지 3년째 되던 해에 이 지시를 내
린 것을 보면, 아마도 이들 책자는 왕조 교체나 정치 변동에 관한 예언서 종
류였을 듯싶다. 세조와 그 측근들로서는 정 도령이 왕이 된다는 식의 예언
서를 단속할 필요가 있었기 때문이다.
　그런데 안함로와 원동중 두 사람이 『삼성기』를 찬술했다는 주장은 실록에
나오는 '안함노원동중삼성기安舍老元董仲三聖記'를 잘못 끊어 읽은 결과이다.
즉, '안함安舍, 노원老元, 동중董仲 세 성인의 기록(三聖記)'이라는 구절을 잘못
끊어 읽었기 때문에 『삼성기』의 찬자를 '안함로'와 '원동중' 두 사람으로 설
정하였다. 『신증동국여지승람』 황해도 해주의 '고적' 조에는 "수양산성은 돌
로 쌓았는데 둘레가 20,856척이요, 높이 18척이다. 세간에 전해오길 옛날에
안함安咸·원로元老·동중董仲 3인이 터를 점찍어 쌓았다고 한다."는 구절이 나
온다. 글자가 좀 바뀌기는 했으나, 세 사람이라는 사실이 재확인된다.
　『환단고기』에는 실록의 세조 3년 조에 나오는 『조대기』 등 다른 책들도
종종 인용되곤 한다. 지금 전해오는 책이 아니기 때문에 책 이름을 마음대
로 활용하기도 편했을 것이다.
　한편 『삼성기』에는 '밀기密記'를 인용하면서 환웅이 호랑이족(虎族)과 곰족
(熊族)을 교화시키려 했으나 호랑이족이 끝내 성질을 고치지 못해 사해四海
밖으로 쫓아냈다는 내용이 있다. 원주자原住者가 호랑이족, 신이자新移者가

곰족이라는 서술까지 친절히 덧붙였다. 이는 곰과 호랑이를 토템으로 섬기는 선주先住 부족과 이주移住 부족의 갈등·통합이 단군신화에 반영되었다는 20세기 역사·민속 연구를 활용한 결과이다.

단군신화를 실은 『삼국유사』는 물론 그 어떤 기록에도 없는 고조선의 47대 왕들과 총 재위 연대 2,096년이 정확히 기록되어 있다는 것 자체가 놀라운 일이다. 또, 한 왕이 평균 44년 이상을 재위한 셈인데, 전근대 사회에서 한 세대가 보통 30년 안팎이라는 점을 감안하면 비정상적이다. 이에 더해, 대종교 관련 위서僞書인 『단기고사檀奇古事』를 활용한 내용이 『환단고기』에 이따금 보인다는 지적도 이미 제기된 바 있다.

이유립과 『환단고기』

이유립은 1960년대에 대전에 있는 자신의 집에 '단단학회檀檀學會'라는 간판을 걸고 활동하면서 단군을 받드는 유사종교와 관계를 맺고 있었다. 원로 역사학자 이이화는 이유립을 이렇게 기억한다. "1960년대 초에 만날 기회가 더러 있었는데, 자신이 지은 글들을 보여주곤 했다. 또 '내가 환인·환웅의 환桓 자를 깊이 생각하는 중인데, 하늘이란 뜻이 있다'고 하여 고개를 갸우뚱할 수밖에 없었다."

이유립은 1976년에 안호상, 박창암, 문정창 등과 '국사찾기협의회'를 꾸려 '웅대한 고대사'를 교과서에 담자는 운동을 전개했고, 1970년대 후반에 월간지 『자유』에 여러 편의 글도 썼다. 이 잡지는 박창암이 반공과 '민족 사관'을 내세워 창간한 것이었다. 박창암은 만주군 간도 특설대 출신으로서 5·16 쿠데타에 참여하여 혁명검찰부장을 지냈으나, 민정 이양을 주장하다가 '반혁명 사건'으로 체포되어 형을 살았던 인물이다.

『환단휘기』(1971)
이유립이 지은 책으로, 단군 계통의 유사종교 서적이
다. 이유립은 1979년에 『환단고기』를 처음 펴낸 사람
이기도 하다.

『환단고기』가 전해진 과정은 다음과 같이 주장된다. 한말 계몽운동을 했
던 이기의 문인으로 계연수桂延壽라는 사람이 있었다. 계연수가 이곳저곳에
서 얻은 기록들을 『환단고기』로 엮었다. 그리고 죽기 전에 이유립에게 60갑
자가 지난 경신년(1980)에 세상에 내놓으라 했다고 한다. 그런데 연도를 따
져보면 계연수가 그 말을 했을 때 이유립은 겨우 14세였다.

시대와 찬자가 다른 4개의 기록을 묶었다면 서로 다른 필체와 종이 질이
다른 필사본이 있어야 한다. 만약 계연수가 자신의 필체로 일괄 정리했다면
그것이라도 있어야 한다. 그런데 『환단고기』는 원본이 없다. 그 이유가 매우
황당하다. 이유립이 해방 후에 오형기라는 사람에게 이 책을 필사시켰는데
셋방을 잠시 비운 사이에 집주인이 그것을 내다 버렸고, 결국 이유립이 기
억을 되살려 다시 작성한 것이 지금의 『환단고기』라고 한다.

어쨌든 이유립은 1979년에 『환단고기』를 작은 책자로 출판하였다. 그런
데 정작 이 책이 널리 알려지기 시작한 것은 일본어 번역본이 나온 뒤였다.
이유립·박창암이 가시마 노보루鹿島昇에게 책을 건네주고, 가시마 노보루가

이를 일본어로 번역하여 1982년 7월에 출간하였다. 한문을 일본어로 번역할 때 두 사람이 도움을 주었다고도 한다. 그해 12월 한국에서 복제판이 나와 퍼졌으며, 그 뒤 여러 종류의 한글 번역본이 간행되어 널리 알려졌다.

일본어판 『환단고기』에는 '실크로드 흥망사'라는 부제가 붙어 있다. 가시마 노보루는, 진시황이 박트리아 왕이며 모세가 중국 노나라에 왔다고 이야기하는 극우 인사로 알려진다. 이래저래 『환단고기』와 관련된 인사들은 대부분 당혹스런 사람이다.

억지로 만들어낸 환국

『환단고기』는 한국사의 출발이 된 주 무대를 중앙아시아, 중국 대륙의 한가운데로 서술하고 있다. '광대한 영토', '웅장한 고대사'에 끌린 일부 인사와 종교 단체가 여기에 환호한다. 그리고 이에 부화뇌동하여 학계 전체를 '식민사학'이라 매도하는 목소리가 커지고 있다. '이성이 잠들면 요괴가 눈뜬다'는 말을 떠올리게 한다.

엄청난 영토를 지닌 '환국桓國'은 어떻게 만들어졌을까? 최근 이에 대한 해답을 얻을 단서를 구체적으로 확인할 수 있는 계기가 마련되었다.

'환국'을 만든 단서는 『삼국유사』에 실린 단군신화이다. 해당 구절은 다음과 같다. "『고기古記』에 이르기를 '옛날에 환인桓因(제석帝釋을 말한다)의 서자인 환웅桓雄이 천하天下에 자주 뜻을 두어, 인간 세상을 구하고자 하였다.' … "

기존에 널리 활용된 『삼국유사』는 1512년(중종 7)에 간행된 중종 임신본인데, 여기에는 환인의 글꼴이 '桓国'으로 되어 있다. 『삼성기』는 바로 이 구절을 끌어와 "옛날에 환국이 있었다"고 썼다. 일연이 "제석을 말한다"고 주석을 달아 놓았음에도 이를 무시했고, "옛날에 환인의 서자 환웅이 … "라는

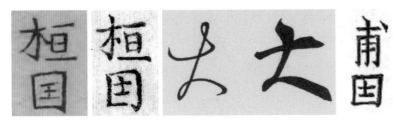

| 임신본 | 파른본 | 大의 글꼴(『오체자전』) | 고려대장경의
甫因 |

문맥에서 환인이 나라 이름이 될 수 없다는 점도 무시하였다. 제석은 불교에서 말하는 12천天의 하나로, 동방을 지키는 신이다.

일연에 이어 고려 말 이승휴李承休도 환인을 제석으로 이해하였다. 그가 1287년(충렬왕 13) 삼척 두타산에 은거하여 쓴 서사시인 『제왕운기帝王韻紀』에는 "옛날 누가 나라를 열고 풍운을 걷었던가. 제석의 손자 단군이다. … 1,028년간 나라를 다스리니 환인桓因이 전한 것에 변화가 없었으랴 …"라고 하였다.

그런데 연세대학교 교수였던 고 손보기의 유족이 2013년 학교에 기증한 '파른본 『삼국유사』'는 임신본보다 빠른 조선 초기에 인쇄된 것인데, 여기에는 환인이 '桓囯'으로 판각되어 있다. 『삼국유사』 「왕력王歷」에는 나라 國국 자를 오늘날 우리도 곧잘 쓰는 약자인 '国'으로 새긴 곳이 있다. 글자를 작게 새길 때 획을 생략하기 위해 그렇게 한 것이다.

파른본에 '士'에 가깝게 새겨진 글자는 실은 '大'이다. 이 글자를 흘려 쓰면 『오체자전五體字典』에 보이는 글자 모양이 되고, 목판에 글자를 새길 때는 곡선을 살리기 어렵기 때문에 직선처럼 새긴 결과로 士와 같이 보일 뿐이다. 실제로 고려대장경에도 '甫因보인'이라는 글자가 똑같은 글꼴로 새겨진 경우가 있다. 따라서 임신본 『삼국유사』의 '国' 자는 임신본을 만들 때 잘못

새긴 결과이며, 또한 파른본『삼국유사』의 囯자는 囷이다. 결국『환단고기』의 '환국'은 '환인'을 잘못 읽은 결과라고 보아야 한다.

　『삼국유사』 파른본이 공개됨으로써 '환국'은 설 자리를 잃었으며, 글꼴에 무지하고 문맥을 무시하여 억지로 문장을 만들어냈음이 분명히 드러났다. 사정이 이러하지만『환단고기』를 신봉하는 이들은 '환국'이 재확인되었다고 우길 것이다. 합리적 토론은 불가능하다.

환상적 민족의식은 위험한 것

　시대와 찬자를 달리하는 4개 기록을 합친 것이『환단고기』라고 주장되지만, 원문을 읽어보면 20세기에 한문을 잘 구사하는 사람이 쓴 문장이라는 느낌을 받는다. 문투도 마치 한 사람이 작성한 것처럼 일정하다.『삼국유사』에 그토록 많이 쓰인 이체자異體字도 볼 수 없다.

　과거 역사가 찬란하고 영광스러웠다는데 나쁠 것이 뭐냐고 생각할 수도 있다. 그러나 역사 해석은 사실에 바탕을 두어야 한다. 때로는 불편한 사실일지라도 그대로 받아들인 뒤에 성찰하며 지혜와 교훈을 얻어야 한다.

　과거에 대한 환상을 불러일으키며 '위대한 민족', '우리는 하나'임을 무작정 강조하는 행위는 무책임하고 위험하다. 과거를 향한 환상은 현실의 환각제가 되기도 한다. 눈앞의 모순과 부조리를 직시하면서 개선하기보다는 현실을 외면하고 고통을 잊게 하는 효과를 가져오기 때문이다. 이것이 극우적 경향과 결합되면 사회적 광기를 부추겨 파국적 결과를 만들어낼 수 있다. 대외적 적대감을 고취하거나 '내부의 적'을 만들어 큰 희생을 빚어낸다. 역사적으로 보면 20세기 전반기에 휘몰아친 파시즘이 그런 경우에 해당한다.

02

필사본 『화랑세기』를 둘러싼 논쟁

　오래전 미실이라는 여성이 세간의 주목을 끈 적이 있다. 바로 2005년에 출간된 소설 『미실』과 2009년에 방영된 드라마 〈선덕여왕〉을 통해서다. 특히 사극 드라마가 방영된 당시에는 주인공 선덕여왕보다 미실에 대한 관심을 더 많이 불러일으켰다. 미실은 『삼국사기』와 『삼국유사』에는 보이지 않지만 『화랑세기花郎世紀』에 등장하는 인물로, 미실에 쏠린 인기는 자연스럽게 『화랑세기』에 대한 관심으로 이어졌다. 이전까지 왜 미실의 존재는 잘 알려지지 못했을까?

　『삼국사기』 열전에 따르면 『화랑세기花郎世記』를 쓴 이는 김대문金大問이며, 그는 신라 귀족 가문의 자제로서 성덕왕 3년(704)에 한산주漢山州(지금의 경기도와 충청도 일부 지역을 다스렸던 신라의 행정구역) 도독都督을 지냈다. 김대문은 『화랑세기』 외에 『고승전高僧傳』, 『악본樂本』, 『한산기漢山記』 등을 저술했는데, 『삼국사기』가 편찬된 바로 그 당시까지는 확실히 이 책들이 남아 있었다고 한다. 이 저술들은 그간 소재를 알 수 없어서 사라졌다고 알려졌으며,

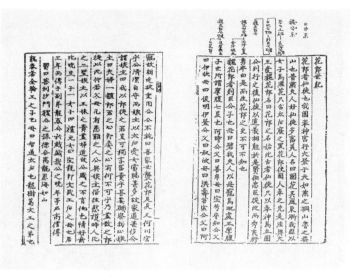

1989년에 공개된 필사본 『화랑세기』

1995년의 공개본과 비교하여 일명 '발췌본'이라 일컫는다. 사라진 책으로 알려졌다가, 1989년 부산의 한 사람이 소장하고 있던 필사본이 공개되면서 큰 관심을 불러일으켰다.

언제 어떻게 사라졌는지도 알 수 없었다.

그런데 1989년 2월, 부산의 한 가정집에서 『화랑세기花郎世紀』가 발견되었다. 이 책이 공개되면서 그때까지 이름만 전하던 1,300년 전의 기록을 실제 볼 수 있다는 기대감으로 역사학계가 술렁였으나, 막상 살펴본 결과는 원본이 아닌 손으로 베껴 쓴 필사본이고, 또 기존에 알려진 화랑이나 신라사와 많이 달라 의구심을 자아냈다. 이에, 과연 이 책이 김대문의 『화랑세기』를 정말로 필사한 것인지, 그 진위를 둘러싼 논쟁이 일어났다.

두 개의 필사본 『화랑세기』

1989년 필사본 『화랑세기』가 발견된 뒤 진위를 둘러싼 논쟁이 신문지상

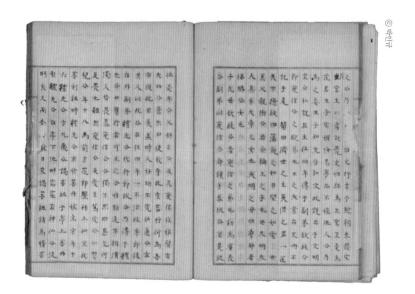

1995년 공개된 필사본 『화랑세기』

1989년에 발견된 『화랑세기』의 이른바 모본母本으로 알려져 있다. 1989년의 공개본과 비교했을 때, 서체뿐만 아니라 글자나 글귀가 동일하지만 분량에서는 5배 정도 많다.

과 논문을 통해 전개되던 중, 1995년 4월에 한 학회의 발표회에서 또 다른 필사본 『화랑세기』의 존재가 알려졌다. 이 필사본 또한 1989년에 공개된 필사본의 소장자가 보관하고 있던 장서 속에 있었다. 이로써 진위 논쟁은 두 필사본의 관계를 비롯하여 새로운 국면을 맞이하였다.

1989년에 발견된 필사본 『화랑세기』는 목판으로 조선종이에 찍어낸 묵선을 따라 세로로 글씨가 쓰여 있고, 두 면이 접히는 부분인 판심版心의 윗부분에 무늬(어미문魚尾紋)가 있으며, 책을 제본할 때의 묶음 매듭이 다섯이다. 맨 앞에는 서문, 그 다음에 1세世 위화랑魏花郞부터 15세 김유신金庾信의 앞부분까지만 있고 뒷부분은 떨어져 나가 32쪽 분량만 남아 있는 상태다.

1995년에 공개된 필사본 『화랑세기』는 붉은 선이 세로로 인쇄된 일본 궁내성宮內省 1호 괘지에 필사한 것으로, 오른쪽 하단에 '宮內省'이라고 인쇄된 부분이 잘려 나갔다. 인쇄용지가 사용된 것으로 보아 근대에 필사한 책임을 알 수 있다. 현재 162쪽 분량이 남아 있는데, 4세 이화랑二花郎의 중간 이전 부분은 없어지고 그 이후부터 마지막 32세 신공信功까지 수록되어 있으며, 마지막에는 저술 의도를 밝힌 발문이 있다.

두 필사본에서 각각 완전한 체제를 전하는 5세 사다함斯多含부터 14세 호림공虎林公까지를 비교해보면, 같은 내용인 경우에는 표현된 글자나 글귀가 똑같지만 서술 분량에서는 1995년 공개본이 5배쯤 많다. 무엇보다 필체가 동일한 까닭에 1989년 공개본이 1995년 공개본을 발췌한 것으로 추정된다. 이에 따라 1989년 공개본을 발췌본, 1995년 공개본을 모본母本이라고 일컫는데, 일반적으로 필사본『화랑세기』라고 하면 모본을 가리킨다.

현존 모본에는 앞부분이 사라지고 없으나 발췌본을 통해 필사본『화랑세기』의 전체 구성과 내용을 파악할 수 있다. 필사본은 위화랑부터 신공까지 풍월주風月主 32명의 전기를 수록하고 있는데, 출생과 성장, 풍월주가 되기까지 과정, 풍월주로서의 활동, 배우자, 퇴임과 자손 등을 차례로 서술한 뒤 찬讚을 붙여 주인공의 업적을 노래하고, 마지막에는 그 가문의 세계世系를 덧붙여 놓았다. 발췌본은 이 모본의 내용을 최소한으로 압축·요약하였으며, 세계는 생략하였다. 이 때문에 진위 논쟁은 모본을 검토 대상으로 진행되고 있다.

진위 논쟁, 무엇이 문제인가

필사본『화랑세기』를 둘러싼 진위 논쟁은 왜 일어났을까? 첫째는 필사본이기 때문이다. 아무도 원본을 보지 못한 상황에서 과연 이 필사본이 김대문의 『화랑세기』를 그대로 옮긴 것인지, 또 필사자가 임의로 만들어낸 것은 아닌지를 두고 단정하기 어렵기 때문이다. 둘째, 필사본에는 『삼국사기』나 『삼국유사』 등 기존의 자료에서는 보이지 않는 인물이 260여 명이나 등장하고, 생소한 제도·풍속·용어 등도 많이 나오기 때문이다. 이 점은 필사본 『화랑세기』에 끌리는 이유이기도 하지만, 그만큼 비판적·역사적 접근이 필요한 부분이기도 하다.

필사본이 김대문의 『화랑세기』를 필사한 것이라고 주장하는 진본설眞本說에 따르면, 『삼국사기』나 『삼국유사』에 없는 풍월주, 전군殿君, 전주殿主 등의 용어나 마복자摩腹子(임신한 여성이 자신보다 더 높은 지위를 가진 사람과 관계하여 낳은 아들)와 같은 제도가 필사본에만 보이기 때문에, 바로 이 점이 진본의 근거라고 하였다. 즉 『화랑세기』는 신라 당시의 기록으로서 신라의 사정을 정확히 전하는 '신라인의 신라 이야기'이므로 기존 문헌에서 볼 수 없었던 제도와 용어가 등장한다고 주장하였다. 또한 왕의 칭호로 '황皇'·'제帝'·'대왕大王' 등을 사용했는데, 만약 일제강점기에 창작되었다면 이러한 칭호를 사용할 수 없었을 것이라고 강조하였다. 그 밖에도 필사본에 보이는 '노奴'와 '비婢'를 분석하여, 이 용어는 조선시대 이래 사용된 천민 개념의 노비가 아니라 정치적·군사적 '신하 관계'를 나타내는 고대적 언어이며, 따라서 20세기에는 창작해낼 수 없기 때문에 진본이 확실하다고 주장하였다.

반면, 필사본이 김대문의 『화랑세기』와 무관하다고 보는 위작설僞作說은 먼저 등장인물을 분석하였다. 신라 당대의 사료인 금석문과 대조해본 결과, 필사본에 등장하는 인물 중 금석문에서 확인되는 인명은 『삼국사기』와 『삼국유사』의 문헌에도 등장하므로 필사본에만 보이는 240여 명의 인명은 가공의 인물일 가능성이 높고, 따라서 필사본도 위작일 수 있다고 주장한다. 왕의 칭호 문제도 김대문이 『화랑세기』를 찬술한 시기인 7세기 후반에서 8세기 초에 새겨진 금석문에는 신라 왕을 '제帝' 또는 '대제大帝'로 칭한 예가 전혀 보이지 않으므로, 이러한 용어가 사용되었다는 사실은 필사본이 창작임을 드러내는 증거라고 하였다. '노'·'비'의 용어에 대해서도 필사본 『화랑세기』의 발견 전, 즉 필사본의 용례를 참고하지 않고도 고대의 노비가 조선시대의 천민과 다른 존재임을 밝힌 연구가 이미 나와 있기 때문에 노비의 용례를 가지고 필사본이 진본이라는 근거로 삼기 어렵다고 반박하였다. 또한 필사자 박창화朴昌和의 다른 저술에는 필사본 『화랑세기』와 다른 내용도 담겨 있는데, 이는 필사본이 진본이 아니기 때문에 가능한 일이라고 보았다.

무엇보다 진위 논쟁의 관건이 된 문제는 필사본에 담긴 향가, '송사다함가送斯多含歌'이다. 만약 이 향가가 신라의 향가라면 당연히 필사본은 원본을 필사한 것으로 볼 수 있으며, 반대로 후대의 창작이라면 필사본 또한 창작의 산물로 볼 수 있기 때문이다. 그러나 이 논쟁에 참여한 국문학자들마저 이 향가에 대한 견해를 달리한다. 일부 학자는 향가의 해독이 1930년대에 시작되었는데 과연 1930~1940년대에 향가를 창작할 수 있었겠냐는 의문을 제시하면서 이 향가를 현존 최고最古의 향가로 평가하여 진본설에 힘을 실어주었다. 이에 반해 위작설을 지지하는 학자들은 이 향가가 일제강점기 향가 연구의 범주 내에 있으며, 게다가 조선 후기 또는 19세기 말에 나타난 표현이 보인다면서 모방작이라고 주장하였다. 이처럼 향가를 둘러싼 논쟁은 『화랑세기』의 진위 문제를 더욱 심화시켰다.

여기서 한 가지 의문이 생긴다. 두 개의 필사본을 동일한 사람이 필사했는데, 왜 필사자는 모본을 두고 발췌본을 따로 만들었을까? 발췌본에는 모본에 있는 사통私通 관계, 향가, 화랑 제도의 구체적인 내용, 찬의 일부, 가문의 계보(세계世系) 등이 빠져 있다.

진본설을 주장하는 이들은, 모본이 원본의 필사본이며 필사자가 모본에서 유교적 도덕관·윤리관에서 벗어났다고 생각한 부분 등을 임의로 생략하여 발췌본을 만들었다고 보았다. 따라서 신라사나 화랑에 대한 필사자의 이해 수준은 높지 않다고 여겼다. 이에 반해 위작설을 주장하는 이들은, 발췌본을 만드는 과정에서 모본의 내용을 과감하게 생략했을 뿐만 아니라 윤문하고 가필한 점으로 보아 필사자 스스로 모본의 사료적 가치를 인정하지 않은 것이라고 이해하였다. 즉 모본이 1,300년 전 김대문의 『화랑세기』를 필사한 것이 맞다면 그 사료에 필사자가 함부로 수정하거나 가필할 수 있었겠느냐는 문제를 제기하였다.

실제로 모본에도 필사자의 필체로 수정 혹은 추가한 글자 332자가 남아 있다. 이 가운데 베껴 쓰는 과정에서 잘못하여 바로 수정한 듯한 글자도 있고, 필사한 뒤에 전체를 읽으면서 일괄 수정한 것으로 보이는 글자도 있다. 그리고 '禮元예원'의 경우처럼 모본에서 예원을 '體元체원'으로 모두 고친 것을 발췌본에서 다시 '禮元'으로 환원하기도 하였다. 이렇게 필사자가 임의로 수정 또는 삭제할 수 있는 자료라면 필사자 본인이 사료적 가치를 두지 않았거나, 스스로 창작한 원고일 가능성이 높다는 것이다.

최근에는 글에 쓰인 문장이나 단어, 특수 용어의 출현 빈도 등을 조사·분석한 뒤 그것을 다시 필사자의 문장 스타일과 비교함으로써 문헌의 진위 여부를 판정하는 계량문헌학적 방법을 시도하였다. 그 결과 필사본에는 당唐나라 이후의 어휘가 다수 사용된 사실이 밝혀졌고, 그에 따라 김대문의 『화랑세기』를 필사한 것이 아닐 가능성도 높다는 견해가 제기되었다.

필사자 박창화는 누구인가

필사본 『화랑세기』의 원소장자였던 김경자 씨의 증언에 따르면, 남편 김종진 씨 형제에게 한학과 역사 등을 가르쳤던 박창화 선생이 남겨 두고 간

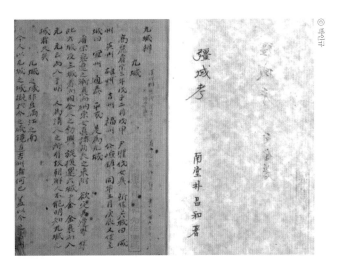

© 박인규

박창화가 저술한 『강역고』

표지에 '南堂 朴昌和 著(남당 박창화 저)'라고 적혀 있는데, 이 책의 필체와 필사
본 『화랑세기』의 필체가 일치한다.

책들이라고 하였다. 소장 중인 여러 서적 가운데 '남당 박창화 저南堂朴昌和
著'라 씌어 있는 『강역고彊域考』의 본문 필체와 『화랑세기』의 필체가 동일한
점에서 필사자가 남당南堂 박창화(1889~1962)임을 알 수 있다.

김경자 씨가 소장해온 남당의 저술과 필사본은 1999년 남당의 장손인 박
인규 씨에게 인수되었고, 2001년 국사편찬위원회에서 이 자료를 『남당 박창
화 선생 유고南堂朴昌和先生遺稿』로 디지털화하였다. 이 유고 속에 남당에 관
한 연보가 있어 그의 생애를 대략 정리할 수 있다.

박창화는 1889년 5월 9일 충북 청원군에서 출생하였다. 1909년 교관敎官
으로 임용되어 사범학교에 들어갔으며, 충북 옥천보통학교를 비롯하여 영
동공립보통학교, 충북 부강공립보통학교 등에서 근무하였다. 35세가 되던
1923년 10월 도쿄로 이주하여 역사를 공부하며 연구하였고, 1927~1928년
에는 일본 역사잡지 『주오시단中央史壇』에 신라사를 비롯하여 우리나라 생활

사 관련 글을 발표하였다. 1933년 12월 일본 궁내성 즈쇼료圖書寮(일명 왕실 도서관, 지금의 쇼료부書陵部)에서 조선전고朝鮮典故 조사를 담당하는 사무촉탁에 임명되었다. 그의 이름은 1940~1941년도의 궁내성 직원 명부에서도 확인된다. 1941년에 오하라 마스카즈小原昌和로 창씨개명하였다.

1942년에 귀국하여 해방 후에는 청주사범학교에서 한국사를 강의하였으며, 청주중학교와 괴산초급여자중학교에서 교사로 근무하였다. 이후 충북 괴산에서 필사본 원소장자의 남편인 김종진 형제를 상당 기간 가르쳤고, 그 뒤 고향으로 돌아가 1962년 3월 74세로 사망하였다.

박창화의 이력에서 가장 눈길을 끄는 사실은 10여 년간 일본 왕실 소속 도서관인 즈쇼료에서 근무했다는 점이다. 앞서 언급한 바와 같이 모본의 종이가 궁내성 1호 괘지이기 때문에, 그가 궁내성 왕실도서관에서 근무한 당시에 필사했으리라고 짐작된다.

일제강점기는 물론이고 그 이전에도 일본은 우리의 고문헌을 상당히 많이 빼돌렸다. 그렇게 가져간 고문헌이 현재 일본 왕실 소속 도서관에 다수 소장되어 있음은 널리 알려진 사실이다. 박창화가 왕실도서관에서 조선 고문서 정리 업무를 맡았으므로, 아마도 그 시기에 『화랑세기』와 관련된 어떤 전승 기록을 보았을 가능성은 있다. 그러나 현재 일본 왕실 소속 도서관의 목록 어디에도 『화랑세기』는 보이지 않는다. 이 때문에 박창화가 원본을 보았다고 단정하기도 어려운 상황이다.

한편, 도서관에서 근무하기에 앞서 1927~1928년에 박창화는 일본의 『주오시단』 잡지에 「신라사에 대하여(新羅史について)」라는 논문 2편과 「흰옷에서 김치까지(白服から沈積まで)」라는 생활사 관련 논문 1편을 기고하였다. 이 잡지의 집필진은 당대 일본의 대표적 학자들이었는데, 여기에 논문을 기고한 조선인은 박창화가 유일하였다. 이들 논문을 살펴보면 그가 얼마나 많은

자료를 섭렵했는지, 그리고 신라사에 대한 그의 이해 수준이 얼만큼 높았는지를 알 수 있다.

그의 저술 중에는 『어을우동기於乙于同記』, 『홍수동기紅樹洞記』, 『도홍기桃紅記』 등 남녀의 성性을 주제로 한 한문 소설도 있다. 소설가 김팔봉의 칼럼에 따르면 박창화는 1916년에 『막동이전』이라는 장편소설도 집필했다고 한다. 요컨대 박창화는 역사에 대한 뛰어난 지식뿐 아니라 창작력과 필력도 갖추었던 인물이다. 필사본 『화랑세기』는 내용이 대단히 홍미롭고 치밀한데, 박창화의 창작물이 맞다면 바로 그가 갖고 있는 탁월한 능력과 무관하지 않을 것이다.

새로운 논쟁을 기대하며

박창화는 필사본 『화랑세기』 외에도 『파사이사금기婆娑尼師今紀』, 『지마기祇摩紀·일성기逸聖紀』 『나밀那密·실성實聖·눌지訥祇·자비慈悲·소지炤智·지등기』 등 신라와 관련된 많은 저술뿐 아니라 고구려·백제, 고려 관련 저술도 남겼다. 그런데 이 저서들 가운데 유독 필사본 『화랑세기』만 진위 논쟁의 대상이 되었다. 이는 원본인 김대문의 『화랑세기』가 남아 있지 않기 때문에 비롯된 일이다. 진위 논쟁은 여전히 계속되고 있지만, 어쩌면 해답은 박창화에게 있을지도 모른다.

박창화는 학술 연구 기관에 종사한 적도 없고 사학 연구의 전문적인 훈련도 받지 않았으나, 그의 저술과 논문 등은 전문가 못지않다. 주의할 사실은 그가 일본으로 건너간 1923년부터 즈쇼료 촉탁에 임명된 1933년까지 10년간의 행적이 확실히 밝혀지지 않았다는 점이다. 필사자 박창화뿐만 아니라 역사가·문학가로서 박창화에 대한 연구가 더욱 필요하다. 나아가 그의 다른 저서들도 면밀히 검토해야 『화랑세기』의 성격도 분명해질 것이다.

4반세기 동안 진행된 필사본 『화랑세기』의 진위 논쟁은 쉽게 결론이 나지 않을 것 같다. 최근에 남당의 유고 속에서 『상장돈장上章敦牂』이라는 새로운 자료가 발견되어 기존의 필사본 『화랑세기』와 비교한 연구가 이어졌으나, 이를 각각 진본설과 위작설의 주장을 확고히 하는 근거로 삼아 논쟁은 여전히 평행선을 달리고 있다.

어느 노 교수가 1990년에 모본의 존재를 이미 알고도 수년간 발표를 유보했던 이유는, 비록 김대문의 『화랑세기』는 아닐지라도 박창화가 아직 알려지지 않은 전승 자료를 보았을지도 모르는 '일말의 가능성'을 남겨 두고 싶었기 때문이라고 하였다. 좀 더 신중하게 다양한 가능성을 열어 두고 필사본 『화랑세기』와 필사자 박창화에게 접근할 필요가 있다. 목마르다고 바닷물을 바로 마실 수는 없지 않은가!

단군, 신화의 인물인가 실존 인물인가

우리가 물이라면 새암이 있고

우리가 나무라면 뿌리가 있다

이 나라 한 아버님은 단군이시니

이 나라 한 아버님은 단군이시니

위당爲堂 정인보鄭寅普 선생이 지은 〈개천절 노래〉이다. 해마다 10월 3일 개천절이 돌아오면 우리는 이 노래를 부르면서 단군을 '한 아버님', 즉 우리 모두의 아버님으로 모셔왔다. 과연 이 노래의 가사처럼 단군은 우리의 시조요, 국조國祖일까?

일제에 국권을 빼앗겨 식민 통치를 받을 때 우리 민족은 단군의 이름하에 모두가 하나 된 마음으로 조국의 해방을 염원하며 독립운동을 전개하였다. 지금도 나라가 혼란스러워지면 단군을 들먹이면서 민족의 하나 됨을 외치는 목소리가 한껏 높아진다. 단군은 이처럼 민족의 정체성을 뒷받침하는 존재로 인식되었고, 단군에 대한 인식은 민족의 실존과 직결되는 중요한 문제였다.

고조선은 우리 역사에 처음 출현한 국가이다. 따라서 단군은 우리 민족 최초의 지배자요, 건국 시조라고 볼 수 있다. 문제는 단군이 신화 속의 인물로 등장한다는 점이다. 바로 이로부터 단군은 신화 속에 등장하는 하나의 상징적인 표현이라는 기존 학계의 입장과, 단군신화는 역사적 사실이며 단군은 실존 인물이라는 입장의 대립이 나타났다.

신화와 역사

단군신화와 단군조선사를 이해하는 데 제일 먼저 고려해야 할 사항은 건국신화에 대한 이해 방식이다. 왜냐하면 단군조선사가 신화의 형태로 기록되었기 때문이다.

신화란 원시·고대인들이 자신들의 논리 구조에 따라 어떤 사실을 표현하고 설명하는 방식이다. 구체적으로 기록할 수 없는 먼 옛날의 역사는 오랜 세월을 거치면서 과거에 대한 그들의 총체적 관념인 신화의 형태로 구성되고 기록되어왔다. 그 때문에 신화는 역사적 사실을 그대로 전하고 있지 않다. 신화 속에는 원형 자체와 그것의 변형, 그리고 부가된 요소들이 뒤섞여 있다. 이것들을 구분해내는 일은 쉽지 않다. 설령 원형을 찾아냈다고 해도, 그것 또한 신화가 발생한 당시 아득한 과거에 대한 인간의 이해를 반영하고 있는 만큼 그것 자체를 사실로 받아들일 수는 없다. 따라서 신화에서는 역사歷史의 구체적 사실을 고스란히 찾으려 하기보다는 그에 반영된 상징적인 시대상을 추출할 수밖에 없다.

대부분의 신화는 오랜 기간 구전되면서 그 내용이 후대의 관념과 융합되고 변형되고 윤색되어서 문헌 기록으로 정착된다. 고대사회의 통치자들은 이러한 신화를 건국신화로 만들어 자신들의 지배가 신성하고 정당하다는 점을 홍보하는 이데올로기로 활용하였다. 단군신화 역시 고조선이라는 국가가 세워지고 난 이후 건국신화로 만들어진 이야기가 구전되다가 고려시대에 정리된 것이다. 단군신화는 물론 주몽 설화 등도 주인공의 신성성을 부각하면서 그의 계승자임을 내세운 지배자의 권력에 정당성을 부여하는 역할을 하였다. 신화나 설화에 대한 이 같은 해석이 학계의 통설이다.

단군신화의 내용 가운데는 고조선 사회의 원초적인 모습을 암시하는 것도 있고, 또 후대의 종교적 윤색이 가미된 것도 있다. 예컨대 단군신화에 환인桓因이 '제석帝釋'을 가리킨다고 한 『삼국유사』의 주기註記는 후세에 불교적인 요소가 가미되었다는 증거이다. 단군이 나중에 아사달로 돌아가 산신이 되었다는 『고기古記』의 기록은 후세에 산신 숭배 사상에 의해 윤색·가필된 증거이다. 또 단군이 하느님으로부터 물려받았다고 하는 천부인天符印 세 개나 바람(풍백風伯)·비(우사雨師)·구름(운사雲師)의 세 종류 신처럼 3에 대한 숭배는 풍수신앙風水信仰, 혹은 3이 양陽의 기본수임을 강조하는 음양오행설이 윤색된 결과라고 생각된다.

이와 함께 단군신화에는 분명 우리 역사상 첫 번째 국가인 고조선이 세워지는 과정에서 일어났던 중요한 사건들이 상징적으로 들어 있다.

건국신화로서 단군신화

신화와 역사에 대한 진실을 찾아갈 때 우리가 단군신화에서 주목해야 할 점은 다음과 같다. 즉 단군신화는 무엇을 설명하려는 신화인가, 또한 최초의 국가인 고조선 사회에서 단군신화는 어떤 의미를 가지고 기능했는가 하는 점이다.

세계 모든 나라에는 그 나라가 처음 어떻게 생겨났는지를 이야기하는 신화가 전해 내려온다. 우리나라에도 최초의 국가인 고조선 건국에 관한 단군신화가 있다. 고려시대에 일연(1206~1289) 스님이 옛 역사 이야기를 모아 책으로 펴낸 『삼국유사』에 단군신화가 실려 있는데 이것이 단군신화에 관한 가장 오래된 기록이며, 이후에 나온 문헌들에서도 단군을 고조선의 건국 시조로 적고 있다.

그러나 단군신화의 전승은 자료에 따라 그 내용이 조금씩 다르다. 일반적으로 『삼국유사』 유형, 『제왕운기帝王韻紀』 유형, 『응제시應製詩』 유형, 『규원사화揆園史話』 유형으로 나뉜다. 이 가운데 고조선 당시의 전승에 가깝고 원형에도 근접한 내용을 갖고 있는 것은 『삼국유사』에 인용된 단군신화이다. 그렇다면 단군신화에 대한 연구는 『삼국유사』에 실려 있는 기록을 중심으로 이루어져야 마땅하다.

그렇다고 해서 『삼국유사』 유형을 고조선 당시의 전승 그대로라고 볼 수는 없다. 단군의 조부를 불교적 용어인 환인으로 표현하는 등 후대에 윤색한 흔적이 보이기 때문이다. 이러한 사실은 과거 일제 식민사학자들이 단군신화를 후대의 날조로 간주하는 근거가 되었다. 그러나 그동안의 연구로 식

『삼국유사』의 단군신화 부분
『삼국유사』 권 제1 「기이紀異」 '제
2 고조선' 조에는 고조선사를 '고조
선(왕검조선)'과 '위만조선'으로 구
분하여 서술하고 있다. 전기 고조
선에 해당하는 고조선은 위만조선
보다 옛날에 세워진 조선이라 하여
'고조선'이라 불렸으며, 단군왕검이
세운 조선이라는 의미에서 '왕검조
선'이라고도 하였다.

민사학자들의 주장은 성립될 수 없음이 판명되었다. 그럼에도 『삼국유사』에
는 후대의 윤색이 포함되어 있다는 점을 충분히 고려해야 한다.

단군신화는 말 그대로 단군에 관계된 신화이다. 즉 단군을 주인공으로 하
는 신화이다. 그런데 신화와 역사는 별개 문제다. 단군신화의 내용처럼 하
늘에서 내려온 자(환웅)와 곰에서 변한 여자가 결합하는 일은 현실적으로 불
가능하며, 인간(단군)의 생존 연수가 1천 년을 훨씬 넘을 수도 없는 일이다.
따라서 단군신화를 있는 그대로 받아들이는 것은 종교적인 차원에서는 가
능할지 몰라도 과학적 사고방식과는 거리가 멀다.

단군신화에 나타난 사상

『삼국유사』에 전하는 단군신화는 그 구성의 특징에 따라 크게 세 부분으

단군 영정
1978년 정부에서 지정한 단군의 표준 영정이다. 대종교를 비롯하여, 단군을 민족의 시조로 인정하는 많은 사람은 영정으로 그려진 인물이 사실상 민족의 시조로서 단군조선을 세웠다고 본다.

로 나누어 볼 수 있다. 즉 환인·환웅의 존재, 단군의 출생, 단군의 건국으로 구분된다.

첫째 부분은 "옛날에 환인이 있었는데 서자 환웅이 … 무릇 인간의 360여 가지 일을 주관하고 세상에 살면서 정치와 교화를 하였다"라는 대목까지로, 환웅천왕에 관한 내용이다. 이 부분은 하늘신이 지상에 하강하여 신정을 베푼다는 내용이다.

둘째 부분은 "이때에 곰 한 마리와 호랑이 한 마리가 있어 … (단군은) 후에 아사달로 돌아와 숨어서 산신이 되니, 이때 나이가 1908세였다고 한다"라는 대목까지이며, 단군의 출생에 관한 이야기가 중심을 이룬다. 이 부분은 고조선 건국 시조의 탄생 설화를 말하고 있다.

셋째 부분은 고조선의 건국 및 치세에 관한 내용으로, 고조선 왕국의 변천 과정을 약간 덧붙여 놓았다.

일연은 단군신화에 대하여 자신이 창작한 것이 아니라 『위서魏書』와 『고기古記』에서 인용했다고 한다. 단군신화의 앞부분에는 『위서』를 인용하여 2,000년 전에 단군에 의해 고조선이 건국되었음을 언급하였다. 여기서 '2,000년'이란 연수가 어느 시기를 기준으로 하여 계산되었는지는 알 수 없다. 결국 『위서』를 인용한 내용은 중국 역사책의 어딘가에 조선朝鮮의 건국 전설이 적혀 있었다는 사실 정도를 아는 데 만족할 수밖에 없다.

반면 『고기』를 인용한 부분은 단군의 출생 과정, 고조선의 국도國都 변천, 단군의 최후 등 한층 다양한 사실을 전하고 있다. 이런 내용으로 미루어 볼 때 『고기』는 대개 단군에 대한 전설보다는 고조선의 역사를 주로 기록한 책이었던 것 같다. 『고기』를 인용한 단군신화의 내용에는 천왕天王 시대의 기간이 표시되어 있지 않지만 단군왕검 시대는 1,500년으로 분명하게 기록하고 있다. 그러나 이는 단군 개인의 재위 연수로 볼 수 없다. 1,500년이란 기간은 '단군檀君'이라는 이름으로 표현된 여러 왕(제사장의 기능을 하는 왕)들이 통치했던 왕조의 기간을 나타낸 것으로 볼 수 있다.

단군신화의 역사성

단군신화는 천신이며 지고신至高神인 환인의 서자 환웅이 아버지로부터 천부인 세 개를 받고 인간 세상을 다스리기 위해 태백산 신단수로 내려오면서 시작된다. 우리의 고대 건국신화 중에는 외부에서 유입된 유이민이 중심 역할을 하는 경우가 많다. 고구려의 주몽, 백제의 온조와 비류, 신라의 혁거세와 알지, 가야의 수로 등이 모두 그러하다. 이들 유이민 집단은 원주지에서 겪은 여러 변동, 예컨대 생활 조건의 악화, 정치적 패배나 박해 등의 원인으로 이동했을 것이다. 그 결과 원주지에서 그들의 지위도 적자가 아닌 서자, 혹은 이와 유사한 처지로 표현되는 경우가 많다. 주몽과 온조가 그러한 사례에 속한다. 환인의 서자인 환웅, 그리고 그가 거느리고 온 3,000명의 무리도 이와 유사한 처지였을 것이다.

단군신화에 나오는 환인이라는 단어는 천제天帝·일신日神을 뜻하는 불교식 칭호로서, 오늘날의 하느님과 같다. 이는 천상의 세계를 광명의 세계, 선신의 세계로 보는 샤머니즘의 우주관과도 일치한다. 따라서 단군신화의 세계는 샤머니즘으로 설명될 수도 있으며, 고조선의 지배자는 태양족의 후예로 자처하는 주술자로서 성격이 강한 군장君長이었음을 확인할 수 있다. 이러한 인식에서 한 단계 나아가 환인은 지고신으로서 하늘신이고, 환웅은 인격화한 하늘신, 곧 최초의 문화 영웅으로 이해된다.

이러한 주장을 따른다면 홍익인간弘益人間이라는 이념은 환웅과 무리 3천의 하강이라는 줄거리를 함께 고려할 때 고조선 사회의 계급적 지배 원리로 해석할 수 있다. 아울러 환웅이 인간의 수명이나 병, 선악 등과 같은 일뿐만 아니라 형벌을 주관했다는 점은 중요한 의미를 갖는다. 공동체 내부의 관습적인 규범만으로는 사회가 유지될 수 없을 정도로 복잡화(계층화)되었으며, 죄인을 처벌할 수 있는 공식적이고 강제적인 권력이 나타났다는 의미이기 때문이다. 단군신화의 환웅 기사에는 어느 정도 체계화된 농경 집단의 모습이 반영되어 있다. 건국의 주체가 된 집단은 선주민 집단을 정복·통합해 나가며 국가를 건설하는 과정에서 자신들의 지배를 합리화하기 위해 하늘에서 내려온 천신족임을 자처했던 것이다.

단군이 출생하는 과정을 보면 곰과 호랑이가 등장함으로써 토테미즘과 결부됨을 알 수 있다. 이 부분은 결국 고조선이 건국되는 과정, 즉 정치권력이 형성되는 과정에서 천天 부족, 웅熊 부족, 호虎 부족 등 특정 토템을 가진 집단의 등장을 뜻한다고 볼 수 있다. 다시 말해 고조선 연맹체 사회가 형성되면서 혼인을 통한 부족 간 결합 과정의 기록이라 볼 수 있다. 마치 고구려의 5부, 신라의 6촌과 같은 여러 부족이 모여 초기 국가를 세우는 과정과 같은 것이다.

『삼국유사』에 나오는 단군의 정식 명칭은 단군왕검이다. 여기서 '단군'은 제사장이라는 뜻을 지닌 한자를 차용하여 표기(음차音借)한 글자이다. 한자로는 제단 '壇단' 자를 쓰는데, 『삼국유사』 이후의 기록에서는 박달나무 '檀단' 자로 바뀌어 나타난다. 제단이나 박달나무 모두 신성한 의미를 갖고 있기는 하지만, '단'이라는 용어에 담긴 뜻은 그다지 중요하지 않다. 그것은 단지 몽골말로 하늘이나 제사장(무당)을 뜻하는 '텡그리(Tegri 혹은 tangri)'나 '탱려撑黎'라는 말을 한자로 표기했을 뿐이다. '왕검'은 임금이란 뜻으로, 정치적 지배자를 말한다. 따라서 '단군왕검'은 우리 역사에서 계급이 발생하던 시기의 지배자가 제사장(무당)이면서 임금(왕검)과 같은 역할을 했음을 의미한다.

단군조선 시기에 단군이라는 고유한 인물이 존재했던 것이 아니라, 단지 여러 명의 단군(제사장)이 여러 지역에서 부족국가를 이끌었던 형태가 실제로 초기 국가를 형성하던 단계의 우리 역사 모습이다. 그리고 초기 부족 사회가 점차 주변 지역을 정복하고 통합해가는 과정에서 '단군왕검'이 고조선의 최고 지배자를 가리키는 호칭으로 자리 잡았다.

지금까지 살펴보았듯이, 단군신화에 인용된 『고기』 내용을 토대로 할 때 단군신화는 바로 고조선이란 나라가 어떻게 성립되었는지를 설명하는 이야기라고 할 수 있다.

단군에 대한 올바른 인식

고조선을 세운 지배자들은 자신들이 하늘의 선택을 받았으며 백성을 잘 다스릴 수 있는 사람이라고 생각하였다. 그들은 이러한 사상을 가지고 일반 백성을 다스렸다. 단군왕검은 1,500년 동안 나라를 다스렸다고 한다. 인간의 목숨은 100세를 넘기기가 힘든데, 어떻게 1,500년 동안 나라를 다스릴 수 있었을까? 물론 이 수치는 사실이 아니다. 다만 옛날부터 우리 조상은 단군조선의 역사가 오래되었다고 믿었으며, 그것을 1,500년이라는 긴 시간으로 표현한 것이다. 단군이 1,500년간 나라를 다스렸다는 서술은 단군의 실존을 말해주는 사실이 아니라, 고조선의 역대 단군(지배자)들이 대를 이어가며 통치했던 사실을 기록한 것으로 볼 수 있다.

전근대 시기에 일반 백성뿐만 아니라 왕실에서도 빈번하게 거행되었던 굿에 관한 기록인 『무당내력巫堂來歷』은 단군을 무조巫祖로 기록하여 주목을 끌고 있다. 이 책은 19세기에 기록되었다고 전해지며 한국 신교神敎(무교巫敎)의 기원과 굿의 구조를 요약해 놓았는데, 특히 굿의 종류와 무당의 모습을 그림으로 기록하였다. 이에 따르면 태백산 단목檀木 아래에 내려온 단군으로부터 신교가 시작되었으며, 민속신앙에서 말하는 부루단지와 업주가리는 단군의 장자인 부루에서 유래되었다고 한다. 또 단군을 삼신제석三神帝釋이라고도 하는데, 아들이 없던 고구려 산상왕은 삼신제석에게 빌고 나서야 귀자貴子를 얻었으며, 그 후 삼신에게 아들을 기원하는 습속이 생겼다고 한다. 기층 사회에서 단군에 대한 인식은 이렇듯 개국 시조로서 단군보다 신으로서 단군으로 여겨졌다.

분명, 단군신화는 우리 겨레가 처음으로 나라를 창건했던 역사적 경험을 신들의 이야기, 즉 신화의 형식으로 이야기한 것이다. 따라서 신화의 내용은 꾸며낸 것도 아니며, 그렇다고 역사적으로 존재했던 사실 그대로도 아니다. 단군신화는 청동기 문화를 기반으로 하는 정치 세력이 여러 부족을 통합하고 고조선을 일으키면서 자신들의 집권이 정당할 뿐 아니라 합법적인 절차로 이루어졌음을 뒷받침하기 위한 사상으로 제시된 것이다.

마니산 참성단

강화도 마니산의 정상에 위치한 참성단은 단군이 하늘에 제사를 지냈다고 알려진 유적으로, 기본적으로 천원지방天圓地方 사상을 반영하여 조성되었다. 참성단에 대해서는 14세기 고려 원종 때 처음 기록으로 나온다. 바로 이 때문에, 대몽 항쟁기에 단군을 민족의 시조로 인식하면서 참성단이 조성되었다고 보는 것이 일반적인 견해이다.

세계 어느 나라든 건국신화와 시조에 대한 관념을 갖고 있다. 그러나 유독 우리나라에서만 국가의 시조가 민족의 시조로 승화되어 실재했다고 믿는 사람들이 많은 까닭은 무엇일까? 이것은 한국 역사의 특수성 속에서만 이해될 수 있다. 즉 해방 후 식민 잔재와 친일파 청산을 제대로 하지 못한 상황에서 1980년대에 들어오자 군사독재 정부의 역사 인식에 영합하는 보수 우익 집단이 등장했고, 이들은 정부의 암묵적인 지원과 대중의 호응에 힘입어 이른바 '웅대한 한민족사'를 역사적 사실로 주장하게 되었던 것이다.

바보 온달과 평강공주의 사랑 이야기

충청북도 단양군 영춘면에는 온달산성으로 불리는 제법 아름다운 산성이 있다. '산성이 아름답다고?' 이상히 여겨서 의문을 품을지도 모르지만, 온달산성에 직접 올라가보면 결코 허언이 아님을 깨닫게 된다.

온달산성이라는 이름에서 알 수 있듯이, 이곳은 고구려의 온달 장군이 전사한 곳이라는 전승이 전해지고 있다.

온달은 실존 인물인가

『삼국사기』「온달전」에는 온달의 최후를 다음과 같이 전한다.

> 양원왕(영양왕이 옳음—필자 주)이 즉위하자 온달이 아뢰기를 "신라가 우리
> 한수漢水(한강) 이북의 땅을 빼앗아 군현으로 삼았으니, 백성들이 통분하게
> 생각하여 일찍이 부모의 나라를 잊은 적이 없사옵니다. 바라옵건대 대왕

께서는 저를 어리석고 변변치 못하다 하지 말고 군사를 주신다면 한번 걸음에 우리 땅을 도로 찾아 오겠습니다." 하니 왕이 허락하였다.

온달이 떠날 때 맹세하기를 "계립령과 죽령 서쪽의 땅을 회복하지 않으면 돌아오지 않겠다." 하고 나아가, 아단성阿旦城 아래에서 싸우다가 날아오는 화살에 맞아 죽었다. 그를 장사 지내려 하였으나, 관이 움직이지 않았다. 마침내 공주가 와서 관을 어루만지며 "생사가 이미 결판났으니, 아아! 편히 돌아가시라." 하니 그제야 관이 들리었다.

온달은 계립령과 죽령 서쪽의 땅을 되찾기 전에는 돌아오지 않겠다고 맹세하고 출정한 뒤 아단성 아래에서 전사하였다고 한다. 계립령은 충주 미륵리와 문경 관음리를 잇는 옛길인 하늘재이며, 죽령은 단양과 풍기를 잇는 고개이다. 이 일대는 고구려와 신라 사이에 쟁패가 치열했던, 군사적으로 전략적인 요충지이다.

아단성, 곧 온달산성이 자리 잡은 이곳의 고구려 때 지명은 을아단乙阿旦으로, 아단성과 서로 통하고 계립령 및 죽령과도 가깝다. 이 때문에 바로 이곳을 온달의 전사지로 보는 견해가 설득력을 얻는다. 다만, 지금 남아 있는 온달산성 자체는 신라가 축성한 산성이다. 신라의 산성에 온달은 자신의 이름을 남겼으니, 생전에 못다 이뤄 남긴 회한을 죽은 뒤에 푼 셈이다.

『삼국사기』에 묘사된 온달의 최후는 비극적이다. 출전이 비장했던 만큼 죽어서조차 그곳을 떠나지 못할 정도로 미련도 컸다. 사랑하는 이의 간절한 호소에 비로소 이승에 대한 미련을 버리고 떠나는 온달의 최후는 평강공주와의 사랑 이야기와 더불어 그를 영원히 설화의 주인공으로 남게 하였다. 사실, 이러한 비현실적인 내용이 온달 이야기가 두고두고 사랑을 받아온 까닭이기도 하다.

© 하일식

온달산성
산 정상에 쌓은 테뫼식(7~8부 능선에 거의 수평으로 성을 축조하여 봉우리들을 둘러쌓는 기법) 산성으로,
신라의 축성법을 잘 보여준다. 산성에 오르면 남한강 최상류의 물줄기가 휘감아 돌아가는 주위를 조망
할 수 있다. 충북 단양군 영춘면 하리에 소재하며, 죽령을 넘는 교통로를 통제하는 요충지이다.

　온달은 설화의 주인공일 뿐인가, 아니면 실존했던 인물인가? 현재로서는
명확한 답을 얻기 어렵다. 그러나 적어도 신라와 벌인 전투에서 영웅적인
최후를 마친 온달은 역사상 실존했을 가능성이 높다. 『삼국사기』「온달전」
의 기록을 좀 더 살펴보자.

　　고구려에서는 항상 봄철 3월 3일이 되면 낙랑 언덕에 모여서 사냥을 하고
　　이때 잡은 돼지와 사슴으로 하늘과 산천신에 제사를 지내는 풍습이 있었
　　다. 그날이 되어 왕이 신하들과 5부의 병사들을 거느리고 사냥에 나섰다.

이에 온달도 기르던 말을 타고 따라갔는데, 언제나 앞장서서 달리고 잡은 짐승도 제일 많아서 따를 자가 없었다. 왕이 그를 불러 이름을 물어보고 놀라며 이상히 여겼다.

이때에 후주後周(북주北周)의 무제武帝가 군사를 보내어 요동을 침략하매 왕이 군사를 거느리고 나아가 배산 들판에서 맞아 싸웠는데, 온달이 선봉이 되어 날쌔게 싸워 적병 수십여 명의 목을 베니 모든 군사가 기세를 타고 들이쳐서 크게 이겼다. 전공을 논할 때 모두들 온달의 공이 제일이라고 하였다. 왕이 온달을 칭찬하고 감탄하여 "이 사람은 나의 사위라." 하고 예를 갖추어 맞이하며, 대형大兄의 벼슬을 내렸다. 이로부터 온달에 대한 왕의 은총과 영화가 더욱 두터워졌으며, 온달의 위풍과 권세가 날로 성하였다.

평강공주와 결혼한 온달은 매년 3월 3일에 치러지는 봄철 수렵 행사에서 두드러지게 활약하여 평원왕의 눈에 들고, 북주의 침입 때 큰 공을 세워 마침내 대형이란 벼슬과 함께 정식으로 부마로서 인정을 받는다. 그리고 영양왕 때 신라와 치른 전투에서 전사하였다.

당시 고구려가 처한 국제 정세를 보면 이러한 온달의 행적은 충분히 있을 법하다. 북쪽으로는 북제·북주·수 등의 북중국 세력 및 돌궐이 6세기 중반 이후 요동과 요서 지역으로 세력 확장을 꾀하고 있었다. 또한 남쪽으로는 한강 유역을 차지한 신라가 신흥 강국으로 떠오르며 고구려를 위협하고 있었다. 이러한 상황에서 고구려는 요동 지역에서 그때까지 키운 세력권을 유지하는 한편, 남쪽으로 신라에게 빼앗긴 한강 유역을 회복하는 데 힘을 기울였다. 따라서 이 과정에서 온달과 같은 행적을 갖는 인물이 실제로 존재했을 가능성이 적지 않다.

무용총 수렵도
고구려에서 수렵 행사는 다양한 의미를 갖고 있다. 온달의 경우처럼 무예가 뛰어난 인재의 선발, 제사 희생물의 사냥, 군사훈련 등의 목적으로 널리 이루어졌다.

아마도 그 무렵 고구려에서는 잃어버린 한강 유역을 되찾아야 한다는 숙원을 실현시켜줄 것으로 기대되는 인물이 존재했을 터다. 그는 이미 여러 차례 출정한 대외 전쟁에서 혁혁한 전승을 올리고 명성을 떨쳤다. 그래서 그에게 거는 기대는 남달랐고, 그만큼 신라와 전투 중에 맞은 그의 죽음은 더욱더 비극적으로 받아들여질 수밖에 없었을 것이다. 그의 공적과 행적은 일종의 영웅담으로 윤색되어 사람들의 입에 오르내렸으며, 점차 하나의 설화로 전해지게 되었다. 그 인물의 이름은 전하는 바와 같이 '온달'이었을 것이다.

온달은 평민인가 귀족인가

사랑 이야기는 언제나 우리의 마음을 설레게 하는 주제이다. 더욱이 온달과 평강공주의 이야기는 바보라고 놀림받던 가난하고 미천한 온달과 한 나라의 가장 존귀한 신분인 평강공주가 우여곡절 끝에 신분의 벽을 뛰어넘어 마침내 결혼하고 바보 온달은 위대한 장군이 되었다는 줄거리를 갖고 있어 더욱 흥미를 불러일으킨다.

결혼을 통해서 신분 상승을 이루거나 부귀영화를 누린다는 식의 이야기는 동서고금을 막론하고 만들어지는데, 대표적으로 유럽의 신데렐라 이야기가 있다. 오늘날, 동화 속의 신데렐라처럼 여성이 일시에 자신의 일생을 변화시켜줄 사람을 기다리는 심리적 의존 상태를 가리키는 심리학 용어로 '신데렐라 콤플렉스'라는 말이 있는데, 바로 신데렐라 이야기에서 나왔다. 우리 사회에는 신데렐라 콤플렉스뿐만 아니라 '온달 콤플렉스'라는 신조어도 나오고 있다. 재산이 넉넉한 집안의 딸이되 적당히 미모도 갖춘 여인과 결혼하려는 젊은 남성의 결혼 세태를 풍자하는 용어이다.

그렇다면 과연 온달은 공주와 결혼을 통해 출세한 인물인가? 그 이야기는 누구나 다 알고 있지만, 다시 한 번 『삼국사기』 「온달전」의 줄거리를 상기해 보자.

> 고구려 평원왕 때였다. 온달은 집이 매우 가난하여 항상 밥을 빌어다가 어머니를 봉양하였다. 그런데 그의 용모가 우습게 생기고 옷차림이 남루한 까닭에 사람들은 그를 가리켜 '바보 온달'이라고 불렀다. 평원왕의 어린 딸이 걸핏하면 울어대므로 왕이 놀리기를 "네가 항상 울어서 시끄럽게 구니, 이 다음에 크면 사대부의 아내가 될 수 없고 바보 온달에게나 시집

보내야 하겠다."라고 말하였다.

딸의 나이 16세가 되자 왕이 상부上部 고씨高氏에게 시집보내려 하니, 공주는 "대왕께서 항상 말씀하시기를 '너는 반드시 온달의 아내가 될 것이다'고 하셨는데, 지금 무슨 까닭으로 예전의 말씀을 고치시나이까?' 하면서 말을 듣지 않았다. 왕의 노여움을 산 공주는 보물 팔찌 수십 개를 팔에 차고 궁궐에서 나와 홀로 온달을 찾아갔다. 그러나 눈먼 노모와 온달은 가난하고 못난 자신들이 결코 귀인의 짝이 될 수 없다며 거부하였다.

마침내 공주의 진심을 알아차린 뒤 두 사람은 결혼하였으며, 공주의 황금 팔찌를 팔아서 집과 전답·노비·우마 등을 사들여 살림살이를 갖추었다. 그 뒤 공주의 헌신적인 뒷바라지를 받으며 온달은 열심히 무예를 닦고 익혔다.

앞에서 고구려 평원왕 때의 뛰어난 무장으로 신라와 치른 전투에서 전사한 온달이 실존 인물일 가능성을 생각해보았다. 그런데 바로 위의 기록에 나타난 온달의 사회적 지위를 생각하면, 그러한 가능성을 다시 접어 두어야 할 듯하다. 왜냐하면 온달은 바보라고 불릴 정도로 가난하고 미천한 출신인데, 이런 낮은 신분의 사내가 공주라는 높은 신분과 혼인을 하고 또 무공을 세워 높은 벼슬자리에 오른다는 것은 거의 불가능하기 때문이다. 적어도 우리가 알고 있는 역사적 지식으로는 그 시대 그러한 혼인은 결코 이루어질 수 없다.

이처럼 현실적으로 불가능한 일이 하나의 이야기로 꾸며졌기 때문에, 오랜 세월 동안 온달의 이야기가 설화로서 생명력을 지니고 전해지게 되었는지도 모른다. 그렇다고 해서 위 설화를 단지 꾸며진 허구의 이야기로만 간주해도 좋다는 뜻은 아니다. 우리는 이 이야기에서 사실과 허구의 경계를 조심스럽게 찾아내야 한다. 이에 대한 답을 얻기 위해 위 이야기를 거꾸로 풀어보도록 하자.

신라와 전투를 벌이던 중에 전사한 온달이 실존 인물이라고 한다면, 그가 평원왕의 부마라는 사실도 허구는 아닐 것이다. 하지만 당시 고구려의 신분제에 비춰 볼 때, 공주와 결혼한 온달을 위 설화처럼 가난한 평민 출신이었다고 생각할 수는 없다. 하지만 명문 귀족 출신으로 보기도 어렵다. 위 설화의 핵심은 온달과 평강공주의 지극히 비정상적인 결혼에 있는데, 온달이 명문 가문 출신이라면 그와 같은 내용의 설화가 만들어질 리 없기 때문이다. 따라서 온달이 평민 출신은 아니라 해도, 적어도 평원왕의 부마가 된 일이 당시로서는 충격으로 받아들여질 만큼 신분이 높지는 않았을 것이다. 아마도 왕실의 통혼권에서 벗어나 있던 하급 귀족 출신일 듯하다.

이 점은 온달이 북주와 치른 전투에서 공을 세우고 정식으로 왕의 부마로 인정받은 뒤에야 7위 관등에 해당하는 대형大兄 벼슬에 오른 사실에서도 짐작할 수 있다. 고구려 말기의 경우이기는 하지만 명문 귀족 출신인 연개소문이나 그의 아들들이 아버지의 직책을 계승하여 일찍부터 최고위 관직에 오른 사실과 비교하면 확실히 차이가 있다.

좀 더 추측해보자면, 온달의 가문은 그가 살던 당대에는 하급 귀족에 속했겠지만, 그의 몇 대 선조는 하급 귀족 축에도 속하지 못한 일반 평민 출신이었는지도 모른다. 이 시기 고구려의 사회변동상을 고려하면 이 같은 추측이 결코 억지스러운 것만은 아니다. 설화에서 온달을 가난한 평민 출신으로 묘사하고 있는 점은 이러한 그의 가문 내력을 반영한다고 생각된다.

온달이 하급 귀족 출신이라고 한다면, 어떻게 신분의 차이를 넘어 평강공주와 파격적인 결혼을 할 수 있었을까? 물론 이때도 자유 연애는 있었을 터이니, 두 사람이 깊은 사랑에 빠져 신분적 한계에도 불구하고 마침내 결혼에 이르게 되었다는 낭만적인 상상도 해봄직하다. 이 경우 김유신의 아버지 김서현이 왕족인 만명과 연애를 하여 주위의 반대를 무릅쓰고 결국 사랑의 결실을 이루었다는 실제 이야기가 떠오른다. 그러나 김서현은 가야 왕족 출신으로 진골 신분이라는 점에서 온달의 처지와 비교할 수 없다. 단순히 온달과 평강공주 두 사람의 사랑만으로 신분의 벽을 뛰어넘을 수 있을 만큼 당시 신분제가 그렇게 녹록하지는 않았다.

온달이 공주와 결혼할 수 있었던 배경은 무엇일까? 설화에는 온달이 공주와 결혼한 뒤 무훈을 세운 것으로 되어 있지만, 사실은 그 반대였을 것이다. 오히려 뛰어난 무예를 갖추고 북주와의 전투에서 혁혁한 군공을 세웠기 때문에 공주와 결혼하게 되었다고 보는 것이 타당하다. 아마도 그때 귀족들이 수긍할 만한 뛰어난 공을 세움으로써 파격적인 결혼을 약속받았을 것이다.

그러나 하급 귀족 출신인 온달로서는 결혼에 이르는 과정이 그리 순탄치 않았을 듯싶다. 예컨대 상부上部 고씨高氏 같은 유력한 경쟁 상대가 나타나기도 하였다. 그렇지만 온달은 평원왕의 신임을 바탕으로 최후의 승리자가 되었고, 이를 시기한 귀족들이 두 사람의 결혼을 '바보'와 '울보'의 결혼이라고 빈정거렸을지도 모르겠다.

온달 설화의 역사적 배경

지금까지 우리는 온달 설화에서 역사적 사실을 찾는 작업을 하였다. 그 결과 온달은 실존 인물이며, 평원왕의 딸 평강공주와 결혼한 일도 사실일 가능성을 확인하였다. 이제부터는 그 나머지 꾸며진 이야기의 세계로 눈을 돌려보자.

온달과 평강공주의 파격적인 결혼은 당시 세인들의 화제가 되기에 충분하였다. 사람들의 입에 오르내리면서 이들 두 사람의 결혼에는 더욱 흥미진진한 이야기적 요소가 덧붙여졌고, '울보'인 공주가 궁궐을 나와 '바보'인 가난한 온달과 결혼했다는 식으로 바뀌어갔을 것이다. 이런 이야기적 요소는 물론 허구이다. 그러나 거기에는 당대의 사회상이 어느 정도 반영되어 있기 마련이다.

예를 들어 온달처럼 밥을 빌어먹는 가난한 평민들의 존재, 온달이 공주와 결혼하여 황금 팔찌를 팔아 부자가 되었다는 이야기처럼 새로 부를 축적한 계층, 그리고 전쟁에서 탁월한 군공을 세우고 관직을 얻어 하급 귀족으로 진출한 계층 등은 당시에 실재했던 여러 형태의 인간 군상이 반영되었을 것이다.

이러한 사회상이 반영된 설화로는 백제 무왕과 관련된 서동 설화가 있다. 마를 캐서 내다 팔아 홀어머니를 모시고 사는 서동은 신라 진평왕의 셋째 딸 선화공주를 사모하여 거짓 노래를 퍼뜨리고, 이 때문에 궁에서 쫓겨난 공주와 결혼한다. 공주가 궁에서 갖고 나온 황금을 팔아 살림살이를 마련코자 했을 때, 서동은 비로소 집 곁에 쌓아 둔 돌덩이가 황금임을 알게 된다. 공주는 "이것만 있으면 한평생 부자로 살 수 있다"고 서동에게 황금의 가치를 깨우쳐준다. 서동은 많은 황금을 진평왕에게 보내 신임을 얻고, 나중에 백제의 왕위에까지 올랐다. 이 서동 설화도 온달 설화와 그 맥락이 비슷하다.

그러면 이러한 설화가 형성될 수 있었던 사회적 배경은 무엇일까? 6세기 무렵의 삼국 사회에는 커다란 사회변동이 일어나고 있었다. 철제 농기구와 우경이 널리 보급되면서 농업생산력이 발달했고, 아울러 상업과 수공업도 활발히 일어났다. 이 과정에서 사회분화가 촉진되어 온달이나 서동처럼 경제적으로 몰락한 계층도 나타난 반면, 상당한 토지와 부를 획득한 부호 농민중도 등장하였다. 이들이 부를 축적하는 과정은 조상 대대로 권세를 누려왔던 귀족 세력과는 달랐다. 그래서 위 설화에서는 온달과 서동이 뜻밖에 황금을 얻어 부자가 된 것처럼 묘사했을 것이다.

마지막으로, 온달이 무인으로 출세하여 벼슬길에 올랐다는 의미를 생각해보자. 새롭게 성장하는 부민층이 단지 경제적인 부의 축적으로만 만족했을 리 없다. 그 시절 사회에서 쉽지는 않았겠지만 한편으로 정치적 진출과 성장도 꾀해 나갔을 것이다. 물론 이들의 넉넉한 경제 기반이 곧 정치적 진출을 보장해주지는 않았다. 그러나 율령의 반포 등으로 지배 체제의 개편을 꾀하던 왕권이 관료 체제의 확대 과정에서 이들 새로운 세력과 결합을 꾀했기 때문에 어느 정도는 정치적 성장도 가능하였다. 새로이 성장한 이들이 국가 지배 세력 안에 편입되기 위해서는 관료로서 기본적인 소양을 갖추어야만 했다.

『구당서舊唐書』「고구려전」에는 다음과 같은 기록이 있다. "고구려에는 서적을 매우 좋아하는 풍속이 있다. 미천한 집안까지도 각 거리마다 큰 집을 지어 경당이라 부르고, 자제들로 하여금 결혼을 할 때까지 그곳에서 독서와 활쏘기를 익히게 한다." 이 기록처럼 고구려의 경당은 일반 평민 자제가 활쏘기 등의 무예를 닦고 독서를 통해 유교적 소양을 기르는 교육·훈련 기관이었다.

경당에서 중심을 이룬 사람들은 틀림없이 경제적으로 여유가 있는 부민층이었을 것이다. 이들은 경당에서 기본적인 소양을 쌓고, 「온달전」에 보이는 것처럼 갈고닦은 실력을 수렵 행사나 대외 전쟁을 통해 발휘하여 관료로 진출하려 했을 것이다. 온달이 왕의 사위가 되었다거나 대형의 벼슬에 올랐다는 전승은, 적어도 그러한 일이 일어날 가능성이 어느 정도 열려 있는 사회적 분위기 속에서 형성되었던 것으로 보인다.

05

서동과 선화공주의 결혼 이야기

신분과 국경을 초월한 역사 속 사랑 이야기는 팍팍하고 메마른 삶에 지쳐 있는 현대인의 마음속에 항상 새롭게 다가온다. 고구려 온달과 평강공주의 신분을 뛰어넘은 사랑, 그리고 백제 서동과 신라 선화공주의 국경을 뛰어넘은 사랑은 천여 년이 훨씬 지난 오늘날에도 여전히 사람들의 입에 오르내린다. 온달의 신분이 실은 평민이 아니라 귀족 출신이고 선화공주가 신라의 공주가 아닐 가능성도 있지만, 맺어지기 어려운 사랑을 이룬 이야기에 갈채를 보내는 사람들의 성원을 받으며 별다른 논란거리가 되지 못하였다.

서동과 선화공주의 사랑

너무나도 유명한 서동과 선화공주에 대한 이야기는 고려의 승려 일연이 13세기 말에 지은 『삼국유사』 '무왕武王' 조에 전한다. 여기에 따르면 서동은, 백제의 서울 남쪽 연못가에 살고 있는 한 여인이 연못 속의 용과 정을 통한 뒤 태어났다고 한다. 집안 형편이 어려웠던 모양인지 서동은 어려서부터 마를 캐어 내다 팔면서 생계를 유지하였다.

어느 날 서동은 신라 진평왕의 셋째 딸 선화공주가 절세의 미인이란 소리를 듣고 자기의 배필로 삼고자 하였다. 그래서 신라로 건너가 아이들에게 마를 나눠 주면서 "선화공주님은 밤마다 몰래 서동을 안고 논다네"란 노래(서동요)를 부르게 하였다. 이 노래가 널리 퍼져 진평왕의 귀에까지 들어가자 선화는 결국 궁에서 쫓겨났고, 서동은 길가에서 기다렸다가 선화를 만났다. 선화는 처음 보는 서동이 미덥게 느껴져 서로 사랑을 나누었다. 나중에 선화는 이 모든 것이 서동이 꾸민 일임을 알아챘지만 오히려 서동을 더 좋아하게 되었다.

선화는 궁에서 나올 때 어머니 마야부인이 건네준 황금을 내보이면서, 이것이면 둘이 평생토록 행복하게 살 수 있다고 가난한 서동을 위로하였다. 서동은 황금이 그렇게 가치 있는 줄 몰랐다면서 자신이 마를 캐던 곳에 황금이 산처럼 쌓여 있다고 말했다. 둘은 용화산龍華山 사자사獅子寺에 있는 지명법사知命法師의 힘을 빌려 황금 한 보따리를 신라 왕궁으로 날려 보냈다. 이 일로 서동은 진평왕의 신임을 받고 백제의 인심을 얻어서 백제의 왕위에 올랐으니, 바로 무왕이다. 나중에 무왕과 선화공주는 익산 용화산의 사자사에 가는 도중 연못에서 미륵삼존이 솟아 나온 이적異蹟을 보고 이곳에 용화삼회龍華三會의 미륵하생彌勒下生을 염원하는 미륵사를 세웠다고 한다.

이렇듯 흥미로운 서동과 선화공주의 이야기를 놓고, 당시 적대국이던 백제와 신라의 결혼이라는 점, 서동 설화는 백제에서 만들어진 이야기가 아니라 통일신라나 후백제 등 후대에 만들어졌다는 점, 독창적인 이야기가 아니라 '내 복福에 산다'라는 설화의 재현이라는 점 등을 들어 서동 설화의 신빙성을 의심하는 견해도 나타났다.

그러나 엄연히 『삼국유사』에 서동 설화가 기록으로 남아 있고, 미륵사지의 발굴 결과가 설화의 내용과 상당히 부합하며, 적대국 사이에도 정략결혼이 가능하다는 점 등을 근거로 역사적 상황이 반영되어 있다는 견해도 만만찮았다. 무엇보다 마를 캐던 소년이 국경을 초월하여 일국의 공주와 사랑을 이뤘다는 카타르시스는 역사적 사실과 상관없이 역사적 진실로 믿게 하는 힘이 있었다.

미륵사지 서탑 사리봉안기의 출현

모든 이의 연인으로 남았던 서동과 선화의 이야기는 천 년하고도 사백 년이 더 지난 2009년 1월에 파국의 위기를 맞는다. 미륵사지 서탑을 해체하는 과정에서 미륵사 창건과 관련된 새로운 자료인 사리봉안기舍利奉安記가 발견되었기 때문이다. 이에 따르면 백제의 사택씨沙宅氏 왕후가 639년 가람을 창건하고 탑에 사리를 봉안하였다. 천 년 이상 이어온 선화공주의 신화가 깨지는 순간이었다.

서동과 선화공주, 이 두 사람의 사랑 이야기는 역사가 아닌 설화 속의 이야기로 급전직하 떨어졌다. 물론 무왕의 왕비가 1명 이상일 가능성을 상정한다면 선화공주가 죽은 뒤 사택씨 부인이 왕비로 들어왔을 수도 있고, 선화공주가 신라 출신이므로 백제의 여인으로 왕후를 또다시 들였을 것이라고도 애써 위안을 삼아볼 수 있겠지만, 이는 그저 가능성일 뿐 궁색한 상상에 지나지 않는다.

우리는 여기서 미륵사 창건의 정치·사상적 배경에 주목할 필요가 있다. 미륵사는 한때 백제의 수도였던 공주(웅진)나 무왕 재위 시의 수도였던 부여(사비)가 아닌, 지방(익산)에 세워진 절이다. 왜 무왕은 공주나 부여가 아니라 익산에 거대한 미륵사를 창건했을까? 미륵은 석가모니가 입멸한 이후 56억 7,000만 년 이후에 나타나 중생을 제도하는 미래의 부처인데, 무왕은 왜 그러한 미륵의 출현을 바랐을까?

그것은 정치적으로 백제 왕의 잇단 죽음과 관련이 있다. 위덕왕은 598년, 혜왕은 599년, 무왕의 아버지인 법왕은 600년에 죽었다. 일국의 왕이 1년이 멀다 하고 계속해서 세 명이나 죽어 나갔다면 민심이 공황 상태에 빠질 것은 자명한 일이다. 그야말로 말세未世나 다름없었을 터다. 특히 법왕의 죽음은 불교 사상적 측면에서도 큰 충격이었다. 법왕이라는 왕명은 석가모니를 의미한다. 즉 법왕은 왕위에 오른 뒤 자신을 석가모니에 빗댔는데, 즉위한 다음 해에 죽었다.

이에 무왕(재위 : 600~641)은 석가모니를 대신하는 새로운 세계, 곧 미륵의 세계를 통해 백제인에게 희망을 심어주고자 하였다. 수도 사비(부여)가 아닌 익산에다 새로운 이상향인 불신佛神의 도시, 신도神都를 세우고자 하였다. 미륵에 대한 염원은 미륵사의 가람 배치에서 그대로 드러난다. 미륵은 하생下生하여 세 번의 설법으로 중생을 제도濟度한다고 하는데, 미륵사를 창건할 때 3개의 탑과 부처님을 모시는 3개의 금당金堂으로 구성된 3탑 3금당 가람 배치를 통해 이를 그대로 실현해 놓은 것이다.

3탑 3금당의 가람 배치를 통해 미륵의 하생을 기다리는 구도는 세계 역사상 백제 미륵사가 유일하다. 무왕은 미륵을 기다리면서 정법正法으로 나라를 다스리는 전륜성왕轉輪聖王이 되고자 하였다. 미륵에 대한 무왕의 희구가 얼마나 컸는지를 알 수 있다. 그렇다면 미륵사지 서탑에서 발견된 사리봉안기에는 구체적으로 어떤 내용이 서술되었을까?

(1) 가만히 생각하건대, 법왕法王께서 세상에 나오셔서 근기根機에 따라 감

미륵사지 석탑
익산 미륵사지 서탑의 해체 전 모습으로, 목탑 양식으로 만들어진 가장 오래된 석탑이다. 국보 제11호.
사리봉안기와 사리호(아래 왼쪽)
2009년 1월, 미륵사지 석탑 해체 시 심주석에서 발견되었다. 사리봉안기에는 사택왕후가 미륵사를 창건했다고 나와 있다.
사리봉안기의 앞면(아래 오른쪽)
사택왕후가 639년 가람을 창건하고 사리를 봉안했다는 내용이 적혀 있다.

응感應하시고, 만물에 감응하여 몸을 드러내심은 물속에 달이 비치는 것과도 같습니다. 그래서 왕궁에 태어나시고 사라쌍수 아래에서 열반에 드시면서 8곡의 사리를 남겨 삼천대천세계에 이익이 되도록 하셨습니다. 찬란히 빛나는 오색의 빛이 일곱 번을 도니 그 신통 변화가 불가사의하옵니다.(竊以法王出世 隨機赴感 應物現身 如水中月 是以託生王宮 示滅雙樹 遺形八斛 利益三千 遂使光曜五色 行遶七遍 神通變化 不可思議)

(2) 우리 백제 왕후께서는 좌평佐平 사택적덕沙宅積德의 따님으로 지극히 오랜 세월에 선인善因을 심어 금생今生에 뛰어난 과보를 받아 만민을 어루만져 기르고 삼보의 동량이 되어 능히 정재淨財를 희사하여 가람을 세우고 기해년 정월 29일에 사리를 받들어 봉안하였습니다.(我百濟王后 佐平沙宅積德女 種善因於曠劫 受勝報於今生 撫育萬民 棟梁三寶 故能謹捨淨財 造立伽藍 以己亥年正月卄九日 奉迎舍利)

(3) 원하옵나니, 세세생생 공양하고 영원토록 다함이 없어서 이 선근을 자량資糧으로 하여 대왕 폐하의 수명은 산악과 같이 견고하고 치세는 천지와 함께 영구하여 위로는 정법을 넓히고 아래로는 창생을 교화하게 하소서.(願使世世供養 劫劫無盡 用此善根仰資 大王陛下 年壽與山岳齊固 寶曆共天地同久 上弘正法 下化蒼生)

(4) 또 원하옵니다. 왕후께서는 (즉신성불卽身成佛하실 고귀한 분으로) 마음은 맑은 거울과 같아 법계를 비추어 항상 밝고, 몸은 금강과 같아 허공과 나란히 불멸하시니, 7세의 구원久遠까지 함께 복리福利를 입게 하고 모든 중생이 불도佛道를 이루게 하소서.(又願王后卽身 心同水鏡 照法界而恒明 身若金剛 等虛空而不滅 七世久遠 並蒙福利 凡是有心 俱成佛道)

※ 문단은 필자가 임의로 나누고 편의상 번호를 붙였으며, 번역은 고故 김상현 교수의 번역을 참조하되 일부 달리 번역했다.

사리봉안기, 미륵 신상과 법화 신앙

미륵사 사리봉안기는 총 193자로 이루어졌으며, 4개의 문단으로 구분할 수 있다. 첫 문단에는 법왕(석가모니)이 세상에 나온 인연, 둘째 문단에는 사택왕후가 639년(기해년) 가람을 창건하고 사리를 봉안한 사실, 셋째 문단에는 대왕 폐하의 만수무강, 넷째 문단에는 왕후가 절을 창건한 복덕福德으로 모두가 불도를 이루길 바라는 서원을 담았다. 봉안기가 세상에 나옴으로써 그동안 논란이 무성했던 미륵사의 창건주와 창건 연대를 알게 되는 성과를 얻었다. 또한 무왕을 '대왕 폐하'라 일컬었다는 데서 당시 백제가 황제 체제를 지향했음이 밝혀졌다.

봉안기의 서술 순서가 법왕(석가모니) → 왕후 → 대왕 폐하(무왕) → 왕후로 이어지고, 또한 특히 왕후에 대해서는 '즉신성불卽身成佛할 분으로 마음은 법계를 비추고 몸은 불멸의 경지에 올랐다'고 한 기록으로 보아 미륵사 창건의 실질적인 주도자는 사택왕후인 듯하다. 물론 익산의 미륵사 창건은 왕궁리의 왕궁 및 제석사 창건과 연관된 신도神都 건설의 일환이었기 때문에 무왕의 역할도 무시할 수는 없다. 다만 639년은 무왕 말년에 해당하고 나이도 환갑을 전후한 시기라 미륵사 창건의 임무는 사택왕후와 좌평 사택적덕沙宅積德을 비롯한 사택씨 가문에서 맡은 것으로 보인다. 사택씨는 백제의 대성팔족大姓八族 가운데 가장 대표적인 가문으로, 의자왕 때 대좌평을 역임한 사택지적砂宅智積과 같은 가문이다. 사택지적은 부여에서 발견된 사택지적비의 주인공으로도 유명하다.

그런데 봉안기에는 불교와 관련된 여러 용어가 등장하지만 미륵 신앙과 직접 연결 지을 수 있는 내용은 보이지 않는다. 오히려 '법왕法王'이나 '사리舍利' 등 석가와 관련된 용어가 나타난다. 특히 '법왕출세法王出世'로 시작되

사택지적비와 그 탁본
1행 아래쪽에 이 비를 만든 '사택지적砂宅智積'의 이름이 보인다. 사택지적은 법화 신앙의 열렬한 신봉자였다. 『법화경』에 따르면 지적智積은 석가의 만형이다.

는 사리봉안기에서 법왕이 차지하는 위치는 남다르다. 법왕은 여러 경전에서 석가모니를 대신하여 쓰이는 말이다. 미륵사에서 발견된 봉안기에 선화공주가 나오지 않고 사택왕후가 등장한 사실도 놀랍지만, 미륵과 관련된 내용이 보이지 않는 점도 선뜻 이해되지 않는 부분이다.

사실 미륵은 석가로부터 미래의 부처가 되리라는 수기授記(예언 또는 암시)를 받았으므로 사리봉안기에 석가만 등장한다고 해서 미륵 신앙과 전혀 관련이 없다고 주장하기는 힘들다. 더구나 석가는 미륵 신앙뿐만 아니라 모든 불교 신앙의 근본이 되기 때문이다. 그럼에도 불구하고 3탑 3금당을 통해 미륵의 3회 설법을 상징화한 미륵사 창건 연기緣起에 미륵의 구원 등이 언급되지 않은 점은 이해하기 어렵다. 그렇다면 미륵사 창건의 사상적 배경을 미륵만으로 고집해서는 안 될 것 같다. 다양한 가능성을 열어 두어야 한다.

여기서 사택왕후 및 사택적덕과 같은 시대를 살았으며 나중에 대좌평을 역임한 사택지적의 불교 신앙에 주목할 필요가 있다. 그가 만든 사택지적비에 따르면, 그는 은퇴한 뒤 탑과 금당을 세웠다. 그의 이름은, 『법화경』에 의하면 전륜성왕의 맏손자이자 대통불大通佛의 맏아들이며 석가모니의 맏형이기도 한 지적智積에서 따왔다. 곧 사택지적은 법화 신앙의 열렬한 불교 신자였던 것이다.

법화 신앙은 『법화경』을 주된 경전으로 하고 『법화경』의 설주說主인 법왕(석가모니)을 받드는 신앙이다. 사정이 이렇다면 미륵사 창건을 기념하여 사택왕후가 탑에 봉안한 사리봉안기의 첫머리에 등장하는 법왕이란 말에는 좀 더 특별한 의미가 담겨 있다. 즉, 사택왕후도 사택지적과 마찬가지로 미륵 신앙보다는 법화 신앙에 가깝다고 볼 수 있다.

그렇다면 미륵사의 3탑 3금당에 입각한 미륵 신앙은 어디로 간 것일까? 미륵사라는 절 이름에서 분명하게 보여주듯 미륵사와 미륵 신앙은 분리될 수 없다. 적어도 가운데 탑과 금당은 미륵 신앙에 기반했음이 틀림없다. 우리는 이쯤에서 다시 『삼국유사』의 서동과 선화공주의 결혼 이야기로 되돌아갈 수밖에 없다.

『삼국유사』에 따르면 미륵사는 훗날의 무왕과 왕비 선화가 이곳을 지날 때 연못에서 미륵삼존이 출현하자 왕비가 건의하여 세워진 절이다. 다시 말해 미륵사 창건의 발원자는 선화공주이다. 선화는 미륵선화라고 하여 미륵과 관련된 이름이기도 하고, 미륵사 창건을 발원한 데서 알 수 있듯이 미륵 신앙자였다. 미륵사의 3탑 3금당은 중원中院을 중심으로 동원東院·서원西院의 삼원이 하나의 가람을 이루는 삼원일가람三院一伽藍의 가람 배치를 이루고 있다.

중원은 최초 발원자인 선화공주에 의해 세워졌고, 사리봉안기가 발견된 서탑을 비롯하여 서원과 동원은 사택왕후에 의해 조성되었을 가능성도 배제할 수 없다. 사택왕후가 가람을 창건했다는 말은 미륵사 전체 삼원을 세웠다는 뜻이 아니고, 중원에 이어 나머지 동원과 서원을 완성했다는 말로 이해된다. 이는 사상적으로 볼 때 미륵사의 창건에 미륵 신앙뿐만 아니라 법화 신앙도 큰 역할을 했다는 말이 된다. 이는 대통사 창건과 발정發正·현광玄光·혜현惠現 등의 승려에게 계승된 백제 법화 신앙의 연장선상에서 충분히 예견될 수 있는 일이다.

서동과 선화공주 설화의 역사적 해석

미륵사 사리봉안기의 발견으로 『삼국유사』의 선화공주는 설 자리를 잃어버렸고, 그 결과 서동과 선화공주의 결혼도 이제는 믿을 수 없는 이야기가 되어버릴 상황이다. 그러나 한편에서는 여전히 서동과 선화공주의 이야기를 사실로 받아들이는 사람도 있다. 이들이 주장하는 내용은 다음과 같다. 즉, 미륵사 창건이 20~30여 년간에 걸쳐 이루어진 대공사였으며, 60세를 전후한 무왕에게 2명 이상의 왕비가 있을 수 있으므로 사택왕후의 등장이 선화공주를 부정하는 것은 아니다. 또한 사리봉안기에 보이는 사택왕후의 불교 신앙은 법화 신앙이므로 선화공주와 같은 미륵 신앙자의 존재를 상정해야 한다는 것이다.

『삼국유사』는 백제 멸망 후 600여 년이 지난 이후의 기록이고 사리봉안기는 639년 당시 백제인의 기록이기 때문에 후자의 사료 가치가 월등함은 두말할 필요도 없다. 따라서 두 기록이 상충한다면 사리봉안기의 기록을 따르는 것이 역사학의 상식이다. 다만 193자로 쓰여진 사리봉안기가 미륵사 창건에 관한 모든 설명을 해주지 못한다는 점도 부정할 수 없는 사실이다. 예를 들어 사리봉안기에는 어째서 미륵과 관련된 내용이 없는가를 분명히 설명해주지 못하고 있다. 그러므로 『삼국유사』를 부정만 할 것이 아니라 사리봉안기가 설명해주지 못하는 내용을 메울 수 있는 하나의 자료로 여전히 남겨 두어야 한다.

그런데 미륵사 중원의 창건에 선화공주가 참여했다고 해서 그녀를 과연 신라의 공주로 단정할 수 있을까? 무왕이 신라의 공주인 선화와 결혼했는가는 또 별개의 문제다. 선화가 진평왕의 공주일 수도 있지만, 익산 등 백제 지역 출신일 가능성도 있기 때문이다. 둘의 결혼은 적대국 간의 정략결혼일 수도 있고, 무왕이 익산 지역과 유대를 강화하고자 한 결혼일 수도 있다.

현재로서는 어느 쪽의 손을 확실히 들어줄 수 없는 상황이다. 그런데 두 사람의 결혼 문제는 여기서 단순히 끝나지 않고, 이후 의자왕이 누구의 아들인가와 연계되어 향후 중요한 정치적 의미를 갖기 때문에 마냥 피할 수 있는 문제도 아니다.

둘의 결혼이 사실이라면, 그 시기는 의자왕의 아들인 부여융扶餘隆 묘지명으로 추정할 수 있다. 융은 615년에 태어났다. 그렇다면 적어도 600년 전후에 의자가 태어났어야 하므로 서동과 선화는 600년 전후에 결혼한 셈이 된다. 중요한 점은, 무왕이 600년에 즉위했는데 두 사람의 결혼이 즉위 전인지, 아니면 그 이후인지에 있다. 『삼국유사』에 따르면 서동은 결혼 전에 선화를 만났다고 하는데, 정식 결혼은 무왕의 즉위와 더불어 치러졌을 가능성도 있다.

한편 백제 멸망 후 665년에 당, 신라, 백제(웅진도독부)가 회맹會盟을 하게 되는데, 여기에는 백제가 멸망할 수밖에 없었던 내용이 언급되어 있다. "백제의 선왕은 순리에 어긋나고 이웃 나라에 우호적이지 않았으며, 친·인척과 화목하지 않고, 고구려와 결탁하면서 왜국과 교통하였다"라면서 힐난하고 있다. 여기서 친·인척(親姻)이란 왕과 왕비의 친척을 말한다. 백제는 동성왕과 성왕 때 신라와 혼인 관계를 맺은 적이 있지만, 회맹 문서에 굳이 100년 전의 혼인 관계를 언급했을 것 같지는 않다. 만약 백제 선왕인 의자왕이 선화공주의 아들이라면 신라와 인척 관계가 성립된다. 의자왕이 신라의 대야성을 침공하여 김춘추의 딸과 사위를 죽인 사건은 유명한데, 이를 감안한다면 의자왕은 인척과 화목하지 않았다고 서술될 수 있다.

서동은 법왕의 아들이지만 마를 캐며 생활을 영위하는 어려운 시절을 보냈고, 선화공주는 왕실에서 쫓겨나는 어려움을 겪기도 했다. 둘의 사랑은 새로운 세상의 도래를 바라는 미륵사 창건으로 이어졌다. 그 꿈은 백제의 멸망으로 이루지 못했지만, 그런 종교적 바람은 뒷날 신라의 불국사로 이어졌다. 1,400여 년이 지난 미륵사에는 석탑만이 외롭게 자리를 지키고 있다. 하지만 서동과 선화공주의 사랑 이야기는 그 사실 여부를 떠나 미륵의 하생을 기다리는 민초의 마음을 상징하고 있다.

06

광개토왕릉비와 고구려인의 천하관

  광개토왕을 모르는 한국인은 없을 것이다. 평생 동안 영토를 개척하는 데 온몸을 바친 왕, 바로 그 때문에 생전에는 영락대왕永樂大王이라 불리다가 죽은 뒤에는 영토를 크게 넓혔다는 뜻으로 '광개토왕廣開土王'이라 불린 왕. 그런 왕을 그냥 저승으로 보내는 것이 못내 아쉬웠던지, 고구려 사람들은 414년에 삼년상을 치르면서 거대한 기념비를 세웠다. 그 기념비는 지금도 유유히 흐르는 압록강을 바라보면서 중국 땅 길림성 집안시集安市에 우뚝 솟아 있다.

  흔히 '광개토왕릉비'라고 불리는 이 기념비는 높이 6.4m, 무게 37톤으로, 아파트 3층 높이에 가까운 거대한 규모이다. 용암이 분출하면서 만들어진 화산암 계통의 장방형 돌기둥을 거의 다듬지 않고 세웠기 때문에 지금도 비의 곳곳에서 자갈이나 모래가 박힌 모습을 쉽게 볼 수 있다. 아래 위가 넓고 가운데는 잘록한 모습을 하고 있어, 땅에서 막 솟아나 하늘로 올라가려는 듯한 인상을 받는다.

광개토왕릉비인가, 호태왕비인가

만약 지금 독자들이 이 기념비를 찾아가 본다면 순간 당황할지도 모르겠다. '광개토왕릉비'라고 알고 왔는데, 비각 현판에는 '호태왕비好太王碑'라 적혀 있기 때문이다. 그러나 잘못 씌어 있다고 전혀 놀랄 필요는 없다. 중국에서는 광개토왕릉비를 '호태왕비'라 부르고 있다. '호태왕비'는 일본에서도 널리 받아들여지는 명칭이다. 왜 동일한 비석의 이름을 나라마다 다르게 부르는 것일까?

광개토왕의 정식 시호는 '국강상 광개토경 평안 호태왕國岡上廣開土境平安好太王'으로 무려 12자에 이른다. 이 가운데 '국강상國岡上'은 도성의 언덕이라는 뜻으로 왕릉이 위치한 장소를 말한다. '광개토경廣開土境'은 영토를 넓게 개척하였다는 뜻으로 재위 시 업적을 압축적으로 표현한 말이다. '평안平安'은 백성들을 평안하게 살도록 하였다는 뜻이고, '호태왕'은 왕을 높여서 부르는 존칭이다. 중국이나 일본에서 존칭에 해당하는 호태왕을 왕의 칭호로 삼았다면, 우리나라에서는 업적을 나타내는 '광개토경'을 바탕으로 칭호를 정했다고 할 수 있다.

그렇다면 무엇을 선택하여 왕의 칭호로 삼는 것이 가장 바람직할까? 이름은 그 사람의 특징을 잘 나타내면서 고유한 것이어야 한다. 그런데 '호태왕'은 존칭이므로 다른 왕에게도 사용했을 수 있다. 실제로 광개토왕의 증손자인 문자명왕은 명치호왕明治好王이라고도 불렸는데, 여기서 '호왕'은 호태왕의 줄임말일 가능성이 높다. 호태왕이라는 존칭은 여러 왕에게 사용되었을 가능성이 높기 때문에 특정한 왕의 칭호로는 적당하지 않다.

반면 '광개토경'은 업적을 가장 잘 나타낸 표현이다. 왕의 정식 명칭은 다른 금석문에서도 보이는데, 모두루牟頭婁 묘지墓誌에는 '대개토지大開土地', 호

광개토왕릉비

오른쪽 사진은 1918년에 구로이타 가쓰미黑板勝美 등이 광개토왕릉비를 중심으로 현지 조사를 실시하고 찍은 것이며,『조선고적도보』에 실려 있다. 아래는 비각 안에 능비가 있는 2016년의 모습이다. 현판에 '好太王碑'라는 글자가 보인다.

우총 호우명壺衧銘에는 '광개토지廣開土地'로 씌어 있다. 표현이 조금씩 다르긴 해도 모두 '광개토경'과 같이 영토를 넓게 개척했다는 의미를 담고 있다. 고구려 사람은 누구나 대왕을 영토를 넓게 개척한 왕으로 기억했던 것이다.

그러므로 기다란 정식 칭호를 줄인다면 '영토를 넓게 개척한 왕'으로 부르는 것이 가장 타당하다. 우리 역사서인 『삼국사기』에서도 '광개토왕'이라 불렀으며, 오늘날 우리도 자연스럽게 이를 받아들이고 있다. 그런 점에서 비석 명칭도 광개토왕릉비廣開土王陵碑라고 부르는 것이 바람직하다. 그럼, 중국이나 일본에서는 왜 굳이 '호태왕비'라고 부르는 것일까?

광개토왕릉비가 재발견되기까지

당연하겠지만 고구려 당대에는 능비를 아주 잘 관리했을 것이다. 고구려 계승을 자처한 발해도 이 지역에 환주桓州라는 행정구역을 설치했던 만큼 능비를 잘 관리했을 것으로 짐작된다. 그렇지만 발해마저 멸망한 다음, 능비는 홀로 고구려의 역사를 간직한 채 찾는 이 없는 황량한 벌판을 쓸쓸이 지키며 점차 역사의 뒤안길로 잊혀갔다.

능비가 다시 알려진 것은 고려 말이다. 원元의 동녕부東寧府 정벌에 나선 이성계가 이 지역을 지나다가 능비와 주변의 여러 유적을 발견했던 것이다. 그 뒤 이성계의 조선 건국을 노래한 용비어천가를 비롯하여 조선 초기의 문헌에는 국내성·장군총과 더불어 능비가 등장하고 있다. 그렇지만 조선 초기 사람들은 이 능비가 광개토왕릉비라고는 꿈에도 생각하지 못했고, 직접 확인하려고도 하지 않았다. 그냥 당시 이곳에 살던 여진족이 세웠던 금나라 황제의 비석으로만 짐작했을 뿐이었다. 이러한 인식은 19세기 중반에 김정호가 만든 〈대동여지도〉에까지 이어졌다.

더욱이 청나라가 이 지역이 자기네 조상의 발상지라면서 외부인의 출입을 금지하자 능비는 세상으로부터 더욱 멀어졌다. 오랜 세월의 망각에 갇혔던 능비가 다시 소생한 것은 이 지역이 봉금封禁의 땅에서 풀려나면서부터이다. 19세기 중반 이후 많은 사람이 이곳으로 이주하여 터전을 잡자, 청나라 정부는 1876년 봉금을 해제하고 회인현懷仁縣을 설치해 관리를 파견하였다. 능비는 이 무렵에 다시 발견되어 마침내 '광개토왕릉비'로 알려지기 시작하였다.

워낙 거대한 규모이고, 심지어 오랜 시간 이끼로 덮여 있었기 때문에 처음에는 전체를 탁본할 수 없었다. 전면 탁본은 1880년대 초반 비의 겉면에 쇠똥을 칠하고 불태워 이끼를 제거한 다음에야 비로소 이루어졌다. 그렇지만 이때도 정확한 원석 탁본을 뜨기는 힘들었다. 비면이 울퉁불퉁하고, 종이나 먹 등 탁본 재료의 질도 조악하며, 기술도 조잡했기 때문이다. 이때의 탁본은 비면에 종이를 붙이고 이를 가볍게 두들겨 글자의 윤곽을 본뜬 다음, 틈이 생긴 곳이나 글자가 없는 자리에 먹을 칠해서 탁본처럼 보이게 한 쌍구가묵본雙鉤加墨本이었고, 그것도 각 면을 수십 장으로 나누어 탁본한 것이었다.

이처럼 초기 탁본은 부정확했지만, 북경에 알려지면서 많은 금석가의 사랑을 받았다. 이에 1887~1889년 청나라 금석학자들이 전문 탁공拓工을 보내서 원석 탁본을 제작하기에 이르러 능비의 금석학적 가치가 더욱 정확하게 인식되었다. 그러나 그들은 주로 능비의 웅혼한 서체에만 관심을 기울였을 뿐 고구려 역사에는 크게 주목하지 않았다. 마치 광개토왕의 칭호 가운데 업적이 담긴 '광개토경'보다 존칭에 불과한 '호태왕'에 더 많은 관심을 가지는 것처럼. 그때만 하더라도 그들은 고구려사를 중국사로 여기지 않았기 때문에 관심을 가질 만한 이유가 없었는지도 모른다.

능비에 드리운 일본 제국주의자들의 음모

한편, 청나라에 스파이로 파견되었던 일본 육군 참모본부 소속의 사코 가게아키酒匂景信 중위가 1884년에 131장으로 이루어진 능비의 쌍구가묵본을 가지고 귀국하였다. 일본 참모본부는 곧바로 능비 연구에 착수했는데, "왜이신묘년래도해파백잔□□신라이위신민(倭以辛卯年來渡海破百殘□□新羅以爲臣民)" 이라는 구절을 발견하고는 흥분하였다. '신묘년 조'라 불리는 이 구절은 문장 그대로 해석하면 '왜가 백제와 신라를 정복하여 신민으로 삼았다'고 볼 수도 있기 때문이다.

일본 육군 참모본부는 5년여 동안 능비를 치밀하게 연구한 뒤 1889년에 그 결과를 공표하였다. 그와 동시에 신문지상에 "비문에는 일본이 일찍이 백제, 신라, 임나가라를 정복했던 사실이 기재되어 있다"라면서 대대적으로 홍보하였다. 그 무렵 조선과 청에 스파이를 파견하고 한반도 침략 여론을 조성하는 데 혈안이 된 육군 참모본부로서는 지극히 당연한 조치이자 수순이었다.

이때부터 일본 제국주의자들은 "봐라. 조선에도 일본이 한반도 남부를 지배했다는 기록이 있지 않느냐"라면서 한반도 침략의 정당성을 강변하였다. 광개토왕릉비가 한국 근대사의 비운을 재촉하며 제국주의자들의 침략 수단으로 전락하는 순간이었다. 이후 일본 학자들이 앞다퉈 능비를 연구했지만, 참모본부의 신문광고가 금과옥조인 양 비문 가운데 신묘년 조를 비롯하여 왜와 관련된 기사만 떼어내 임나일본부설을 합리화해 나갔다.

일본 제국주의자들의 음모는 여기서 그치지 않았다. 러일전쟁이 한창이던 1905년, 일본의 저명한 역사학자 시라토리 구라키치白鳥庫吉는 다음과 같이 연설하였다.

이 비문이 유명한 까닭은 조선 남부의 신라·백제·임나 3국이 일본의 신민臣民이었음을 명백히 쓰고 있기 때문이다. 이로 말미암아 일본이 조선 남부를 지배했음을 확실히 알 수 있다. 나는 이 비를 일본에 가지고 와서 박물관이나 공원에 세워야 한다고 생각한다. 영국이나 독일, 프랑스 같으면 몇 만원을 들여서라도 자기 나라에 가지고 갔을 것이다.

시라토리의 연설은 단순한 선동으로 끝나지 않았다. 러일전쟁이 끝난 직후, 실제로 압록강 하구에 군함을 정박시켜 놓고 능비의 밀반출을 기도하였다. 비록 이 계획은 무산되었지만 제국주의자의 음모가 얼마나 극단적이었는지를 잘 보여준다.

이런 사건들로 인해 1970년대에는 일본 참모본부가 비문을 의도적으로 조작했다는 '비문변조설'까지 제기되었다. 이는 그 뒤에 현지 탁공이 선명한 탁본을 빨리 제작하려고 비면에 석회를 바른 것으로 밝혀졌지만, 제국주의자들의 음모가 능비에 짙게 드리워졌던 사실은 누구도 부인할 수 없었다. 이에 비문변조설이 나오고 얼마 뒤, 일부 양식 있는 일본인들은 육군 참모본부가 주도했던 초창기 연구의 문제 및 근대 일본 역사학에 드리워진 제국주의적 체질에 대한 반성을 촉구하기도 하였다.

아무튼 일본 육군 참모본부가 주도했던 초창기의 연구도 능비에 담긴 고구려사 자체에 관심이 없었다는 점은 청나라 학자들과 같다. 그러나 능비를 제국주의적 침략 수단으로 악용했다는 점에서 볼 때 더욱 나쁜 행위라 할 수 있다. 이처럼 능비가 재발견된 초창기에는 청이나 일본 학자들 모두 능비에 담긴 고구려사에 별다른 관심을 갖지 않았다. 고구려사가 자기네 나라의 역사가 아니었으니 그럴 법도 하다. 그러한 인식이 지금까지 이어졌기 때문에 왕의 업적을 나타낸 '광개토왕'이라는 칭호를 외면하고 군이 존칭에 불과한 '호태왕비'로 부르는 것이 아닐까.

비문의 구성 체계와 서술 내용

능비에는 실제 어떠한 내용이 적혀 있을까? 비문은 능비 4면 모두에 새겨져 있다. 비면 외곽에 비문이 들어갈 윤곽선을 긋고 그 안쪽에는 세로선을 그어 행을 표시하였다. 그러고는 각 행을 따라 위에서 아래로 손바닥만 한 크기의 글자를 새겼다. 예서체로 고풍스러운 멋이 나면서도 힘이 넘치는 웅혼한 필체이다. 동남쪽의 1면에 11행, 서남쪽의 2면에 10행, 서북쪽의 3면에 14행, 동북쪽의 4면에 9행 등 총 44행에 1,775자를 새겼다.

비문은 논리 정연한 문장으로 장대한 서사시를 노래하듯이 써내려갔다. 한나라 시기 묘비墓碑의 문장 형식을 빌려 머리말에 해당하는 서언序言과 본문에 해당하는 명사銘辭로 구분하여 썼다. 서언에는 고구려 왕실의 신성성을 강조하는 내용으로 가득 채워져 있다. 천제天帝(하느님)와 하백河伯(물의 신)의 후손인 시조 추모왕이 북부여에서 내려와 고구려를 세운 건국 설화가 비문 첫머리를 장엄하게 장식하고 있다. 그런 다음 추모왕의 신성한 권능이 유류왕(유리왕)과 대주류왕(대무신왕)을 거쳐 광개토왕까지 면면히 이어졌음을 기술하고, 광개토왕의 은택과 공적이 하늘과 바다 끝까지 미쳐 나라가 부강해지고 백성이 풍요롭게 살게 되었음을 노래하였다.

본문에 해당하는 명사는 단 한 번도 종결사를 사용하지 않고 일필휘지로 써내려갔는데, 크게 훈적 기사와 묘지기 기사로 나뉜다. 훈적 기사에는 광개토왕의 정복 활동을 연대순으로 일목요연하게 서술하였다. 395년 서요하 일대의 패려稗麗(거란)를 정벌하고, 396년 백제의 58성을 격파한 뒤 백제 왕의 항복을 받았으며, 398년에는 숙신肅愼을 위무했음을 서술하였다. 399년 백제가 왜와 화통하자 왕이 몸소 평양성까지 순행했는데, 이때 신라 왕이 왜의 침입 사실을 전하므로 다음 해에 5만 대군을 보내 왜병을 궤멸시키고 가야까지 진군했음을 기술하였다. 그리고 404년에 대방 지역(황해도)을 침입한 왜군을 무찌르고, 407년에 백제의 여러 성곽을 격파했으며, 410년에는 동부여를 공략했다고 서술하였다. 그러고서 대왕이 일생 동안 총 64성 1,400촌을 획득했다고 총괄하였다.

묘지기 기사에는 대왕의 무덤을 돌볼 묘지기(守墓人) 명단을 일일이 기록하였다. 광개토왕은 본래 고구려 백성인 사람들이 고된 묘지기 일을 하다가 가난해질 것을 걱정하여 새롭게 정복한 백제의 사람을 묘지기로 징발하라고 유언하였다. 장수왕은 부왕의 뜻을 받들면서도 왕릉을 더욱 정성껏 돌보기 위해 본래 고구려 백성들 외에 백제를 정복한 뒤 획득한 사람을 섞어 330호에 이르는 묘지기를 징발했다고 서술하였다. 그러면서 향후 묘지기를 더욱 엄정하게 관리하겠다고 대내외에 공포하였다.

고구려 왕실의 신성한 권능, 그러한 권능을 이어받아 대제국을 건설한 광개토왕, 그리고 대왕의 업적을 영원토록 전하기 위해 왕릉과 능비를 지킨 묘지기들……. 이처럼 능비는 처음부터 끝까지 신성한 혈통을 계승한 고구려 왕실을 장엄하게 노래하고, 위대한 대왕의 공적을 영원히 전하기 위한 내용으로 가득 채워져 있다.

광개토왕 대의 동북아 국제 정세

능비의 내용이 고구려 왕실의 신성성과 대왕의 공적 칭송으로 빼곡히 이루어져 있기 때문에 능비에 적힌 그 모든 업적이 모두 사실일까 의심할 수도 있다. 혹시 광개토왕을 위대한 영웅으로 만들기 위해 과장하거나 꾸며내지는 않았을까? 이 같은 궁금증을 풀기 위해서는 당시 국제 정세부터 들여다볼 필요가 있다.

당시 동북아의 정세는 어느 때보다 고구려에 유리하게 돌아갔다. 중국 대륙은 5호 16국 시대로 무수한 나라가 흥망을 거듭하였다. 384년 전진이 붕괴된 뒤 후연이 북중국의 동반부를 장악했는데, 후연은 북방에서 새롭게 일어나는 북위를 무리하게 정벌했다가 파멸을 자초하였다. 후연은 북위에게 쫓겨 397년에 요서로 밀려났으며, 이후 끊임없는 내분에 빠져들었다. 이로써 고구려를 압박해온 강력한 북중국 왕조가 잠시 사라졌다. 마침내 광개토왕은 후연의 혼란을 틈타 오랜 소망인 요동 진출을 이룩하였다(400~402년경).

그런데 이상하게도 능비에는 이와 같은 요동 진출 사실이 나오지 않는다. 오히려 395년에 광개토왕이 패려(거란)를 토벌한 다음 요동 평원을 돌아보면서 개선한 사실만 적혀 있을 뿐이다. 마치 요동 지역이 오래전부터 고구려 영토였으므로 굳이 그곳에 진출한 사실을 밝힐 필요가 없다는 것처럼 말이다. 왜 이렇게 서술했는지 정확히 알기는 어렵다. 고구려는 385년에 잠시 요동 평원을 점령한 적이 있다. 그러니까 광개토왕 대의 요동 진출을 영토 수복으로 여겼다면 정복 사실을 기술하지 않았을 수도 있다. 또한 고구려는 요동 진출 직전에 후연의 책봉을 받았는데, 이 사실이 알려지는 것을 꺼려서 본래부터 요동 지역이 고구려 영토였던 것처럼 기술했을 수도 있다.

어쨌든 고구려는 후연의 혼란을 기회로 삼아 요동 평원을 비롯하여 만주 각지로 진출할 수 있었다. 395년 패려(거란) 토벌, 398년 숙신 위무, 410년 동부여 복속 등은 실제 일어난 역사적 사건이다. 『삼국사기』에도 391년 거란을 정벌하였다고 했는데, 연대는 다르지만 능비의 395년 거란 토벌과 동일한 사건으로 짐작된다.

한반도 남부의 정세도 고구려에 유리하게 전개되었다. 고구려의 적수인

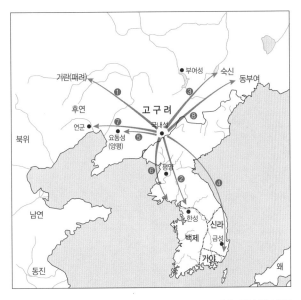

광개토왕의 정복 활동

❶ 395년 거란(패려) 토벌 ❷ 396년 및 407년 백제 공격 ❸ 398년 숙신 위무 ❹ 400년 신라 구원, 왜 군 격퇴 ❺ 400~402년 요동 평원 점령 ❻ 404년 왜군의 침공 격퇴 ❼ 402~404년 후연의 요서 공격 ❽ 410년 동부여 정벌

백제는 이 무렵 왕위 계승을 둘러싸고 내분이 끊이지 않았다. 백제의 왕위 계승 다툼에는 왜가 깊숙이 간여하고 있었는데, 백제로부터 선진 문물을 전 수받는 대가로 용병을 제공했기 때문이다. 한편 신라는 백제, 가야, 왜의 연 합 세력에 포위되어 고구려의 도움이 절실한 상황이었다. 고구려가 한반도 남부로 진출하기에 더없이 좋은 상황이었다. 마침내 고구려는 내분에 빠진 백제를 공략하여 영토를 넓히는 한편, 신라를 침공한 왜병을 격퇴한다는 구 실로 5만 대군을 파견하여 가야 지역까지 진군하였다.

광개토왕의 요동 진출이 의도적으로 누락된 점만 제외한다면, 능비에 기 술된 광개토왕의 공적은 부풀린 사실이라거나 꾸며낸 이야기라고 할 수 없 다. 고구려가 동북아시아 국제 정세를 활용하여 전개한 정복 활동의 결과물

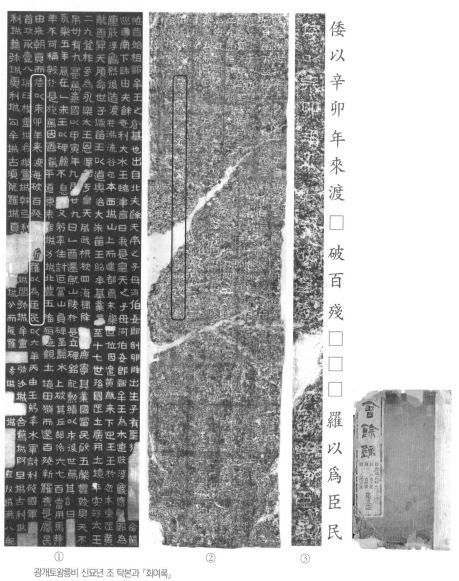

倭以辛卯年來渡□破百殘□□□羅以爲臣民

① ② ③

광개토왕릉비 신묘년 조 탁본과 『회여록』

① 탁본은 1884년 사코 중위가 일본으로 가져갔던 쌍구가묵본이며, ② 탁본은 1889년에 제작된 원석 탁본(미즈타니본水谷本)이다.③은 ②의 '신묘년' 조 부분 확대) 두 탁본을 비교해보면 알 수 있듯이 '海해' 자는 불분명하며, '百殘백잔' 다음의 세 글자도 판독할 수 없다. 그런데도 일본 제국주의자들은 『회여록 會餘錄』 특집호(제5집)에서 쌍구가묵본의 이 구절이 명확한 역사적 사실이라고 대서특필하였다.

에 바탕을 두고 기술된 것이다. 이처럼 광개토왕의 공적이 실제 역사적 사실에 기초했다면 능비에 기술된 다른 기록도 모두 실제 역사적 사실로 보아야 할까?

신묘년 조를 둘러싼 논쟁

일본 제국주의자들이 1,775자나 되는 장대한 서사시 가운데 이른바 신묘년 조에 주목한 이래, 수많은 학자들이 32자에 불과한 이 구절을 해석하는 데 온 정열을 쏟았다. 이 구절을 어떻게 해석하느냐에 따라 당시 동북아시아의 역사상이 달라지기 때문이다. 현재까지 판독된 글자를 토대로 이 구절을 문장 그대로 해석하면 다음과 같다.

> 백잔(백제)과 신라는 옛적부터 (고구려에) 복속된 백성으로서 조공을 받쳐왔다. 그런데 왜가 신묘년(391)에 □ 건너와 백잔□□□라를 격파하고 신하로 삼았다.
>
> 百殘新羅 舊是屬民 由來朝貢 而倭以辛卯年 來渡□破百殘□□□羅 以爲臣民

백제와 신라가 본래 고구려에 예속되어 있었는데, 391년 왜가 이들 나라를 정복하였다는 것이다. 문구 그대로 해석하면 왜가 고구려의 복속국인 백제와 신라를 정벌하고 한반도 중남부 일대를 점령했다는 말이다. 이에, 전술했듯이 한반도 침략에 혈안이 된 일본 제국주의자들은 이 구절을 대서특필하며, "일본 황국인의 찬란함을 느낀다"고 선동하였다.

이 같은 제국주의자들의 책동에 대응하여 1930년대 말 정인보는 문장 속에 '고구려'라는 주어가 생략되었다면서 새로운 해석을 내놓았다. 즉 "왜가 신묘년에 침입해오자, (고구려가) 바다를 건너 (왜를) 격파하였다. 그런데 백제가 (왜와 연결하여) 신라를 침략하여 그의 신민으로 삼았다."라고 해석하였다. 북한의 김석형도 "왜가 신묘년에 건너왔다. (고구려가) 바다를 건너 백제, □□, 신라를 격파하여 신민으로 삼았다."라고 해석하였다.

왜가 백제나 신라를 정복했던 사실이 없음을 강조한 해석이다. 비문변조설이 제기된 뒤에는 위 구절 가운데 몇 글자를 다르게 판독하여 또 다른 해석이 나오기도 하였다. 그렇지만 지금까지 나온 여러 탁본과 연구 성과를 종합하면, 일단 위와 같이 판독하고 또 해석하는 것이 가장 적당하다고 생각한다.

그렇다면 일본 제국주의자들이 선동하는 내용, 즉 왜가 백제와 신라를 정복했다는 주장을 어떻게 보아야 할까? 이 구절을 정확하게 이해하려면 능비를 세운 고구려인들의 천하관으로 들어가 보아야 한다. 그래야 고구려인이 무슨 생각을 갖고 위와 같은 구절을 남겼는지 알 수 있을 것이다.

고구려인이 바라본 천하 질서

고구려인의 생각은 비문의 전체 짜임새에 잘 담겨 있다. 앞서 언급했듯이 능비에는 대왕의 공적에 대해 395년 패려(거란) 토벌, 396년 백제 공격, 398년 숙신 위무, 410년 동부여 복속 등과 같이 연대순으로 일목요연하게 적혀 있다. 그리고 각 기사 첫머리에는 정벌의 이유도 밝혀 놓았다. 그런데 이른바 신묘년 조는 연대로는 391년임에도 불구하고 그 기사의 위치가 395년 패려 토벌과 396년 백제 공격 사이에 있다. 이는 왜의 활동을 서술하기 위한 독립된 기사가 아니라, 396년 광개토왕이 백제를 정벌한 이유를 설명하는 구절인 셈이다.

왜는 비문의 다른 곳에도 여러 번 등장한다. 399년에 백제가 왜와 화통하자 왕이 평양까지 순행했으며, 400년에는 신라 왕의 요청으로 신라를 침입한 왜를 응징했다고 하였다. 또 404년에는 대방 지역을 침범한 왜를 왕이 토벌하였다고 한다. 능비에서 왜는 대왕의 권위에 끊임없이 도전하는 '악의 무리'이며, 대왕은 이러한 왜를 응징하기 위해 정복 전쟁에 나섰다고 묘사되어 있다. 이에 비해 백제와 신라는 마치 옛날부터 고구려의 복속국인 양 설정되어 있다.

왜가 처음 등장하는 곳이 바로 신묘년 조이다. 396년 광개토왕이 백제를 정벌했는데, 그 이유를 왜라는 '악의 무리'에서 찾아 적시한 것이다. 즉 옛날부터 고구려에 복속되어 있는 백제와 신라를 왜라는 악의 무리가 침공하여 고구려 중심의 천하 질서를 어지럽혔기 때문에, 이를 응징하기 위해 광개토왕이 백제 정벌에 나섰다는 것이다. 요컨대 광개토왕의 출정은 단순한 정복 전쟁이 아니라 고구려 천하 질서를 바로잡으려는 목적으로 실행된, 위대한 성전聖戰이라는 뜻이다.

물론 광개토왕 이전에 고구려가 백제나 신라를 복속시킨 적은 없다. 오히려 백제와 치른 전투에서는 고국원왕이 전사했을 정도로 고구려가 열세에 몰린 적도 있었다. 마찬가지로 왜가 백제나 신라를 정복한 사실도 없었다. 당시 일본열도에는 아직 통일왕조조차 등장하지 않은 상황이었다. 왜는 백제나 가야로부터 선진 문물을 전수받으며 용병으로 활동했을 뿐이다. 이른바 신묘년 조는 광개토왕의 정복 활동을 성스럽게 꾸미기 위한 가상 스토리에 불과하다.

그런데 이 가상 스토리에는 능비를 세운 고구려인의 천하관이 잘 드러나 있다. 고구려는 광개토왕의 활발한 정복 활동 결과 동북아시아의 새로운 강자로 발돋움하였다. 이에 따라 자신의 나라를 천하의 중심으로 인식하고, 주변 나라를 고구려에 신속臣屬한 존재로 여기는 천하관을 확립하였다. 그런 다음 고구려가 천하의 중심인 이유를 시조의 신성한 혈통에서 찾았으며, 시조 추모왕이 건국했을 때부터 마치 천하의 중심 국가였던 듯이 상정하였다.

광개토왕의 정복 활동을 바탕으로 확립한 독자적인 천하관을 먼 과거에까지 소급했던 셈이다. 백제와 신라가 옛날부터 고구려의 복속국이었다는 구절은 이러한 인식을 토대로 탄생하였다. 따라서 자신의 복속국으로 설정한 나라를 아무런 명분도 없이 정벌할 수는 없는 노릇이었을 터다. 이에, '왜'라는 악의 무리가 고구려의 복속국들을 침공하니 이를 응징한다는 명분을 만들었던 것이다. 이른바 신묘년 조는 광개토왕 대에 형성된 천하관을 먼 과거로 소급하여 꾸며낸 허구에 불과하다.

능비에 적힌 광개토왕의 정복 활동 자체는 역사적 사실에 바탕을 두고 있지만, 정복의 명분이나 의미는 고구려 중심의 천하관에 기반하여 새롭게 꾸며낸 이야기라고 할 수 있다. 능비 첫머리에 고구려가 천하의 중심인 이유, 곧 시조 추모왕이 신성한 혈통을 이어받아 가장 성스러운 나라를 세웠음을 서술한 것은 바로 이 때문이다. 이렇게 보면 능비에 등장하는 국가나 족속은 고구려가 자신의 천하라고 설정한 공간 범주에 속하는 존재라고 볼 수 있다. 능비에는 고구려인이 설정했던 천하의 공간 범위가 온전히 담겨 있다. 광개토왕이 후연을 공격하여 요동으로 진출한 사실을 그대로 기술하지 않은 까닭도 후연을 고구려 천하와 무관한 존재로 인식했기 때문은 아닐까?

그러므로 향후 능비의 진실에 더 가까이 다가가려면 고구려인의 인식을 더욱 면밀하게 추적할 필요가 있다. 그래야 고구려인이 어떠한 생각을 가지고 능비의 각 구절을 기술했는지 한층 더 정확하게 파악할 수 있을 것이다. 또한 그래야 능비에 담긴 고구려인의 관념 세계 및 실재했던 역사적 상황을 더욱 엄밀하게 구분할 수 있을 것이다.

II.

공간

: 그때와 지금

고조선의 중심지와 영역

고조선은 랴오닝 지방을 중심으로 성장하여 점차 주변 지역을 통합하면서 한반도 북부 지역까지 세력을 확대하였다. 이러한 사실은 비파형 동검이나 고인돌의 분포를 통해서 짐작할 수 있다. 고조선은 국가 체제를 정비하고 철기 문화를 수용하면서 더욱 발전하였다. 이에 따라 기원전 3세기에는 부왕, 준왕과 같은 강력한 왕이 등장하여 왕위를 세습했으며, 상相, 대부大夫, 장군將軍 등의 관직도 두었다. 또한, 중국의 전국 7웅 중 하나인 연燕과 대적할 만큼 강성하였다.

— 고등학교 『한국사』(교육부 검정 교과서), 미래엔, 2013, 16쪽.

현재 중·고등학교 역사 교과서에는 고조선이 만주와 한반도 북부에 걸쳐 광대한 영토를 차지했다고 서술되어 있다. 이러한 내용이 교과서에 실리기 시작한 것은 1980년대 후반부터다. 그전만 하더라도 고조선의 영역은 평양을 중심으로 북쪽으로는 청천강을 넘지 않았다고 설명되었다. 지금과 같은 교과서의 내용으로 바뀌기까지는 여러 가지 우여곡절이 있었다. 교과서 내용을 시정하라는 소송이 제기되기도 했으며, 이 문제로 국회에서 공청회가 열리기도 하였다.

1990년대부터 국사 교과서의 정정을 요구하는 청원이 시작된 이래 2000년대에도 여전히 교육인적자원부에 그 같은 청원은 계속 제기되었다. 2000년 1월 5일, 당시 국사광복회 회장을 맡은 최재인 씨는 '우리 역사 왜곡을 어떻게 할 것인가?'라는 글을 통해 국사 교과서의 정정을 촉구하였다. 그는 다음과 같은 요지로 말하였다. "현행 국사는 대륙의 한사군을 반도의 한사군이라 조작하고, 산동성 북부와 하북·요서·요동의 2천 년 대륙조선大陸朝鮮을 부정 말살해버리고, 전연 문헌 사료가 없는 만주 요령을 중심으로 한 조선의 역사로 쓰고 있다. B.C. 10세기 이후 언제 건국되었는지 알 수 없도록 조작하고 날조한 국사가 일제의 식민지사관을 탈피한 국사라고 주장하는 의식을 지닌 국사학자들이 일본인인지 한국인인지를 물어보지 않을 수가 없음을 밝히는 바이다." 이 청원은 학자들을 식민사학자로 매도하는 정치 공세일 뿐이다.

그런데 최근 정치권에서도 한국 상고사 문제에 매우 민감하게 대응하고 있다. 2013년 6월 13일 제316회 국회(임시회) 7차 본회의에서 '동북아역사왜곡대책 특별위원회'가 구성된 이후 2016년까지 한 달에도 몇 차례씩 지속적으로 상고사 관련 공청회를 열었다. 그러고는 기존 학계의 의견을 듣는다는 명목으로 유사類似 역사학의 주장을 확인하고 그 내용을 학계에서 반영해줄 것을 요구하였다.

고조선사에 대한 이 같은 인식의 혼란을 보여주듯, 여러 역사학자가 펴낸 각종 한국사 개설서에는 고조선의 영역이 제각기 다르게 설명되어 있다. 아직 학계의 의견이 통일되어 있지 못하다는 이야기다. '고조선은 요령성 전역을 지배한 대제국이었다'는 주장은 학교의 역사교육으로 이미 많은 사람에게 각인된 데다, 동북공정으로 중국의 역사 왜곡 문제가 더욱 관심을 끄는 요즈음에는 더욱 솔깃해질 수밖에 없는 견해이다. 기정사실처럼 받아들여지고 있는 이 주장은 과연 설득력이 있을까? 우리 역사상 첫 국가인 고조선 시기에 만주 일대를 무대로 주민 집단들이 큰 나라를 세웠을 것이라는 주장에 대해서는 회의적인 견해가 대부분이다.

초기와 후기 중심지 모두 평양 대동강 유역으로 보는 설

전통적으로 『사기』「조선열전」의 기록을 중심으로 고조선의 중심지가 평양이었다는 주장이 있다. 일찍이 정약용은 『아방강역고我邦疆域考』「조선고朝鮮考」에서 '조선'이란 이름은 반드시 평양에서 시작된 것이라고 강조하였다. 이 주장은 지금까지도 몇몇 학자가 계속 내세우고 있다. 이른바 '고조선 중심지 재평양설在平壤說'은 한국 학계의 일부, 일본 학계의 대부분과 최근의 북한 학계가 단군릉 개건改建을 계기로 주장하는 학설이다.

이 입장은 기본적으로 위만조선의 도성인 왕검성이 평양에 있었으며, 멸망 후에 설치된 낙랑군의 으뜸 격 현縣인 조선현朝鮮縣이 왕검성 지역에 위치했다는 기록에 근거한다. 일찍이 이병도는 『삼국유사』에 고조선의 도읍(아사달)이 평양이라고 기록된 것을 바탕으로 이 주장을 적극 받아들였다. 고조선의 건국신화인 단군신화에는 그 배경지로 세 군데 지명[묘향산, 서경(평양), 황해도 배천]이 등장한다. 그런데 이들 세 지역은 모두 현재의 평양에서 반경 150km 범위 안에 위치하고 있다. 『제왕운기』에도 고조선의 초기 도읍지 아사달阿斯達을 구월산(황해도)이라고 명시하였다.

고조선 중심지 재평양설은 초기 고조선과 관련하여 사실상 원전이라 할 수 있는 『삼국유사』와 『제왕운기』에서 고조선의 중심지를 대동강 유역으로 설정한 것을 가장 중요한 근거로 든다. 나아가 평양설을 주장하는 이들은 고조선의 경계와 관련하여 가장 논란을 빚는 패수浿水와 열수洌水, 그리고 요수遼水에 대해 '패수'는 청천강을 가리키며, 왕검성 옆에 흐르는 '열수'는 대동강이고, '요수'는 당연히 현재의 '요하遼河'를 가리킨다고 주장하였다. 또한 고조선의 후기 단계 수도인 '왕검성'은 평양을 가리킨다고 하였다.

문헌 기록을 살펴보면 청동기 문화 단계의 요동 지역에는 예맥濊貊으로 불리는 여러 종족 집단이 거주하고 있었으며, 고조선은 예맥과 구분되어 요동 지역과 그 이남에 거주했던 것으로 나온다. 일찍부터 대동강 유역의 청동기시대 주민 집단을 고조선으로 인식했음은 『삼국유사』와 『삼국사기』에 나타나 있다. 『삼국유사』「기이紀異」'고조선' 조는 『고기古記』를 인용하면서 고조선이 평양에 도읍했다고 기록하였다. 『삼국유사』에서 고조선이 평양에 도읍했다고 기록한 것은 그곳의 지역 신앙으로 내려오던 단군 신앙이 고조선의 건국과 함께 건국신화로 자리 잡았다고 볼 수 있다. 또한 건국신화의 배경 무대가 평양 일대이므로, 건국하기 전부터 평양과 대동강 지역은 고조선을 세운 주요 정치집단이 존재했던 곳으로 볼 수 있다.

초기 고조선의 중심지와 관련해서는 선진先秦 시기의 문헌인 『전국책戰國策』과 『염철론鹽鐵論』의 기록이 주목된다. 『전국책』「연책燕策」에는 소진蘇秦이 연나라 문후文侯(기원전 361~333)에게 당시 연燕의 주변 상황을 말하면서 "연의 동쪽에는 조선과 요동이 있고, 북쪽에는 임호林胡와 루번樓煩이 있다"고 하였다. 『전국책』은 연 문후 때인 기원전 4세기의 사실을 기록한 것이다. 그리고 이와 똑같은 기록이 『사기』「소진열전蘇秦列傳」에도 실려 있어 고조선과 관련하여 사실성을 더해준다.

『전국책』과 『사기』「소진열전」의 기록에서 '조선·요동'은 '임호·루번' 등과 병렬되어 있으므로 연의 동쪽에 조선과 요동이 있었다는 의미로 해석된다. 이 기록에는 분명 '요동'이 '조선'과 병렬되어 있으며, 요동 지역은 연나라에 속하지 않았던 것으로 나온다.

그런데 한 대漢代의 『염철론』 「벌공편伐功篇」에는 "연이 동호東胡를 습격하여 달아나게 하고, 땅을 1천 리 개척하였다. 계속해서 요동을 지나 조선을 공격하였다."고 기록되어 있다. 당시 요서 지역에는 영지令支·고죽孤竹·도하屠何 등 산융山戎과 동호 세력이 존재했으며, 조선은 산융과 동호 동쪽에 위치하였다. 『염철론』 「벌공편」 기록에 따르면 요동 동남쪽에 조선이 위치했는데, 그곳은 구체적으로 지금의 한반도 서북 지방을 가리킨다.

고고학상으로도 최근 중국 동북 지방의 청동기시대 연구 성과를 보면, 비파형 동검 문화 당시 대동강 유역의 대표적인 청동기 문화는 탁자식 고인돌과 팽이형 토기 문화로 규정할 수 있는데, 이는 요동 지역의 미송리형 토기 문화와 함께 청동기시대의 고조선 문화로 규정하고 있다. 대동강 유역의 팽이형 토기 문화는 요동 지역의 미송리형 토기 문화와 일정한 차이를 갖는 독자적인 청동기 문화이다. 그러나 요령 지역의 비파형 동검 문화라는 큰 범주 안에서는 두 문화가 유사성을 갖는다. 따라서 이 사실은 요동 지역에서부터 한반도 서북 지방에 걸쳐 동일한 계통의 주민 집단이 거주했음을 말해주는 하나의 증거라고 본다.

남만주 요령성(요서와 요동) 일대에 중심지가 있었다는 설

고조선은 시종일관 요령성 일대에 위치했었다는 주장은 조선시대 이래 제기되었다. 이른바 '고조선 중심지 재요령성설在遼寧省說'로, 최근에는 1993년까지 주로 북한 학계에서 주장해왔던 내용이다.

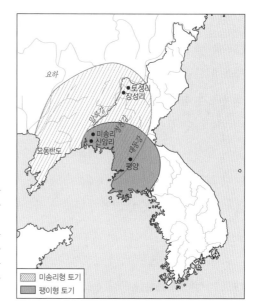

미송리형 토기와 팽이형 토기의 분포
청동기시대 요동과 서북한 지역에는
탁자식 고인돌이 특징적으로 나타나
는 비파형 동검 문화가 발전하였다.
요동 지역은 돌널무덤에 비파형 동
검과 미송리형 토기가 부장된 경우가
많은 데 비해, 한반도 서북 지방에는
탁자식 고인돌과 팽이형 토기가 집중
적으로 분포한다.

미송리형 토기
중국 요동의 서풍西豐 지역에서 출토
된 미송리형 토기이다. 미송리형 토기
와 팽이형 토기는 항상 단지와 물동이
가 세트로 출토된다.

팽이형 토기
평양시 삼석 구역 호남리 남경 유적에
서 출토된 팽이형 토기이다.

조선 후기에 고조선 중심지 재요령성설을 주장한 학자로는 이익李瀷과 안정복安鼎福, 이종휘李種徽 등이 있다. 근대에 들어와 고조선 중심지로 요동을 주목한 사람은 신채호申采浩이다. 신채호는 언어학적 방법론을 통해 고조선이 한漢과 경계를 이루었던 강인 패수, 그리고 평양은 모두 '펴라'의 뜻을 지닌 단어라고 보았다. 그런 다음 『일통지一統志』와 『성경지盛京志』 등에서 요동의 해성海城에 위치한 어니하淤泥河를 패수로 보는 주장을 취하였다. 이에 따라 고조선 시절의 고평양古平壤과 고패수古浿水는 요동의 해성 헌우박蓒芋濼(=어니하)이었는데, 이 지명이 나중에 지금의 평양과 대동강으로 옮겨졌다고 보았다.

조선 후기 학자들부터 신채호에 이르기까지 고조선 중심지를 요령성 일대로 비정했던 논의를 종합적으로 정리한 성과가 리지린의 『고조선 연구』이다. 북한 학계의 리지린은 '요수遼水'를 북경 근처의 '난하灤河'로 보면서, 한과 고조선의 경계에 흐르는 '패수'는 '대릉하大凌河'로, '열수'는 현재의 '요하'로 비정하였다. 그러므로 고조선의 왕성인 '왕검성'은 요하 동쪽의 개평현蓋平縣(지금의 요령성 개주시蓋州市)으로 추정된다는 것이다.

리지린은 기원전 8~7세기 무렵에 요서와 요동, 그리고 길림 지역에서 고조선이 국가를 형성하였다고 주장한다. 문헌에 의하면 당시 요서 일대에서 활약한 종족은 산융이나 동호족이었는데, 이 동호족을 예맥족의 일종으로 해석하여 요서 일대에도 고조선 주민 집단이 살았다고 해석한 것이다. 리지린은 선진先秦 문헌인 『산해경山海經』과 중국 문헌에 나오는 고조선 관련 기록을 언어학적으로 접근한 결과, 고대에 '요수'라 일컫는 곳이 난하라고 주장하였다.

리지린의 글에서 가장 핵심적인 논지는 한漢 초기의 요수가 지금의 요하와 동일한 곳인가의 문제였다. 즉, 리지린은 진秦과 한漢 초기의 요수는 현재의 요하가 아니라 북경 근처의 난하라는 관점에서 출발하여 패수는 현재의 대릉하이며 고조선의 남변南邊은 현재의 압록강이라는 견해를 피력하였다. 이 설을 입증하기 위해 리지린은 『산해경』 「해내동경海內東經」의 "요수는 위고衛皐의 동쪽을 나와 동남으로 발해에 물을 대고 요양에 들어간다"는 기록에서 동남쪽으로 흐르는 강을 찾았다. 또한 『염철론』 「험고편險固篇」의 "연은 갈석碣石에서 막혔으며 야곡을 끊고 요수로 둘렀다"는 기록에서 남만주 일대에 갈석이 요수와 함께 있는 것으로 해석하였다.

이 주장은 기본적으로 강이 흐르는 방향을 통해 요수의 위치를 고증한 것으로, 요수나 갈석이 바로 고조선과 경계 지역이라는 논리에 바탕을 두었다. 그러나 『산해경』에 나오는 강의 흐름만 가지고 난하를 요수라고 주장하는 것은 정황 논리일 뿐, 그 옆을 흐르는 대릉하나 요하도 같은 방향으로 흐른다는 점에 비춰 주장의 신빙성이 떨어진다. 설령 이 주장을 곧이 믿더라도, 청동기시대에는 난하를 요수로 부르다가 기원전 4세기(전국시대) 이후에는 현재의 요하를 요수로 부르게 된 이유에 대해 전혀 입증할 수 없다는 점에서 많은 문제를 안고 있다.

리지린의 주장은 남한 학계의 윤내현에 의해 그대로 확대해석되었다. 윤내현은 북한 학계의 주장에서 한 걸음 더 나아가 단군의 건국 연도인 기원전 2400년경에 요령 지역의 청동기 문화인 하가점夏家店 하층下層 문화를 바탕으로 고조선이 국가를 형성했다고 보았다. 또한 고조선의 후신인 기자조선·위만조선에 대해서는 모두 고조선과 관계없는 중국 및 고조선의 국경인 난하 근처에 있는 나라로 비정하였다. 그리고 그 이동以東 지역에서부터 한반도 서북 지역의 땅에 고조선의 영역을 설정하였다. 그리하여 고조선은 고대 제국의 단계로까지 발전했다고 보았다.

『사기』 「조선열전」에 따르면, 위만은 준왕이 통치하는 고조선 땅으로 올

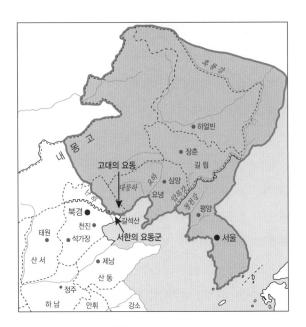

윤내현이 주장하는 고조선의 영역

윤내현은 북한 학계의 리지린 설을 그대로 차용하여 북경 근처의 난하를 고대의 요수로 비정하고, 그 동쪽에 고대의 요동이 위치해 있었다고 주장하였다. 그는 지도에서 붉은 영역으로 표시된 것처럼 고조선이 요령성과 길림성, 흑룡강성 전체, 그리고 이남의 한반도 전역을 아우르는 제국이었다고 본다.

때 요하 동쪽의 장새障塞를 나와 패수를 건너 진고공지秦故空地 상하장上下障에 거처하였다. 이 기록을 윤내현의 설에 적용해보면 위만은 지금의 난하 동쪽의 장새를 나와 대릉하를 건너 진고공지에 거주해야 맞을 것이다. 그러나 윤내현은 요동고새遼東故塞를 나와 패수를 건너온 위만의 거주지를 난하 동쪽 지역으로 비정하고 있어, 기록과 전혀 부합되지 않는다.

최근 들어 가장 많은 지지를 얻는 고조선 재요령성설 주장에서는 고조선 영역 문제와 관련하여 기본적으로 『위략魏略』에 나오는 '서방 2천 리 상실' 기사를 절대적으로 중시한다. 그리고 고조선 말기에 조선상朝鮮相 역계경歷谿卿이 우거왕에게 건의했다가 듣지 않자 동쪽 진국辰國 땅으로 갔다는 기록을 통해 고조선이 요하의 서쪽 일대에 있었기에 역계경이 동쪽 진국으로 가는 것이 가능했다고 주장한다.

그러나 『위략』의 '고조선 서방 2천 리 상실' 기록은 반드시 『사기』 「흉노열전」에서 연燕이 동호를 치고 1천여 리에 걸쳐 장성을 설치했다는 기록과 상호 비교해서 이해해야 한다. 연나라 소왕은 장군 진개秦開를 파견하여 동호를 1천여 리 밖으로 물리치고 조양造陽(하북성 회래현懷來縣)에서 양평襄平(요양시遼陽市)까지 장성을 쌓았다고 한다. 이때 유의할 것은 연나라가 요동 등 5군郡을 설치한 일은 고조선에 대한 대책은 아니었으며 어디까지나 동호에 대한 조치였다는 점이다.

이 무렵 연이 계속해서 조선의 서쪽 땅을 공격하고 영유한 결과 만번한滿潘汗의 땅이 요동과 조선의 경계가 되었다. 따라서 『사기』 「흉노열전」에 보이는, 동호를 밀어내고 요동까지 장성을 설치했다는 기록을 고려하면 요서 지역에 고조선의 중심지나 영역을 설정하기는 어렵다. 그뿐만 아니라 역계경이 동쪽으로 갔다는 『위략』의 기록을 근거로 요서 지역에 고조선이 존재했다고 주장하기에는 그 근거가 너무 박약하다.

기본적으로 고조선 중심지 재요령성설을 주장하는 논자는 모두 고고학적으로 비파형 동검 문화의 분포 지역이 바로 고조선의 영역이라고 해석한다. 또 요서 지역에서 청동기시대에 발전한 청동기 문화와 하가점 상층 문화(요서 지역의 청동기 문화)를 고조선의 문화로 해석하고, 그보다 앞서 존재한 홍산紅山 문화(이른바 '요하문명론')에 대해서도 우리 민족 문화의 원류로 해석한다. 그러나 비파형 동검은 중국 동북 3성은 물론 한반도 전역에서 나올 정도로 매우 광범위하게 분포한다. 따라서 비파형 동검의 분포 지역은 문화권의 범위를 보여줄 뿐, 구체적인 주민 집단과 연결시키는 것은 무리다.

요령성에서 한반도 서북 지방으로 중심지가 이동했다는 설

최근 남한 학계에서는 고조선 중심지 이동설이 통설로 받아들여지고 있다. 중심지 이동설은, 고조선 초기 중심지는 요령성 일대이지만 후기 중심지는 평양 일대라는 것이다. 이 주장에서는 먼저 낙랑군의 위치를 고려할 때 멸망 당시의 고조선이 평양 일대에 있었음이 분명하다고 전제한다. 이를 바탕으로 초기 중심지는 연에게 서방 2천 리를 상실하고 고조선이 위축되었다는 『위략』의 기록을 근거로 지금 평양보다 훨씬 서쪽에 있었다고 주장한다.

이 주장은 고고 자료상으로도 방증된다. 요동 지방과 한반도 서북 지방에서는 기원전 8·7세기~기원전 4세기경까지 비파형 동검이 분포했고, 기원전 4~3세기경 비파형 동검 문화를 계승하여 나타난 세형 동검 문화는 압록강 이북 지역에서는 나타나지 않는다. 이를 근거로, 처음 요동 일대에 비파형 동검 문화를 광범위하게 건설했던 고조선이 연의 동방 진출로 위축되어 평양 일대를 중심으로 세형 동검 문화를 건설했다고 보았다.

최근 비파형 동검 문화를 청동기시대 고조선의 중심 문화로 해석하는 많은 고고학자들은 고조선의 초기 중심지로 요서의 대릉하 지역을 주목한다. 대릉하 유역의 조양시 일대에서 번성했던 비파형 동검 문화를 십이대영자 十二臺營子 문화로 부르고, 그 문화를 고조선의 문화로 해석한다. 이 주장은 기본적으로 대릉하 유역에서 비파형 동검을 부장한 무덤이 집중된 곳을 초기 고조선의 중심지로 본다. 여기에다 문헌 자료 『위략』의 고조선 서방 2천 리 상실 기사를 종합하여, 대릉하 유역에 초기 중심지를 두었다가 이후 그 중심지가 요동으로, 다시 평양으로 이동했다는 것이다.

그러나 하가점 상층 문화와 십이대영자 문화는 기본적으로 중심 문화유형과 개념 사용에 차이가 있기는 하지만 그 문화 내용은 비슷하다. 요컨대

전국시대 연 장성 및 유물
현재 요서 건평현建平縣 일대에 남아 있는 전국시대 연燕 장성의 흔적이다. 연과 그 이후의 진秦 장성 주변에서는 전국시대의 와당(왼쪽 아래) 및 명도전(왼쪽 위) 등이 출토되고 있다.

서요하 상류 지역의 하가점 상층 문화와 대릉하 유역의 십이대영자 문화에는 서로 지역적 차이가 보이기는 하나, 그것이 종족이나 주민 집단의 차이를 결정지을 정도는 아니다. 오히려 초기 연구처럼 대릉하 유역 십이대영자 문화는 서요하 상류 지역 하가점 상층 문화의 지역 유형이라고 보는 견해가 더 설득력이 있다. 그렇다면 그 문화의 담당자 역시 산융이나 융적으로 표현되는 오랑캐로 보는 것이 합리적이다.

고조선 중심지 이동설은 문헌 자료와 고고학 자료를 종합하여 설득력 있는 논리를 구성하고 있다. 고조선 중심지 이동설의 가장 중요한 논점은 『위략』의 고조선 서방 2천 리 상실 기사와 『사기』 「흉노열전」의 동호를 1천여 리 밀어냈다는 기사에서 중첩되는 부분을 어떻게 이해할 것인가의 문제이다. 중심지 이동설의 경우『사기』「흉노열전」에서 진개가 동호를 1천여 리 퇴각시키고 요동 일대를 경계로 했다는 기록과『위략』에서 조선의 서쪽 땅 2천 리를 빼앗고 경계로 했던 만번한 지역이 똑같이 요동 일대에 비정되는 모순을 갖고 있다.

어느 기록을 중시해야 할까? 분명한 것은『위략』의 편자 어환魚豢은 동호와 고조선의 상관관계를 고려하지 않았다는 점이다. 동호와 고조선은 확실히 다른 종족이자 정치체이다. 그러므로 동호를 치고 1천여 리를 차지했다는『사기』「흉노열전」의 기록과『위략』에서 연이 고조선 서방 2천 리를 빼앗았다는 기록은 다른 차원의 자료로 볼 수 있다.『위략』에는 고조선이 서방 2천 리를 빼앗겼다고만 기록되어 있지, 초기 중심지가 요동이라거나 중심지가 이동했다는 내용은 나오지 않는다. 결국『위략』기록의 수치는 고조선의 역사지리 문제를 고찰하는 구체적 자료로 사용하기 어렵다. 단지 고조선 영토 서쪽의 많은 부분이 연에게 빼앗겼다는 정도의 기록으로 이해하는 것이 합리적이다.

유사 역사학의 주장 : 요하문명론과 단군조선

최근에 일부 일반 시민들과 유사 역사학자들은 이른바 '요하문명론'에 집착하고 있다. 이 설이야말로 단군조선의 문화와 직결되기 때문이라고 한다. 원래 요하문명론은 중국 학계에서 중화 문명의 기원을 연구하는 과정에 중국 동북 지방, 특히 요하 일대의 문명(홍산 문화)이 중원 문명의 형성에 주요한 원류가 되었다고 주장하면서 내세운 학설이다.

중국 학계에서 제기하는 '요하문명론'의 핵심은 요하 일대에서 발원한 모든 고대 민족을 황제족黃帝族의 후예로 삼고, 이 지역의 고대 민족들이 이룬 모든 역사를 중국의 역사로 편입시키는 것이다. 나아가 황하 문명보다도 앞서고 발달된 요하 문명을 중화 문명의 시발점으로 삼는다. 이렇게 설정한 이유는 요하 유역을 포함한 만주의 역사는 물론이고 동북아시아 전체를 상고시대부터 중국사로 편입하려는 시도임이 분명하다.

요하 문명으로 이야기되는 요서 지역의 홍산 문화는 기원전 4000년 전의 문화로, 옥기玉器를 많이 부장한 돌무덤과 제단祭壇이 중심을 이룬다. 이 문화의 내용은 지역의 독자적 요소가 강하다. 그래도 군이 주변 문화와 연관을 짓는다면 중국 문화와 관련이 깊다. 한반도의 문화와 연결을 지을 요소는 거의 없다. 홍산 문화를 일정한 정치체와 연결 지으려 해도 문헌 기록에 나오는 기원전 1000년 이전, 아니 기원전 4000년 전의 유적이기 때문에, 그것은 신석기시대의 문화이지 구체적인 주민 집단이나 역사상과 연관시키기 어렵다.

기원전 4000년 전의 홍산 문화 유적에서는 돌무지무덤(적석총)이 눈에 띈다. 그런데 홍산 문화 이후 4천 년이 지난 뒤 압록강 유역에서 고구려 주민이 흙을 파고 관을 묻던 종전의 매장 방식 대신 돌을 이용하여 무덤을 만들었다. 유사 역사학자들은, 4천 년의 시공간을 뛰어넘어 고구려가 돌무덤을 쓴 것은 홍산 문화의 매장 전통을 계승했기 때문이라고 주장한다. 그러나 4천 년의 시공간을 뛰어넘어 같은 주민 집단의 문화로 해석할 수 있을지는 의문이다. 과학적인 학문의 세계에서는 가능하지 않은 해석이다.

고조선의 영역 문제를 바로 보기 위해

고조선의 영역 문제를 생각할 때 먼저 고려해야 할 점은 고조선의 영역이

시대에 따라 다양하게 변화했을 가능성이다. 고대사회 초기에는 오늘날처럼 국경선이 확정적인 상황이 아니었다. 국가와 국가 사이에는 상당히 넓은 빈 땅이 존재하였다. 특히 고조선의 서쪽 경계선은 매우 유동적이었다. 이 지역의 종족 구성도 단일하지 않았으며, 그야말로 다양한 종족이 섞여 있었을 것이다. 따라서 고조선의 영역을 처음부터 멸망할 때까지 고정시켜 대동강 유역으로 한정하거나, 혹은 만주와 한반도 북부에 걸친 대제국으로 그리는 것은 당시의 실상과 거리가 있다.

특히 종족의 분포나 문화권의 범위를 곧바로 정치적 영역으로 비약하여 해석하는 일은 더욱 경계해야 한다. 같은 종족이라고 해서, 또 같은 문화권이라고 해서 하나의 국가를 형성하는 것은 결코 아니다. 영역 문제를 따질 때는 무엇보다 그 사회의 생산력 수준(문화 수준)과 생산관계를 밝혀야 한다. 고조선은 청동기시대에 성립되어 철기 문화가 보급되는 단계까지 계속 존속했던 나라였다. 따라서 초기에는 공동체적 잔재를 많이 가진 사회였다가 후기에는 제법 강력한 지배 체제를 갖춘 사회로 발전해갔다. 그리고 그 과정에서 고조선의 영역도 끊임없이 변화했을 것으로 보인다.

구체적인 고조선의 영역, 특히 초기 고조선의 영역이나 세력권의 범위는 앞으로 밝혀야 할 과제이다. 다만 고조선사가 단지 비파형 동검을 사용하는 청동기 문화 단계에 그치지 않았으며, 이후 철기 문화 단계에서 국가 단계에 이르렀음을 염두에 두고 시간 흐름에 따른 영역의 변화 과정을 생각해야 한다. 그리고 비파형 동검 분포 지역이 곧 고조선의 영토라는 선입관을 버려야 한다. 또, 비록 중심지 이동설을 주장하더라도 처음부터 대동강 유역을 고조선의 세력 범위에서 제외해서는 안 되며, 비파형 동검 문화에 매몰되어 고조선의 초기 중심지를 요서 지역에 설정하는 것도 문헌 기록과 충돌된다는 점에서 재고해야 한다.

낙랑군 식민지설은 식민사학의 논리

고조선은 기원전 108년 한漢 제국과 벌인 전쟁에서 패함에 따라 역사의 막을 내리고 말았다. 한 무제는 고조선의 영역에 낙랑군, 진번군, 임둔군, 현도군 등 4개의 군을 설치하여 군현 지배를 실시하였다. 낙랑군을 제외한 다른 3개의 군현은 현지 주민의 저항에 부딪혀 이내 외곽으로 물러나거나 통폐합되었다. 낙랑군만 서기 313년까지 무려 420여 년간 평양을 중심으로 하는 서북한 지역에 존속하였다.

낙랑군, 사실과 해석

다음은 한국사와 한국 고고학의 대표적 개설서에 서술된 낙랑군에 대한 언급이다.

- 한의 군현이 그들의 식민정책을 수행한 중심지는 낙랑군이었다. 그 낙

랑군에는 군태수 이하의 관리와 상인 등 한인이 와 살면서 일종의 식민 도시를 건설하고 있었다. … 호화로운 식민 도시의 건설에도 불구하고, 한 의 식민정책은 심한 정치적 압박을 수반하는 것은 아니었던 듯하다.

— 이기백, 『한국사신론』, 일조각, 1990, 41쪽

● 낙랑군은 한의 식민지로서 그 묘제, 문물은 거의 모두 중국 한 대의 것 이기 때문에, 그것이 비록 우리나라 안에 있었다 하더라도 우리나라의 고 고학이나 미술사에서 제외하여야 한다는 것이 필자의 생각이다.

— 김원룡, 『한국고고학개설(제3판)』, 일지사, 1987, 119쪽

윗글에서는 낙랑군을 한의 식민 도시 또는 식민지로 이해하고 있다. 즉 낙랑군은 외세인 중국 한나라가 우리 민족이 세운 고조선을 멸망시키고 설 치한 식민지이며, 중국에서 건너온 한인漢人이 지배 세력으로서 식민 지배했 다는 것이다.

이러한 견해는 우리 학계의 일반적인 통설로 자리매김되었다. 나아가 낙 랑군에서는 대부분 중국 한 대漢代의 문물만 발견되기 때문에 한국 고고학 이나 미술사의 대상이 될 수 없다는 주장까지 펼치고 있다. 이에 따르면 우 리 역사에서 낙랑군은 외세 중국에 의한 고대 식민 지배의 불운한 역사가 된다.

여기서 무엇보다 역사적 '사실'과 '해석'은 엄밀히 구분되어야 한다는 점 을 상기할 필요가 있다. 한 제국이 한반도에 낙랑군을 설치한 것은 역사적 '사실'이지만, 이를 '식민지'로 이해한 것은 후대 역사가의 주관적인 '해석'의 일부이다. 그렇다면 낙랑군을 한의 '식민지'로 이해하는 역사적 해석이 언 제, 그리고 어떤 배경에서 성립한 것일까.

'식민지 낙랑군'의 발견

우리 역사서에서 낙랑군을 포함하여 한사군漢四郡에 대한 서술은 『삼국유사』에서 확인되며, 이후 다수의 조선시대 역사서에서 보인다. 이들 역사책은 낙랑군을 별도로 언급하기보다는 대체로 한사군이라는 항목으로 기술해 놓았다. 한사군은 삼국시대 이전 시기에 같은 문명 공동체에서 파생되고 문명화의 상징으로 여겨진 기자조선 및 위만조선 등과 함께 다루어졌다. 이러한 역사 서술 체계에서는 기자조선, 위만조선, 한사군을 우리와 구분된 외세로 파악하는 인식은 보이지 않는다. 오늘날과 같이 한국과 중국, 그리고 각각의 역사를 분립적으로 파악하는 역사 인식은 근대 국민국가 성립 이후의 산물이기 때문이다.

한사군을 중국의 식민지로 해석한 역사 서술은 하야시 다이스케林泰輔에서 확인된다. 그가 쓴 『조선사朝鮮史』(초판 1892, 재판 1912)는 일제의 침략주의적 대륙정책에 따라 성립된 식민주의 역사학의 대표적인 초기 저작 중 하나이다. 조선은 나라를 세운 지 오래되었지만 영토가 중국에 가까운 까닭에 항상 견제를 받았고, 중국인이 와서 왕이 되었거나 그 땅을 군현으로 삼았기 때문에 중국의 속국과 거의 다를 바 없다는 관점을 견지하고 있다.

그는 이런 관점에 기반하여 근대 역사학의 방법론으로 한국사를 왜곡했는데, 한사군에 대해서는 한 무제가 네 개의 군현을 설치하고 '식민殖民'했다고 기술하였다. 이로부터 한사군을 중국의 식민지로 보는 견해가 비롯되면서 20세기 이후 일제 학자들 사이에 널리 확산되었다. 이나바 이와키치稻葉岩吉는 낙랑군을 중국의 식민지로 보는 데서 한 걸음 더 나아가 위만조선 역시 중국의 식민지로 파악하였다. 위만조선과 한사군을 모두 중국의 식민지로 보는 해석은 대다수 일본 학자들에게 받아들여졌다.

19세기 후반까지 일본에서는 유럽사에서 사용된 'colony'라는 용어에 적절히 대응되는 개념이나 번역어가 없었다. 1870년대에 홋카이도 개발이 이루어지면서 '식민'이라는 용어가 사용되기 시작하였고, 후쿠자와 유키치福澤諭吉 등이 서양의 사상을 수입하는 과정에서, 그리고 1895년 타이완 복속을 시작으로 해외 침략을 실행하면서 '식민' 또는 '식민지'라는 용어가 콜로니에 상응하는 개념으로서 본격적으로 사용되었다.

이렇게 도입된 '식민지' 개념은 한국사의 한사군과 위만조선에도 적용되었다. 이는 근대 일본 제국의 식민 지배를 고대 한 제국의 낙랑군 설치에 투사한 것이었다. 한사군을 식민지로 규정한 것은 고조선에 대한 한의 군현 지배를 단순히 식민 통치로 해석하는 차원에서 그치지 않는다. 이러한 해석에는 역사에 대한 진화론적 시각과 함께 제국의 우월 및 차별 의식이 내재되어 있으며, 제국주의를 뒷받침하는 식민주의가 전제되어 있다. 결국 고대사에서 낙랑군을 둘러싼 '식민지'의 문제는 임나일본부와 더불어 일제 식민주의 역사학의 근간을 이루게 되었다.

조선총독부와 낙랑군

식민지 낙랑군에 대한 역사적 해석을 보완하고 확산시키는 일에는 조선총독부가 주도적인 역할을 하였다. 이러한 작업은 새로운 근대 학문인 고고학을 기반으로 한 이른바 '고적' 조사 사업과 조선총독부박물관의 건립을 통해 이루어졌다.

조선총독부는 1916년 7월 「고적급유물보존규칙古蹟及遺物保存規則」을 제정하고, 중추원 산하에 정무총감을 위원장으로 하는 고적조사위원회를 설치하였다. 그리고 5개년 계획으로 '고적조사계획'을 입안하였는데, 제1차년도에

평양 석암리 9호분 출토 금제 띠고리
도쿄제국대학 교수 세키노 다다시
의 주도하에 1916년 평양 석암리
9호분에서 출토된 금제 띠고리이
다. 가운데에 큰 용이 1마리 있고,
그 주위에 6마리의 작은 용이 배치
된 형태로, 매우 화려한 버클이다.

는 한사군과 고구려, 제2차년도에는 삼한·가야·백제, 제3차년도에는 신라, 제4차년도에는 예맥·옥저·발해·여진, 제5차년도에는 고려를 배정하였다. 각 시대의 정치적 중심지를 집중적으로 조사하려는 의욕적인 계획이었다. 이는 순수한 의미의 유물·유적 조사라기보다는 박물관에 진열할 유물의 확보와 함께 식민사관에 입각한 조선의 역사를 재구성하는 데 진정한 의도가 있었다.

1차년도인 1916년에 한사군을 조사 대상으로 삼은 뒤, 도쿄제국대학 교수 세키노 다다시關野貞는 평안남도 대동군 대동강변 정백리와 석암리 일대에서 1~10호분까지 모두 10기의 고분을 발굴하면서 큰 반향을 일으켰다. 한漢 문화의 영향이 짙은 귀틀묘와 전실묘는 '식민지' 낙랑군을 증명할 결정적인 증거라는 평가를 받았다. 이후 조선총독부는 낙랑군에 대한 고고학 조사에 역량을 집중하였다. 마침내 조사의 결과로, 낙랑 문화와 한나라 문화 사이의 유사성과 친연성이 밝혀졌다.

이에 따라 일제 식민사학자들은 낙랑군 관련 유적을 모두 '한漢 민족이 남긴 유적'으로 파악하였다. 아울러 낙랑군은 중국인이 다스린 군으로서 중국과 완전히 같으며, 따라서 중국의 일부라고 주장하기에 이르렀다. 일제 식민

평양 남정리 116호분(위)

1931년 조선고적연구회의 발굴 당시 모습
이다. 귀틀묘(목곽묘) 구조로 축조되었는데,
이러한 무덤 양식은 중국 한나라의 묘제와
유사하기 때문에 낙랑군이 한나라의 식민
지였다는 주장의 근거가 되었다. 이 무덤에
서는 옛이야기의 인물이 그려진 대나무 상
자 등이 발견되었다.

평양 도제리 50호분(왼쪽)

1936년 조선고적연구회의 발굴 당시 모습
이다. 전실묘 구조로 이루어졌는데, 전실묘
란 벽돌을 쌓아 네 벽을 만들고 천장을 돔
형태로 만든 고분이다. 귀틀묘와 함께 중국
한나라의 대표적인 무덤 양식 중 하나이다.

사학자들은, 식민지 낙랑군에서 보듯이 한국사는 대륙의 선진 문화를 받아들임으로써 비로소 역사 발전이 가능해진 타율적인 역사이며, 북쪽에는 중국의 식민지인 낙랑군이, 남쪽에는 일본의 식민지인 임나일본부가 있었다는 주장을 펼쳤다. 낙랑군은 식민사학의 논리 중 '타율성론'의 중요한 논거가 되었다.

일제는 자신들의 식민 지배 성과를 선전하기 위해 1915년 '시정始政 5주년 기념 조선물산공진회'를 경복궁에서 개최하였다. 물산공진회가 열리는 대부분의 공간은 임시 건축물에 마련되었지만 미술관은 영구적인 2층 벽돌 건물로 새롭게 세웠다. 이후 물산공진회의 미술관을 상설화하여 1915년 12월 1일 조선총독부박물관을 개관하였다. 조선총독부박물관이 일제강점기 식민주의적 역사관의 정립과 선전에 크게 기여했음은 물론이다.

조선총독부박물관에는 '낙랑대방시대실'이라는 전시 공간을 따로 갖추어 놓고 평양 석암리 9호분의 출토품을 비롯하여 낙랑군과 대방군 유적의 출토품을 전시하였다. 낙랑대방실의 전시 구성은 칠기, 청동거울(동경銅鏡), 토기, 청동기, 견직물 등 재질별로 이루어졌는데, 전시품은 대부분 중원계 유물이었다. 낙랑 문화의 성격을 체계적으로 보여주기보다는 중원계 유물을 특별히 강조한 전시였다. 이로써 관람객이 낙랑 문화와 중국 문화의 친연성을 인지하고, 중원의 선진 문화가 낙랑군을 통해 한반도에 이식되었음을 자연스럽게 체감하도록 전시하였다. 이에 더해 봉니封泥(행정기관에서 문서·물건 등을 보내거나 보관할 때 진흙으로 봉하고 거기에 도장을 찍어 신용을 보장하는 데 사용되던 것), 와당, 명문전銘文塼(글자가 새겨진 벽돌) 등 명문 자료를 낙랑군 및 대방군의 역사적 실재에 대한 증거 자료로 제시하였다. 이는 낙랑 문화의 식민주의적 해석에 그들 나름의 객관적 실증을 부여하려는 의도가 내포된 일이었다.

낙랑군 자료의 위조설

낙랑군 연구에 함의된 일제의 식민주의적 의도를 정확히 간파한 이는 위당爲堂 정인보鄭寅普(1893~1950)였다. 그는 식민주의 역사학에서 낙랑군이 차지하는 위상과 함께 조선총독부 주도로 이루어진 고적 조사와 박물관 전시의 식민주의적 의도를 직시하였다.

> "… 출토된 여러 유물들을 그 증거로 삼고 유물 사진들은 사진을 찍어 도록으로 만들더니 이른바 『조선고적도보』라는 것이 생겼다. 해당 도보에서 낙랑과 관련된 것들만 취하여 설명을 덧붙이는 한편 영어로 번역한다고 부산을 떨더니 이른바 '낙랑'이라고 하는 것이 생겼다. 그리고 그것들을 두루 수집해가지고 종류에 따라 나누어 진열하더니 이른바 '낙랑박물관'이라는 것이 만들어졌다. 역사를 연구하는 사람들은 보고 듣는 것에 놀란 나머지 '정말 그런가 보다' 하고 여기거나 할 뿐 그것이 모두 조작이라는 사실은 모르더라."
>
> —「정무론」 상편

그는 전통 한학과 언어, 민속학 등 다양한 분야의 조예와 식견을 바탕으로 고대사에 대한 일련의 논설을 1935년 1월 1일부터 1년 7개월간 〈동아일보〉에 연재하였다. 「오천 년간 조선의 얼」이라는 제목으로 연재된 이 논설들은 1946년 서울신문사에서 『조선사연구』로 엮어 출판되었다. 정인보는이 글에서 단군의 위상 문제, 기자동래설 부정, 삼한의 성격, 요하 난수설, 한사군의 시점과 위치 등을 치밀하게 논하였다. 그리고 일제강점기에 발견되거나 조사된 낙랑군 관련 자료의 학문적 신빙성에 대하여 근본적 의문을 제기하였다. 이를 통해 식민사학 타율성론을 뒷받침했던 낙랑군의 입론을

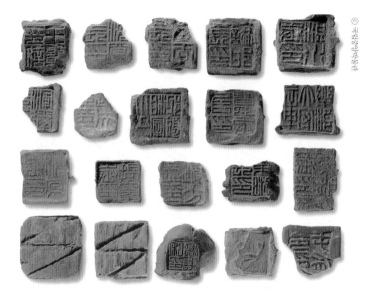

낙랑군 출토 봉니
봉니란 행정기관에서 문서·물건 등을 보내거나 보관할 때 진흙으로 봉하고 거기에 도장을 찍어 신용을
보장하는 데 사용되었다. 정인보는 봉니가 보통 수신처에서 발견되므로 낙랑 군현의 봉니가 나온 평양
지역은 결코 낙랑 군현이 설치된 곳이 아니라고 주장하였다. 그러나 발신처에서도 봉니가 발견된 사례
가 있기 때문에 그의 주장은 현재 받아들여지기 힘들다.

근본적으로 부정하고자 하였다.

그에 따르면 봉니는 다른 군현으로 보내는 문서에 날인한 것이므로 낙랑
군과 예하 현의 봉니가 낙랑군에서 발견될 수 없다. 또 평양에서 효문묘孝文
廟라는 명문이 새겨진 청동 단지가 발견되었는데, 효문묘는 효문제가 행차
한 곳에만 설치되었기 때문에 낙랑군에 효문묘가 있을 수 없다. 이 같은 의
문 제기는 당시 신선한 충격을 던져주었지만, 지금은 받아들이기 힘든 주장
이다. 20세기 후반기에 이르러 중국의 한 대 하남군이 있던 곳에서 하남군
관리의 봉니가 출토되었으며, 한나라 효문제가 행차하지 않은 서쪽 변방의
돈황에서 효문묘가 설치된 사실이 확인되었기 때문이다.

초원 4년 낙랑군 호구부
평양 정백동 364호분에서 발견된 부장품이다. 초원初元 4년은 기원전 45년이다. 총 3점의 나무판 형태
로 이루어진 이 호구부에는 낙랑군에 속한 25개 현 내부의 호구 수가 매우 상세하게 기록되어 있다.

　낙랑군 자료 조작설은 해방 후 북한 학계에 계승되었다. 1960년대 초부터
북한 학계는 고조선의 중심지가 중국 요령성에 있었다고 주장하였다. 이에
따라 고조선을 멸망시키고 설치한 낙랑군도 당연히 만주에 있어야 했으므
로 낙랑군의 평양 존재는 부정될 수밖에 없었다. 북한 학자들은 낙랑군 관
련 명문 자료가 조작되었거나 낙랑군과 관련 없다고 주장하였다.

　1990년대까지 북한은 평양 일대에서 2,600여 기의 무덤을 추가로 발굴하
였다. 북한 학자들은 이 무덤들을 마한의 유적으로 해석했다가 최근에는 고
조선의 후국侯國이었던 낙랑국의 유적이라 보고 있다. 그러나 평양 일대의
무덤들은 낙랑군 유적이 분명하다. 역설적이지만, 낙랑군의 평양 존재를 부
정하는 북한 학계에서 1950년대 이후 발굴 조사하여 보고한 자료 가운데
낙랑군의 평양 존재를 입증하는 다양한 명문 자료가 제시되고 있다.

　1958년 평양시 낙랑 구역 정백동 1호분의 목곽묘에서는 세형 동검, 철기
등과 함께 '부조예군夫租薉君' 인장이 출토된 바 있으며, 1961년 조사된 인근

'낙랑예관'이 새겨진 수막새
막새면의 중심부에 '樂浪禮官낙랑예관'
이라는 글자를 하나씩 도드라지게 새겨
넣고 주위에 구름무늬를 채운 문자 기
와이다. 낙랑예관은 낙랑군에 예관禮官
이라는 관직이 있었음을 알려주는 자료
이다.

의 정백동 2호분에서는 '부조장인夫租長印'과 '고상현인高常賢印' 인장이 출토
되었다. 이렇듯 낙랑군의 군현과 관련된 인장뿐 아니라 1990년 초에는 정백
동 364호분에서 기원전 45년 낙랑군이 관할하던 25개 현의 호구수가 기재
된 「낙랑군초원사년현별호구부樂浪郡初元四年縣別戶口簿」가 발견되었다.

이러한 명문 자료는 기존에 출토되었던 명문 자료들과 분명히 맥을 같이
한다. 낙랑군 자료가 위조되었다는 주장을 통해 평양 일대에서 낙랑군의 존
재를 부정하고, 나아가 이를 통해 식민사학을 극복하려는 노력은 실증이라
는 벽에 부딪혀 수포로 돌아갔다.

낙랑군의 새로운 역사상

낙랑군을 한나라의 식민지로 파악하는 역사 해석은 근대 식민지의 개념
을 고대의 역사상에 투사한 것이었다. 이는 일제가 한반도 식민지 지배를

합리화하기 위해 구축한 식민주의 역사학의 근간이 되었으며, 부지불식간에 오늘날까지 영향을 미치고 있다. 이를 극복하기 위해서는 식민지의 개념을 비롯한 해석의 입론뿐 아니라 구체적인 논의 내용과 근거를 갖출 만한 체계적인 이해가 필요하다. 일례로 지배 세력의 문제를 살펴보자.

낙랑군이 한나라의 식민지라고 주장한 일제 학자들은 한인漢人 대 원주민의 이원적인 종족 지배 구조를 설정하였다. 낙랑군의 지배 세력은 한인이며, 피지배 세력은 고조선계 원주민으로 본 것이다. 그들은 이러한 낙랑군의 종족 지배 구조가 중국계 이주민과 토착 호족의 연합으로 이루어진 위만조선의 국가 구조에서 비롯되었다고 이해하였다. 위만조선 시기에 이주해 온 한인 호족과 병존하던 토착 유력자는 점차 쇠멸의 과정을 겪다가 낙랑군 시기에 와서는 자취를 감추었고, 결국 위만조선 이래 건너와 장기간 거주하게 된 토착 한인과 군현의 설치로 인해 새로이 건너온 한인 관리가 원주민을 종족적으로 지배했다고 파악하였다. 이에 대한 고고학 자료를 내세우며 든 근거가 곧 목곽묘(귀틀묘)와 전실묘는 토착 한인의 묘제이며, 석관묘와 지석묘는 토착 원주민 유력자의 묘제라는 것이다.

하지만 낙랑군이 설치된 이후인 기원전 1세기 대에는 고조선계 재지 세력의 지역적 기반을 충분히 용인한 상태에서 군현 지배가 관철되었으며, 기원후 1세기에는 한나라계 주민이 장기간 거주하면서 재지화되는 한편 고조선계 유민의 한화漢化도 이루어졌다. 이는 낙랑 고분 자료에 대한 새로운 해석을 통해 확인이 가능하다. 낙랑군에서는 종족적 융합 현상이 널리 확인되고 있기 때문에 단순히 한인과 고조선계 원주민 사이의 이원적인 종족 지배, 즉 '식민지'의 역사로 이해해서는 곤란하다. 근대 식민주의 역사학의 세례하에 '해석'된 식민지 낙랑군의 그늘에서 이제는 벗어날 필요가 있다.

백제의 요서 진출에 대한 합리적 접근

제3차 교육과정이 적용된 1974년 이후 40여 년간 중·고등학교의 국사 교과서에는 백제가 4세기 후반 근초고왕 때 중국의 요서 지방과 산동 지방, 일본의 규슈 지방 등에 진출하여 해외 영토를 보유했다고 기술되어왔다. 본문의 서술뿐만 아니라 지도에도 관련 사실이 표시되었다.

흔히 삼국 가운데 가장 약체로 인식되곤 하는 백제가 동쪽과 서쪽으로 바다를 건너 해외까지 영토를 확장했다고 하니, 무척 놀랄 만한 일이다. 백제의 강대함에 어깨가 으쓱해지면서도 다른 한편으로는 과연 사실일까 싶어 의구심이 일기도 한다. 대체 어떤 확실한 근거가 있기에 그 같은 주장을 하는 것일까?

그러나 결론부터 말하자면, 백제의 산동 지방 진출과 규슈 지방 진출은 전혀 사실이 아니다. 산동 지방에 진출했다고 주장하는 학설의 경우, 몇몇 사료에서 관련 기록이 보이기는 하지만 다양한 해석의 가능성이 열려 있으므로 그것만으로는 사실이라고 입증하기에 많은 어려움이 따른다. 규슈 지

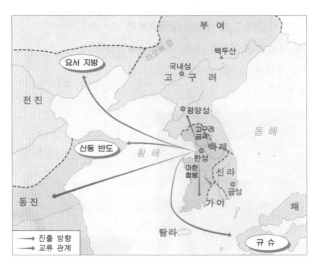

교과서에 보이는 백제의 해외 진출 지도
제7차 교육과정 중학교 『국사』 교과서(국사편찬위원회 국정도서편찬위원회, 2008, 36쪽)에 실렸던 백제의
해외 진출 관련 지도이다. 4세기에 백제가 요서와 산둥(산동), 규슈 지방으로 진출했음을 붉은색 화살표
로 표시했다. 범례에서 '진출'은 붉은색, '교류'는 파란색으로 구별했는데, 지도상 한반도에서 나간 진출
이 영역 또는 영향력의 확대를 표시한 것임을 감안할 때, 요서 등지로 진출한 일도 같은 성격으로 파악
했음을 알 수 있다.

방 진출에 관해서는 아예 관련 사료 자체도 없다. 4세기 후반부터 규슈 지
방에서 백제 계통의 묘제가 나타난다는 정도의 고고학적 뒷받침이 언급되
었으나, 그것이 곧 규슈 지방을 당시 백제의 영토였다고 볼 증거가 되지는
못한다. 그런 식으로 연결 짓는다면, 일본 고대의 대표적 묘제인 전방후원분
前方後圓墳(평면도상으로 볼 때 둥글게 쌓아 올린 봉분과 사각형의 봉분을 연접시킨 형상이
기에 전방후원분이라는 이름이 붙었으며, 전체적인 모습이 열쇠 구멍처럼 생겼다)이 10여
기 이상 영산강 유역에서 발견된 사실을 두고 이 지역이 삼국 시대에는 왜
의 영토였노라고 주장한다 해도 반박할 길이 없게 된다.

한편, 요서 지방 진출과 관련해서는 선뜻 아니라고 단정을 내릴 수 없는
문제가 있다. 상세하지는 않더라도 관련 기록이 여럿 남아 있기 때문이다.

그러나 이 경우에도 근초고왕 때라고 못을 박는 것은 곤란하다. 현재로서는 근초고왕 때의 일이라고 확정 지을 근거가 사실상 하나도 없다.

여하튼 백제가 중국 대륙, 특히 요서 지방에 진출했던 적이 정말 있는지, 있다면 어떤 배경 아래 어떻게 진출이 이루어졌는지는 면밀히 한번 검토할 필요성이 있다. 이 검토 작업은 백제사 자체의 복원을 위해서도 중요하지만, 무엇보다 허황된 국수주의적 역사 왜곡을 극복하는 차원에서도 대단히 큰 의미를 지닐 수 있기 때문이다.

백제의 요서 지방 진출에 관한 기록

중국 남북조시대(420~589)에 남조의 국가인 송宋(유송劉宋)과 양梁의 역사를 기록한 『송서』와 『양서』에는 다음과 같은 기록이 있어 일찍부터 많은 사람의 관심을 불러일으켰다.

● 백제국은 본래 고구려와 더불어 요동 동쪽 천여 리 떨어진 곳에 있었다. 그 후 고구려가 요동을 공략하여 차지하자 백제는 요서를 공격하여 차지하였다. 백제가 통치한 곳은 '진평군晉平郡 진평현晉平縣'이라 하였다.

— 『송서』

● 백제는 본래 고구려와 함께 요동의 동쪽에 있었다. 진晉나라 때 고구려가 이미 요동을 공격하여 차지하자 백제 또한 요서와 진평 두 군을 점거하고 백제군百濟郡을 설치하였다.

— 『양서』

이 두 기록을 종합하면, 백제가 중국의 진晉나라(265~420) 때 요서 지방 혹은 요서군과 진평군을 점령하고 통치기관으로 '진평군 진평현' 또는 '백제군'을 두었다는 정도를 확인할 수 있다.

이처럼 분명한 언급은 아니지만, 그 밖에도 정황상 그 가능성을 엿보게 하는 기록이 있다. 대표적 기록이 중국의 역사책 『자치통감資治通鑑』인데, 여기에는 "부여는 녹산鹿山에 자리 잡고 있다가 백제의 공격을 받아 부락部落이 쇠퇴하였다. 그래서 서쪽의 전연前燕에 가까운 곳으로 근거지를 옮겼다."는 기록이 나온다.

부여는 만주 지역에 있던 나라이다. 그러므로 이곳에 있던 부여가 백제의 침략을 받았다면, 백제 역시 만주 지역 일대에 어떤 형태로든 세력을 미치고 있었다는 말이 된다. 이런 점을 고려할 때, 『송서』와 『양서』의 기록은 역사적 사실이 일정 정도 반영된 것이라는 생각을 충분히 해볼 수 있다.

믿을 수 없다는 주장의 근거

그러나 이들 기록에 의문을 품고서 백제의 요서 진출을 사실로 받아들이지 않는 견해도 만만찮다.

우선 백제가 자리 잡은 한반도 중남부와 요서 지방의 거리는 육로든 해로든 대단히 멀기 때문에, 굳이 백제가 그 먼 거리까지 군대를 보내 군현을 설치할 이유가 없다는 주장이 제기되었다. 백제가 군현을 설치했다는 진나라 때는 서진과 동진을 합쳐 3세기 후반~5세기 초엽에 해당한다. 이 기간의 전반기에는 아직 백제가 해외에 군현을 설치할 정도로 성장하지 못하였다. 후반기를 따져보아도 4세기 중엽부터 백제는 황해도 지방을 놓고 고구려와 줄곧 전쟁을 치르느라 요서 지방까지 진출하여 군현을 설치할 겨를이 없었다. 더욱이 광개토왕의 집중적인 공격을 받은 4세기 말에 이르면 그 가능성이 더욱 낮아진다. 요컨대 그 시기의 정세로 볼 때 백제의 요서 진출은 사실로 인정되기 어렵다는 것이다.

또한 기록 자체에 대해서도 의문이 제기되었다. 백제의 요서 진출에 관한 기록은 중국 쪽 사서인 『송서』·『양서』 등에만 보이고, 우리 쪽 사서인 『삼국사기』나 『삼국유사』에는 아무런 언급이 없다. 그뿐만 아니라 백제가 요서에 진출했다는 시기인 진나라 때나 그 뒤 시기인 북위北魏·북제北齊·북주北周 때의 역사를 기록한 중국 쪽 사서에도 이에 관한 언급이 나오지 않는다. 이들 국가는 백제가 진출했다는 요서 지방을 포함한 북중국에 자리 잡고 있었던 터라 관련 기록이 없다는 점은 더욱 의문을 갖게 한다.

'진평군 진평현'이나 '백제군' 등의 지명은 다른 역사책의 어느 곳에도 나타나지 않는다. 백제의 요서 진출 사실을 알려주는 고고학적 유물이나 유적이 전혀 확인되지 않는 점도 이러한 의심을 부채질하였다. 따라서 우리 학계 한편에서는 중국의 일부 역사책에 단편적으로 등장하는 기록만으로 백제의 요서 진출을 확실한 사실로 규정 내려서는 안 된다고 강하게 주장했던 것이다.

무조건 부정만 할 수도 없다

그렇다면 백제의 요서 진출은 단지 허구에 지나지 않을까? 백제의 요서 진출설을 불신하는 사람들의 주장도 하나하나 뜯어보면서 다시 생각해볼 필요가 있다. 과연 그들의 주장은 합당한가?

백제와 요서 지방이 멀리 떨어져 있음은 틀림없지만, 그렇다고 그 점이 곧 진출 사실을 부정할 근거가 될 수는 없다. 4세기 후반에 백제는 요서 지방보다 더 멀리 떨어진 양자강 하구의 동진에 사절을 파견한 적도 있다. 따라서 단순히 거리가 멀다는 이유로 요서 진출이 이루어지기 어렵다고 단정하는 것은 설득력이 없다.

백제의 내부 상황이 해외에 군대를 파견할 만한 여유가 전혀 없었다고 속단하기도 힘들다. 4세기의 백제사는 아직 많은 부분이 미궁 속에 남아 있지만, 적어도 4세기 말 고구려 광개토왕의 집중 공세에 밀리기 전까지는 괄목할 만한 대외 팽창이 전개되었음은 분명하다. 특히 평양성 전투에서 고구려의 고국원왕을 전사시켰던 371년을 전후해서는 한반도의 최강자를 자임할 수 있을 정도로 그 기세가 높았다. 따라서 그 무렵 백제의 내부 상황으로 보자면 오히려 해외 진출을 꾀할 수 있는 충분한 조건이 마련되었다고 볼 수도 있다.

백제의 요서 진출과 관련된 기록 자체를 불신하는 견해도 문제가 있기는 마찬가지다. 관련 기록은 대부분 우리 쪽이 아니라 중국 쪽의 사서에서 나온다. 만일 우리 쪽 기록에만 나타나고 중국 쪽 기록에는 보이지 않는다고 한다면, 과거 일본 학계의 '임나일본부설任那日本府說'처럼 사료의 가치를 둘러싸고 더 많은 문제가 제기될 것이 틀림없다. 사료의 객관성을 논할 경우에는 중국 사서의 요서 진출 관련 기록이 더 큰 신뢰를 얻을 수도 있다는 말이다.

아울러 백제의 요서 진출 사실을 전하는 가장 오래된 사서인 『송서』는 남조의 송이 멸망한 지 10년이 채 안 된 488년에 편찬되었다는 점에도 유의해야 한다. 실제 사건이 일어난 지 수백 년이 지난 뒤의 기록이라면 사실성을 의심할 여지가 생길 수 있지만, 『송서』에 전하는 요서 진출 관련 기록의 경우에는 시간차가 그다지 크지 않다. 게다가 당시 백제와 송 사이에 사신 왕래가 활발히 이루어졌다는 사실을 감안하면, 『송서』의 편찬자가 백제에 대해 터무니없이 잘못된 인식을 갖고 있었으리라고 보기도 어렵다. 결국 백제의 요서 진출에 관한 최초의 관련 사료인 『송서』 「백제전」의 기사가 전적으로 부인될 수 없는 한, 백제의 요서 진출설을 무조건 부정하는 것은 올바른 태도가 아니다.

대체 실상은 어떠했을까

그동안의 논의를 살펴보건대 백제의 요서 진출에 대해서는 긍정하는 주장이든 부정하는 주장이든, '백제가 장기간에 걸쳐 요서 지방을 지배했다'는 가정을 무의식중에 전제하고 있는 듯하다. 백제 군현이 설치되었다고 할 때 적어도 수년에서 수십 년은 존속했을 것이라는 막연한 선입견을 갖고 바라보면, 대세론 상으로 백제 군현의 존재를 인정하기 어려워진다. 실제로 중국 기록을 훑어보면, 요서 지방에서 백제 군현이 몇 년 이상 존속할 만큼 힘의 공백 상태가 나타난 적은 확인되지 않는다.

그러나 이 지역에 아주 짧은 기간이나마 다른 세력이 등장할 수 있을 만큼 힘의 공백이 발생한 때가 아예 없지는 않았다. 바로 그 시점의 공백 상태를 재빠르게 활용한 백제가 아주 단기간, 즉 몇 달간이라도 세력을 뻗쳤을 가능성이 전혀 없었다고 단언하기는 어렵다. 그렇다면 발상을 바꾸어서 백제의 요서 진출이 있었을 만한 시기를 찾아보자.

이 문제를 풀 때 가장 먼저 살펴볼 점은 고구려의 요동 점령 시기이다. 앞서 살펴본 『송서』와 『양서』의 기록은 백제의 요서 진출 시기가 고구려의 요동 점령 시기와 맞물린 것처럼 적어 놓았다. 이 서술은 곧 고구려의 요동 점령 시기를 파악한다면, 백제의 요서 진출 시기는 저절로 알 수 있다는 말이 된다.

중국의 진나라 시기에 고구려가 요동을 점령한 것은 두 차례였다. 고국양왕 때인 385년 6월과 광개토왕 때인 402년 무렵이다. 전자는 불과 반년 남짓의 일시적인 점령에 그쳤지만, 태조왕 때부터 줄기차게 시도한 고구려의 요동 점령이 처음으로 실현되었다는 점에서 큰 의의를 지닌다.

백제의 요서 진출 역시 당연히 이 시기에 주목할 필요가 있다. 이때 백제는 근초고왕과 근구수왕에 이어 침류왕이 왕위에 있었으며, 고구려에서 광개토왕이 즉위하기 이전이었다. 따라서 아직 백제가 고구려와 대결에서 심하게 몰리는 상황이 아니었다. 이는 백제의 요서 진출이 실행되는 데 중요한 외부적 조건으로 작용했을 수 있다.

고구려 고국양왕이 요동을 점령한 385년은 중국 대륙이 혼란에 빠진 시기이기도 했다. 370년대부터 북중국을 호령하던 전진前秦이 383년 가을 동진東晉 정벌에 실패한 후, 각지에서 반란이 일어나 화북 지역을 중심으로 군웅할거 양상이 나타났다. 선비족 모용씨가 세운 후연後燕도 그때 등장한 나라 중 하나다. 요서 지방은 후연의 전신인 전연의 발상지였는데, 385년 2월쯤 요동 지방과 함께 후연의 판도로 들어왔다. 그렇지만 이 일대에 대한 후연의 지배권이 아직 확고히 뿌리내리지 못했기에, 얼마 뒤 요동 지방을 고구려에게 빼앗기고 말았다. 백제의 요서 지방 점령은 바로 이 같은 상황에서 일어났을 가능성을 추론해볼 수 있다.

여기서 주목할 사실은 385년 7월에 요서 지방에서 일어난 부여계 무장 여암餘巖의 반란 사건이다. 여암은 후연의 장수로서, 그해 6월에 고구려가 후연을 공격하여 요동 지방을 차지하자 후연에 반기를 들고 무리를 인솔하여 요서 지방으로 가서 영지성令支城을 점령하였다. 중국의 역사책인 『진서』와 『자치통감』에는 이 반란이 여암의 독자적 행동으로 전개된 것처럼 나온다. 하지만, 여기에 백제가 깊이 관여했을 가능성을 배제할 수 없다. 여암의 성씨인 '여餘'는 바로 그 시기 백제 왕실의 성씨이기도 했던 '부여扶餘'씨를 줄인 것이기 때문이다. 이 점에 착안하여, 당시 같은 부여계라는 친연성을 토대로 백제와 여암 측의 연계가 이루어지면서 백제군의 요서 지방 출병이 실행되었을 가능성을 추정하는 견해가 제기되었다.

백제의 요서 지방 점령은 몇 달 지나지 않아 끝난 것으로 보인다. 『진서』 등의 중국 쪽 사서에는 385년 11월에 여암의 세력이 후연의 토벌군에 패배하면서 영지성을 포함한 요서 지방이 다시 후연의 수중으로 들어갔다고 나온다. 여암 세력과 백제의 연계를 상정한다면, 여암의 세력이 정벌되었다는 사실은 곧 백제군의 패배와 요서 진출의 실패를 의미하는 것이기도 하다.

요서 진출의 배경

다만, 여암과 연계했다고 해도 백제가 이 시기에 구태여 요서 지방까지 군대를 파견할 이유가 있었을지에 대한 의문은 여전히 남는다. 그런데 이 지점에서 특별히 기억해야 할 사실이 있다. 바로 백제와 동진 사이의 관계이다. 백제는 근초고왕 때부터 동진과 활발히 교류했는데, 그 결과 백제 왕은 동진으로부터 '낙랑 태수'라는 직함을 받았다. 이것은 낙랑 태수를 겸한 백제 왕의 입장에서는 동진의 군사전략에 따라 군대를 동원해야 하는 상황이 생길 수도 있음을 의미한다.

383년 전진의 대군을 상대로 큰 승리를 거둔 동진은 내친김에 북벌을 본격적으로 단행하여 이전의 서진 때 영역을 회복하고자 하였다. 실제로 동진군은 화북 지역 깊숙이 침투하여 후연군과 전투를 벌이기도 하였다. 이런 상황에서 동진의 지배층이 자신들을 도울 세력을 주변에서 찾았을 것은 의심의 여지가 없다.

이러하니 후연의 부여계 장수 여암이나 바다 건너 동쪽의 '낙랑' 즉 백제가 그들의 군사행동을 지원해줄 세력으로 지목되었을 가능성은 충분하다. 6

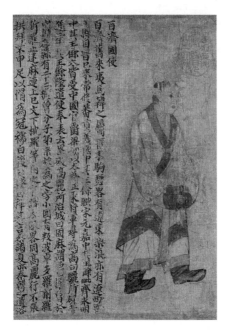

〈양직공도〉의 백제국사도
6세기 전반에 양 무제梁武帝의 아들인 소역蕭繹(뒷날 원제元帝로 즉위)이 그린 그림을 북송 대에 모사한 것이다. 양나라에 조공을 바치러 온 나라들의 사신 모습과 그 나라에 대한 간략한 설명이 담겨 있다. 현재 남아 있는 양직공도 모사본에는 우리나라의 삼국 중 백제의 사신만 확인된다.

세기 전반 양나라 때 만들어진 〈양직공도梁職貢圖〉의 백제국사百濟國使 그림 옆에는 백제의 요서 진출 사실을 기록하면서 그 주체를 백제가 아닌 '낙랑'으로 적었다. 백제의 점령 지역이 '진晉이 평정한(平) 군郡' 혹은 '진이 과거의 우북평군右北平郡(또는 평주)에 설치한 군'으로 해석될 수 있는 '진평군'이란 이름을 갖게 된 것은 이러한 정황을 고려해야 합리적인 이해가 가능하다.

백제의 요서 점령은 비록 단기간에 끝났음에도 불구하고 이후 역사에 미친 파장은 매우 컸다. 특히 백제로서는 이후 중국 남조의 여러 나라에 대해 자신의 과거 희생을 계속 강조하면서 실리를 챙길 수 있는 근거가 마련되었다. 동진과 송, 제, 양 등으로 이어진 중국 남조의 왕조들도 백제를 기억할 때는 요서 지방으로 군대를 파견한 적이 있는 우방국으로서 맨 먼저 떠올렸을 것이다. 바로 이것이 남조 측의 역사책에 백제의 요서 진출 사실이 실린 이유라고 할 수 있다.

합리적 이해를 위하여

백제의 요서 진출은 실제로 일어났던 일일 가능성이 매우 높다. 산동 진출이나 규슈 진출처럼 전혀 근거가 없는 학설이 아니다. 오히려 퍼즐을 맞춰가듯이 실상을 하나하나 살펴보고 추론한다면 대략의 그림을 그려낼 수 있을 정도는 된다. 물론 결정적인 연결 고리가 될 여암 세력과 백제의 연대를 직접적으로 보여주는 자료가 현재로서는 없기 때문에 추론의 수준에 머물 수밖에 없는 한계가 존재한다. 그러나 자료가 부족한 고대사에서 완전한 증거를 찾아내기는 애당초 어려운 일임을 또한 인정해야 한다.

지금까지 중·고등학교 교과서를 비롯하여 여러 한국사 개설서에서 근초고왕 대의 요서 진출, 더 나아가 산동·규슈 진출을 마치 역사적 사실인 양 서술한 것은 비판받아 마땅하다. 근초고왕 대에는 고구려의 요동 점령이 실현되지도 않았던 시기이므로, 조금만 생각해보면 그런 주장이 설 자리가 없음을 삼척동자라도 금방 알 수 있다. 그런데도 그 시기가 백제 역사상 최전성기에 해당한다는 선입견만 가지고서 요서 진출 시기를 무리하게 그 무렵으로 상정하고, 심지어 산동·규슈 지역까지 진출했을 것이라고 확대 주장을 하는 것은 한마디로 역사를 왜곡하는 행위이다.

이런 왜곡이 시정되지 않은 채 반세기 가까운 긴 시간이 흐른 데는 일차적으로 고대사를 연구하는 학자들에게 그 책임이 있다. 허구를 바로잡아야 할 책무를 가진 학자들이 그 역할을 제대로 하지 않았기 때문에 교과서에 근거 없는 사실이 계속 실리고, 그에 얽매여 많은 사람이 오해와 환상에서 벗어나지 못하였다.

오늘날 우리 사회 한쪽에서 지나치게 감상적인 시각으로 무조건 '찬란한 고대사'를 운운하고, 심지어 '고토 회복' 등의 허황된 국수주의를 선전하는 이들이 눈에 띈다. 이는 우리 민족의 장래를 위해서도 결코 바람직한 모습이 아니다. 앞으로 자신의 사회적 책무를 자각하면서 합리적인 이해를 추구하는 학문 풍토가 조성됨으로써 궁극적으로 그런 역사 왜곡이 하루빨리 사라지기를 기대해본다.

일본 왕실의 기원이 백제라는 설

2001년 12월 하순, 아키히토明仁 일왕(헤이세이平成 천황)은 기자회견 자리에서 이렇게 말하였다. "나 자신은 (나의 조상인) 간무桓武 천황의 어머니가 백제 무령왕의 자손이라고『속일본기續日本記』에 기록되어 있는 사실로부터 한국과 깊은 연緣을 느낍니다." 지금으로부터 1,200여 년 전인 8세기 말에 일본의 헤이안 시대를 연 간무 천황이 백제 왕실의 혈통을 이어받았다는 사실을 언급한 것이다.『속일본기』에는 간무의 어머니인 다카노노 니가사高野新笠가 백제 무령왕의 아들인 순타 태자의 후손이라고 적혀 있다.

일왕이 공개 석상에서 자신의 조상이 백제 왕실의 후예임을 언급한 것은 우리나라와 일본 모두에서 큰 화제를 불러일으켰다. 2002 한일월드컵을 앞둔 시점이었음을 감안하면, 일왕의 이런 언급은 아마도 향후 한일 간의 우호를 더욱 다지자는 취지에서 나온 일종의 언어적 수사修辭로 볼 수 있다. 그럼에도 불구하고 일왕 스스로 그런 언급을 했다는 일 자체가 뉴스거리가 될 수밖에 없었다.

이 소식을 접한 우리 국민의 반응은 확실히 복잡하고 미묘했던 것 같다. 도대체 이 말을 어떻게 받아들여야 하나? 일본 왕실의 뿌리가 우리나라에서 건너간 인물의 후손이라고 하니, 왠지 우리가 우위에 선 느낌이 들어 우쭐거린 사람도 있었을 듯하다. 일본을 치열한 경쟁의 대상으로 인식한 사람은 심정적으로 잘 받아들여지지 않는 데다 일본과 원래 혈통적 근원이 통한다는 식의 말을 들으니, 괜히 손해를 보는 것 같아 꺼림칙한 느낌을 떨치기 힘들었을지도 모른다.

가깝고도 먼 나라 일본

일본은 흔히 가깝고도 먼 나라라고 일컬어진다. 이 말에는 우리와 물리적 거리는 가깝지만 심리적 거리는 아주 먼 나라라는 의미가 담겨 있다. 축구를 비롯한 스포츠 경기에서 일본과 만나면 결코 져서는 안 된다는 강박관념이 선수들뿐 아니라 우리 국민 대부분의 마음을 지배한다. 대표팀이 일본을 이기면 다른 어떤 나라에게 승리를 거둔 것보다 큰 성취감을 얻고, 설령 다른 팀과 싸워 좋은 성적을 거두었더라도 일본에게 지면 온갖 비난이 쏟아지는 것이 현실이다. 일본은 우리와 함께 길을 걸어가는 동반자가 아니라 저 멀리 떨어뜨려 놓고 싶은 밉상스런 존재로 인식될 뿐인 듯하다.

일종의 열등의식이라고도 할 수 있는 이 같은 감정은 근대화 과정에서 일본에게 뒤지고, 그 결과 일본에게 나라까지 빼앗겼던 뼈아픈 과거의 경험에서 비롯되었을 터다. 생채기가 난 자존감을 현실적으로 풀기 어려운 상황에서 보이는 전형적인 반응은 근대 이전의 '과거' 역사에서는 우리가 문화적으로 일본을 앞섰다는 주장이다. 그리고 간혹, 일왕의 언급과 유사하게 고대 일본의 지배층은 우리나라에서 건너간 사람들이라는 이야기로 확대되기도 하였다.

이 같은 주장의 밑바탕에는 우리가 문화적으로나 혈통적으로 일본의 뿌리를 이루고 있다는 사고가 깔려 있으며, 그로부터 우월의식을 충족시키려는 마음도 엿보인다. 아키히토 일왕의 언급에 담긴 내용과 초점은 다르지만, 1984년에도 일본 왕실의 뿌리가 백제에 있다는 가설이 우리나라에서 일부 언론의 지원을 받아 널리 퍼진 적이 있었다.

비류백제설

1984년, 〈조선일보〉는 문화면 특집으로 '해양강국 비류백제'라는 연재물을 몇 개월에 걸쳐 실었다. 역사학의 기초 훈련을 정식으로 받지 않은 아마추어 역사가가 쓴 이 글은 대중매체의 위력을 확인시켜주듯 사회적으로 큰 반향을 불러일으켰다.

우리가 흔히 알고 있는 백제, 즉 온조를 시조로 하는 백제와 별개로, 그의 형으로 알려진 비류가 세운 이른바 '비류백제'가 장기간 따로 존속했다는 이야기도 충격적이지만, 그 비류백제의 지배층이 일본으로 건너가서 '천황가天皇家'를 이루었다는 주장은 더욱 흥미를 끌었다.

물론 그전부터 이와 유사한 이야기가 전혀 없지는 않았다. 그러나 이 비류백제설처럼 논지가 구체적이지 않았기에 별로 주목을 받지 못하였다. 비류백제설은 기발한 발상과 함께 나름의 논지를 갖추었기 때문에 그간 잘 풀리지 않던 미스터리가 일순간에 해결되는 듯한 인상을 많은 사람에게 심어주었다. 이에 따른 영향 덕분인지, 이후 유사한 내용으로 구성된 소설까지 등장하였다. 같은 신문에 연재된 '잃어버린 왕국'이라는 역사소설은 고대에 일본열도가 백제의 식민지였다는 전제 아래 쓰여졌다.

일본의 다이센大仙 고분

오사카 부大阪府 사카이 시堺市에는 다이센 고분이라는 초대형 고분이 있다. 무덤의 길이가 486m에 이르는 이 거대한 고분은 5세기 전반에 일왕으로 재위한 닌토쿠仁德 천황의 무덤으로 추정된다. 다이센 고분은 일본 고유의 고분 양식인 전방후원분을 대표하는 무덤으로, 당시 한반도의 삼국 및 가야에서 유행하던 고분과 외형이나 축조 방식 등에서 확연한 차이를 보인다.

 그렇다면 이러한 주장은 과연 '잃어버린 역사'를 실제 있었던 그대로 복원한 것일까?

 『삼국사기』에 실린 백제의 시조 설화는 크게 볼 때 두 가지가 있는데, 하나는 온조를 시조로 한 설화이고, 다른 하나는 비류를 시조로 한 설화이다. 비류백제설은 비류를 시조로 하는 설화가 온조 설화와 함께 전해지는 데서 착안되었으며, 그 요지는 다음과 같다.

 먼저 온조 설화에 따르면, 형제가 고구려에서 망명해 내려온 뒤 형인 비류는 자살하고 동생 온조가 백제의 시조가 되었다고 한다. 그러나 실제로 비류는 자살한 것이 아니라 지금의 충청남도 아산 지역에서 공주 지역으로 옮겨 가 해상 왕국을 세웠다. 이것이 '비류백제'이다.

공주에 도읍한 비류백제는 약 400년 만인 서기 396년에 고구려 광개토왕의 기습 공격을 받아 멸망하고, 그 지배층은 일본으로 건너가 '천황' 국가를 건설하였다. 일본의 고분에서 백제 계통의 유물이 많이 출토되고 있다는 사실이 그 증거이다. 또 고대 일본의 중심부였던 기나이畿內(교토·오사카·나라 현 일대) 지역의 일본인이 '한국인 체질'을 갖고 있으며, 키도 우리나라 충남·전북 지역의 사람과 동일하다는 조사 결과가 이를 뒷받침한다.

비류백제의 망명 정권인 일본 천황가는 한반도의 온조백제와 본디 형제 관계이므로 서로 밀접한 관계를 유지하였다. 그러나 온조백제마저 660년 나당연합군에게 멸망당하자 한반도와 일체 관계가 끊어졌다. 이 무렵 자존 의식에 눈뜬 천황가는 국호를 '일본日本'이라 정하고(670), 본래부터 일본열도의 주인이었던 것처럼 역사를 개조하였다. 그 산물이 720년에 편찬된 『일본서기』인데, 망명 이전 한반도에 존재한 비류백제 역사를 마치 일본의 역사처럼 바꾸어 놓았다. 『일본서기』에 왜병이 한반도 남부에서 활발히 활동한 것처럼 기술되어 있는 것은 이러한 배경에서 비롯되었다.

비류백제설, 무엇이 문제인가

비류백제설은 얼핏 그럴듯해 보인다. 그러나 이 설은 허황된 상상과 희망일 뿐, 역사적 사실과 거리가 멀다. 그 문제점을 살펴보도록 하자.

무엇보다 문제가 되는 점은 '비류백제'라는 나라의 실재 여부이다. 사실 백제의 건국 설화는 온조 계통과 비류 계통으로 나뉘어 있어, 한 명의 건국 시조만 내세우는 다른 나라의 건국 설화와 큰 차이를 보인다. 아직 밝혀지지 않은 어떤 비밀이 숨어 있다는 느낌을 받기에 충분하다. 게다가 독자적인 시조 설화를 가진 두 집단이 일찍부터 통합되었다고 보기에는 어려운 점이 많다. 이 두 집단은 상당 기간 연맹 관계를 형성한 채 서로 독립적으로 세력을 유지했을 가능성이 크다.

그러나 그런 점을 감안하더라도 비류백제설에서 주장하는 것처럼 비류 집단의 근거지를 충남 일대로 상정할 근거는 어디에도 없다. 또한 비류 집단이 4세기 말까지 온조백제와 완전히 별개로 존재했다는 근거도 찾을 수 없다. 비류백제설에 따르면, 광개토왕릉비문에 나오는 '이잔국利殘國'이 곧 비류백제라고 하는데, 이는 명백한 오류이다. 비문의 이 글자는 정밀히 판독한 결과 '벌잔국伐殘國'으로서 '고구려가 백제를 정벌했다'는 뜻이지, 특정 국가를 가리키는 고유명사가 아니다. 4세기 말에 실제로 있지도 않은 국가를 가공으로 설정한 뒤 논지를 전개한 비류백제설은 그야말로 황당한 가설일 수밖에 없다.

그뿐만 아니라 비류백제설은 비류 집단을 일본 왕실의 직접적인 조상으로 연결 짓는 무리수까지 두고 있다. 즉 처음에 충남 아산 지역에 정착했다가 서기 18년에 공주로 도읍을 옮긴 비류백제의 해상 세력이 서기 100년 무렵 이미 일본 규슈에 진출하여 '담로檐魯'를 세웠고, 그 건설자는 일본 신화에 등장하는 '황손皇孫' 니니기노미코토瓊瓊杵尊라고 했는데, 이 역시 공상의 산물일 뿐이다. 공주에서는 서기 18년에 비류백제가 도읍했음을 증명해주는 유적과 유물이 전혀 확인되지 않는다.

지금 서울에는 백제의 유적이 상당수 남아 있는데, 온조백제보다 강국이었다는 비류백제가 어떠한 흔적도 남기지 않고 사라졌다는 것은 도저히 납득할 수 없는 일이다. 서기 100년 무렵에 비류백제가 일본 규슈에 진출하여 담로를 세웠다는 주장도 전혀 근거가 없다. 이 시기 규슈 지방의 유적과 유

백제 고분군의 돌무지무덤
서울시 송파구 석촌동에는 백제 때의 돌무지무덤(적석총)이 남아 있다. 가장 규모가 큰 석촌동 3호분은 한 변의 길이가 50m에 이르는 대형 기단식 적석총으로, 압록강 유역에 분포하는 고구려 적석총과 양식 상 통하는 면이 있다.

물은 한반도 중서부 지역의 백제 계통이 아니라 주로 한반도 동남부 지역으로부터 영향을 받았다고 알려져 있다.

요컨대 비류백제설은 논리의 비약과 자의적 상상으로 꾸며진, 설득력을 얻기 어려운 가설일 뿐이다. 그런데 이와 같은 가설이 지닌 더 근본적인 문제점은 다른 곳에 있다.

경계해야 할 논리

비류백제설이 잘못된 가설이라고 해서 일본의 고대국가 성립 과정에 백제가 미친 영향을 부정할 수는 없다. 분명, 일본 고대국가를 형성하고 발전시킨 데는 백제계 '도래인渡來人'의 이주가 많은 영향을 끼쳤다. 수준 높은 백제 문화를 지닌 이주민이 계속 일본열도로 건너가서 일본 고대 문화의 발전에 크게 기여했음은 누구나 다 인정하는 바다.

백제인을 비롯하여 한반도계 주민이 일본열도로 이주한 것은 이미 야요이 시대(기원전 3세기 무렵~기원후 3세기 무렵)부터 시작되었으며 고분 시대(4~6세기)에 이르면 계속 밀려드는 파도처럼 진행되었다. 그 결과, 비록 일본 왕실은 아닐지라도 오늘날 상당수 일본인의 핏속에는 먼 옛날 백제계 또는 한반도계 사람의 피가 흘러 내려온다고 말해도 억지는 아니다.

여기서 한 가지 생각해볼 문제가 있다. 현재 일본인의 혈통적 근원이 한반도에서부터 비롯되었다는 말 속에 내포된 의미를 찾는 문제이다. 백제를 포함하여 당시 한반도에 존재했던 나라들은 누가 뭐래도 우리 역사의 일부분이다. 또한 그 나라들에 살았던 사람들은 오늘날 우리의 조상이다. 혈통으로 이야기하더라도 우리 민족의 구성원으로서 그들의 피를 이어받지 않은 사람이 거의 없으며, 오랜 시간의 흐름 속에서 많은 변화를 겪기도 했지만 문화적으로도 그들을 계승하고 있다. 그런데 일본인들 역시 스스로 자신들이 백제인 또는 한반도계 사람의 후손이라고 주장한다면 그 말은 무슨 의미일까, 어떤 뜻이 담겨 있을까?

비류백제설은 그 주창자의 애초 의도가 무엇이었든 상관없이, 결국 일제 강점기에 횡행했던 '일선동조론'과 맥이 통한다. "일본과 조선은 같은 조상에서 나온 형제의 나라이다. 따라서 일본의 조선 통치는 이민족의 압제와 수탈이라 할 수 없으며, 앞으로 조선 민족은 일본 민족에 동화되어 영원히 번영을 누려야 한다."고 선전했던 일선동조론. 우리 민족의 해방과 독립의 의지에 찬물을 끼얹었고, 식민 지배의 효율성을 높일 목적으로 만들어진 그 궤변이 오늘날 우리 손에 의해 변형된 형태로 되살아나는 것은 아닐까? 몹시 우려가 생길 수밖에 없다.

바람직한 이해는 어떤 것일까

우리 쪽에서 많은 사람이 일본열도로 건너가 그곳의 정치와 경제, 문화의 발전을 주도했다는 이야기는 들을수록 솔깃해진다. 그러나 아직도 일제의 식민 지배로 고통을 받은 기억이 살아있고 우리 사회 곳곳에 여전히 친일의 잔재가 남아 영향을 끼치는 상황에서, 일본과 우리를 하나의 혈통으로 묶으려는 논의는 바람직하지 않다. 일왕의 언급처럼 비록 두 나라 사이의 우호를 증진시켜 나가기 위한 일종의 수사적 차원에서 나온 말일지라도, 제대로 된 과거사 청산이 전제되지 않은 상태에서는 자칫 또 다른 허위와 기만에 그칠 가능성이 크다.

아울러 우리 민족에서 떨어져 나가 다른 민족에 동화된 사람들의 행적은 우리 민족사의 본령에 들어올 수 없음도 인식할 필요가 있다. 그것은 어디까지나 그들이 동화되어 들어간 나라의 역사에 흡수되는 것이다. 예를 들어 백제가 멸망한 후 왕족과 귀족들의 상당수가 일본열도로 건너가서 일본의 지배층에 흡수되었다면, 일본에서 남긴 그들의 행적을 우리 역사 속에서 부각할 이유는 없다. 그들이 본래 백제인이었기에 백제에서 이루어진 행적은 당연히 우리 역사에서 다룰 문제이며, 또한 백제 멸망 후 그들의 행방을 소개할 때까지는 언급의 대상이 될 수 있다. 그러나 그와 그 후손이 일본으로 건너가 그곳의 지배층으로 살아가면서 남긴 행적은 일본사에서 취급할 성질의 문제이다. 우리 역사에서 적극적으로 거론할 만한 대상이 아니라는 말이다.

이런 점을 인식하지 못하면, 우리 역사와 일본 역사를 구별하지 못하고 뭉뚱그려 보면서 일본도 결국 우리와 다를 바 없다는 엉뚱한 생각으로 치달을 수 있다. 심지어 그 같은 생각이 정치적으로 악용될 경우에는 일본의 과거 잘못을 희석하고 실상을 왜곡하는 논의로 번져갈 가능성도 크다. 비류백제설을 비롯한 일본 왕실의 한반도 기원설은 그 자체로 역사적 사실도 아니지만, 그런 논의가 지니는 가장 심각한 문제점은 바로 거기에 있다.

11

중국이 동북공정을 추진한 이유

2003년 10월, KBS 〈일요스페셜〉 프로그램에서 '한중 역사 전쟁—고구려사는 중국사인가?'라는 제목으로 다큐멘터리가 방영되었다. 방영 직후부터 한국 사회에서는 '고구려사 지키기' 열풍이 몰아치기 시작하였다. 중국이 이른바 '동북공정'이라는 프로젝트를 통해 파렴치하게도 우리의 소중한 역사를 빼앗아가려는데, 결코 이를 좌시할 수 없다는 분위기가 팽배하였다.

사실 이 다큐멘터리가 중국의 동북공정에 대한 첫 보도는 아니었다. 같은 해 7월 〈중앙일보〉에서 '중국의 역사 빼앗기 대규모 프로젝트'라는 기획 연재물이 4회에 걸쳐 이미 보도되었다. 여론의 형성에는 역시 신문보다 TV 매체가 더 힘을 갖는다는 사실을 잘 보여준 사례이기도 하다.

한중 역사 전쟁이 벌어지다

TV 방송이 나온 뒤 역사학계와 언론, 그리고 시민 단체들이 중국의 고구려사 왜곡에 대한 비판을 이끌면서 고구려사를 지키기 위한 사회 여론이 비등하였다. 학계에서는 '중국의 고구려사 왜곡 대책위원회'를 구성했으며 고구려사 관련 각종 학술회의도 꼬리를 물고 이어졌다. 시민 단체도 '아시아 평화와 역사교육 연대'나 '고구려 지키기 범시민 연대' 같은 기구 등 수많은 단체를 조직하여 활발하게 활동하였다.

특히 언론은 여론을 주도하면서 중국의 고구려사 왜곡 문제에 초점을 맞춰 각종 보도 기획을 쏟아냈고, 일부 보수 언론에서는 중국위협론까지 제기하며 격한 반응을 보였다. TV 방송사들은 주몽, 연개소문, 대조영, 광개토왕 등 고구려의 영웅을 주인공으로 내세운 역사 드라마를 앞다퉈 기획하고 제작하였다. 실제로 이 드라마들은 한동안 안방극장을 점령하였다. 그러나 이러한 분위기는 2005년부터 점차 사그라들었다. 이렇게 한국 사회를 한바탕 휩쓸고 지나간 '역사 전쟁'의 분위기는 아마도 다시는 재현되기 힘들 정도로 격렬하였다.

우리의 '역사 수호 의지'를 자극한 중국의 '동북공정'이란 무엇일까? 우리가 흔히 약칭으로 부르지만 동북공정의 공식 명칭은 '동북변강역사여현상계열연구공정東北邊疆歷史與現狀系列硏究工程'이라는 긴 이름으로, 번역하자면 '동북 변경 지역의 역사와 현재 상황에 대한 체계적인 연구 프로젝트'라는 뜻을 담고 있다. 이 동북공정 프로젝트는 2002년 2월부터 2007년 2월까지 5년간 진행되었으며, 중국사회과학원의 변강사지연구중심邊疆史地硏究中心이 주관하였다.

주관 기관과 프로젝트의 이름에서도 금방 짐작할 수 있듯이 '동북공정'은 중국 동북 지역의 역사, 지리, 민족문제 등과 관련된 여러 사안을 다루고 있다. 여기서 동북 지역이란 요령성·길림성·흑룡강성의 3성을 말한다. 우리는 이곳을 흔히 '만주'라고 부르지만, 중국에서는 만주라는 용어를 거의 사용하지 않고 '동북 3성'이라고 통칭한다. 아마도 '만주'라는 지명 자체가 지역적 독자성을 드러내는 용어이기 때문인 듯하다.

동북공정 프로젝트에는 중국의 강역 이론 연구, 동북 지방사 연구, 동북 민족사 연구, 한중 관계사 연구는 물론, 과거 이 지역을 무대로 활동했던 고구려사를 비롯하여 고조선사, 발해사 등 한국 고대사와 관련된 주제가 대거 포함되어 있다. 그중 동북공정에서 주장하는 역사 인식의 핵심이 고구려사를 중국사로 편입하는 것이었으니, 이는 우리에게 충격적인 역사 왜곡이 아닐 수 없었다.

그런데 고구려사가 중국사라는 중국 측의 주장이 '동북공정'에서 갑자기 튀어나온 것은 아니었다. 이미 1980년대부터 중국 학계는 발해사를 중국사로 편입해야 한다는 주장을 내세워 한국 학계와 논쟁을 벌이고 있었다. 또한 그러한 인식을 점차 고구려사에까지 확장하여 1990년대 중반부터는 고구려사를 중국사로 귀속하는 논리를 본격적으로 개발하고 있었다. 이러한 물밑 작업이 '동북공정'을 통해 마침내 수면으로 떠올랐던 것이다.

중국은 왜 동북공정을 추진했을까

중국은 왜 이렇게까지 역사 왜곡을 추진하는 것일까? 중국 측은 '동북공정'의 추진 배경을 이렇게 주장한다.

첫째, 동북 변강(만주)에서 러시아·북한·한국·일본·미국과 중국 사이의 관계에 큰 변화가 나타났으며, 둘째, 동북아시아에서 중국의 정치·경제적 위상이 나날이 높아지면서 동북 변강 역시 중요한 전략적 지위를 갖게 되었고, 셋째, 일부 국가(남북한)의 연구 기구와 학자들이 특별한 의도를 갖고 역사 사실을 왜곡하면서 그릇된 논리를 펼치고 있으므로, 이에 대응할 필요성이 커졌기 때문이라는 것이다. 중국 측의 이 같은 주장을 보아도 '동북공정'이 단순히 고구려사를 둘러싼 '과거의 역사 문제'에만 그치지 않고 '현실의 정치 문제'라는 점을 확인할 수 있다.

중국이 동북 지역의 역사 문제를 정치 문제로 의식한 데는 그 나름대로 심각한 고민이 깔려 있다. 중국은 한족漢族 외에도 55개나 되는 많은 소수민족을 포함하고 있는 나라다. 이 때문에 현재 중국에서는 소수민족의 분리·독립 사태를 우려하며, 이를 막기 위해 온 힘을 기울이고 있다. 대표적으로, 중국 내 모든 민족의 융합과 통일을 표방하면서 이른바 '중화민족中華民族'이라는 새로운 민족 개념을 내세우고 있다. 동북공정의 이론적 배경이라 할 만한 '통일적 다민족국가론統一的多民族國家論'도 그런 고민의 산물이다.

1980년대 초부터 일반화된 '통일적 다민족국가론'은 "중국은 현재뿐 아니라 2,000년 전부터 통일적 다민족국가를 형성했기 때문에, 현재 중국 영역 내에 위치한 주변 소수민족은 다민족국가인 중국의 구성원으로서 중원 대륙의 통일·분열에 관계없이 중원 왕조와 항상 정치·경제·문화적으로 밀접한 연계를 가지며, 중국 영역의 일부를 구성하고 중국사에 공헌하였다"는 주장이다. 이 주장은 다수의 소수민족을 포함하는 현 중국의 정치적 상황을 극복하기 위해 내세운 논리이지만, 이러한 '현재의 논리'를 '과거의 역사 해석'에 그대로 적용함으로써 심각한 역사 왜곡의 폐해를 낳고 말았다.

통일적 다민족국가론이 중국의 소수민족 정책과 관련 있듯이, 동북공정 역시 소수민족 문제와 긴밀히 연관된 문제로서 동북 지역에 대한 안정적 지배 정책을 수립하려는 의도가 내포되어 있다. 중국은 1980년대 개혁·개방 정책을 추진하면서 소수민족 정책에도 주의를 기울였다. 1989년 동유럽권의 변화, 1991년 소비에트연방의 해체 과정 속에서 각 민족의 독립과 분열을 직접 지켜본 중국으로서는 자국 내 소수민족 문제를 소홀히 여길 수 없었고, 이에 각별하게 대처하기 시작하였다.

중국이 소수민족 문제에 특별히 신경을 쓰는 와중에, 상당히 안정적이었던 만주 지역에서 1992년 한중 수교 이후 새로운 변화의 바람이 나타났다. 만주 지역으로 여행을 하는 한국인이 크게 늘어났고, 이들 여행객을 통해 한국 문화가 급속도로 전파되었다. 그 결과 만주의 조선족 사회에 코리안 드림이 불기 시작하면서 조선족 사회가 술렁였다. 게다가 1990년대 중반 이후에는 탈북자들이 대거 중국으로 넘어오는 사태가 벌어졌다. 이 같은 일련의 상황이 전개되면서 중국 정부는 동북 지역과 조선족의 정체성에 대해 심각하게 우려했던 것 같다. 더욱이 2001년 한국에서 재중 동포의 법적 지위에 대한 특별법이 상정되자 중국 정부는 더욱 예민해졌다.

이에 더해 2001년 북한이 고구려의 고분군을 유네스코 세계문화유산으로 등재하려고 시도했는데, 중국 정부는 이를 그냥 두고만 보지 않았다. 중국은 한편으로 북한의 시도를 저지하기 위해 노력하면서, 다른 한편으로는 2003년에 독자적으로 자국 내의 고구려 문화 유적을 세계문화유산으로 등재 신청하였다. 결국 2004년 7월, 북한과 중국의 고구려 문화유산이 유네스코에 함께 등재되었다.

이와 같은 배경 속에서 중국 동북 지방의 연구 기관들과 중앙정부가 적극적으로 동북 지방의 역사와 지리 및 민족문제에 관련된 본격적인 연구 프로젝트, 즉 '동북공정'을 진행하게 된 것이다. 동북공정이 등장하게 된 배경과 목적은 기본적으로 동북 지역의 안정을 꾀하려는 데 있었다. 특히 역사적·문화적·민족적·지리적 관점에서 한반도와 중국 동북 지역의 연관성을 단절시켜 만주 지역에 대한 한반도의 영향력을 차단함으로써 동북 지역의 국민적·영토적 통합을 확고히 하려는 목적임이 분명하다. 그리고 한반도의 정세 변화가 동북아시아의 국제 정세 및 중국 동북 지역에 어떠한 영향을 미

중국 내 고구려 고분의 안내판
유네스코에 등재된 고구려高句麗의 공식 명칭이 'Kaogouli'라는 중국 발음이 아니라 'Koguryo'라는 한국 발음으로 되어 있다. 한국어 발음이 세계적으로 더 잘 알려져 있기 때문이다.

칠 것인지에 관한 깊은 관심도 동북공정을 추진한 배경 가운데 하나다. 나아가 동북공정은 한반도의 남북통일 이후에 자칫 불거져 나올지도 모르는 간도 문제 등 국경·영토 분쟁에 미리 효율적으로 대비하여 영토 문제를 공고히 하려는 데 또 다른 목적을 두었다고 할 수 있다. 한편 국내 일부 학자들은 북한 지역의 정세 변화에 따라 중국 측에서 북한 지역에 대한 연고권을 비롯하여 영향력을 강화하기 위한 명분을 쌓으려는 것이 동북공정의 목적이라고 보기도 한다.

중국은 고구려사를 어떻게 왜곡했는가

동북공정의 역사 인식 배경이 '통일적 다민족국가론'이라고 할 때, 역사

기술의 공간적 범주는 현 중국의 영토를 기준으로 설정된다. 따라서 현재 중국의 영토 안에 과거 고조선·고구려·발해 영역의 일부가 겹쳐지고, 그에 따라 이들의 역사는 중국사로 편입시켜야 한다. 이런 까닭에 동북공정은 역사 귀속 문제를 가장 중요한 핵심 열쇠로 설정하고 있으며, 고구려를 비롯하여 고조선·발해도 중국의 소수민족 지방정권으로서 중국사의 일부라는 논리를 개발하는 데 초점이 맞춰져 있다.

중국 학자들은 고구려가 중국 동북 지역의 소수민족 지방정권이었음을 다양한 측면에서 주장하고 있는데, 핵심적인 논거는 대략 다음의 여섯 주제로 집약할 수 있다.

① 고구려의 족원族源은 예맥족 혹은 그와 관계없는 중원 지역에서 이주한 고이족高夷族·상인商人(은나라 주민) 등으로, 무엇이 되었든 한국사와 무관한 고대 중국 소수민족의 일원이었으며, ② 건국지가 중국의 영역인 현도군玄菟郡이었으며, 그 이후의 영토도 기본적으로 중국 영역의 범위를 벗어나지 않았고, ③ 시종일관 중원 왕조와 조공－책봉 관계를 통해 종속 관계를 유지하면서 중원 정권을 대신하여 고구려 지역을 통치하였으며, ④ 이에 따라 수隋·당唐과 고구려의 전쟁은 중국 내부의 통일 전쟁이며, ⑤ 고구려 멸망 후 그 주민과 영토가 모두 당 왕조로 귀속되었고, ⑥ 고구려의 계승을 표방했다는 고려는 신라의 계승자로서 고구려와 전혀 계승 관계가 없다.

중국 학계의 이 같은 고구려사 논의에 대해 한국 학계는 중국 측 견해가 고구려사 자체를 왜곡하고 있다는 실증적인 입장에서 반론과 비판을 제기하였다. 그 핵심 내용은 다음과 같다.

① 고구려의 족원은 예맥족으로서 한민족을 구성하는 종족의 하나이고, ② 고구려는 중국 군현과 투쟁하는 과정에서 성장하였으며, ③ 고대의 조공－책봉 관계는 외교적 형식에 불과할 뿐, 고구려는 독자적 천하관에 따른 독

고구려사에 대한 중국의 왜곡과 한국의 반론

	중국 측 주장	한국 측 주장
고구려사의 귀속	고구려사는 중국사이다.	고구려사는 한국사이다.
고구려의 족원族源	고구려의 족원은 중국 민족이다.(고이족설高夷族說, 염제족炎帝族 계통설, 상인설商人說, 다민족 융합설 등)	고구려는 부여에서 나왔으며, 족속도 예맥족으로 한국 민족 계열이다.(『한서』,『삼국지』「동이전」등)
고구려의 건국과 강역	건국 이후 중국 군현의 관할 구역에서 벗어난 적이 없다. 한반도 북부 지역(평양)도 중국 땅이다.	고구려는 중국 군현을 축출하면서 성장했을 뿐만 아니라, 독자적인 세력권을 구축하였다.
조공-책봉 관계	고구려가 중국 왕조에 예속된 지방정권임을 보여주는 증거이다.	당시의 외교적 형식일 뿐, 고구려는 독자적인 국가로서 존재했다.
수·당과의 전쟁	중국 국내의 통일 전쟁이다.	동아시아의 세력권 전쟁이다.
고구려 유민遺民과 계승	영역의 대부분과 주민의 대부분이 중국에 흡수되었다.	고구려·백제·신라는 같은 한민족을 형성했으며, 신라의 '일통삼한一統三韓' 의식과 고려의 고구려 계승 의식은 이를 보여준다. 당시의 외국도 이러한 사실을 인정했다.

자적 세력권을 구축하였고, ④ 고구려와 수·당의 전쟁은 두 세력권의 충돌로서 동아시아 국제전에 해당하며, ⑤ 고구려 멸망 후 많은 주민이 신라에 귀속되거나 발해의 건국 주체로 이어졌으며, ⑥ 고구려의 문화와 역사는 통일신라와 고려로 계승되었다.

이와 같이 현재 한중 사이에 전개되는 고구려사의 귀속 문제는 고구려 종족이 한민족을 형성한 종족(예맥족)인가, 아니면 중국의 고대 소수민족인가? 조공-책봉 관계의 해석에 따라 고구려가 독립국가인가, 아니면 중원왕조의 지방정권인가? 고구려의 계승성이 통일신라나 고려에 있는가, 아니면 중국으로 흡수되어 사라졌는가라는 문제로 요약될 수 있다. 그리고 여기에 더하

『중국고구려사』와 『고대중국고구려역사총론』의 표지
동북공정을 표방하는 중국의 대표적 저작물이다. 고구려사 앞에 '중국'이라는 글자를 넣어 귀속을 강조한 책 이름 자체가 도리어 그동안 중국에서도 고구려 역사를 한국사로 인식했음을 반증하는 사례이다. 고구려사를 제외하고 역대 중국 왕조 이름 앞에 '중국'을 붙인 사례는 전혀 찾아볼 수 없기 때문이다.

여 고조선의 영역과 한군현에 대한 역사 해석 문제도 새로운 논점으로 떠오르고 있다.

중국 측의 주장 가운데서 유의할 점은 평양 천도 이후의 고구려 중심지인 한반도 서북부 지역도 본래는 중국 군현 지역이라는 새로운 논지이다. 사실, 동북공정 이전에 등장한 '고구려사는 곧 중국사'라는 주장은 주로 '일사양용설―史兩用說'이었다. 다시 말해 고구려의 수도가 국내성(중국의 집안시)인 시기는 중국사이고, 평양(북한)인 시기는 한국사라는 식이었다. 그런데 동북공정에서는 평양 천도와 무관하게 고구려사 전체를 중국사로 편입시켰으며, 이를 보완하기 위해 고조선사도 편입시키는 후속 작업을 이어가고 있다. 이는 현 중국의 영역을 기준으로 중국사의 범위를 설정하는 '통일적 다민족국가론'과 별개로 또 다른 역사 범주와 귀속의 기준이 등장했음을 보여준다. 따라서 고구려사가 역사 귀속 논쟁의 대상이 되었다는 사실은 단지 만주 지역의 역사만이 아닌 한반도 북부 지역의 역사적 영역 문제로 초점이 확대되었음을 뜻한다.

현재 양측의 주장 사이에 접점은 그리 많아 보이지 않는다. 학술상으로 중요 논점이야 실증을 통해 어느 정도 해결의 실마리를 얻을 수 있겠지만, 애초 동북공정을 시작한 배경이 현실의 정치적 문제에서 비롯되었다는 점을 고려하면 결코 역사 실증을 통해 쉽게 해결될 성질의 문제가 아니었다.

게다가 고구려사와 발해사를 둘러싸고 벌어지는 '역사 주권', 즉 각각의 '국사에 귀속시키는' 역사 기술의 권리에 대한 양국의 주장에는 많은 내면의 동기들이 담겨 있다. 다시 말해 고구려사와 발해사의 귀속 문제를 두고 한국과 중국은 이를 단지 '과거 역사의 이해'가 아니라, 그 안에 숨어 있는 '현재의 기획 의도'에 대해 서로를 의심과 경계의 눈초리로 바라보고 있다. 중국은 근자에 남북한에서 일어나는 '고구려 붐'이 동북 만주 지역에 대한 '고토 회복' 의식으로 연결될까봐 경계하고 있으며, 반면 한국은 중국의 고구려사 편입 의도가 한반도 북부 지역(북한)에 대한 영토적 야심을 드러내는 것일 수도 있다고 우려한다.

고구려사와 발해사의 역사 주권을 둘러싼 갈등은 결국 오늘의 한국과 중국의 문제로 비화했고, 그에 따라 역사 분쟁은 양국의 국가주의·민족주의적 역사의식의 경계를 강화하는 방향으로 진행되었다. 따라서 서로에 대한 의구심은 피차 빨리 해소하는 것이 바람직하겠지만, 문제는 단지 의구심의 차원이 아니라는 데 있다. 역사 인식의 문제는 그 자체로 끝나지 않고 현재의 정세 변화에 따른 국가 전략의 반영이라고 보기도 하는데, 실제로 그러한 측면을 담고 있는 것도 사실이다.

양국의 역사 인식 차이는 무엇보다 역사 기술의 주체인 '민족'을 정의하는

평양성 대동문
평양성은 고구려의 후기 수도이다. 평양 천도 이후 고구려는 동북아시아 국제 무대를 이끌어가는 주역
으로 발돋움하였다. 평양성은 정치·경제·문화의 여러 면에서 크게 번성한 국제도시였기 때문에 고구려
역사를 이해하는 핵심 주제의 하나이다. 사진은 평양성 내성의 동문인 대동문으로, 6세기에 처음 세워
졌으나 조선 중기에 다시 지어졌다.

개념의 차이에 있다. 중국을 구성하는 민족은 한족을 포함한 56개의 민족
이 융합된 '중화민족'으로서 이는 곧 현재의 정치적 민족인 셈이고, 한국에
서 민족은 혈통적·역사적 민족 개념이 중심을 이룬다. 민족 개념을 바라보
는 이러한 차이는 그 접점이 쉽게 만나기 어려울 수 있음을 드러낸다. 서로
다른 '민족' 개념으로 인해 한국과 중국이 각자의 '민족'을 기준으로 하는 역
사적 범주는 중첩되기 마련이고, 그 역사에 대한 배타적 권리를 주장할 경
우 틀림없이 '역사 전쟁'으로 비화될 가능성은 커질 수밖에 없다.

　요컨대 동북공정은 중국이 근대 국민국가의 시각과 중화인민공화국의 현
실에서 과거 역사를 국가 주권으로 재단하는 오류를 잘 드러낸 프로젝트라

할 수 있지만, 이런 동북공정을 비판하는 우리 역시 똑같은 비판을 면하기 어렵다. 왜냐하면 그 대응 과정에서 여실히 드러나듯이 한국의 역사 인식을 이루는 기본 골격 역시 한민족과 국민국가를 위한 역사 이데올로기로 기능하고 있기 때문이다. 그런 점에서는 한국도 현재 중국이 추구하는 역사관과 그다지 다를 바가 없으며, 이 때문에 한중 역사 분쟁은 피차 민족주의·애국주의의 과잉으로 치닫게 될 가능성이 매우 높다.

역사 분쟁을 넘어서

2000년대 들어 동아시아에서 한국과 북한·중국·일본 사이에는 이른바 '역사 전쟁'이라고 일컬어지는, 역사 인식을 둘러싼 갈등과 대립이 심화되고 있다. 2001년과 2005년에는 일본의 『새 역사 교과서(新しい歴史敎科書)』의 서술과 검정 통과를 둘러싸고 한국과 중국에서 거센 비판이 일어났으며, 2003년에는 앞서 살펴본 바와 같이 중국의 '동북공정'에 대해 한국에서 전사회적 차원의 반발이 일어나기도 했다.

연속되는 일본 교과서 사태에서 보듯이 향후에도 여전히 일본의 교과서 문제를 둘러싼 갈등은 계속될 가능성이 높다. 또한 중국이 '동북공정'을 통해 고구려사를 중국 역사의 일부로 편입시키기 위한 역사 왜곡은 일본의 역사 교과서 사건보다 더욱 심각하다고 할 수 있다. 게다가 그것이 요즘 한참 기세 좋게 성장하는 중국의 동아시아 패권 전략과 맥을 같이한다는 점에서 한민족의 생존권에 미칠 파장을 고려하지 않을 수 없다.

어쨌든 공교롭게도 한국은 이 두 차례의 '역사 전쟁'에서 모두 당사자가 되었으며, 내용적으로는 상대국의 역사 서술에 문제를 제기하는 입장에 서 있는 셈이다. 물론 이 두 사건은 논란의 내용이나 성격에서 볼 때 상당한 차이가 있다. 그럼에도 불구하고 한국·중국·일본 모두 동아시아의 오랜 역사를 만들어온 주체를 구성하고 있기 때문에 과거 역사에 대한 서로 간의 인식이 충돌할 개연성은 충분히 크다. 그렇다면 지금까지 벌어진 이 몇 차례의 역사 전쟁은 향후 올바른 동아시아 역사상을 정립하기 위해서 치러야 할 과정이라고 볼 수 있다.

사실, 현재의 상황으로 볼 때 한·중·일 삼국 사이에 역사 인식을 공유하는 일은 매우 어려운 문제이다. 장차 동북아시아 삼국이 역사 인식의 공유를 목표로 설정해야 하겠지만 이는 어디까지나 이상적이고 논리적인 목표일 뿐, 현실적으로는 앞으로 상당 기간 민족과 국가 단위로 역사 서술과 교육이 이루어질 수밖에 없을 것이다. 따라서 이념적 지향과 현실적으로 달성할 수 있는 목표 사이의 간극을 어떻게 조정할 것인지가 중요하다. 그러나 무엇보다도 우리 스스로 올바른 역사 인식을 가지고 역사를 바라보는 엄격한 태도를 갖추는 일이 가장 중요하다. 역사의 진정한 소유란 곧 그 역사를 기억하고 그 역사로부터 교훈을 얻는 사람들의 몫이기 때문이다.

12

통일신라시대인가, 남북국시대인가

　한국 고대사에서 고구려·백제·신라 삼국 간의 항쟁은 나당 연합에 의한 백제·고구려의 멸망과 나당전쟁에서 당의 패퇴를 가져온 7세기 동아시아 국제전을 거쳐 신라만 남는 상황으로 끝났다. 그 결과 신라는 일통삼한一統三韓을 표방했지만, 얼마 후 고구려의 옛 땅에서는 고구려 유민이 말갈족을 규합하여 발해를 건국하였다. 발해는 9세기 전반에 전성기를 누리면서 당나라로부터 해동성국海東盛國이라 불릴 정도로 번성하였다. 그러나 거란에게 멸망당한 뒤 후속 국가도 등장하지 않은 데다 발해(인) 스스로 남긴 기록도 전하지 않음으로써 이후의 역사에서 잊히고 말았다.

　신라와 발해가 병존했던 200여 년의 시기를 현재 고등학교 『한국사』 교과서에서는 '남북국시대'라는 표제어로 사용했지만, 정작 본문에서는 '통일신라'와 '발해'로 서술하고 있다. 이는 1980년대 초반까지 사용하던 '통일신라시대'라는 표제어를 '남북국시대'로 바꾸었을 뿐, 그 내용에는 큰 변화가 없음을 의미한다.

발해 상경용천부 궁궐터
발해는 전반기에 수도를 동모산(구국舊國) → 현주顯州(나중의 중경) → 상경 → 동경 등으로 자주 옮기다가 759년 무렵 상경에 도읍을 정하였다. 상경성은 당나라의 장안성을 본떠 궁성과 황성, 외성으로 이루어졌다.

신라와 발해를 한국사 체계 속에서 파악하려고 할 때 '남북국시대'라는 표현은 적절하지만, 사실 '통일신라'와 '발해'는 용어 자체에서도 논리적으로 서로 모순된다. '통일신라'는 신라가 백제와 고구려를 통일했다는 의미인데, 그에 따른다면 고구려 옛 땅에서 고구려 유민이 세운 발해는 한국사에서 배제될 수밖에 없기 때문이다.

'통일신라'라는 용어의 문제점

발해사에 대한 인식은 신라의 '삼국 통일'을 평가하는 태도와 밀접한 관련이 있다. 신라의 삼국 통일을 바라보는 인식은 일반적으로 다음과 같다. 즉 신라가 통일 전쟁의 과정에서 외세를 이용하고, 대동강에서 원산만까지를 경계로 한 이남의 땅을 차지하는 데 그쳤다는 점에서 분명 한계를 갖고 있다. 그러나 당唐 세력을 무력으로 몰아냈다는 점에서 자주적 성격을 인정할 수 있으며, 고구려·백제 문화의 전통을 수용하고 경제력을 확충하여 민족문화 발전의 토대를 마련했다는 점에서 의의가 있다.

역사는 과거 사실에 대한 현재적 해석인 만큼 시대의 변화나 인식 주체의 입장 차에 따라 해석이 바뀔 수 있다. 그렇지만 그 해석은 사실에 대한 객관적 이해를 근거로 할 때 타당성을 갖는다. 위에서 언급한 삼국 통일의 의의는 접어 두고 일단 객관적인 사실관계에서 접근해보면, 문제는 당 세력을 축출한 이후에도 신라의 경계가 서북쪽으로 임진강에 그쳤다는 점이다. 이곳을 넘어 대동강 남쪽 지역이 신라의 영역으로 된 것은 735년(성덕왕 34)이었다. 732년 발해로부터 등주登州(산동성 봉래시蓬萊市) 공격을 받은 당나라는 신라에게 발해를 공격하도록 요청했는데, 바로 그 대가로 대동강 이남 지역에 대한 신라의 영유를 공식적으로 인정받았다.

나당전쟁이 종결된 676년 직후 신라의 서북쪽 경계는 임진강에 그쳤는데, 이처럼 735년에야 비로소 그 경계가 대동강이 되었다. 이 사실에서 보듯이 고구려 영역의 대부분을 신라가 차지하지 못했기 때문에 '삼국 통일'은 사실에 부합되지 않는다. 신라가 나당전쟁에서 승리를 거뒀음에도 북진하지 않은 이유 가운데 하나는, 648년 김춘추가 당나라에 가서 태종을 만나 신라와 당이 각자 백제와 고구려 영역을 나누어 갖기로 약속했던 데서 비롯되었다. 이는 신라가 애초 고구려까지 통합할 생각이 없었음을 보여준다.

그럼에도 불구하고 신라가 내세운 일통삼한 의식은 신라의 삼국 통일을 가리키는 유력한 증거로 간주되었다. 그러나 이런 의식도 경주 중심의 지배 계급인 진골 귀족만 갖고 있었을 뿐, 옛 백제와 고구려 지역 출신 및 피지배층 모두의 공감을 확보한 것은 아니었다. 신라 말기에 견훤과 궁예가 각각 백제와 고구려의 부활을 내걸면서 후삼국시대를 열었던 사실은 바로 그것을 방증한다.

한편 고구려의 옛 땅에서 고구려 유민이 말갈족을 규합하여 발해를 건국했다는 사실은 신라의 일통삼한론을 아예 근본적으로 부정하는 것이나 마찬가지였다. 이 때문에 신라인은 발해를 미개한 북방의 말갈족으로 인식했을 따름이다. 이러한 인식은 경주 출신의 문벌 귀족인 김부식金富軾이 12세기 초 묘청의 난을 진압한 뒤 편찬한 『삼국사기』(1145)에 그대로 반영된 이래 조선시대까지 전근대적 역사 인식의 주류를 이루었다.

신라정통론, 남북국론, 통일신라론, 남북국시대론

신라의 일통삼한론은 조선시대에 들어와 신라정통론으로 표출되었다. 성리학을 국가 이념으로 삼은 조선왕조는 역사에서 왕조의 정당한 계승, 즉 정통론을 강조하여 『동국통감』(1485)을 편찬하였다. 여기서는 단군, 기자, 삼한, 669년 이후의 신라, 936년 이후의 고려, 조선 순으로 우리 역사상 왕조의 정통이 이어져왔으며, 삼국이나 후삼국은 정통 왕조가 없는 무통無統으로 파악하였다. 요컨대 우리가 '고대사'라고 부르는 시대에서 삼국을 대등하게 보아 서술하면서도 고구려 멸망 이후(668)에는 신라만 정통 왕조로 인정하였다. 이러한 인식은 조선 후기의 대표적 역사서인 『동사강목』(1759)에도 그대로 지속되었다. 그 결과 발해는 정통 왕조에서 벗어난 주변국의 역사로 취급되었다.

그러나 18세기 초 백두산정계비를 둘러싼 조선과 청의 국경 분쟁은 조선의 지식인들에게 국경과 영토에 대한 관심을 불러일으켰고, 이 지역에서 성

『발해고』 「서문」
유득공(1748~1807)은 역사에서 망각된 발해사를 복원하기 위해 여러 사서에서 단편적으로 기록된 사료들을 수집하여 『발해고』(1784)를 저술하고 계속 수정 보완하였다. 그는 『발해고』 「서문」에서 신라와 발해가 양립한 남북국론을 제기하였다.

장·발전했던 고구려와 발해의 역사에 주목하게 만들었다. 특히 사회 모순에 비판적인 실학 사상과 맞물리면서 새로운 역사 인식을 낳았다. 고대사와 관련해서는 유득공柳得恭이 『발해고渤海考』(1784)에서 고구려와 백제가 망한 후 남쪽의 신라와 북쪽의 발해가 병존했음에도 불구하고 고려가 남북국의 역사를 쓰지 않았다고 비판함으로써 신라정통론에 회의적인 견해를 제기하였다. 남북국론은 지리학자 김정호金正浩를 거쳐 한말의 신채호申采浩까지 이어졌다.

한말의 계몽운동은 내부적으로 낡은 구체제를 극복하여 근대사회로 나아가고 외부적으로는 외세의 침탈을 막으며 국권을 회복할 것을 목표로 삼았다. 이때 계몽운동가들이 역사의 주체로 인식한 대상은 전체 사회 구성원으로서 '민족'이었다. 따라서 역사 해석 역시 종래와 같이 왕조의 입장이 아닌 민족의 입장에서 새롭게 바라볼 필요가 생겼다. 신채호는 「독사신론」(1908)

에서 신라가 외세를 불러들여 같은 민족을 없앤 사건은 마치 도둑을 끌어들여 형제를 죽이는 일과 같다고 통렬히 비판하였다. 나아가 그는 신라의 삼국 통일을 반쪼가리 통일이라고 비판하면서 '삼국이 합하여 양국이 된 시대', 즉 양국시대론을 제기하였다. 남북국론은 1920년대 전반까지 지속적으로 주장되었지만 식민지 치하에서 단절되고 말았다.

일제강점기에는 근대적 역사 연구 방법론으로 무장한 일본의 만선사학滿鮮史學이 역사 연구를 주도해 나갔다. '만선'이란 말 자체가 만주와 조선의 합성어라는 데서 알 수 있듯이, 만선사학은 일본 제국주의가 조선을 식민지화한 뒤 중국의 동북 지역(만주) 쪽으로 용이하게 침략하기 위해 학문적 뒷받침의 목적을 갖고 만들어진 개념어이다. 이때의 '만주'는 중국사와 무관함을 강조하기 위한 지리적 개념이며, 그에 따라 만주의 역사로서 고구려와 발해가 주목되었다.

고구려와 발해가 만주의 역사라는 논리는 다시 예맥濊貊과 삼한三韓을 별개의 종족으로 구분하는 논리로 나아갔다. 따라서 만주와 분리된 조선반도의 역사에서 조선반도 남부를 처음으로 통일한 '통일신라'가 강조될 수밖에 없었다. 바로 이와 같은 점 때문에 만주사로서 고구려와 발해의 설정은 통일신라론과 상호 보완의 관계에 있다고 할 수 있다.

해방 이후 비록 분단되었지만 남북한에서는 독립국가로서 민족의식을 고취하는 새로운 역사 서술이 요구되었다. 즉 '단일 국민의 문화'를 형성하는 기초라는 점에 주목하여 통일신라의 의의를 강조하기 시작하였다. 그러나 발해를 간과하고 한반도 남부의 통일에만 매몰되었다는 점은 왕조의 정통성을 강조한 신라정통론 및 반도 통일을 강조한 만선사학의 영향에서 완전히 벗어나지 못했음을 의미하기도 한다.

1960년대 이후 남북한은 조선 후기 실학자 및 1920년대의 남북국론을 계승하면서, 발해는 고구려 유민이 고구려의 옛 땅에 세운 나라라는 사실에 근거하여 발해사를 한국사의 체계 속에서 파악하였다. 식민사학의 극복이라는 과제와 함께 남북 분단이라는 상황이 자연스럽게 한민족으로서 신라와 발해의 관계에 관심을 기울이게 했던 것이다.

민족 형성의 계기를 삼국 통일에서 찾는 이들은 남북국시대론의 문제 제기에 대해 이렇게 비판한다. 발해는 '한민족 형성사'에 포함되지 않을뿐더러 신라와 발해는 서로 적대적 관계였다라고. 그러나 고려가 고구려 계승 의식을 표방했다는 사실, 더욱이 10만 명 이상의 발해 유민을 동족으로 우대했다는 사실 등을 염두에 둔다면, 한민족 형성의 관점에서는 고려의 민족 통일이 신라의 통일보다 더 강조될 수 있다.

남북국시대론을 둘러싼 쟁점

1960년대 이후 남북한에서 발해를 신라와 함께 한국사의 체계에 넣어 파악해야 한다는 주장은 점차 설득력을 얻으며 국내외에서 남북국시대론이라 불리고 있다. 그런데 엄밀히 말하면, 북한에서는 남북국시대라는 용어 자체를 사용하지 않고, 남한에서는 남북국시대론을 사용하더라도 통일신라를 인정하는 경우와 부정하는 경우로 나뉜다.

북한은 남한보다 앞서서 발해사에 대한 인식의 전환을 촉구했던 만큼 당연히 통일신라를 부정하였다. 1956년 초판을 발행한 뒤 1962년에 개정하여 펴낸 북한의 대표적 역사서 『조선통사』에서는 '신라에 의한 국토 남부의 통합과 고구려 고지에서의 발해국의 성립'이라는 소제목을 사용하였다. 이 소제목은 1977년에 '신라에 의한 국토 남부의 통합과 발해의 성립'으로 줄었다가 1979년에는 '발해와 후기 신라'로 바뀌었다. 통일신라를 부정하면서 표제어를 간략히 정리하는 추세를 엿볼 수 있는데, 1979년판에 신라보다 발해를 앞에 내세운 점이 눈에 띈다. 북한이 남북국시대라는 용어를 군이 사용하지 않은 까닭은 봉건적 역사 인식에 속하는 조선 후기의 남북국론과 구별하려는 의도로 짐작된다.

남한에서는 남북국시대론이 점차 일반화되었지만 여전히 그 전제는 통일신라였다. 즉 발해는 삼국 통일이 일단락된 뒤에 북방에서 새로 일어난 왕조로서 삼국 통일이 대동강 이남의 부분적인 통일에 그친 점을 보완해준 역할을 했다는 것이다. 반면 '통일신라'를 부정하는 남북국시대론에 따르면, 이른바 통일 과정은 신라의 백제 통합과 당의 고구려 점령 실패에 뒤이은 발해의 건국을 가리킨다.

남북한의 인식 차이는 분단의 장기화 및 남북한의 체제 경쟁과 맞물리면서 1980년대 이후 각자 은연중에 신라와 발해를 현재의 남북한에 빗대려는 발상이 등장하였다. 『조선통사』의 '발해와 후기 신라'라는 제목에서도 알 수 있듯이, 발해의 우위를 내세우는 북한은 통일신라론이 "사실상 발해를 조선 력사에서 떼내려는 것이며, '신라중심설'과 '신라정통론'을 내세움으로써 남조선 괴뢰들의 매국배족적인 '북진통일론'에 그 어떤 력사적 근거를 제공하려는 어용 행위 이외의 아무것도 아니다"라고 확대해석한다. 이에 반해, 남한에서는 통일신라의 의의를 강조한 나머지 이를 부정하는 견해에 대해 북한의 고구려 중심 사관과 연결되었다며 비난하기조차 하였다.

발해사는 남북한은 물론이요 중국과 러시아에서도 깊은 관심을 갖고 연구하고 있다. 과거 발해의 영역이 현재 중국과 러시아에 걸쳐 있기 때문이다. 그런 까닭에 중국과 러시아도 남북한과 마찬가지로 발해사를 각자 자국의 역사로 보고 있다. 발해에 대해 중국은 당나라의 속말말갈粟末靺鞨이 주체가 된 지방민족 정권으로 규정하고, 러시아는 말갈족이 중심을 이룬 극동의 소수민족 역사로 파악하고 있다.

한국에서 볼 때 중국과 러시아는 분명히 역사를 왜곡하고 있다. 그런데 중국과 러시아 역시도 발해사를 한국사의 체계 속에서 파악하는 한국의 남북국시대론에 비판적 시각을 숨기지 않는다. 중국과 러시아, 이 두 나라가 서로 상대방의 발해사에 관한 역사 인식을 비판적으로 바라보는 시각도 마찬가지다. 요컨대 발해사의 귀속 문제를 둘러싸고 국제적으로 논쟁이 벌어지고 있는 실정이다. 그 이유는 각국이 근대 국민국가의 일국사적 시각에서 발해의 역사를 독점하려고 하기 때문이다. 민족사의 체계를 수립하는 차원에서 제기된 남북국시대론은 남북한의 체제 경쟁과 동아시아의 역사 분쟁이라는 이중 과제 속에 그 의미가 새롭게 설정되어야 하는 요구에 직면해 있다.

III.

소속

: 출신과 국적

13

기자조선의 실재 여부

은나라 말엽에 '기자箕子'라는 현인賢人이 있었는데 주왕紂王의 폭정을 말리다가 투옥되었다. 은나라를 멸망시킨 주나라 무왕武王이 풀어주었으나 그는 곧 '조선'으로 도망하였다. 나중에 이를 알게 된 무왕은 그를 조선 왕으로 책봉하였다.

기자는 조선의 제도와 문화를 발전시켰고, 범금犯禁 8조를 만들어 조선 사람들에게 지키도록 계몽하였다. 후에 기자는 무왕을 찾아가서 '홍범구주洪範九疇'를 전수하고 통치의 기본 규범으로 삼도록 권유하였다. 기원전 194년 위만에게 내쫓김을 당한 조선의 준왕은 기자의 후예이다.

— 『사기』 「송미자세가宋微子世家」

기자가 동쪽으로 옮겨 와 조선에서 왕이 되었다는 이야기가 실려 있는 최초의 책은 한漢나라 때 쓰어진 『상서대전尙書大典』이다. 이후 사마천의 『사기』나 반고의 『한서』에도 비슷한 내용이 실렸다.

기자상

1580년(선조 13) 윤두수는 기자에 관한 기록을 모아 『기자지箕子志』를 편찬하였다. 이 책에는 기자의 초상이 실려 있다.

고려·조선의 유학자들은 이러한 전설을 그대로 믿었다. 기자를 우리나라에 예의범절을 가르친 성현으로 숭배하면서, 우리나라가 그 교화를 입은 문화국가임을 자랑으로 여겼다. 윤두수尹斗壽의 『기자지箕子志』를 바탕으로 이율곡李栗谷은 『기자실기箕子實記』를 썼다. 이 책들에서는 "중국과 우리나라는 기자 이래 문화적으로 한집안을 이루었으므로 중국을 외국으로 보기 어려우며, 우리의 문화 수준은 중국의 그것에 조금도 뒤지지 않는다"고 하였다. 기자가 조선 왕에 책봉되었다는 사실은 대외적으로 명나라와의 사대 관계를 역사적으로 정당화하는 한편, 조선이 중국과 대등한 문명국이라는 '소중화小中華' 의식을 갖게 하였다.

기자조선에 대한 긍정적 인식

평양에는 기자묘箕子墓라고 전해지는 무덤과 함께 기자가 실시했다는 정전제井田制의 옛터로 전해지는 곳이 있다. 또한 한씨韓氏·기씨箕氏·선우씨鮮于氏의 족보에는 기자가 시조로 올라 있다. 모두 '기자조선'과 연관된 흔적들이다.

고려·조선시대 유학자들은 기자가 고조선에 와서 왕이 되었다는 전설을 그대로 믿었으며, 평양에 기자묘箕子廟를 세우고 이를 자랑스럽게 여겼다. 이러한 인식은 기자조선을 긍정하여 받아들이는 이해가 있었기에 가능한 일이었다.

그러나 오늘날에는 남북한 학계 모두 기자가 조선에 왔다는 사실을 인정하지 않는다. 단적인 예를 들면 제6차 교육과정(1992. 6~1997. 12)의 중·고등학교 『국사』 교과서에는 각주의 형태로 소개되던 기자조선 이야기가 제7차 교육과정 이후(1998. 1~)의 중·고등학교 교과서에서는 아예 빠졌다. 이제 고대사를 전공하는 사람 외에는 기자조선의 존재에 대해 거의 인식하지 못할 정도이다.

기자조선에 대한 부정적 인식

20세기에 접어들어 민족의식이 더욱 높아짐에 따라 기자가 조선으로 왔다는 전설은 부정되었다. 기자조선에 대한 부정적인 인식은 문헌 자료와 고고학 자료, 그리고 상황론 등 여러 면에서 뒷받침되며 많이 논의되었다.

먼저, 문헌에 기록된 기자의 동래설東來說을 살펴보면, 그 이야기를 기록한 문헌들이 모두 기원전 3세기 이후에 쓰여졌다는 점이 가장 먼저 주목된다.

기자는 기원전 1000년 전후에 살았던 실존 인물로, 상商(은殷)나라가 멸망할 무렵에 주왕紂王의 신하로 있었다. 따라서 만일 기자가 한반도 지역으로 와서 기자조선을 세웠다면 기원전 3세기 이전에 저술된 『논어』나 『죽서기년竹書紀年』 등에서 "기자가 조선으로 갔다"는 기록이 당연히 보일 법한데, 전혀 나타나지 않는다. 다만 주나라 무왕 대에 "기자가 있었다"는 기사만 보일 뿐이다.

한편 기자의 무덤이 하남성이나 산동성 등지에 있었다는 기록도 있다. 이러한 기록을 감안하면, "기자가 조선으로 갔다"는 기술은 실제 있었던 사실이 아니라, 기원전 3~2세기 무렵 한나라 사관들이 특정한 의도를 가지고 기자의 동래東來 이야기를 꾸며낸 것으로 보인다.

세계의 중심은 중국이고 주변 민족(오랑캐)들이 그 교화를 받아서 문명개화文明開化했다는 '중화사상'은 한나라 때 성립되었다. 따라서 기자가 조선으로 가서 왕이 되었다는 전설도 아마 이러한 배경하에 생겨났을 것이다.

다음으로, 고고학적 측면에서 보면 고조선 등 동북아시아의 청동기 문화는 계통상 황하 유역과 뚜렷한 차이가 있다. 만약 기자 집단이 어떤 경로를 통해서든 조선에 와서 왕조를 세웠다면 두 지역의 청동기 문화에 긴밀한 상관성이 보여야 한다. 그러나 사정은 정반대다. 한반도 지역에서 출토되는 청동기시대 고고학 자료 가운데 기자의 이동을 입증할 만한 상商·주周 시대 청동기 자료는 전혀 나오지 않았다.

끝으로, 당시 황하 중류 지역과 고조선 사이에는 거친 지대가 광활하게 가로놓여 있어 왕래가 용이하지 않았다. 상·주 교체기에 왕실의 관료로 지내던 기자가 특별한 이유로 인해 조선 땅에 옮겨 와 기자조선을 세웠다고 하기에는 설득력이 약하다.

한 무제漢武帝는 기원전 108년에 고조선을 멸망시킨 뒤 그곳에 군현(한사군

漢四郡)을 설치하였다. 그러자 토착 세력들은 크게 반발하였다. 진번군眞番郡과 임둔군臨屯郡이 곧 폐지된 것도 토착 세력의 반발 때문이었다. 따라서 오늘날 많은 연구자들은 이렇게 판단한다. 즉, 한漢의 역사가들이 중국의 군현 설치를 합리화하고, 군현 설치에 대한 토착 세력의 반발을 무마하려는 목적으로 기자가 유교 문화를 가지고 조선에 갔다는 전설을 만들어냈을 가능성이 크다.

대릉하 유역 상·주의 청동기 저장 구덩이(窖藏)와 기자조선

기자는 특정 개인의 이름이 아니고 '기국箕國의 제후'를 가리키는 말이라는 견해도 있다. 이는 중국 고대의 문헌 내용을 근거로 한 것이다. 『춘추좌씨전』에는 주나라 초기의 제후국으로 '기국'이 있다는 서술과 함께 '기자'가 춘추시대 진晉나라의 장래 문제를 논하는 대목이 나온다. 또 전국시대 각국의 일을 기록한 『국어國語』라는 책은 기국을 정복한 진나라 고대의 성씨 가운데 기씨가 있다는 사실을 전한다. 한편 사마천의 『사기』는 "기자가 양국梁國 몽현에서 죽었고, 거기에 그의 묘가 전한다"라고 하였다.

이와 더불어 기후箕侯를 중심으로 한 기씨 일족이 주나라 초에 연후燕侯를 따라 북방 정복 활동에 종사하다가 나중에 산서에서 산동으로 이봉移封되었고, 한때는 주나라 소공召公을 따라 북방 정벌에 참가하기도 했다고 한다.

기후의 존재는 고고 유물을 통해 실제로 확인된다. 대릉하大凌河 유역의 객좌현喀左縣 북동촌北洞村 고산孤山 유적에서는 상 대商代의 청동 예기禮器에 '箕侯기후'와 '孤竹고죽'이라는 명문이 나왔다. 이를 근거로 요서 객좌현 일대가 기후와 관계있으며, 이로부터 기후는 기자와 동일 인물이라는 주장이 일찍이 제기되었다. 그리고 기후명箕侯銘 청동 예기가 한곳에서 출토된 것으로

북동촌 고산 유적
상商·주周 시기의 청동 예기 유구와 유물
이 출토된 대릉하 유역의 객좌현 북동촌 고
산 유적이다. 고산 유적에서는 상·주 시기
의 청동 예기가 구덩이에 가지런히 매장되
어 있는 채로 발견되었다. 일괄 출토된 유물
가운데 이른바 방정方鼎(오른쪽의 기후명 청
동 예기)의 안쪽 면에는 '기후箕侯'에게 청동
예기를 하사하게 된 이유가 적혀 있다.

보아 기자조선이 처음에는 고죽국 혹은 그 인근 지역에 존재했고, 문헌에
나오는 기자조선과 관계된 내용이 사실이라고 보았다.

이처럼 요서 객좌현 일대를 중심으로 한 지역에는 기후명箕侯銘 청동 예기
뿐 아니라 연후명燕侯銘 청동 예기 등 연나라와의 관계를 명확하게 보여주는
그릇이나 고죽孤竹이라고 해석되는 이름을 가진 그릇 등 당시 중국 동북 지
방을 인식하는 데 중요한 자료를 포함하고 있어 주목받는다.

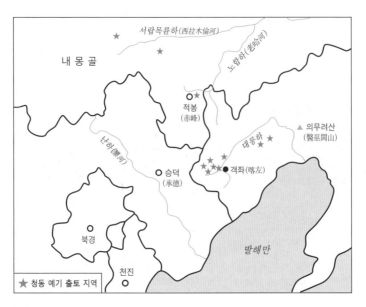

청동 예기의 분포
대릉하 유역의 객좌현 북동촌 고산 유적에서 상 대商代의 청동 예기가 집중적으로 출토되었다. 이곳에
서 출토된 청동 예기 가운데 '기후箕侯'와 '고죽孤竹'이라는 명문이 새겨진 것도 있어 관심을 끌고 있다.

　상·주 시대의 청동기들은 요서 대릉하 연안의 30km 범위 안에 밀집되
어 있으며, 현재까지 약 70여 점이 나왔다. 상·주의 청동 예기는 이 지역의
토착 청동기 문화인 하가점夏家店 문화 분포 지역 내에서 특히 객좌현 일대
를 중심으로 요하 유역 및 내몽골 지역까지 분포하고 있다. 그런데 이 유적
들에서는 대체로 현지의 토착 문화를 보여주는 유물이 함께 발견되지 않는
다. 보통 청동 예기가 저장되어 있는 구덩이 형태로 발굴되며, 그곳이나 그
곳 주변의 토착 유물인 토기 등이 함께 묻혀 있지 않다. 따라서 사용자 집단
의 성격을 판단하는 데 많은 혼란이 일었다.
　청동기 저장갱의 입지는 대릉하에 임한 곳으로, 주변을 관망하기에 좋은
곳이다. 마창구馬廠溝 저장갱이나 산만자山灣子 저장갱의 경우도 구릉의 경사

면에 위치해 있으며 주변을 둘러보기에 마침맞다. 또 저장갱(교장窖藏) 주위에는 주거 공간도 있다. 이로 미루어 짐작건대 청동기를 가진 집단은 거주지의 주변에다가 무슨 이유인지 청동기를 묻어 두었던 것 같다.

기후와 관련해서는 먼저 상족商族의 존재에 대한 이해가 필요하다. 최근 북경 유리하琉璃河 부근의 주周나라 초기 상족 계통의 무덤에서는 연燕나라 소공召公을 '연(匽=燕)의 제후'로 봉封하는 명문이 새겨진 청동기가 출토되었다. 이를 통해 기원전 10세기를 전후한 시기(서주 초)에 연의 문화가 이미 연산燕山 남록의 광대한 지구에 확실히 분포했음을 알 수 있다. 또한 『사기』「주본기周本紀」에 기록된 "소공昭公 석奭을 연燕에 봉한다"는 내용이 믿을 만하다는 것을 입증해주었다.

당시 주나라에서 관할한 주요 지역은 하북의 역수易水에서 요서 대릉하 상류 일대에 이르는 곳으로 북경 서남의 계성薊城이 그 도성이고, 또 전국시대 말기에는 하도下都를 무양武陽(하북성 역현易縣 남쪽)에 설치하였다. 그 일대에서 출토된 일련의 청동기 명문으로 알 수 있는 사실은 연후燕侯가 대릉하 유역에 있던 고죽孤竹 등의 우두머리에게 언제나 상사賞賜했으며, 그들 사이에는 정치적 예속 관계가 존재했다는 점이다.

상·주 두 왕조는 모두 요서 지역에 제후국을 두고 중국의 문화를 전파하였다. 상 왕조 분봉分封의 중심은 노룡盧龍 땅의 고죽국孤竹國이었으며, 주나라 초 분봉의 중심은 북경의 연나라였다. 이들은 현지의 소수민족에 대한 통치를 해 나갔다. 당시 유목 생활을 하던 일부 소수의 토착 종족들은 그 주위에서 활동하였다. 특히 대릉하 이북의 광활한 대지에서 많은 부락을 형성했던 종족은 문헌에도 기록된 오랑캐족(戎狄)이다.

기족箕族 또는 그 한 갈래인 종족은 서주西周 초기에 요서 지역에 자리 잡고 연후燕侯와 밀접한 관계를 유지하고 있었다. 그들은 이후에 결코 동북쪽으로는 이동하지 않았으며, 오히려 그와 반대쪽인 산동성 지방으로 모여 정착했다는 사실이 더욱 중요하다. 대릉하 유역에 정착해서 살고 있던 상商의 유민들은 아마도 일시적인 변고 때문에 씨족을 상징하는 전승가보를 황급히 땅에 묻고는 서쪽으로 다시 이동했던 듯하다.

기자족의 동방이동설

기족의 존재를 두고 기자조선과 관련짓는 주장이 있다. 즉 명문이 적힌 청동 예기를 통해 객좌현 일대는 상 대商代 고죽국과 관련된 지역이며, 특히 '기후箕侯'라는 이름을 지닌 인물이 이 지역을 통치했다는 것이다. 이는 한국 민족의 기원을 종족 이동이라는 시각으로 바라보면서 기자조선의 실재를 긍정적으로 보는 견해이다. 신채호의 '조선족 이동설'을 바탕으로 한 이 주장은 우리 민족의 원주지를 북중국 방면에까지 확대시켜 그 이동 경로를 살피고 있다. 이에 따르면, 기자 집단은 초기에는 화북 지방에 있다가 뒤에 점차 동쪽으로 조선 방면까지 이동하여 기자조선을 형성했다고 한다.

이때 기자는 개인의 이름이 아니라 주나라 계통과 구별되는 동이족 가운데 하나인 기자족으로 본다. 이들은 상나라가 멸망한 시기나 주나라가 견융犬戎의 침입을 받아 수도를 동쪽으로 옮긴 무렵을 전후한 격동기에 북중국에서 남만주, 다시 평양으로 이동하여 기자조선을 세우고 한반도에 청동기 문화를 보급하기 시작했다고 한다.

이와 같은 내용의 기자족 동방이동설은 상당한 관심을 불러일으켰다. 그러나 그 내용은 고고학적으로 명확하게 뒷받침되지 못하는 약점을 지닌다. 앞서 언급한 '기국'이나 기자족이 사용한 청동기는 분명히 상나라 및 주나라 계통이다. 요동 지방이나 한반도의 청동기 문화에는 황하 유역 청동기 문화의 영향이 약할 뿐 아니라, 약하게나마 보이는 것도 시대가 내려와서야 나타난다. 현재의 자료로는 황하 계통의 청동기를 소유한 종족이 이동했다는 증거를 찾을 수 없다.

요서 지역의 객좌현 일대에서 발굴된 청동 예기 명문의 족명을 가진 씨족들을 '기자 집단'으로 이해하여 대릉하 유역에 기자조선이 있었다는 주장은 기자조선에 대한 합리적 해석의 과정에서 나온 것으로 보인다. 그러나 중국 고대 문헌의 어디에도 난하漆河 유역이나 대릉하 유역을 '조선朝鮮'이라고 일컬은 기록이 없다. 산융山戎은 물론이고, 그곳에 거주했던 영지令支, 고죽孤竹, 도하屠何 등을 고조선의 주민으로 기록한 일도 없다. 더욱이 문헌상으로도 이들이 주나라 때 산동반도 동쪽에 있다가 주나라 소공을 따라 북방 정벌에 참가한 적이 있었다는 사실만 확인될 뿐, 동쪽으로 이동한 사실을 보여주는 기록은 발견되지 않는다.

고조선이라는 지역, 또는 고조선의 종족 집단은 처음부터 융적戎狄(산융山戎, 영지令支, 고죽孤竹, 도하屠何)이 자리 잡았던 곳의 동쪽 지역에 있었다. 또한 고조선과 연의 접촉이 시작된 것도 융적들이 기원전 7세기경 연燕·제齊의 연합 세력에 의해 쇠약해진 뒤 연의 세력이 점차 그 지역에 영향을 미치게 된 이후의 일이라고 생각된다.

기자조선과 한국사

'기자동래설' 자체는 사실 여부와 관계없이 수백 년 동안 우리 조상이 사실로 믿어왔다는 점에서 적잖은 의미를 지닌다. 조선 후기에 토지제도 모순의 개혁 방안을 강구하던 일부 실학자들은, 농민이 토지를 균등하게 나눠 가져야 한다는 주장의 역사적 근거를 정전제井田制에서 찾기도 하였다. 그러나 문헌 기록처럼 기자가 실시했다는 정전제의 옛터라는 곳은 고구려 수도인 장안성長安城의 방리坊里를 구획했던 흔적일 가능성이 크다.

지금까지 살펴보았듯이 기자 전설을 구체적인 사실로 믿기는 어렵다. 기자를 대표로 하는 주민 집단의 존재는 인정할 수 있어도 요서 대릉하 유역이 '기자조선'이었다는 논리는 성립하기 어렵다. 기자조선과 관련하여 언급되는 고죽이나 기자 집단, 영지 등은 대개 상商의 유이민이 중심을 이룬 집단이었지만 결국은 토착 융적 문화에 흡수되어 존재하였다. 따라서 복생伏生의 『상서대전』에 처음으로 등장하는 "주 무왕이 상을 무너뜨리자 기자가 북쪽을 향해 조선으로 갔다"는 고사는 '기자조선'의 존재를 입증한다기보다는 그 광대한 지역에 기후箕侯가 존재했으며 또한 '상商 왕조'와 밀접한 관계가 있었기 때문에 등장한 듯싶다.

당시의 역사적 상황을 염두에 두고 조심스럽게 살펴본다면, 기자조선에 대한 고민은 자료가 부족한 한국 상고사를 이해하는 데 폭을 넓혀줄 수 있다. 실제로 중국 상·주 시대에는 수많은 주민(상의 유민 또는 산동에 거주했던 동이족)이 고조선으로 이동해왔다. 기자 전설은 이 같은 주민 이동 및 그에 따른 고조선의 사회변동과 어떤 형태로든 관계가 있다고 본다.

기자의 '동래東來' 이후의 기자족은 오늘날의 한국인을 형성한 많은 요소가운데 일부분일 뿐이다. 기자가 중국인이고 우리 문화의 형성에 영향을 주었다고 해서 우리 역사의 정통성을 해치는 것은 아니다.

위만의 출신, 연나라 혹은 고조선

위만衛滿은 진秦·한漢 교체기에 고조선으로 망명하였다. 그는 준왕에게 자신으로 하여금 고조선의 서쪽 경계를 지키게 해준다면 망명자들을 모아 번병藩屛이 되겠다면서 설득하였다. 이에 준왕은 그를 박사로 봉하고 서쪽 변방의 수비 임무를 맡겼다.

위만은 그곳에서 망명자들을 끌어모아 세력을 키웠고, 그 힘을 바탕으로 기원전 195년 무렵 준왕을 공격하여 몰아낸 뒤 마침내 고조선의 왕권을 차지하였다. 이후 그의 손자 우거왕 때 고조선은 한漢나라의 공격을 받아 멸망하였다. 기원전 108년의 일이다.

단군조선, 기자조선, 위만조선

위만이 왕위를 차지한 뒤 그의 손자 우거까지 3대에 걸친 시기를 일반적으로 '위만조선'이라고 부른다. 『삼국유사』에서는 고조선을 '고조선(왕검조선)'과 '위만조선'으로, 『제왕운기』에서는 '전조선(단군조선)', '후조선(기자조선)', '위만조선'으로 구분하였다. 이후 1484년(성종 15)에 편찬된 『동국통감』에서 고조선을 '단군조선', '기자조선', '위만조선'으로 구분한 뒤 위만조선이라는 용어가 자리 잡았다.

이러한 3조선 인식 체계는 조선 후기까지 이어지지만, 위만조선의 경우에 한韓의 정통이 기자조선에서 마한으로 이어진다는 정통론으로 인해 찬탈 왕조로 인식되기도 하였다. 그러나 삼한정통론이 널리 받아들여지는 상황에서도 위만의 '국적' 문제와 관련하여 특별히 크게 문제된 적은 없었다. 조선 후기 지식인들은 위만조선을 정통으로 보지 않았을 뿐, 분명히 한국사의 체계 속에서 이해하였다.

위만의 국적 문제가 본격적으로 제기된 것은 일제강점기부터이다. 식민 사학자들은 한국사가 그 시작부터 대륙의 영향 아래서 진행되었다며 타율성을 거론하였다. 또 단군조선은 신화에 지나지 않으며 역사는 아니라고 보았고, 기자동래설箕子東來說을 후대의 왜곡으로 간주하여 실체를 부정하였다. 그들은 위만을 중국인으로 보고 그에 따라 위만조선을 중국의 식민 정권으로 규정하였다. 즉, 고조선사 중에서 단군조선과 기자조선을 부정하고 위만조선만 인정하되, 그 정권의 성격을 위만의 국적과 등치시킴으로써 한국사의 타율성을 강조하였다.

그렇다면 위만은 과연 중국인인가? 위만이 정말로 중국인이라면 위만조선의 역사는 중국사에 포함되는가? 이러한 물음은 자연스럽게 나올 수 있다. 따라서 이 글에서는 그와 같은 물음이 타당한지, 고대사회에서 한 국가의 성격을 최고 통치자의 국적으로 규정짓는 방법이 올바른 태도인지 살펴볼 것이다.

위만의 출신

위만의 출신과 행적에 대해 사마천의 『사기』「조선열전」은 다음과 같이 기록하였다.

> 조선 왕 만滿은 옛 연나라 사람(故燕人)이다. … 연왕燕王 노관盧綰이 한나라를 배반하고 흉노로 들어가자 위만이 망명하여 무리 1,000여 인을 모아 북상투에 오랑캐의 복장을 하고 동쪽으로 새塞를 빠져나와 패수浿水를 건너 진秦의 옛 공지空地인 상하장上下鄣에 머물렀다. 점차 진번·조선의 만이蠻夷 및 옛 연燕·제齊의 망명자를 복속시켜 거느리고 왕이 되었으며, 왕험王險에 도읍하였다.

『사기』「조선열전」에서는 위만을 '옛 연나라 사람(故燕人)'이라고 하였다. 사마천은 한 무제 때 고조선 공격과 군현 설치를 직접 지켜본 당대의 인물이다. 그는 당시 고조선에 대한 정보를 바탕으로 「조선열전」을 썼지만 위만의 출신에 대해서는 단지 위와 같이 기록했을 뿐이다.

위만의 행적은 『삼국지』에 인용된 『위략魏略』에서 좀 더 자세하게 서술되어 있다.

> (진이 전국을 통일한 지) 20여 년이 지나 진승陳勝과 항우項羽가 거병하여 천하가 어지러워지자, 연燕·제齊·조趙의 백성들이 괴로움을 견디다 못해 차츰 준왕에게 망명하였다. 준왕은 이에 이들을 서방에 거주하게 하였다. 한나라 때 이르러 노관盧綰을 연왕燕王으로 삼으니 고조선과 연은 패수를 경계로 하게 되었다. 노관이 (한을) 배반하고 흉노로 들어가자 연나라 사람(燕

ㅅ) 위만은 망명하여 호복胡服 차림을 하고 동쪽으로 패수를 건너 준왕에
게 항복하였다.

『위략』은 위만을 '연나라 사람(燕人)'이라고 했는데, 이는 『사기』 「조선열
전」에서 '옛 연나라 사람(故燕人)'이라고 한 기록과 차이가 있다. 이후 『한서』
·『후한서』·『삼국지』 등에서도 모두 위만을 '연나라 사람'이라고 기술하고
있다. 편찬 시점으로 볼 때 『사기』가 가장 빠르기 때문에 사마천이 '옛 연나
라 사람'이라고 한 것이 위만의 출신에 대한 가장 정확한 기록이라고 할 수
있다.

『사기』의 '옛 연나라 사람'이라는 기록과 『한서』·『위략』의 '연나라 사람'
이라는 기록의 차이는 무엇일까? 먼저, 연燕이라는 나라는 둘로 구분해서 보
아야 한다. 하나는 전국시대 7웅雄 중의 하나인 연나라이며, 또 하나는 한
漢나라가 건국된 뒤 그 후국侯國으로 봉해진 연나라이다. 한나라의 후국, 곧
연후국은 위만이 한의 외신外臣이 된 시기는 물론 사마천이 생존한 당시까
지 존재하였다. 만일 위만이 한나라의 후국인 연나라 사람이라면 사마천이
『사기』에서 굳이 '옛 연나라 사람'이라고 표현할 이유가 없었을 터다. 따라
서 위만은 한나라의 후국인 연나라가 아니라 전국시대 연나라 사람이라고
보아야 한다.

『사기』와 『위략』에서는 연왕 노관이 한나라를 배반하고 흉노로 망명하자
연나라 사람 위만은 고조선으로 망명했다고 함으로써 마치 두 사람의 망명
에 인과관계가 있는 것처럼 서술하였다. 이런 까닭에 위만을 연왕 노관의
부장副將으로 이해하는 견해도 나온 바 있다. 그러나 문장을 정확히 읽어보
면 연왕 노관이 흉노로 망명할 때 위만이 고조선으로 망명한 것이지, 노관
과 위만 사이에 모종의 관계가 있었다고 보기는 어렵다.

위만의 출신에 대해 더 자세히 알기 위해 한漢 초기의 상황을 살펴볼 필요가 있다. 위만이 고조선으로 망명할 때는 유방劉邦이 항우를 물리치고 천하를 통일한 뒤 얼마 지나지 않은 시점이었다. 통일 후 유방은 휘하의 장군들을 지방 제후로 임명하였는데, 그때 연왕으로 책봉된 노관은 유방과 같은 고향 사람으로서 유씨 성이 아닌 이성異姓임에도 제후에 봉해진 몇 안 되는 인물이었다.

그러나 한 고조 유방은 정권을 안정시킨다는 명분을 내세우며 한신韓信 등 이성異姓 제후를 제거하기 시작하였다. 그러자 위협을 느낀 노관이 흉노로 망명해버린 것이다. 지금의 북경北京 부근이었던 연의 중심지는 한나라가 보낸 군사들에게 점령되었고, 이로 비롯된 소란스러운 정국으로 많은 사람이 고조선으로 망명하였다. 위만도 그중 한 사람이었다.

앞서 살펴본 것처럼 노관이 흉노로 망명할 즈음에 위만은 동쪽으로 패수浿水(필자는 요령성 혼하渾河로 추정)를 건너 고조선 준왕에게 망명하였다. 이런 기록으로 미루어 망명 이전에 위만은 패수 이서의 요동 지역에 거주했던 옛 연나라 사람이라는 사실을 알 수 있다.

일찍이 연나라 소왕은 기원전 282년쯤 진개秦開를 보내 동호東胡와 고조선을 공격하고, 정복한 지역에는 상곡上谷·어양漁陽·우북평右北平·요서·요동 등 5군을 설치하였다. 기원전 3세기 초까지 요서 대릉하 유역에서 요동 지역까지 세형 동검 문화가 분포해 있었는데, 이 문화는 진개의 공격으로 인해 요서·요동군이 설치되면서 전국시대의 연 문화로 바뀌게 된다. 위만이 망명 이전에 패수 이서의 연나라 땅에 거주하고 있었다면 그 지역은 연 소왕 때 연의 5군에 편입된 지역이 된다. 그래서 위만은 전국시대 연나라로 편입된 지역에 거주했던 고조선계 연나라 사람, 즉 '옛 연나라 사람'이었을 가능성이 높다.

그런데 당시 요서 지역에는 세형 동검 문화뿐만 아니라 동대장자東大杖子 유형의 전국계 연 문화, 동호로 추정되는 철장구鐵匠溝 유형의 북방계 문화가 섞여 있었다. 이러한 여러 종족과 문화가 혼재되어 있는 상황에서 위만이 옛 연나라 땅에 거주했다는 이유만으로 그를 고조선계로 단정하기도 어렵다. 위만이 고조선계였을 가능성은 그저 추정일 뿐이다. 더 이상 구체적으로 위만의 출신에 접근하는 일은 한계가 있다.

위만의 국적과 고조선의 국가적 성격

위만의 국적을 중심으로 고조선의 국가적 성격을 규정하는 연구는 1950년대 일본에서 먼저 진행되었다. 미카미 쓰기오三上次男는 위만의 출신을 중국인(연인燕人)이자 연왕 노관의 부장으로 보았다. 그는 이주 중국인과 토착민 호족이 연합하여 위만조선을 세웠다고 보았으나 정권의 중핵은 이주 중국인이었다면서 위만조선을 중국의 식민지 정권으로 규정하였다.

이와 달리 같은 시기에 이병도는, 본래 연나라 땅은 한족漢族 이외에도 예맥 계통의 사람들이 많이 섞여 살았던 곳인데 위만이 조선으로 올 때 상투를 틀고 조선 옷을 입었다는 점, 준왕이 처음부터 국경 수비의 중핵을 맡길 만큼 위만에 대한 신임이 두터웠다는 점, 준왕을 몰아내고 왕위에 오른 뒤에도 국호를 여전히 조선이라고 한 점 등을 근거로 위만을 고조선계 유민으로 이해하였다. 이후 한국 학계의 많은 연구자가 이 견해에 동의하였다.

위의 두 견해는 상반된 결론을 제시하였다. 전자가 일제 식민사학자로서 한국사의 타율성을 주장하는 견해의 연장선상에서 위만조선의 국가적 성격을 규정했다면, 후자는 그러한 식민사학의 견해를 극복하는 과정에서 나온 민족주의적 해석이었다. 그렇지만 두 견해는 모두 결국 건국자의 종족적 출신만으로 국가의 성격을 규정하려 했다는 점에서 위만조선의 국가적 성격을 온전히 이해하는 데 많은 한계를 드러냈다.

이러한 견해에 반론이 제기된 것은 1980년대에 들어서이다. 그동안 위만을 고조선계라고 보았던 근거들이 모두 가능성일 뿐 개연성이 떨어진다는 주장이 나온 것이다. 예컨대 상투에 대해서도 고조선뿐만 아니라 남월南越, 서남이西南夷, 흉노 등 여러 종족에서 나타나는 풍습임이 밝혀졌다. 따라서 위만을 연나라 사람으로 인정하고, 위만조선을 이질적인 이주민 집단과 토착 세력 사이에 타협을 통해서 생겨난 정권으로 이해하자는 주장이 제기되었다.

한편, 위만조선의 성격을 규명하기 위해서는 위만이 중국계라는 사실에만 매달릴 것이 아니라 그가 어떠한 상태에서 고조선으로 왔는지를 검토하는 것이 더 중요하다는 견해도 제시되었다. 만약 위만을 비롯한 중국계 이민들이 중국의 정책적인 지원 아래 이주한 집단이었다면 위만조선은 미카미 쓰기오의 설명대로 '식민지적인 정권'으로 규정될 수 있다. 그러나 위만은 한나라의 통치에서 벗어난 망명인이었다. 위만을 비롯하여 고조선으로 망명한 중국인들은 한나라 황제의 지배하에 들어가기를 거부한 집단이었다. 그런 점에서 위만이 한나라와 맺은 외신外臣으로서 갖는 의무는 파기될 수밖에 없었다. 따라서 위만조선을 중국의 식민지 정권이라 규정하는 것은 논리적으로 맞지 않는다고 보았다.

최근에는 위만의 족속 계통을 통해 위만조선의 국가적 성격을 규정하려는 논의는 더 이상 진행되지 않는다. 물론 한 국가를 주도하는 왕실의 출신을 살피는 일은 그 국가의 성격을 이해하는 데 매우 주요한 문제이다. 그러나 그것만으로 한 국가의 성격을 가늠하기에는 충분하지 않다. 이 때문에 위만조선을 구성하는 다수 지배층의 성격을 어떻게 볼 것인지를 두고 논점이 확대되었으며, 그에 대한 논란은 지금까지 지속되고 있다.

평양 일대 무덤에서 발굴된 목곽묘가 낙랑군 지배 세력가의 무덤인지, 아니면 토착 세력가의 무덤인지를 둘러싸고 일어난 근래의 논란도 그 한 예이다. 아직도 목곽묘의 조영 연대에 대한 합의점을 얻지 못하고 있다. 그 시기는 족속 간의 접촉이 빈번했으며 때로는 섞여 살기도 했던 상황이었다. 출토 유물 중에 연대를 알 수 있는 명문이 남아 있지 않다면, 그리 길지 않은 시기에 남겨진 묘제와 유물만 가지고 무덤의 주인공이 고조선 사람인지 혹은 조선에 정착한 중국계 사람인지를 판별하는 일은 결코 쉽지 않다. 앞으로 서북한 일대의 유적·유물에 대한 한층 면밀한 조사와 검토를 통해 위만조선의 물질 문화를 좀 더 구체적으로 논의할 수 있게 되기를 기대한다.

현대의 국적 관념을 고대에 적용하면 곤란

위만은 고조선으로 망명하여 준왕의 신임을 얻은 뒤 박사라는 관직에 오르고 서쪽 100리의 땅을 받아 변경을 수비하는 임무를 맡았다. 그는 준왕을 몰아내고 정권을 장악한 뒤에도 여전히 국호를 조선이라고 했다. 위만은 비록 연 지역 출신이지만 조선의 토착민과 함께 성장하면서 토착화한 인물이고, 유이민과 토착민의 연합 정권적 성격을 유지하였다. 이런 점에 비춰 조선 후기 실학자들은 물론 현대 한국 학자들도 위만조선을 모두 고조선이라는 틀 속에서 이해하는 것이다.

따라서 위만이 '중국인'이든 '조선인'이든, 그 사실은 큰 의미가 없다. 그가 중국인이라면 고조선 말기의 위만조선 역사는 중국사에 포함되는 것인가? 사마천은 『사기』를 편찬할 때 위만조선을 중국사로 여기지 않았다. 사마천은 흉노·남월·동월·서남이의 역사를 이민족의 역사로 다루었다. 다만

평양 상리 유적에서 출토된 청동기·철기 일괄 유물
대동강 유역에 자리한 평양 지역의 덧널무덤에서 발견된 유물이다. 이 유물들은 토착적인 세형 동검 문화를 계승하면서도 중국 쪽의 철기 문화가 일부 수용된 양상을 보여주는데, 위만조선의 국가적 성격을 단적으로 드러낸다.

남월·동월·서남이가 고조선과 마찬가지로 결국 한의 군현으로 편제되었기 때문에 이민족을 다루는 열전에 포함시켰던 것이다. 이러한 인식은 고조선 멸망 이후에도 그대로 이어졌다. 『후한서』와 『삼국지』에서 이들 지역에 거주했던 여러 정치 세력을 모두 「동이열전」에 편제한 방식은 이러한 점을 잘 보여준다.

하지만 이와 달리, 최근 중국 동북공정에서는 위만조선을 중국의 식민지 국가로 규정하고 있다. 위만은 연나라 사람이고 위만조선이 한나라와 외신 관계를 맺었기 때문에, 위만조선은 중국 한나라의 식민지적 국가라는 것이다. 물론 이 같은 주장이 순수한 학문적 연구로 도출된 결과는 아니다.

현재 중국은 '통일적 다민족국가'를 지향하면서 오늘날 중국 영토 안에 있는 모든 과거의 역사는 중국의 역사에 포함된다고 주장한다. 즉, 현재 중국과 2,000년 전의 한나라를 일치시켜 이해하는 행태이다. 이런 사고방식에는 과거 한나라 사람은 현재 중국 사람과 같다는 인식이 전제되어 있다. 중국 동북공정의 논리는 별로 새로울 것이 없다. 과거 일본 식민사학자들이 펼쳤던 논리와 본질적으로 큰 차이가 없기 때문이다. 따라서 다시 위만의 국적을 논할 필요가 없다고 본다.

21세기 한국 사회는 순수한 혈통을 자랑하던 단일민족국가를 벗어난 지 오래되었다. 역사상 수많은 이주민이 들어와서 정착해 살았으며, 결국 그들이 한국이라는 정체성을 함께 만들어왔다. 오늘날의 한국이 바로 그것이다. 이러한 과정은 지금도 진행 중이다.

한국사의 시작도 이러한 과정과 크게 다를 바 없다. 고조선은 연·제·조나라의 많은 사람들, 즉 중국계 유이민을 받아들여 국가를 유지하였다. 그 많은 사람들 가운데 한 사람이 바로 위만이었다. 위만은 왕권을 차지하고 진번·임둔을 정치적으로 복속시켜 영역을 넓혔으며, 위만조선은 한 제국에 굴복하기를 거부하고 끝내 전쟁을 치렀다. 이러한 사실을 생각해본다면, 근대적 관념으로 위만의 국적을 따진다거나 그를 통해 고조선의 성격을 논하는 일이 얼마나 무의미한지를 알 수 있다.

을지문덕은 고구려 사람이 아닌가

살수의 푸른 물결 굽이쳐 흐르는데	薩水湯湯漾碧虛
수나라 백만 대군이 고기밥이 되었구나	隋兵百萬化爲魚
지금도 촌부들의 이야기로 떠도니	至今留得漁樵話
나그네의 한바탕 웃음거리도 되지 않는구나	不滿征夫一笑餘

이 시는 조선왕조의 개국공신인 조준趙浚이 명나라 사신과 함께 평안남도 안주에 있는 백상루百祥樓에 올라가 굽이치는 청천강을 바라보면서 수隋의 대군을 격파한 살수대첩을 읊은 것이다. 명나라 사신이 이를 듣고 얼굴을 붉히며 그만 붓을 놓고 말았다는 사연이 전해 내려온다.

살수대첩의 주인공 을지문덕. 우리 역사에서 시대와 이념을 초월하여, 그리고 남녀노소를 불문하고 존경을 받는 몇 안 되는 위인 중 한 사람이다. 『삼국사기』를 편찬한 김부식은 "작은 나라인 고구려가 수나라의 침입을 물리친 것은 오직 을지문덕의 힘이었다"라고 평가하였다. 일제강점기에 민족

해방운동에 헌신하며 고대사를 연구했던 신채호도 "을지문덕은 고구려의 을지문덕이 아니라 조선 민족의 을지문덕이며, 일시의 을지문덕이 아니라 대동억만세의 을지문덕이니 … 지금 한 폭의 금수강산, 단군 이후 4천 년 전해온 땅을 남에게 빼앗기어 우리 집 형제들은 발 디딜 곳도 없으니. 슬프다! 20세기 새 대한의 을지문덕 탄생이 어찌 이리 더니뇨."라면서 식민지로 전락하는 조선의 민족을 구해줄 영웅, 을지문덕의 출현을 희구하였다. 오늘날 우리도 을지문덕을 강감찬, 이순신 등과 함께 외적을 물리친 민족의 영웅으로 떠받들고 있다.

그런데 1979년에 고고학계의 대학자인 김원룡 교수가 "을지문덕은 고구려 사람이 아니라 중국에서 망명한 사람일지도 모른다"는 견해를 제기하여 많은 사람을 어리둥절하게 하였다. 아마 이 이야기를 처음 듣는 독자들도 그러하리라.

을지문덕과 살수대첩

을지문덕이 언제 태어났는지는 아무도 모른다. 살수대첩을 거둔 해가 612년이니, 대략 6세기 후반에 태어났다고 짐작할 뿐이다. 어디에서 태어났는지도 모른다. 평안남도 강서군 석다산에서 태어났다는 말이 전해지나, 이는 후대 사람들이 꾸며낸 이야기다. 단지 우리가 알 수 있는 것은 612년 수 양제의 침입 시 고구려 장수로서 수나라 군대를 물리쳤다는 사실뿐이다.

그가 태어난 6세기 후반에 고구려는 안팎으로 커다란 소용돌이에 휘말리고 있었다. 고구려는 4세기 이래 중국 대륙의 분열을 틈타 만주와 한반도 일대에 광활한 영역을 확보하고 독자 세력권을 구축했지만, 6세기 중반에 이르러서는 왕위 계승을 둘러싼 귀족 세력의 내분으로 한강 유역을 상실하는 등 국가적 위기를 맞았다. 더욱이 6세기 말에는 남북으로 갈라진 중국 대륙을 수나라가 통일한 뒤 고구려에 독자 세력권을 용납할 수 없다고 통보하였다. 중국 중심의 일원적 국제 질서에 순순히 응하라는 것이었다.

내분에 빠져 세력 다툼을 일삼던 고구려 귀족들은 거대한 적 수나라를 앞에 두고 다시 뭉쳤다. 백성들도 외침이 있을 때마다 겪었던 고통을 떠올렸다. 수의 침략에 대비하여 녹슨 병장기를 수리하고 군량미를 비축하였다. 또한 남쪽으로 백제와 신라를 선제공격하여 그들의 침공을 미리 방어하고, 종전의 광활한 영토를 확보해서 수나라에 맞설 세력권을 확보하려 하였다.

612년, 마침내 수 양제가 100만 대군을 거느리고 고구려를 침공하였다. 수나라 군대는 요하를 건너 요동 평원에 도착한 다음 곧바로 요동성을 공격했으나 쉽게 함락하지는 못하였다. 대군을 통솔하여 공격하면 어디든 정복할 줄 알았던 수 양제는 마음이 조급해졌다. 고구려의 군사방어 체계와 전략·전술은 무엇인지, 또 자신들이 왜 패하고 있는지에 대해서는 미처 생각할 겨를도 없이 다급한 마음에 곧장 평양성으로 진격하기로 결정하였다.

수나라 우중문于仲文이 총대장이 되어 이끄는 30만 별동대가 압록강 북쪽의 오골성에 당도했을 때, 고구려의 한 장수가 수나라 진영을 찾아와서 자진 항복하였다. 그 고구려 장수는 다름 아닌 을지문덕이었다. 수나라 군사의 동태를 염탐하기 위해 거짓 항복했던 것이다. 을지문덕은 수나라 병사들이 구덩이를 파고 양식을 몰래 버리는 광경을 목격하였다. 당시 수나라 병사들은 100일치의 군량미와 병장기를 지급받아 짊어지고 행군했는데, 행군과 전투에 지친 병사들이 엄한 군령에도 불구하고 식량을 땅속에 파묻어 버렸던 것이다.

우중문은 수 양제의 명령에 따라 을지문덕을 체포하려다가 위무사 유사룡의 만류로 그만두고 돌려보냈다. 을지문덕을 돌려보낸 뒤 무언가 잘못되었다고 느낀 우중문이 바로 사람을 보내 회유하였으나, 을지문덕은 뒤도 돌아보지 않고 압록강을 건너갔다. 우중문은 별동대를 동원하여 을지문덕의 뒤를 쫓기 시작하였다. 을지문덕은 수나라 군대를 더욱 지치게 하는 작전으로 싸우는 척하면서 도망갔다. 그런 줄도 모르고 하루에도 일곱 번씩이나 승리를 거두었다고 자만한 수나라 군대는 남으로 계속 진군하여 살수(청천강)를 건너고 마침내 평양성 부근에 이르렀다.

그러나 평양성은 난공불락의 철옹성이었고, 사방에는 고구려의 튼튼한 성곽과 군대가 포진해 있었다. 반면, 행군 도중에 식량을 버린 수나라 병사들은 이미 군량미가 다 떨어지고 극도로 지친 상태였다. 이때 을지문덕이 우중문에게 시 한 편을 보냈다.

신기한 책략은 하늘의 원리에 통달하였고	神策究天文
오묘한 꾀는 땅의 이치를 꿰뚫었으며	妙算窮地理
전쟁에서의 공 또한 이미 높으니	戰勝功旣高
족한 줄 알고 그만둠이 어떠한가?	知足願云止

승리를 그 정도 맛보았으면 이제 물러가는 것이 어떻겠냐는, 일종의 야유가 담긴 시다. 더 이상 공격할 힘을 잃은 우중문은 자신이 조롱당하는 것을 아는지 모르는지 고구려에 계속 항복만 요구하였다. 이에 을지문덕이 "당신이 물러가면 우리 왕과 내가 당신네 황제가 있는 곳으로 가 뵙겠다"고 하자, 그제서야 우중문은 이를 명분 삼아 퇴각하기 시작하였다.

하지만 퇴각하는 수나라 군대를 기다리는 것은 고구려의 항복이 아니라 거센 추격이었다. 다급해진 수나라 군사들이 살수에 이르러 허겁지겁 강을 건널 무렵, 고구려의 총공격이 개시되었다. 이때 살아서 도망간 자는 열에

청천강
612년 을지문덕이 수나라 군대를 격파하고 대승을 거둔 살수는 지금의 청천강으로 추정된다. 사진은
2009년 2월에 촬영한 청천강의 모습이다.

한둘도 못 되었다고 한다.

을지문덕은 이 한 번의 전투로 '살수대첩의 명장'이라는 이름을 역사에 길이 남겼다. 그러나 높은 명성과 달리 그에 대해서 알려진 바는 거의 없다. 출신이나 가문의 배경에 대해서는 그렇다손 치더라도 살수대첩 이후의 활동조차 전해지는 바가 없다. 어느 날 갑자기 나타났다가 사라진 혜성 같은 인물이라는 생각이 들 정도다.

고대인의 성姓

살수대첩을 이끈 고구려의 영웅이라고 생각했던 을지문덕이 본래 고구려 출신이 아니었다니, 이 글을 읽는 독자도 쉽게 받아들이기 힘들 것이다. 을지문덕이 고구려 사람이 아니라는 주장의 근거는 다음과 같다.

중국 역사책 중에 '을지문덕乙支文德'을 '울지문덕尉支文德'이라 기록한 것이 있다. 이는 단순히 '을乙'을 '울尉'로 잘못 적은 것이 아니라 을지문덕의 본래 성을 정확히 적은 것이다. '울지尉支'는 선비족의 성姓인 '울지尉遲'로서, 이 성을 가진 선비족은 북조 말부터 수·당 대에 걸쳐 중국 왕조에 관료로 많이 진출하였다. 예컨대 수·당 대에 활약한 울지경덕尉遲敬德이라는 사람은 을지문덕과 이름이 비슷하므로 4촌이나 6촌 형제일 수도 있다. 을지문덕은 바로 이 선비족 출신이며 수나라가 중국 대륙을 통일하던 6세기 말경에 고구려로 망명하였다.

이 주장은 큰 반향을 불러일으켰다. 을지문덕을 민족의 영웅으로 당연히 받아들였던 사람들은 대부분 의아스럽게 생각하였고, 일부에서는 민족정신이라곤 하나도 없는 식민사관에 물든 주장이라고 비난하기까지 하였다. 과연 을지문덕은 중국 대륙에서 망명한 선비족 출신인가? 그렇다면 을지문덕은 고구려 사람으로 볼 수 없단 말인가?

고대인 가운데 오늘날 우리와 같이 성姓과 이름을 모두 가진 사람은 그리 많지 않았다. 현재까지 이름이 전하는 밀우, 모두루, 온달 등 대다수 고구려 사람은 성姓이 없다. 성은 왕족과 일부 귀족만이 가질 수 있는 특권으로, 고구려 왕족의 성인 해씨解氏와 고씨高氏, 연개소문 집안의 연씨淵氏 정도만 알려져 있을 뿐이다.

을지문덕의 성은 무엇일까? 을지乙支라고 막연히 생각하는 사람도 많을 듯하다. 그렇지만 어떤 학자는 乙支를 '웃치'로 읽어야 하며, 이는 고구려 초

아프라시압 궁전 벽화
우즈베키스탄 사마르칸트 시의 북쪽 교외에 자리한 아프라시압 궁전의 서벽에 그려진 사절 행렬도이다. 이 벽화의 오른쪽 끝 두 사람은 새 깃으로 장식한 모자를 쓰고 허리에 둥근고리 칼을 차고 있는데, 고구려 사절로 추정된다.

기에 족장들이 받았던 우태于台라는 관등과 같은 뜻으로 해석하기도 하였다. 또, 어떤 학자는 '을乙'이 성이고 '지支'는 존칭을 나타내는 말로서, 을지문덕은 고국천왕에게 진대법 실시를 건의했던 을파소乙巴素와 똑같은 을씨乙氏 출신이라고 보았다.

　이처럼 을지문덕의 '을지'는 성일 수도, 아닐 수도 있다. 또한 '을지'가 성이라 하더라도 선비족의 울지蔚遲와 같은 성일 수도, 아닐 수도 있다. 여러 가지 가능성이 열려 있기 때문에 명확한 논거가 없는 현재 상황에서는 뚜렷한 결론을 내리기가 쉽지 않다. 이와 더불어 고구려가 여러 종족을 포괄한 다종족 국가였다는 사실도 고려할 필요가 있다.

　고구려는 만주와 한반도에 걸친 대제국을 이룩하였고, 그 지배권이 미치는 범위에 따라 말갈, 거란 등 여러 종족 집단을 거느리고 있었다. 게다가 중국의 남북조, 내륙 아시아의 유목국가 등과 빈번하게 접촉했을 뿐만 아니라, 초원의 길을 통해 멀리 중앙아시아 세력과도 교류하였다. 우즈베키스탄 사마르칸트 시 북쪽의 아프라시압 궁전 벽화에는 새 깃털이 꽂힌 모자를 쓴 사람이 보이는데, 7세기 중반 무렵 중앙아시아로 파견된 고구려 외교사절로 짐작된다.

또한 고구려 고분벽화에는 매부리코를 가진 이방인의 모습이 곧잘 눈에 띄는데, 고구려로 흘러든 중앙아시아 출신으로 짐작된다. 고구려에는 중국에서 망명한 사람도 많았다. 안악3호분에 묘지墓誌를 남긴 동수佟壽가 가장 널리 알려진 인물이다. 그 밖에도 중국 대륙이 격동의 소용돌이에 빠질 때마다 많은 중국인이 고구려로 망명해 들어왔으며, 고구려의 정계에 진출하여 관작을 받기도 하였다.

이처럼 고구려는 다종족 국가였기 때문에 일찍부터 다양한 출신의 사람을 고구려인으로 포섭하기 위해 개방적인 종족 정책을 폈다. 왕경인王京人을 중심으로 한 폐쇄적 신분제인 골품제로 운영되었던 신라와 달리, 고구려는 왕경 출신뿐 아니라 지방인이나 다른 종족 출신, 나아가 망명객까지 두루 관직에 등용하였다. 그 결과 고구려 사람이라는 범주도 매우 다양한 스펙트럼을 갖게 되었다. 을지문덕 역시 설령 중국 대륙에서 망명한 사람이라 하더라도, 출신이나 혈통과 관계없이 다양한 스펙트럼을 갖는 '고구려 사람'의 범주에 속했음이 분명하다.

민족과 영웅

그럼에도 불구하고 을지문덕이 중국 대륙 출신일지도 모른다는 말을 들

안악3호분
서측실 벽화에 그려진 무덤 주인공의 모습이다. 묘주 동수는 전연에서 고구려로 망명한 인물이다.

각저총 씨름도
서로 맞붙은 사람 중 왼쪽 사람의 얼굴은 매부리코와 이국적인 수염 형태로 보아 서역인으로 추정된다.

었을 때 사람들은 대체로 반감부터 내보이곤 한다. 혹시 우리가 현재 지니고 있는 감정, 특히 민족적 감정을 과거의 역사 속으로 그대로 투영하여 을지문덕이라는 인물을 바라보았기 때문은 아닐까?

오늘날의 여러 성씨가 고대에 거의 존재하지 않았던 것처럼, 민족이라는 집단도 고대로부터 고정불변의 형태로 존재했던 것은 아니다. 인간들은 아득한 옛날에는 하나의 무리로, 그것이 조금 더 발전하면 씨족이나 부족으로, 그리고 계급이 발생한 이후에는 각 지역의 지배계급에게 예속된 지역정치체 등으로 끊임없이 변모하였다. 고대사회의 인간 집단은 오늘날과 같은 모습으로 존재하지 않았으며, 민족도 역사 전개 과정의 산물이다.

그러므로 우리 민족의 조상에 해당하는 고구려, 백제, 신라 등이 당시에 이미 하나의 민족을 이루었다고 보기는 힘들다. 이들은 같은 종족 계통으로서 뿌리가 같다는 동족 의식을 갖고 있었을지언정 치열한 각축전에서는 자신의 나라와 영토를 지켜야 한다는 의식이 앞섰고, 지배 세력일수록 그런 인식은 더욱 강하였다. 신라와 백제가 수·당에게 고구려 정벌을 요청한 것은 그 좋은 예다.

삼국시대에는 아직 오늘날과 같은 한민족은 형성되지 않았으며, 역설적이게도 치열한 항쟁을 통해 빈번하게 접촉하면서 점차 같은 민족이라는 의식을 공유하기 시작하였다. 삼국은 같은 민족으로 형성되어가는 과정에 있던 각기 다른 세 부분이었을 따름이다. 그러므로 오늘날의 민족 관념을 삼국시대로 소급 적용하여 을지문덕이라는 인물을 바라보아서는 안 된다.

설사 을지문덕이 중국에서 망명한 인물이라 해도 살수대첩이 우리 역사에서 지워지는 것도 아니다. 612년 수나라 대군을 물리치는 데 을지문덕이 큰 공을 세운 것은 사실이지만, 그 혼자만의 힘으로 이룬 성과는 아니다. 수나라 군대가 압록강 북안에 도착하자 고구려는 을지문덕을 파견하여 적의 동태를 파악하도록 하였고, 그의 정찰 보고를 토대로 작전을 수립하였다. 이때 전개한 수성전守城戰, 지구전持久戰, 유인전誘引戰, 기습 공격 등은 고구려 군사작전의 근간을 이루는 것으로, 역대 중국 왕조들과 끊임없는 전쟁을 통해 쌓아온 전술이다.

이와 같은 전술을 구사하는 밑바탕에는 잘 훈련된 병사, 조직된 군대, 튼튼한 성곽 등이 있었다. 을지문덕의 뛰어난 지략이 실현될 수 있던 배경에는 고구려의 오랜 전통과 그것을 충분히 활용할 줄 아는 고구려인의 지혜, 또한 조직된 군대와 백성이 있었던 것이다. 중국 대륙 출신이든 아니든 을지문덕은 수 양제의 침략 때 '고구려 사람'으로서 고구려 백성들과 함께 싸워 물리쳤고, 그 근저에는 600여 년 동안 이어져온 고구려의 역사가 도도히 흐르고 있었던 것이다.

사실 을지문덕의 국적을 둘러싼 논란의 밑바닥에는 '민족이란 과연 무엇인가', 그리고 '역사는 한 사람의 영웅이 만들어내는 것인가' 등과 같은 역사학의 좀 더 근본적인 문제가 깔려 있다. '을지문덕은 고구려 사람이 아니었나'라는 우문愚問에 대해, 민족은 처음부터 고정된 형태로 출현한 것이 아니라 역사의 긴 여정에서 생겨난 산물이며, 또한 인간의 역사는 한 사람의 영웅에 의해서가 아니라 무수한 일반 민중의 땀과 노력이 모여 발전했다는 사실을 다시 한 번 상기하는 것만으로도 충분한 답을 얻은 셈이다.

16

대조영의 출신, 말갈인 또는 고구려인

발해는 고구려 유민이 말갈족을 포섭하여 고구려 옛 땅에 세운 나라로서 대외적으로 고구려 계승을 표방하였다. 발해가 멸망한 뒤에는 적잖은 유민이 고려로 망명하고, 고려는 이들을 동족으로 대우함으로써 한민족 형성의 기틀이 마련되었다. 한국사에서 삼국시대에 뒤이어 남북국시대를 설정하는 이유가 바로 여기에 있다.

그러나 중국은 발해를 말갈족이 중심을 이룬 국가로서 당나라 때의 지방 민족 정권이라 규정하고 있다. 러시아도 발해를 말갈계 국가로 규정한다는 점에서는 중국과 같지만, 단지 극동에 위치한 소수민족 역사로 파악하고 있다. 요컨대 발해사의 귀속 문제를 놓고 각기 다른 주장을 내세우는 꼴이다.

발해사의 귀속 문제

이러한 시각차는 일차적으로 과거 발해의 영역이 현재 한반도 북부와 중국 동북 지역, 그리고 러시아 연해주에 걸쳐 있었다는 점에서 기인한다. '국사'라는 것이 자국 영역의 과거 역사를 대상으로 한다는 점에서 각국이 발해를 자국사의 영역으로 다루는 것은 당연하기 때문이다.

발해의 건국 시조인 대조영大祚榮의 출신, 즉 그의 종족 계통에 대한 서로 다른 기록도 발해사에 대한 각국의 관점이 좁혀지지 않는 이유이다. 널리 알려져 있듯이 발해사의 기본 사료인 『구당서舊唐書』와 『신당서新唐書』 열전은 각각 대조영을 '고려 별종別種', '속말말갈粟末鞨羯' 출신이라고 다르게 기록해 놓았다. 이를 두고 남북한은 전자를, 중국과 러시아는 후자를 전제로 논의를 전개하고 있다.

대조영을 고려 별종이라고 기록한 『구당서』 열전의 제목은 「발해말갈전」이며, 『신당서』에는 그가 속말말갈 출신이지만 고구려에 복속하였다는 단서가 붙어 있다. 이 때문에 대조영의 출신을 고구려 유민이나 속말말갈 가운데 어느 하나만 선택하여 논의를 전개하는 것은 실제 사실을 왜곡할 가능성이 높다. 더구나 이들 사료는 발해 스스로 기록한 역사서가 아니라, 대조영을 토벌했다가 실패하여 어쩔 수 없이 그를 인정한 당나라의 기록이다. 그러므로 대조영의 출신에 관한 서로 다른 기록을 제대로 이해하려면 고구려 멸망에서 발해 건국에 이르는 과정을 먼저 살펴볼 필요가 있다.

안동도호부의 설치와 고구려 유민의 반당 투쟁

5세기 이래로 동북아시아의 한 축을 이루었던 고구려는 일원적 국제 질서를 강요하는 수·당에 맞서 70여 년간 끈질기게 싸웠으나, 나당연합군의 공격과 지배층의 내분까지 겹쳐 668년에 멸망하였다. 당시 고구려는 5부 176성 69만 7,000호로 이루어졌는데, 당은 이 행정구역을 9도독부 42주 100현으로 재편한 뒤 상급 통치기관으로 안동도호부安東都護府를 평양성에 설치하였다. 그리고 현지 지배를 위해 고구려 지배층 가운데서 일부를 선발하여 도독都督·자사刺史·현령縣令으로 임명하였다.

이처럼 정복 지역에 부府·주州·현縣 등 당의 지방 제도를 적용하여 편제한 지역을 기미주羈縻州라고 하며, 현지인을 통한 간접적 지배 방식을 기미 지배라고 한다. 다만 고구려에 한해서는 당의 중앙정부에서 파견한 관리를 참여시켰듯이 직접 지배하려는 의도가 강하였다. 당의 이 같은 정책은 기본적으로 현지 유력자의 지배 기반을 축소하고 약화시켰기 때문에 고구려 유민의 반발을 불러일으켰다.

669년 2월 고구려 보장왕의 아들 안승安勝이 신라로 망명하자, 당은 곧바로 고구려 유민 3만여 호를 당의 내지로 강제 이주시켰다. 당은 이 가운데 평양과 국내성에 거주하던 자들은 바다 건너 내주萊州(산동성 봉래시蓬萊市)에, 요동 지역에 거주하던 자들은 육로로 영주營州(요령성 조양시朝陽市)에 일단 집결시켰다가 다시 당의 남부와 서부 변경 지대로 옮겼다.

670년 4월 안동 도호 설인귀薛仁貴는 안동도호부 체제가 안정적이라고 판단하여 토번吐蕃(티베트)으로 출정을 떠났지만, 곧바로 검모잠劍牟岑이 반당 투쟁의 기치를 올렸다. 검모잠은 평양 부근에서 거병한 후 신라로 남하하여 안승을 왕으로 추대하였다. 얼마 뒤에는 요동의 요충지인 안시성과 부여성에서도 반당 투쟁이 일어났다. 그러자 당은 대규모 군대를 파견하여 토벌에 나섰다.

이 무렵 신라는 옛 백제 지역의 통치를 놓고 당이 설치한 웅진도독부와 대립했기 때문에 고구려 유민을 지원하였다. 670년 초에 이미 신라군은 고구려 유민 고연무高延武와 함께 압록강까지 진격하였고, 672년 고구려 유민이 백수성(황해도 재령강 부근)에서 패하자 구원병을 파견하였다. 이듬해 호로

하(임진강)에서 당군과 격전을 치른 고구려 유민은 전세가 불리함을 알아채고 남쪽으로 달아나서 신라에 합류하거나, 당의 지배력이 미치지 못하는 북쪽의 말갈 지역으로 피신하였다. 고구려 유민의 반당 투쟁은 이제 신라와 당의 전면전으로 확산되었다.

영주로 강제 이주된 대조영 집단

675년 9월, 당은 20만 대군을 이끌고 신라를 공격했지만 매초성(경기도 연천)에서 대패하였다. 평양에 설치되었던 안동도호부는 이듬해 압록강 너머 요동성(요령성 요양시遼陽市)으로 퇴각했으며, 이때 고구려 출신의 지방관을 감시하던 당 관리들도 본국으로 철수하였다. 이로써 당은 반당 기운이 드센 고구려 유민을 무마하여 후방을 정비한 뒤 다시 신라를 공격하였다.

그러나 676년 11월에 기벌포(금강 하구)에서 당이 다시 신라군에게 패배하자 바로 다음 해에 안동도호부를 동쪽의 군사적 요충지인 신성新城(요령성 무순시撫順市)으로 이동시켰다. 이와 함께 장안에 끌고 왔던 보장왕과 앞서 당의 변경 지대로 강제 이주시켰던 고구려 유민을 다시 요동으로 귀환시켰다. 고구려 전역에 대한 직접 지배를 포기하는 대신 보장왕을 통해 요동 지역만이라도 확보하려는 속셈이었다.

681년 보장왕은 당의 기대를 저버리고 고구려 부흥을 도모하였다. 그러나 4년간의 반당 투쟁이 실패한 데다 당이 유화적인 기미 지배를 실시했던 탓에 고구려 유민을 규합하기가 쉽지 않았다. 결국 그는 고구려의 부용 세력이었던 말갈을 동원하기로 마음먹었다. 말갈도 고구려 멸망 이후에 고구려 유민과 함께 당으로 강제 이주당하면서 반당 투쟁에 참여했기 때문이다. 그러나 사전에 모의가 발각되어 보장왕은 공주邛州(사천성 공협邛峽)로 유배되었다가 이듬해 사망하였다.

당은 이 사건 이후 고구려 유민을 또다시 당의 남부와 서부 변경 지대로 강제 이주시켰다. 669년과 681년 두 차례에 걸쳐 강제로 이주당하는 과정에서 고구려 유민인 걸걸중상乞乞仲象·대조영 부자와 말갈 추장인 걸사비우乞四比羽가 중간 경유지인 영주에 머무르게 되었다.

발해의 건국 과정

7세기 초반 당에게 멸망당한 돌궐이 이 무렵 다시 부흥하여 당의 변경 지역을 침략하면서 당의 기미 지배에 균열이 가기 시작하였다. 696년 5월 영주에 기근이 들자 거란의 추장 이진충李盡忠과 손만영孫萬榮은 평소 영주 도독의 차별과 멸시에 불만을 품고 군사를 일으켜서 영주를 점령한 뒤 하북 지역까지 세력을 뻗쳤다. 이들은 배후의 안전을 확보하기 위해 동쪽으로 요동의 안동도호부도 공격했는데, 이때 영주에 거주하던 걸걸중상·대조영 부자를 비롯한 고구려 유민과 걸사비우 같은 말갈족도 참전하였다. 이진충의 난은 끝내 당의 토벌군에게 진압되었으나, 고구려 유민과 말갈족은 이후 요동에서 독자적인 세력을 구축하였다.

이 사건의 여파로 인해 당 내부에서는 안동도호부를 폐지하고 고구려 왕족에게 통치를 위임하자는 건의가 끊이지 않았다. 마침내 698년 당은 안동도호 대신 보장왕의 손자 고보원高寶元을 충성국왕忠誠國王에 임명하여 요동의 고구려 유민을 다스리도록 하였다. 그런데 이 계획이 실현되려면 걸걸중상과 걸사비우의 귀순이 전제되어야 했다. 그리하여 당은 이들을 각각 진국공震國公과 허국공許國公에 책봉하였다. 그러나 걸사비우의 거부로 당의 기만책은 실패하였다.

동모산

중국 길림성 돈화시敦化市에 있으며, 대조영이 당군의 추격을 격퇴하고 진국振國을 세운 곳이다. 성산자 산성城子山城으로 불린다. 이곳에서 발굴된 유적과 유물은 발해 초기의 역사를 알려준다.

ⓒ 하일식

결국 당은 요동 지역을 안정시키겠다는 명목을 내세워 거란 출신의 장수 이해고李楷固를 파견하여 토벌에 나섰다. 이 토벌로 말갈족을 이끌던 걸사비 우는 전사하였고, 고구려 유민을 이끌던 걸걸중상도 이 무렵 사망하였다. 이 해고의 군대가 천문령天門嶺(혼하渾河와 휘발하輝發河의 분수령인 길림 합달령哈達嶺)까 지 추격해오자 대조영은 고구려 유민과 말갈족을 규합하여 맞서 싸웠다. 이 전투에서 당군은 이해고만 살아남았을 정도로 참패하였다.

악화된 전세를 만회하기 위해 당은 계속해서 대조영 집단을 토벌하려고 하였다. 이 때문에, 대조영은 승전했음에도 불구하고 동쪽으로 계속 달아날 수밖에 없었다. 그리고 마침내 고구려가 망한 지 30년 만인 698년, 동모산 에서 진국왕振國王을 자칭하며 나라를 세웠다. '발해'라는 이름은 713년 당 이 대조영을 발해군왕에 책봉하면서 사용되기 시작했으므로 최소한 이때까지는 '진국'이라고 표현해야 옳지만, 이 글에서는 편의상 발해로 통칭한다. 한편 발해 건국을 전후한 698년 6월, 고구려 전역을 관할하던 안동도호부가 요동만 관장하는 안동도독부로 축소된 일도 발해의 건국 및 발전에 유리한 배경이 되었다.

대조영의 출신에 관한 논란

이제 『구당서』 「발해말갈전」과 『신당서』 「발해전」이 대조영을 각각 '고려별종'과 '속말말갈' 출신이라고 서로 다르게 기록한 점에 대해 살펴보자. 사실, 발해 건국 과정과 관련된 서술에서 두 역사서의 차이점은 이뿐만이 아니다. 대조영이 건국한 직후에 자칭한 진국왕을 『구당서』에서는 '振國王'으로, 『신당서』에서는 '震國王'으로 표기하였다. 또한 대조영이 나라를 세운 동모산에 대해서도 전자는 '계루桂婁' 지역, 후자는 '읍루挹婁' 지역이라며 다르게 기록하고 있다.

『신당서』는 『구당서』를 보완하여 편찬되었기 때문에 서술에 일관성이 있고 내용도 풍부한 편이다. 발해의 3성 6부로 이루어진 중앙정치 제도와 5경 15부 62주 등 지방 제도에 대한 풍부한 기록도 『신당서』 「발해전」에만 실려 있다. 반면, 『구당서』 「발해말갈전」에는 발해와 당의 사신 왕래 등 단편적인 기사만 수록되어 있다. 그래서 전체적으로 『신당서』의 사료적 가치가 높다고 종래 인정되었다.

그러나 발해 건국 기사에 관한 한 『신당서』보다는 『구당서』의 사료적 가치가 더 높다. '진국振國'은 당 대唐代의 실록에 근거한 『책부원귀』와 『자치통감』, 그리고 신라 측 기록에도 보이며, '계루'는 발해 제2대 무왕 대무예大武藝가 태자로 있을 때 계루군왕桂婁郡王에 책봉된 사실에서 보듯이 당시 사용된 지명이기 때문이다.

이렇게 볼 때 『신당서』의 찬자는 대조영의 아버지 걸걸중상이 당으로부터 책봉받은 震國公진국공을 근거로 '振國진국'을 '震國진국'으로 바꾸었으며, 고구려 왕실을 배출한 계루부桂婁部에서 유래한 '계루'를 말갈의 조상으로 알려진 '읍루'로 의도적으로 고친 것이다. 따라서 대조영의 출신에 대한 기록도 『신당서』의 속말말갈보다 『구당서』의 고려 별종이 실상에 가깝다. 요컨대 『구당서』가 발해와 고구려의 관련성을 비교적 객관적으로 서술한 반면, 『신당서』는 의도적으로 발해와 말갈의 관련성을 강조한 셈이다.

당의 발해 인식과 발해의 자의식

물론 『구당서』도 「발해말갈전」이라는 제목에서 알 수 있듯이 기본적으로 발해를 말갈로 인식하였다. 이는 발해가 존속한 바로 그 시대에도 마찬가지였다. 6세기 이래로 말갈은 부족 단계에 머물러 있으면서 고구려에 예속된 상태였다. 당이 말갈이라고 칭하는 종족명에는 멸시나 야만의 의미가 담겨 있었다. 당이 741년까지도 대조영이 세운 진국을 사뭇 인정하지 않은 채 '말갈' 또는 '발해말갈'로 불렀던 이유도 이런 측면에서 찾을 수 있다.

앞서 언급했듯이 대조영 집단은 이진충의 난을 계기로 당의 영역 안에서 반란을 일으키고 동쪽으로 이동한 뒤 안동도호부의 관할권 밖에서 독자적인 세력을 구축하였다. 고구려 유민이 주축이 된 진국의 등장은 당에서 보자면 고구려 멸망이라는 위업을 훼손시키는 사건이었다. 이 때문에 당은 그들의 존재를 애써 부정하기 위해서라도 미개한 말갈로 인식했던 것이다.

그렇지만 발해는 고구려 계승을 표방하였다. 비록 대당 관계에서는 이를 적극적으로 표출하기 힘들었지만, 727년 일본에 보낸 국서에서 "고구려의

© 김종복

정혜공주 무덤

정혜공주(738~777)는 문왕의 둘째 딸로, 그녀의 무덤은 발해의 첫 수도인 동모산 부근에 있는 육정산 고분군에서 발견되었다. 정혜공주 묘는 고구려 무덤 양식을 계승한 석실봉토분이다. 발굴 당시 무덤 앞에서 돌사자상 2기가 출토되었다.

옛 지역을 회복하고 부여의 오랜 풍속을 간직하였다"라고 분명히 밝혔다. 발해 제3대 문왕의 둘째 딸 정혜공주의 무덤과 상경용천부에서 발견된 온돌이나 연꽃무늬 와당 등은 발해가 고구려를 계승했음을 보여주는 좋은 증거이다.

　이처럼 사실관계로 따져볼 때, 발해의 건국은 고구려 유민의 부흥운동과 밀접한 관련을 갖고 있으며, 또한 대조영의 출신도 말갈인보다 고구려인으로 보는 것이 타당하다. 1960년대 이후 남북한은 발해사 연구를 주도하면서 고구려와 발해의 계승 관계를 규명하는 데 주력하였다.

　이에 비해 1970년대부터 발해사 연구를 시작한 중국은 남북한의 연구 성

고구려와 발해의 연꽃무늬 수막새
왼쪽은 고구려의 와당으로 지름이 14.8cm이며, 오른쪽은 발해의 와당으로 지름이 16.9cm이다. 발해의
와당은 제작 방식, 구조, 무늬 등에서 고구려와 연관이 깊다.

과를 의식하며 발해사에서 고구려적 요소보다 말갈적 요소를 강조하였다.
그러나 발해사를 고구려사와 분리해서 파악할 수 없다는 점은 중국도 인정
할 수밖에 없는 사실이기에 스스로 딜레마에 빠져버렸다. 최근 중국에서 통
일적 다민족국가론에 따라 고구려를 파악하는 이른바 동북공정이 등장한
배경에는 이런 측면도 작용하였다. 이제 단순히 '발해가 고구려를 계승했기
때문에 한국사'라는 남북한의 이론적 근거도 새롭게 검토해야 한다.

처용 설화, 신라에 온 서역인

〈처용가〉는 신라시대 처용이 지었다는 향가로 유명하다. 이 향가의 내용은 처용이 자신의 아내와 몰래 잠자리를 함께한 악귀를 용서하며 노래를 불렀다는 이야기다. 오늘날 우리의 보통 상식으로는 잘 이해되지 않는 내용이지만 『삼국유사』는 이 이야기와 노래를 그대로 실어 두었다.

옛날 사람들은 처용處容을 질병이나 악귀를 쫓는 신으로 믿었다. 고려시대에도 처용희處容戲를 즐긴 기록이 있고, 조선시대에는 궁중에서 잡귀를 쫓기 위해 행하던 나례儺禮 때 두 차례에 걸쳐 처용무를 추었다는 기록이 보인다. 이 춤은 지금 무형문화재로 지정되어 보존되고 있다. 이렇듯 오랜 전승의 근거가 되는 것이 『삼국유사』에 실린 처용 설화이다.

처용과 처용가

신라 제49대 헌강왕(재위 : 875~886)이 동해안의 개운포開雲浦(울산시 남구)에

처용무

『기사경회첩耆社慶會帖』의 다섯 번째 그림인 〈본소사연도本所賜宴圖〉이다. 1744년 영조가 기로소耆老所에 들어가게 된 경사를 기념하여 그린 그림인데, 처용무를 추면서 연로한 대신들을 위로하는 장면이 보인다.

행차한 적이 있었다. 돌아올 때 갑자기 구름과 안개가 자욱히 끼어 길을 잃을 상황이었는데, 일관日官(점치는 관리)의 말이 "동해 바다 용의 짓이니 좋은 일을 행하여 풀어야 한다"고 하였다. 이에 왕이 용을 위하여 근처에 절을 지으라고 명령하자 곧바로 구름이 걷히고 안개가 흩어졌다.

  헌강왕의 조치에 동해 바다 용은 기뻐하면서 일곱 아들을 데리고 나와 춤을 추며 음악을 연주하였다. 그중 한 아들이 헌강왕을 따라 왕경에 와서 정치를 보좌하였는데, 그가 바로 처용이다. 왕은 처용에게 미녀를 아내로 맞게 해주는 한편, 급찬級湌이라는 관등을 수여하였다. 급찬은 신라 17등 관등에서 제9등급에 해당하며 6두품 신분 이상이라야 오를 수 있는 관등이었다.

울산 처용암
처용이 도착한 곳이라고 전해온다. 지금은 온산공단이 조성되어 먼 바다가 보이지 않는 환경이 되었다.

  그런데 처용 아내의 아름다움을 탐낸 역신疫神(질병을 옮기는 귀신)이 사람으로 변하여 몰래 잠자리를 같이하였다. 나들이를 나갔다가 집에 돌아온 처용은 두 사람이 누워 있는 모습을 보고 다음과 같은 노래를 부르고 춤을 추면서 물러났다고 한다.

    동경東京 밝은 달에 밤새 놀며 다니다가
    집에 들어와 자리를 보니 가랑이가 넷이어라
    둘은 내 것인데 둘은 누구 것인고
    본디 내 것이건만 빼앗겼음을 어이할꼬

노래를 들은 역신은 처용 앞에 모습을 드러내고 엎드려 말하였다. "당신의 아내를 사모하여 잘못을 범했는데 노여워하지 않으시니 감격하여 아름답게 여기는 바입니다. 맹세컨대 앞으로는 당신의 모습을 그린 그림만 보아도 문안으로 들어가지 않겠습니다." 그리하여 나라 사람들이 처용을 그린 그림을 문에다 붙여서 나쁜 귀신을 쫓고 경사로운 일을 맞이했다고 한다. 그리고 헌강왕이 동해 용을 위해 영취산 동쪽에 지은 절은 망해사望海寺 또는 신방사新房寺라고 이름하였다. 『삼국유사』에 실려 있는 처용 설화의 대략적인 내용은 위와 같다.

지방 호족의 아들인가, 용의 아들인가

오래전 민속학에서는 이 설화를 무당의 시조 또는 주술에 관한 이야기로 간주하였다. 이에 따르면 처용은 용을 모신 신사神祠에서 제사를 맡아보던 인물이며, 그가 왕을 따라 왕경에 왔다는 말은 당시 제1급의 무당으로 대우받은 사실을 상징한다. 또 그 아내와 역신의 동침을 무녀巫女 사회에서 흔히 발견되는 매춘 행위로 해석하거나, 처용을 후대의 풍습인 '제웅'(짚으로 사람 모양을 만들어 내다버리는 액막이 풍습)과 연관시키기도 했다. 이는 신화나 설화 속에 반영된 역사적 사실을 해석하는 견해 가운데 하나다.

그런데 역사학계에서는 9세기 중반의 신라 사회가 처해 있던 정치·사회 상황을 바탕에 깔고 처용 설화를 해석한다. 이에 따르면 처용은 지방 호족의 자제를 상징하는 인물이라는 것이다. 즉, 이 설화는 신라 말기에 왕경의 귀족이 지방 호족을 포섭·견제하면서 지배 체제를 유지하려고 노력했지만, 결국 그런 노력이 실패로 돌아가는 과정을 은유적으로 보여준다는 것이다. 이런 해석의 대강을 소개하면 다음과 같다.

옛 설화는 황당한 내용을 담고 있기는 하지만, 거기에 등장하는 소재들은 어떤 역사적 실재를 간접적으로 상징한다. 『삼국유사』에 실린 설화에는 용이 많이 등장하는데, 이 용이 상징하는 바는 대개 두 부류로 나뉜다. 하나는 중앙의 국왕을 비롯한 귀족 정권이고, 다른 하나는 지방에 잠재하며 신라 국가에서 떨어져 나갈 수도 있는 세력을 상징한다. 예컨대 황룡사를 지을 때 나타났다는 용은 전자를, 수로부인을 납치한 동해 바다의 용은 후자에 해당한다는 것이다. 이렇게 보면 처용은 동해 용으로 상징되는 울산 지방 호족의 아들로 연결 지을 수 있다.

처용이 헌강왕을 따라 왕경으로 와서 관등을 받았다는 것은, 중앙 귀족들이 자신들의 약화된 지배력을 유지하려는 목적으로 지방 세력을 적극 포섭하는 한편, 그 자제를 왕경으로 불러들여 견제 수단으로 삼으려 한 사실을 나타낸다. 또 미녀를 아내로 맞게 한 것은 정략적 포섭에 해당한다. 그런데 만약 일찍이 그 미녀를 마음에 품은 귀족 청년이 있었다면, 그녀를 시골 청년인 처용에게 빼앗겼다고 여겨 처용이 없는 틈을 타서 몰래 잠자리를 함께 했을 수도 있다는 상상이 가능하다. 이렇듯 설화에서 역사를 복원해내는 과정에도 상상력이 발휘된다.

신라 왕경은 그즈음 이미 퇴폐적이고 거대한 소비도시가 되어 있었다. 처용 설화에 등장하는 '역신'은 도덕성을 상실한 '병든 도시'를 상징하며, 역신과 동침한 미녀도 시골 청년과 대립되는 중앙 귀족 사회를 상징한다. 처용은 타락한 그들의 모습을 보면서 이미 그들을 상대할 미련조차 갖지 않았다. '노래를 부르고 춤을 추면서 물러났다'는 이야기는 이를 보여준다. 헌강왕 때 왕경에는 초가집이 없고 숯으로 밥을 해 먹는 등 풍요로움을 누렸다지만, 기록에 나타난 '태평성대'는 신라가 붕괴하기 직전 폭풍 전야의 고요함 같은 것이었다.

© 하일식

공작무늬돌(페르시아 문양석)
국립경주박물관의 서편 뜰에 전시되어 있다. 가운데 문양을 보면 둥근 원 테두리에 구슬 무늬를 두르고
나무 아래에는 공작새 두 마리가 새겨져 있다. 오른쪽 문양에는 둥근 원 안의 나무 아래 사자가 새겨져
있는데, 이런 문양은 사산조 페르시아에서 유행했던 것으로 알려진다. 미처 다 완성하지 못한 석재품으
로 추정된다.

처용은 아라비아인인가

한편, 이와 달리 처용을 서역인, 즉 아라비아인으로 보는 독특한 견해도
일찍이 제기되었다. "신라와 아라비아가 산이나 강 하나 건너면 닿는 거리
도 아닌데…" 하고 의문을 품을 수도 있다. 그러나 어떤 이유에서든 인간이
의도적으로 차단한 경우가 아니라면, 산이나 강·바다가 인문의 교류를 가로
막은 적은 별로 없었다.

특히 우리 고대에는 중국과 일본열도는 물론이고 비교적 먼 지역까지 물
품이 교역되고 사람이 오가는 경우가 드물지 않았다. 삼국시대의 신라 고분
에서는 '로만 글라스'로 불리는 서역의 유리 제품이 제법 출토되었다. 특히
계림로 고분에서는 페르시아 보검으로 불리는, 보석으로 화려하게 장식된

칼이 나오기도 했는데, 이는 중앙아시아 키질 벽화에 그려진 것과 동일하다. 이런 국제적인 교류를 감안하면 처용 설화의 주인공을 아라비아인으로 볼 개연성도 아주 없지 않다.

고려시대 가요에는 '회회인回回人'이 가끔 등장하는데, 아라비아인을 가리킨다. 고려시대에는 100여 명씩 떼를 지어 찾아온 아라비아 상인들이 후한 대접을 받고 조정에서 마련해준 숙소에 머물며 상업 활동을 벌였다. 그런데 이보다 훨씬 이전인 당나라 때부터 아라비아인들은 이미 중국·인도, 동남아시아를 잇는 바닷길을 왕래하며 왕성하게 활동했는데, 그 일부가 신라까지 왔을 수 있다.

『삼국사기』에는 흥덕왕이 각 골품별로 사용을 금지한 물품이 열거된 내용이 나온다. 그중에는 서역이나 동남아시아산 제품, 즉 페르시아산 깔개, 공작새 꼬리털, 비취새 깃털, 대모玳瑁, 슬슬瑟瑟 등이 보인다. 공작새는 인도와 동남아시아, 비취새는 캄보디아에서 얻을 수 있는 것이며, 대모는 바다거북과에 속하는데 동남아시아에서 얻을 수 있는 물품이다. 슬슬은 에메랄드로 추정되는데, 주로 타슈켄트 지역에서 나는 보석으로 알려진다.

이런 물건들은 장보고와 같은 해상 무역상을 통해 당나라를 거쳐 수입되거나 외국 상인들이 직접 와서 거래했을 것이다. 직접 왕래를 방증하는 자료로는 9세기 무렵의 이슬람 측 기록에 신라를 언급한 대목이 있다. 이븐 후르다드비의 『제 도로 및 제 왕국 총람』의 9세기 필사본에는 "중국의 저쪽, 깐수의 맞은 편에 산이 많고 왕이 많은 나라가 있는데 신라로 불린다. 그곳에는 금이 풍부하다. 그곳에 간 무슬림들은 좋은 환경에 매료되어 영구 정착해버리곤 한다."는 내용이 실려 있다. 이런 언급은 비록 부정확한 부분이 많기는 하지만 신라를 왕래하던 상인들이 있었기에 그나마 전해질 수 있었던 것으로 짐작된다.

괘릉의 무인상과 당삼채

괘릉의 무인상은 부릅뜬 큰 눈에 곱슬한 수염 등이 서역인의 모습과 흡사하다. 당나라 때 세 가지 색의 유약을 주로 사용하여 만들어진 당삼채에는 서역인의 모습이 곧잘 묘사되었다. 오른쪽의 당삼채는 중국 섬서성陝西省 서안시西安市에서 출토되었으며, 낙타를 탄 서역인의 모습을 형상화한 것이다. 괘릉의 무인상과 비슷한 모습이다.

경주 괘릉(원성왕릉)에 세워진 무인석은 한국인의 모습이 아니다. 우람한 체격에 높은 코, 곱슬머리와 곱슬한 수염, 깊숙하고 큰 눈은 아라비아인의 모습이다. 흥덕왕릉이나 성덕왕릉에서도 이런 모습의 석상을 볼 수 있다. 또한 경주박물관에서도 서역인의 모습을 조각한 모서리돌이라든가 박물관 뜰에 전시된 '페르시아 문양석(공작무늬돌)'을 관람할 수 있다. 이런 유물들은 신라와 서역의 직접 교역 흔적으로 흔히 거론된다.

『삼국사기』의 헌강왕 5년 조에는 "왕이 나라 동쪽을 둘러볼 때, 어디서 왔는지 알 수 없는 네 사람이 왕 앞에 와서 노래를 부르고 춤을 추었는데 그 모습이 무섭게 생기고 옷차림이 괴상하였다. 당시 사람들이 산과 바다의 정령으로 생각하였다."라는 기록이 있다. 어쩌면 이 기록에 나타난 '네 사람'은 신라를 직접 찾아온 서역인을 가리키는지도 모른다.

처용이 출현했다는 개운포는 신라 왕경으로 들어오기 위해 배를 대고 물품을 내려놓는 항구였다. 이 같은 여러 가지 요소를 고려해볼 때, 처용 설화는 아라비아인들이 신라를 직접 찾고 때로는 신라에 정착하여 살기도 했던 역사적 상황이 반영된 이야기일 가능성이 있다. 그와 동시에 처용이 아라비아인일 개연성도 적지 않다.

설화와 역사

오늘날의 시선으로 바라보면 옛 설화의 대부분은 황당무계하고 현실성이 떨어진다. 설화 자체가 후대에 문자로 정착되어 전해 내려오는 경우도 많은만큼, 흥미를 돋우기 위해 변질되고 덧붙여진 요소도 많을 터다. 그러나, 그렇다고 해서 처용 설화나 〈처용가〉를 후대에 꾸며진 이야기이며 당시 현실과는 전혀 무관하다고 치부해버리기는 어렵다.

지금까지 소개한 처용의 실체에 대한 여러 방면의 논의는 통일신라 사회를 염두에 두고 설화로부터 어떤 '역사적 사실'을 유추해내려는 노력에서 이루어진 것들이다. 따라서 우리는 굳이 어느 하나만 선택할 필요는 없을 듯하다. 오히려 여러 가지 가능성을 두루 생각할 필요가 있다. 처용 설화가 어떤 시대적 배경을 가지고 있는지를 이해하고, 옛 설화의 뒷면에 숨어 있는 다양한 사회상을 이해하면 된다.

폐쇄적 골품제를 고집하던 중앙 귀족들이 기울어가는 지배 체제를 유지하기 위해 온갖 노력을 기울이던 시기, 진귀한 사치품에 대한 귀족들의 욕구를 충족시키기 위해 국제적인 교역이 널리 행해지던 시기, 대규모 소비 도시였던 신라 왕경에서 사람들이 도덕적으로 추락하는 양상을 보이던 시기……. 처용 설화는 바로 이러한 배경에서 생겨났다.

고구려·백제·신라는 모두 머나먼 지역의 이방인들을 수용하였다. 그만큼 한국 고대사회는 오늘날 우리가 생각하는 것보다 매우 국제적이고 개방적이었다. 국적을 따지고 민족주의를 내세우는 바로 지금의 시대보다 더 너그러웠다는 사실을 이해하는 것도 필요하다.

高麗不修渤海史知高麗之不振也昔者高氏居于東南百

高句驪扶餘氏居于西南曰百濟朴昔金氏居于東南曰

新羅是爲三國宜有三國史而高麗修之是矣夫金氏亡

氏亡高氏亡金氏有其南而大氏有其北曰渤海是謂南北

國宜其有南北國史而金氏修之非矣夫大氏者何人

也乃高句驪之人也其所有之地何地也乃高句驪

地而斥其東斤其西斤其北大之耳及夫金氏亡大氏

亡王氏統而有之曰高麗其南有金氏之地則全而其

有大氏之地則不全或入於女真或入於契丹當是時

高麗計者宜急修渤海史執而責諸女真曰何不歸我渤

IV.

인물

: 이상과 현실

이차돈의 순교, 역사에서 신화로

국립경주박물관에는 육각기둥 모양의 독특한 석물이 전시되어 있다. 높이 1m가량 되는 이 돌기둥의 공식 명칭은 '백률사석당기栢栗寺石幢記'이며, '이차돈순교비異次頓殉敎碑' 또는 '이차돈공양당異次頓供養幢'이라고도 한다.

이차돈은 신라 법흥왕 14년(527) 불교를 공인하는 과정에서 목숨을 잃었다. 이로부터 약 300년 뒤인 9세기 초, 교단의 최고 영수인 혜륭惠隆 등이 주도하여 백률사에 있는 이차돈의 무덤을 수리하고 그의 거룩한 희생을 기리기 위해 백률사석당기를 세웠다. 이 석당기는 20세기 초에 백률사지에서 수습되어 경주고적보존회로 옮겨졌으며, 1929년 보존회가 조선총독부박물관의 경주분관으로 편입될 때 이관되어 지금까지 국립경주박물관에 전한다.

백률사석당기의 순교 장면

석당기에는 다음과 같이 기록되어 있다.

백률사석당기와 제6면의 탁본
육각기둥 모양의 백률사석당기는 높
이 106cm이며, 제6면에 이차돈이 처
형되는 순간 기적이 일어나는 장면
을 묘사하고 있다. 땅이 진동하고 꽃
비가 내리는 가운데 잘린 목에서는
흰 피가 솟아오르는 모습이다.

담당 관리가 곧 염촉厭髑(이차돈)의 관冠을 벗기고 손을 뒤로 묶은 다음 관
아의 뜰로 끌고 가서 큰소리로 처형을 알렸다. 참수할 때 목 가운데서 흰
젖이 한 길이나 솟구치니, 이때 하늘에서는 꽃비가 내리고 땅이 뒤흔들렸
다. 사람과 만물이 슬피 울고 동식물이 동요하였다. 길에는 곡소리가 이어
졌고, 우물과 방앗간에는 인적이 끊겼다.

—「백률사석당기」, 『譯註 韓國古代金石文』 Ⅲ, 가락국사적개발연구원, 1992.

　현재 박물관에 전시된 백률사석당기는 이차돈의 순교 장면이 그려진 부
분을 정면(제1면)처럼 보여주고 있지만, 건립 당시에는 제1면부터 제5면에
걸쳐 순교 사건의 전말을 문자로 새기고, 마지막 제6면에 처형 순간의 기적
을 새겼던 것으로 추정된다. 오랜 세월 동안 풍화와 침식으로 마멸이 심한
탓에 읽을 수 있는 글자가 많지는 않은데, 『삼국사기』, 『해동고승전』, 『삼국
유사』 등의 관련 자료를 참조하면 줄거리는 대략 이렇다.

신라 법흥왕이 527년에 불교를 공인하고자 했으나 신하들의 거센 반발에 부딪혀 뜻을 이루기 어려웠다. 그때 왕의 측근인 이차돈(염촉厭髑)이 왕의 깊은 뜻을 알고서, 자신의 죽음으로써 불교적 기적을 일으켜 임금의 뜻에 보답하고자 하였다. 과연 이차돈의 예언대로, 그가 죽을 때 부처가 감응하여 기이하고 신비스러운 여러 일이 일어났다. 이에 강력하게 반대해온 신료들이 두려워하며 왕의 뜻에 복종함으로써 마침내 불교가 신라 사회에 유포될 수 있었다.

백률사석당기는 불교 공인을 기록한 가장 오래된 자료인데, 특이하게도 하나의 종교적 체험을 문자와 그림이라는 서로 다른 매체로 기록하였다. 두 자료 모두 땅이 요동치는 가운데 잘려진 목에서 피가 힘차게 솟구치고 하늘에서 꽃비가 천천히 내려온다고 하여, 22세(또는 26세) 젊은 나이에 불법佛法을 위해 목숨을 바친 주인공의 영웅적인 죽음을 잘 전해준다.

이차돈의 죽음에 뒤따른 종교적 기적은 정말로 일어났을까? '잘린 목 한가운데서 흰 젖이 솟아올랐다'는 이야기는 『부법장인연전付法藏因緣傳』이나 『현우경賢愚經』 등의 불전佛典에 비슷한 내용으로 나온다. 이로 미루어 기적 같은 그 장면은 신라의 불교 공인 이후 이들 문헌에 의해 윤색되었다고 보는 것이 자연스럽다. 더욱이 이차돈이 자신의 죽음 뒤에는 반드시 종교적 기적이 나타날 것이라고 예언하면서 법흥왕을 설득시키는 장면은, 누군가가 이차돈의 예지력을 강조함으로써 그의 죽음을 성화시키기 위해 만들어낸 이야기일 듯싶다. 아마도 처형 장면을 목격하면서 그의 신념과 비장한 죽음에 감명을 받은 사람들로부터 비롯되었을지도 모를 일이다.

백률사석당기에 새겨진 문자 자료와 그림 자료를 비교해 보면, 공통점 못지않게 일부 묘사에서 서로 다른 점도 찾을 수 있다. 문자 자료에서는 이차돈의 "관을 벗기고 손을 뒤로 묶었다"라고 하였다. 이는 이차돈이 죄인의 신분으로 처형당한 역사적 사실에 좀 더 충실함을 의미한다. 반면 그림 자료에서는 관을 착용한 상태이며 손을 앞으로 공수하고 있는 모습으로 묘사되었기 때문에 보는 이로 하여금 이차돈이 죄인이 아니라는 인상을 가지도록 유도한다.

이처럼 문자 자료보다 그림 자료가 신라 불교사의 첫 사건과 그 주인공을 더 미화하고 있다. 그렇게 된 데는 두 가지 이유가 있다. 첫째, 문자와 그림이라는 매체 자체의 제약 때문이다. 특히 평면적인 그림에서는 손이 뒤로 묶인 모습을 묘사하는 것이 여간 까다로운 일이 아니다. 게다가 높이 106cm, 너비 29cm의 제한된 공간과 거칠고 단단한 화강암 석질을 감안하면, 관과 머리를 분리하여 새겨 넣는 일도 쉽지 않았을 터다.

그러나 좀 더 중요한 이유는 다른 데 있다. 즉 이차돈의 죽음에 따른 불교적 기적을 전달하려는 대상, 즉 문자나 그림을 통하여 종교적 메시지를 받아들이는 수용자가 다르기 때문이다. 9세기 초 신라 사회에서 한문을 읽고 그 뜻을 해독할 수 있는 '식자층'은 극소수에 불과했을 것이다. 요컨대 문자라는 매체는 대다수 신라인에게 불교 공인의 역사를 전달하는 데 한계가 명확하였다.

그렇다면 식자층을 제외한 나머지 대다수 불교도에게는 어떻게 이차돈의 고귀한 죽음을 이야기할 것인가? 이차돈 추모 사업을 주도한 교단의 고위층 승려들은 이 점을 고민했으며, 마침내 찾아낸 묘책이 바로 그림이었다. 아마 그들은 6세기 말 유럽 교회 건축에 처음으로 회화적 표현을 도입하면서 교황 그레고리우스가 했던 말에 전적으로 공감하지 않았을까? "글을 읽을 수 있는 사람들에게 책이 해주는 역할을, 그림은 글을 읽을 줄 모르는 사람에게 해줄 수 있다!"

문자와 그림이 세부 묘사에서 약간의 차이가 나기는 하지만, 어쨌든 불교 공인 직후부터 이차돈의 죽음은 종교적 기적으로 차츰 신화화되었다. 이 것이 바로 한국 불교사상 유명한 이차돈의 순교이다. 종교적 기적과 그것을 만들어낸 사람들의 이야기는 잠시 뒤로 미루어 두자. 그러면 실제로는 어떠한 일이 벌어졌을까?

신라의 발전과 불교 수용

신라에 불교가 처음 전래된 것은 법흥왕 대에서 100여 년을 거슬러 올라간 5세기 전반 눌지왕(재위 : 417~458) 때였다. 이 무렵 신라는 동맹국인 고구려의 군사력을 빌려 백제나 왜의 침략을 격퇴했으며, 고구려의 문물과 제도를 받아들여 고대국가로 성장해 나갔다. 불교도 고구려 문화와 함께 신라 사회에 전해졌다. 전설에 따르면, 고구려에서 온 묵호자墨胡子가 지금의 경상북도 구미시 선산읍으로 들어와 이 지방을 중심으로 불교를 전파하기 시작했으며, 마침내 신라 왕실에까지 불교를 홍포하였다.

그런데 동북아시아의 국제 질서가 급변하면서 신라는 고구려와 적대 관계에 놓이고, 대신 백제와 새로이 동맹 관계를 맺기에 이르렀다. 신라의 지배 세력은 차츰 고구려에서 전해진 불교를 경계의 눈초리로 보았다. 당시 신라 지배층의 이념적 바탕은 무교巫敎(샤머니즘)였는데, 무교는 불교와 사상적으로 충돌하는 면이 많았다. 급기야 5세기 말 신라의 지배 세력은 이른바 '사금갑射琴匣 사건'을 계기로 고구려 계통의 불교를 탄압하기에 이르렀다. 이 무렵 신라 조정이 승려들을 살해하거나 박해한 흔적은 이렇듯 역사에 희미하게나마 전한다.

그런데 신라 사회는 4세기 후반 이래 질적·양적 성장을 거듭하였다. 내부적으로는 우경牛耕 등을 통해 농업생산력이 증대되면서 상업도 일어나기 시

【 사금갑 사건 】

『삼국유사』「기이紀異」'사금갑' 조에 실려 있는 이야기로, 대강의 내용은 이렇다. 소지왕이 나들이를 나갔는데 어떤 노인이 "거문고갑(琴匣)을 쏘아라"는 글을 전해주었다. 궁궐로 돌아와 활로 거문고갑을 쏘니, 그 안에는 서로 내통하던 궁녀와 승려가 들어 있었다. 이에 왕은 두 사람을 함께 처형하였다. 이 사금갑 사건은 당시 왕이 불교를 탄압하는 계기를 만들었다.

작하였다. 중앙정부는 농업과 상업을 장려하는 정책을 잇달아 실시하였으며, 촌락 사회는 이러한 변화의 물결에 휩쓸려 전통적인 공동체가 해체되기 시작하였다. 또한 대외적으로 군사적 정복 사업을 꾸준히 전개한 결과, 6세기 전반의 신라는 경주 일원의 작은 국가에서 벗어나 경상도 일대를 석권하는 큰 규모의 국가로 성장하였다. 주민 구성이 더욱 복잡해진 만큼 국가는 강력한 왕권하에 이들을 일원적으로 재편할 필요성이 날로 높아갔다. 그리하여 지증왕(재위 : 500~514) 때 나라 이름을 '신라新羅'로, 통치자 칭호를 '왕王'으로 확정하는 조치를 취함으로써 신라 사회의 면모를 일신시키고자 하였다.

급변하는 신라 사회를 다스리기 위해서는 무엇보다 새로운 이념이 절실히 필요하였다. 하지만 기존 이념인 무교는 혈연적·지역적 배타성을 드러냄으로써 새로운 사회변동에 능동적으로 대처하지 못하였다. 이 때문에 좀 더 보편적인 문화와 이념이 요구될 수밖에 없었다. 때마침 신라는 백제를 통해 중국 남조의 양梁나라와 교류하기 시작했는데, 양 무제梁武帝는 중국 역사상 대표적인 불교 황제로 손꼽힌다. 그는 개인적으로 불교를 신봉했을 뿐만 아니라 국정 운영에서도 불교를 교묘하게 활용하였다.

두 나라를 오가던 사신과 상인을 통해 신라는 불교를 재인식하기 시작했고, 마침내 국왕을 중심으로 한 정치 세력은 불교의 합법화를 추진하기에 이르렀다. 그러나 전통적인 귀족 세력은 이에 반대하였다. 불교에서 심한 이질감을 느꼈을뿐더러 각종 불사佛事에 따르는 경비가 막대하게 지출되고 민력을 쓸데없이 낭비한다고 보았기 때문이다. 그 결과 신라의 지배 세력은 불교의 공인 여부를 둘러싸고 국왕을 중심으로 한 찬성파와 대다수의 신하가 가담한 반대파로 분열되었다.

이차돈은 신라의 왕족 출신이다. 부모는 알 수 없으나, 증조부는 습보갈문왕習寶葛文王이며 조부는 아진종阿珍宗이라 전한다. 성은 박朴이고 이름은 염촉厭髑이다. 처형 직전 그는 왕의 측근으로서 내사사인內史舍人의 직책을 맡고 있었다. 국왕의 불교 공인 의지를 관철시키고자 이차돈은 귀족 세력의 동의 없이 무교의 성지인 천경림天敬林(天鏡林)의 나무를 베버리고 그 자리에 오랑캐의 신, 곧 부처를 모시는 사찰(흥륜사興輪寺, 현 경주공고 터) 건립을 강행하였다. 귀족 세력이 이에 강력하게 반발했음은 불 보듯 뻔한 일이었다. 결국 이차돈이 모든 정치적 책임을 지고 형장의 이슬로 사라졌다.

527년 이차돈의 죽음과 함께 흥륜사 공사가 중단된 것은 말할 나위도 없다. 전통 귀족들의 거센 반발로 불교 공인을 추진하려던 이차돈은 죽음을 맞이했지만, 신라 사회의 성장과 동아시아 국제 질서로의 편입 등 시대적 추세를 감안할 때 이미 동아시아의 지배 문화로 자리 잡은 불교를 외면하기는 어려웠다. 535년 흥륜사 공사 재개는 8년의 조정기를 거쳐 신라가 결국 불교를 합법화했음을 의미한다.

신라는 4~6세기에 걸쳐 사회의 비약적인 발전과 국가의 성장을 달성함에 따라 그에 상응하는 체제의 정비가 시대적 과제로 부각되었다. 그 과제를 중국으로부터 선진 문물과 제도를 수입하여 해결하고자 했기 때문에, 바로 그러한 차원에서 불교의 수용이 이루어졌다. 법흥왕 대에 공인이 이루어지면서 이제 불교는 국가적인 종교로서 신라 사회의 변화와 발전을 이끌어가는 이념적 지주가 되었다.

이 과정을 주도한 이들은 왕실을 비롯한 진골 귀족이었으며, 그 실무는 주로 진골 출신으로서 중국 유학을 하고 귀국한 승려들이 담당하였다. 그들은 승려로서 갖는 종교적 임무 못지않게 지식인·정치가·군략가·외교가·예술가로서 세속적인 역할도 수행했으며, 마침내 왕자의 권위를 불교적으로 수식해주는 '불교식 왕명 시대'를 연출하기에 이르렀다. 이러한 불교치국책佛敎治國策은 중고기中古期(6세기에서 7세기 전반까지)에 일관하여 실시되었으므로 승려의 사회적 지위와 영향력은 다른 어느 시대보다도 높았다.

이차돈 추모 사업의 전개

신라의 불교가 발전할수록 불교 공인을 위해 목숨을 바친 이차돈에 대한 추모의 분위기도 고조되었고, 그의 죽음 또한 더욱 신비화되었다. 이차돈 처형 직후 그 시신을 경주 북산, 일명 금강산에 장사 지냈는데, 바로 이로부터 이차돈을 처형했을 때 그의 목이 금강산으로 날아갔다는 전설이 생겨났다. 그리고 그의 고귀한 죽음을 기리고자 무덤 자리에 절을 세웠는데, 처음에 자추사刺楸寺라고 이름했다가 나중에 백률사栢栗寺로 바뀌었다.

이차돈 순교 설화는 700년을 전후하여 김대문이 『계림잡전』을 지을 때 이미 출현하였다. 8세기 말 신라 사회가 중대에서 하대로 이행하던 격동기에는 '이차돈 기념 사업'이 대대적으로 일어났다. 흥륜사가 주도하여 이차돈을 추모하는 결사운동을 전개했는데, 그때 남간사南澗寺 승려 일념一念이 지은 결사문의 요약된 글이 『삼국유사』에 채록되어 전한다. 또한 신라 불교계는 이차돈의 기일(아마도 8월 5일인 듯)에 교단의 고위 승려와 유력 귀족이 참여하

백률사
백률사는 이차돈의 죽음을 기리고자 그의 무덤 자리에 세운 사찰이다. 지금은 아주 작은 절로 명맥을
유지하고 있다. 절 뒤쪽의 산이 소금강산이다.

여 이차돈을 기리는 기념비를 세웠는데, 이것이 현재 전하는 백률사석당기
로 추정된다.

　지금까지 살펴보았듯이, 이차돈이 종교적 기적을 굳게 믿고 순교한 사람
은 아니다. 이차돈의 죽음은 종교적 순교의 의미를 갖는다기보다 불교로 상
징되는 중국의 선진 문물을 수용하는 문제를 둘러싸고 정치 세력 간의 갈등
속에서 발생한 정치적 비극의 색채가 더 짙다. 그러나 이차돈의 죽음을 계
기로 신라는 사회 운영의 이념으로서 동아시아의 보편적 문화인 불교를 받
아들였다. 또한 불교를 매개로 중고기에 급속한 성장을 이룩함으로써 마침
내 삼국 통일의 대업을 완수하였다. 그러니 이차돈이 죽음을 각오하고 한
말, "무릇 비상한 사람이 있은 뒤에야 비상한 일이 있는 법!(夫有非常之人, 然後
有非常之事)"이란 정녕 이차돈 자신을 두고 한 말이라 하겠다.

백제 멸망과 의자왕의 3천 궁녀

의자왕은 흥수興首나 성충成忠 같은 충신의 말을 듣지 않고 술과 여자에 빠져 방탕한 생활을 일삼다가 나당연합군에 백제를 망하게 한 장본인으로 알려져왔다. 백제 멸망과 관련해 3천 궁녀의 이야기도 자주 언급된다. 나당 연합군에게 사비성이 함락될 때 그들에게 쫓긴 3천 궁녀가 부소산의 낙화암에서 떨어져 죽었다는 이야기인데, 항상 백제 멸망의 한 페이지를 장식한다.

3천 궁녀는 의자왕의 문란한 주색 행각과 곧잘 연결되면서 백제라는 나라에 대해 '망할 게 망했다'고 인식되는 중요한 소재다. 의자왕은 과연 이러한 역사적 평가에 아무런 할 말이 없을까? 나라가 멸망하는 전쟁 통에 죽어간 수많은 여인은 단지 낙화암에 몸을 던진 3천 궁녀로 불려지는 데 긍정할까?

백제 멸망에 대한 전통 시대의 평가

의자왕과 3천 궁녀는 후대에 부풀려진 이야기다. 적군에 쫓기던 궁녀들

낙화암
충청남도 부여군 부여읍 백마강변
의 부소산 산등성이에 있는 바위
이다. 의자왕의 3천 궁녀가 이곳에
서 떨어져 죽었다는 이야기가 전해
내려오지만, 이는 후대에 부풀려진
이야기다. 이 바위의 원래 이름은
타사암이었으나, 여인을 꽃에 비유
하고 미화하면서 낙화암이라는 이
름이 붙여졌다.

이 부소산 북쪽 절벽까지 밀리다가 끝내 타사암墮死巖에서 떨어져 죽었다는
이야기는 『삼국유사』에 인용된 『백제고기』에 나온다. 다만 그 수가 3천이란
말은 없다. 3천은 수가 많음을 강조한 말로, 당나라 이백李白의 시 가운데 보
이는 '비류직하삼천척飛流直下三千尺(나는 듯 떨어지는 물줄기가 3천 척이네)'에서 쓰
인 '3천'이 대표적인 용례이다.

타사암이란 이름은 고려시대에 들어 꽃(여인)의 의미가 강조되면서 낙화암
으로 바뀌었다. 이승휴의 『제왕운기』에 '낙화암'이 보인다. 백제와 관련 있
지는 않지만 이규보의 시에 '3천 궁녀'란 용례도 보인다. 또한 '3천 궁녀'는
실상 중국의 당 태종이나 당 현종과 관련된 기록에 보인다.

백제와 연관된 숫자 3천은 조선 초기 김흔金訢이 지은 「낙화암」이란 시의

'삼천가무三千歌舞', 16세기 민제인閔齊仁의 「백마강부」에 '구름 같은 3천을 바라보며(望三千其如雲)'에 보인다. 백제와 연관된 '3천 궁녀'란 표현은 일제강점기 〈동아일보〉의 '3천 궁녀가 함몰했다는 낙화암을 비 오는 날에 보고 ~'(1925. 9. 9.)라는 구절에 보이다가 윤승한의 소설 『김유신』(1941), 미군정기 역사 교과서, 이홍직이 쓴 『국사대사전』(1962)의 '낙화암' 조에 언급되고, 이후 〈백마강〉이라는 대중가요로 대중화되었다.

그렇다면 어떠한 경로를 거쳐 백제 멸망의 마지막을 장식하는 말 또는 이미지가 '의자왕과 3천 궁녀'로 굳어졌을까? 백제 멸망에 대한 평가는 고려시대 김부식의 『삼국사기』에 나오지만, 사실 중국인이 남긴 기록에서 먼저 보인다.

신라와 함께 백제를 멸망시킨 당은 정림사지 탑의 몸돌에 이를 기념하기 위해 비문을 새겼다. 이것이 이른바 「대당평백제국비명大唐平百濟國碑銘」인데, 하수량賀遂亮이 문장을 지었다. 이 비문에는 백제가 천자의 말을 듣지 않고 이웃 나라와 불화하며 밖으로 곧은 신하를 버리고 안으로 요부妖婦가 정권을 농단했다는 내용이 담겨 있다.

이런 평가는 김부식에게로 이어졌을 것이다. 김부식은 "백제가 고구려와 연합하여 신라를 침범하고 이웃과 잘 지내지 않았으며, 천자의 말을 듣지 않아 대국(당)에 죄를 얻었으므로 망한 것이 마땅하다"고 하였다. 신라와 사이좋게 지내지 않고 당에 고분고분하지 않았기 때문에 망한 것이 당연하다고 한 김부식의 평가는 이후 『동국통감』이나 『동사강목』 등 조선시대 사서에도 그대로 답습되었다. 그러다가 조선 후기 이익과 정약용 등의 실학자들에 와서야 백제 멸망의 원인을 도덕적 문제가 아닌 천도遷都에서 찾는 등 다른 견해가 나오기 시작하였다.

한국의 정사正史에서 말하는 백제 멸망의 원인은 고려 또는 조선시대 유교적 사대주의라는 관점에서 백제가 당나라의 말을 듣지 않았기 때문에 패망을 맞았다는 것이다. 즉, 겉으로는 당나라 천자의 말을 듣는다고 하면서 속으로는 이를 어기고 이웃 나라 신라를 침략했다는 것이다. 천자의 말을 듣는 척하면서 어겼다는 것은 백제가 본래 남을 속이기를 좋아한다는 식으로 와전된 해석을 낳기도 하였다.

다른 나라와 행하는 외교가 국익에 따라 겉과 속이 다르게 나타날 수 있음은 당연하다. 그럼에도 불구하고 일방적인 도덕적 평가를 내리는 것은 부당하다. 조선 후기 실학자들이 백제 멸망의 원인을 합리적으로 해석하려는 경향의 물꼬를 텄지만, 이런 흐름이 계승되지 못한 것은 일제강점기의 영향이 크다. 나라를 잃은 감정을 애상적哀想的으로 몰아가는 분위기는 백제 멸망을 바라보는 시각으로도 이어져서 의자왕과 3천 궁녀는 백제 멸망의 대명사가 되었고, 이러한 경향은 해방 이후에도 계속되었다.

3천 궁녀는 매우 많은 궁녀의 의미로 처음에 당 태종이나 당 현종과 결부되어 등장하다가, 백제 멸망의 군주인 의자왕이 주색에 빠져 정사를 망쳤다는 망국관에 덧씌어져 이른바 '의자왕과 3천 궁녀'라는 용어로 잘못 쓰이게 된 것이다.

멸망 전후의 백제 사정

3천 궁녀 이야기는 의자왕이 충신의 말을 듣지 않고 주색에 빠져 패망을 자초했음을 기정사실화한다. 다만 의자왕이 술과 여자를 좋아했음은 기록에도 나타나는 사실이다. 『삼국사기』에는 의자왕이 궁인과 더불어 술에 빠졌다고 했으며, 『삼국유사』에도 주색에 빠졌다고 기록되어 있다. 또한 「대당평백제국비명」과 『일본서기』에 따르면 의자왕 말년에 요부 은고恩古라는 왕비

정림사지 5층석탑

1층 탑의 몸돌에 '대당평백제국비명大唐平百濟國碑銘'이란 제목으로 장문의 글이 새겨져 있다. 당나라의 소정방이 백제를 멸한 기념으로 새긴 글이라는 뜻으로, '소정방 기공문蘇定方紀功文'이라고도 불렸다.

가 정치를 농단하였다. 따라서 다소 과장된 측면이 있기는 하지만, 의자왕과 3천 궁녀를 백제 멸망의 한 원인으로 꼽는다 해도 딱히 틀렸다고는 할 수 없다. 한 나라가 멸망할 때 흔히 나타나는 내분은 고조선, 고구려, 백제에서 똑같이 나타나고 있지만, 유독 백제에만 주색이 덧붙여진 것은 어쩌면 사실의 일단을 그대로 드러내는 것인지도 모른다.

『삼국유사』에 인용된 『백제고기』에는 궁녀뿐만 아니라 의자왕도 적의 손에 죽을 수 없다며 타사암에서 같이 떨어져 죽었다고 하였다. 그러나 의자왕은 당나라에 포로로 잡혀가 죽었다는 것이 명백한 역사적 사실이다. 그런데도 궁녀들과 함께 떨어져 죽었다는 말이 떠돌아다닌 것을 보면, 의자왕이 백성들로부터 원망만 샀던 것은 아닌 듯하다.

한편, 당나라와 신라의 입장이 반영된 취리산 회맹문(655)에는 백제가 이웃 나라와 화목하지 못하여 멸망을 자초했다고 서술되어 있지만, 백제와 일본 측 기록에는 반대로 신라가 이웃 나라와 화목하지 못하고 당군을 끌어들였다면서 비판하고 있다. 모두 자기의 입장에서 해석하고 있는 셈이다. 대국의 말을 듣지 않아 멸망했다는 것도 결국은 대국에서 내세운 상대국의 멸망 원인이거나, 혹은 대국을 끌어들여 상대방을 멸망시킨 나라에서 흔히 내거는 멸망의 원인일 뿐이다.

역사는 대국에 의해 소국이 병합되거나 멸망되는 과정을 수없이 반복하였다. 그 때문에 대국의 뜻을 거스르면 멸망에 이를 수 있다는 유교적 사대주의도 마냥 흘려버릴 수만 없는, 당시의 시대적 상황을 무시하기 어렵다. 어쨌든 그럼에도 불구하고 백제가 대국을 거스르고 신라를 압박했다는 사실은, 거꾸로 백제가 그만큼 강했음을 보여주는 흔적일 수도 있다.

백제 멸망을 전하는 여러 기록이 의자왕 말년의 주색과 정치적 문란을 언급하고 있지만, 그 이전까지 의자왕에 대한 평가는 후한 편이다. 『삼국사기』

에 전하는 의자왕은 용감하고 결단력이 있었다. 부모에게 효도하고 형제간에 우애하여 세상 사람들이 그를 가리켜 '해동증자海東曾子'라 불렀다고 한다. 공자의 제자로서 효의 실천으로 유명한 증자에 의자왕을 비긴 것이다.

의자왕은 즉위한 그해에 당나라에 사신을 보냈으며, 이후 거의 해마다 사신을 보내고 조공하여 당과 관계를 원활히 유지하였다. 그러나 의자왕 후반기에 이르러 신라와 사이좋게 지내라는 당의 요구를 무시하고 고구려·왜와 연결하여 당에 적극 대항하였으며 신라와 대결하려 하였다. 이러한 과정 속에서 의자왕은 655년 이후 전제정치를 강화해 나갔다.

자신의 아들인 40여 명의 왕자를 좌평에 임명하여 친위 세력으로 만들었는데, 이때 왕비로 추정되는 은고 세력도 정권의 실세로 정치의 전면에 나섰다. 성충이나 홍수와 같은 인물은 배제되었다. 기록에는 이 시기 의자왕의 부정적인 이미지를 부각하기 위해 "태자궁을 극히 사치스럽고 화려하게 꾸몄다"거나 "음황음주淫荒飮酒 하였다"는 등의 도덕적 비판으로 일관하고 있다.

이런 와중에 결국 나당연합군의 공격을 받아 우왕좌왕하다가 전략적 요충지인 탄현과 기벌포를 지키지 못하고, 계백으로 하여금 황산벌에서 막게 했으나 역부족이었다. 이후 의자왕은 사비성을 빠져나와 웅진성에서 재기를 노렸지만 성주城主 예식진의 반란으로 인해 뜻을 이루지 못하였다.

백제 멸망의 원인을 백제가 신라의 여러 성을 빼앗은 이후 교만해진 데서 찾기도 하는데, 이 지적은 일리가 있다. 645년 고구려가 당을 물리치자 백제도 자신감이 생겼다. 백제는 당나라 군대가 바다를 건너 직접 자신을 치리라고는 생각지 않았다. 물론 이것은 백제의 심각한 판단 착오였다.

의자왕의 실정과 주색 탐닉, 은고라는 여인의 정치 관여, 당과 외교 단절 등 정치적으로 매우 심각한 상황이 결국 백제가 나당연합군에게 이렇다 할

공산성
나당연합군의 공격을 받아 사비성을 빠져나온 의자왕이 재기를 노렸던 공주의 웅진성(공산성)이다. 그러나 공산성의 성주 예식진이 반란을 일으켜 의자왕은 당나라로 끌려가게 된다.

저항 한번 변변히 못한 채 멸망한 원인으로 작용하였다. 그런데 백제가 멸망하고 나서 곧이어 복신과 도침을 중심으로 나당연합군을 위협할 정도의 백제 부흥군이 일어난 사실은 언뜻 이해하기 힘들다. 이 사실은, 나당연합군에게 백제군이 무너지긴 했지만 부흥군을 조직하여 또다시 대적할 만큼 백제의 군사력이 상당했음을 반증한다. 이런 점을 고려하면 의자왕 말년의 상황이 아주 나쁘지만 않았음을 알 수 있다.

역사적 배경을 고려해야

어쨌든 백제는 멸망했고, 그렇다면 당연히 이유가 있을 터다. 그리고 그 이유는 바로 이유를 찾는 시기의 역사적 상황과 맞물리기 마련이다. 당을 끌어들여 백제를 멸망시킨 신라의 입장에서는 자신을 합리화하기 위해 백제가 대국 당나라에 대항했던 점을 강조하였고, 의자왕의 비도덕적인 측면을 드러내고자 하였다. 이런 관점은 고구려에도 그대로 적용되었으며, 이후 중국과 사대 관계를 유지했던 고려·조선시대로 이어졌다. 오늘날에는 당에 대항했던 측면에 대해서는 비판이 누그러진 반면, 의자왕과 3천 궁녀란 형태의 도덕적 평가는 여전히 굳어져 있다.

백제는 왜 망했을까? 여기서 이 질문을 다음과 같이 되묻고 싶다. 백제는 어떻게 망해야 했을까? 어떻게 망한 나라가 잘 망한 나라일까? 신라처럼 나라를 들어 고려에 바친 것이 잘 망한 것일까? 『삼국사기』는 경순왕이 왕건에게 항복한 일을 크게 칭찬한다. 반면 『동사강목』에서는 신라가 번국蕃國에 해당하는 고려에 나라를 넘긴 일이 잘못이라고 하였다. 그렇다면 고구려처럼 당과 일전을 불사하여 끝까지 항전하고 망한 것이 그나마 나은 멸망의 모습일까? 『삼국사기』는 이를 신랄하게 비판한다.

역사상 멸망의 길을 걷지 않은 나라는 없었다. 망한 이유도 다양하다. 흔히 내분과 같은 공통된 이유도 있고 각각의 특별한 이유도 있었다. 그러나 어떤 나라가 멸망했을 때, 그 나라를 무너뜨린 나라의 입장에서 서술한 멸망의 이유를 살펴볼 때는 주의할 필요가 있다. 멸망한 나라의 역사적 위상에 비해 멸망에 대한 평가는 가혹하다. 백제가 당나라의 말을 듣는 척하면서 신라를 친 일을 두고 김부식은 "겉으로 따르는 척하나 속으로 어긴다(陽從陰達)"고 했는데, 조선의 서거정徐居正은 여기서 더 나아가 백제는 남을 속이기를 잘하고 싸움을 좋아했다고 평하였다.

멸망에 대한 평가는 그 나라의 전체적인 역사적 위상과 균형을 맞추어야 한다. 일반적으로 백제는 삼국 가운데 중국 문화의 영향을 가장 강하게 받았다고 알려진다. 중국과 친했으며 친해지려고도 했다는 것이다. 중국식 벽돌무덤인 무령왕릉은 이를 반영한다. 그런 백제가 멸망 5년 전에 갑자기 당과 외교를 단절한 일을 어떻게 이해해야 할까? 외교 단절의 이유와 배경은 명확히 밝혀져야 한다. 신라와 당이 서로를 부추겨 한쪽은 백제를 멸망시키고자 하고 또 다른 한쪽은 고구려를 멸망시키고자 하는 상황에서, 신라는 당과 백제를 떼어 놓으려 했고 당은 백제에게 무리한 요구를 함으로써 신라의 그 같은 의도에 호응하였다. 당 태종과 김춘추 사이에 장차 백제와 고구려를 멸망시킨 뒤 대동강 이남의 땅은 신라에게 떼어준다는 밀약을 맺기도 하였다.

백제가 중국의 영향을 많이 받았다는 점은 항상 감안해야 한다. 그러나 중국과 부단히 교류하면서도 이른 시기부터 왜국과 우호 관계를 맺었으며, 멀리 인도까지 승려를 파견하여 문화의 저변을 확대하고자 하였다. 백제는 중국 문화의 영향 아래 있었지만 자신들만의 고유한 문화를 만들어내고자 하였다. 의자왕의 아버지 무왕이 완성하고 의자왕도 가서 보았을 미륵사가 이를 대변해준다.

멸망의 여러 배경과 원인

동아시아 여러 지역의 문물을 받아들이면서 문화를 창출해간 백제와 고구려는 수·당 통일 제국이 들어서자 이제 중국이냐 아니냐를 선택해야만 하는 상황에 직면하였다. 이때 의자왕은 사상적 측면에서 불교보다 유교에 더 주목하였다. 당시 유·불·도 삼교 가운데 불교는 백제의 국교라 할 만큼 상대적으로 성행했던 반면, 정치 운영의 원리로서 유교는 아직 미미하였다. 의자왕은 죽은 아버지의 시호를 정할 때 기존의 성왕 – 위덕왕 – 법왕으로 이어지는 불교식 왕명 제도에서 벗어나 유교식 이름인 무왕을 선택하였다.

의자왕은 정치 이념의 전환을 꾀하기 위해 유교 정치 이념의 본산인 당과 우호 관계를 적극 개선해 나갔다. 유불의 견제와 균형을 통해 안정적 통치 체제를 이루고자 하였다. 그리하여 성충 등 유교적 이념을 지닌 신료들을 등용하였다. 하지만 상황은 의자왕의 뜻대로 움직이지 않았다. 사택지적과 같은 불교계 귀족의 반발 및 당과 잦은 외교적 마찰은 국내 유교 정치 세력의 분열을 가져왔을 가능성이 있다. 불교계가 반발하고 유교계가 갈라지는 상황까지 겹치면서, 의자왕은 자신과 뜻을 같이하는 측근 중심의 정치 운영을 고집하다가 나당연합군에 능동적으로 대처하지 못했던 것은 아닐까?

한 나라가 망한 이유를 과장해서 부각할 필요는 없다. 조선 후기의 홍여하洪汝河는 백제가 성장하는 과정에서 마한을 정복한 일을 두고 기자의 전통을 이은 마한을 정벌한 무도한 나라라고 주장하였다. 멸망한 나라라고 해서 백제 멸망의 이유를 이렇게까지 소급하여 정통론으로 평가해서는 곤란하다.

멸망의 원인은 다양한 관점에서 고유한 배경을 고려하며 살펴볼 필요가 있다. 정약용은 백제의 멸망 원인을 물산이 풍부한 한양에서 금강의 웅진과 사비로 천도했기 때문이라 보는 한편, 고구려의 멸망 원인을 국내성에서 물산이 풍부한 대동강의 평양으로 천도했기 때문이라고 보았다. 백제는 한강을 버려 멸망했고 고구려는 대동강을 얻어 멸망했다는 이 말은 얼핏 모순으로 들릴 수도 있다. 그는 고구려의 경우에 물산이 풍부한 대동강으로 도읍을 옮겨 긴장감이 이완된 측면, 그리고 대외 교류의 왕국 백제가 한강을 잃은 측면을 강조했던 것 같다.

고구려는 대국과 다투면서 발전을 이루었고, 백제는 대국의 문화를 받아들이되 그들만의 창조적이고 부드러운 문화를 이루어냈다. 고구려는 수·당과 치른 몇 차례 전쟁에서 승리를 거뒀고, 이에 또 이길 수 있다는 생각에 전쟁을 계속 벌여 끝내 멸망하고 말았다. 고구려의 전통을 이은 발해도 당과 전쟁을 벌이는 것을 두려워하지 않았다. 한편, 백제는 중국 문화의 전통 위에서 문화의 폭을 인도에까지 넓혔고, 말기에 유교에 치우치기는 했지만 결코 중국 중심의 문화에 자신을 가두어 두지 않았다.

　고구려나 백제가 망할 수밖에 없는 나라였음을 강조하기보다는, 신라가 두 나라를 멸망시키고 삼국 통일을 이룸으로써 그 두 나라의 문화적 유산을 어떻게 계승했는가를 평가해야 할 것이다. 칠지도에 새겨 넣은 "역사 이래 이런 칼은 없었다"라는 글귀에서 알 수 있듯이, 자신감이 넘쳤던 백제의 역사와 문화가 '의자왕과 3천 궁녀'라는 감상적인 말에 묻혀서는 안 된다.

20

연개소문, 영웅 혹은 독재자

우리나라 사람 가운데 중국인에게 연개소문만큼 강렬한 인상을 준 인물도 드물 것이다. 중국인이 가장 즐긴다는 경극京劇에서 연개소문이 주인공의 한 사람으로 등장할 정도다.

중국 역사상 최고의 현군賢君으로 알려진 당 태종에게 뼈아픈 패배를 안긴 고구려의 지도자 연개소문은 그가 살던 당대는 물론이고 이후 두고두고 중국인의 뇌리 속에 깊게 각인된 인물이다. 그래서 연개소문의 행적은 당나라 이래 청 왕조에 이르기까지 소설, 잡극, 연의, 경극 등 여러 가지 형태로 끊임없이 재생산되면서 중국인에게 영원한 '적장敵將'으로 남아 있다.

그러나 실상 연극 무대나 이야기 속의 진정한 주인공은 연개소문에게 쫓겨 궁지에 몰린 당 태종을 극적으로 구출하는 당나라 장군 설인귀薛仁貴이다. 연개소문은 단지 설인귀의 맞수로서 그를 돋보이게 하는 조연일 뿐이다. 그럼에도 불구하고 당 태종보다 더욱 영웅적인 모습으로 연개소문이 그려지고 있는 점도 눈길을 끈다. 그렇게 연개소문과 설인귀는 오랜 세월 중국 대중의 상상력 속에서 하나의 전설로 전해 내려왔다. 지금도 요동 지역을 답사하다보면 이 두 영웅이 일전을 겨루었다는 설화를 곳곳에서 만날 수 있다.

중국인에게 비친 연개소문

그런데 중국의 공식 역사서에 보이는 연개소문에 관한 기록은 그다지 너그러운 편이 아니다. 우선 『신당서新唐書』에 따르면 연개소문의 성질이 잔인하고 난폭했기 때문에 그가 아버지의 직위를 계승하는 것에 대해 주위의 반대가 심했다고 전한다. 나아가 다음의 일화를 소개하면서 연개소문을 무자비한 권력의 화신으로 묘사하고 있다.

> (연개소문은) 몸에 다섯 자루의 칼을 차고 다니는데, 주위 사람들은 감히 그를 처다볼 수 없었다. 말을 타고 내릴 때는 언제나 그의 관료를 땅에 엎드리게 한 뒤 발판으로 삼는다. 행차할 때는 반드시 군대를 늘어세우고 행인들을 피하게 하는데, 백성들이 너무 두려워서 저마다 구렁으로 뛰어들어 피하였다.

연개소문이 무단정치를 했다는 사실은 부인하기 어렵지만, 그렇다 하더라도 중국 측 역사서의 위와 같은 기록은 연개소문을 의도적으로 깎아내리려는 불순한 혐의를 피하기 어려울 것이다. 아마도 연개소문으로 인해 받은 자존심의 타격이 그만큼 컸을지도 모른다.

한편 연개소문은 고구려 최후의 집권자였음에도 불구하고 그에 대한 국내의 전승 기록은 의외로 거의 전해지지 않는다. 심지어 『삼국사기』의 연개

천남생 묘지와 덮개돌의 탁본
1923년에 중국 하남성 낙양洛陽 북망北邙의 무덤에서 출토되었다. 문헌 자료에 보이지 않는 남생의 이력은 물론 연개소문 집안의 사적도 기술하고 있으므로 사료적 가치가 높다. 그의 차남인 '천헌성泉獻誠 묘지墓誌', 헌성의 장남인 '천비泉毖 묘지', 남생의 동생인 '천남산泉男産 묘지' 등도 발견되었다. 이를 통해 당에 투항한 연개소문 집안의 행적을 알 수 있다.

소문 열전조차 거의 많은 부분이 중국 측 기록에 의거하여 기술되었다. 따라서 연개소문에 관한 역사 기록은 부정적 편견을 가진 중국인의 붓으로 쓰인 기록만 남아 있을 뿐이며, 그 결과 연개소문의 참모습을 알기에는 턱없이 정보가 부족하다.

그나마 다행스럽게 1921년 이후 중국 하남성 낙양洛陽에서 연개소문의 아들 남생(泉男生)과 남산(泉南産)의 묘지墓誌, 그리고 손자 헌성(泉獻誠)과 고손高孫 비(泉毖)의 묘지명이 차례로 출토되었다.(원래 이름은 연남생, 연남산 등 성이 '연淵'이지만, 당 고종 이연李淵의 이름을 피하기 위해 뜻이 같은 '천泉' 자로 대신 기록되었다.) 고구려의 멸망 후 당에서 활동하다가 죽은 아들들과 그 후손의 묘지에서 우리는 다른 기록에서는 볼 수 없는 연개소문 가문에 대해 다소나마 추가 정보를 얻을 수 있게 되었다.

연개소문은 왜 정변을 일으켰는가

묘지의 기록에 따르면 이들 가문의 시조는 샘으로부터 나와서 성씨를 '연淵(천泉)'이라고 하였으며, 또 연개소문의 할아버지 자유子遊와 아버지 태조太祚는 모두 막리지莫離支를 역임하였고, 하나같이 쇠를 잘 부리고 활을 제법 다루었다고 한다. 이는 곧 연개소문의 가문이 군사적 기반을 토대로 정치적으로 크게 성장한 신흥 귀족임을 보여준다. 『당서唐書』는 그의 아버지가 대대로大對盧였다고 기록하고 있는데, 막리지든 대대로든 두 관직 모두 고구려 정치 조직에서 최고의 자리였다. 따라서 연개소문 가문은 여러 대에 걸쳐 권력의 핵심을 차지했던, 고구려 후기 최고의 명문 가문임이 틀림없다.

이러한 새로운 자료를 통해 짐작하건대, 연개소문이 권력을 장악하는 데는 그가 지닌 가문 배경도 적잖은 영향을 미쳤을 것이다. 그렇다고 단지 집안의 내력에만 의존해서 정변을 일으키고 집권했다고는 볼 수 없다.

『삼국사기』에는 연개소문에 대해 "생김새가 씩씩하고 뛰어났으며 의지와 기개가 커서 작은 것에 얽매이지 않았다"라고 전한다. 또 연개소문을 부정적으로 서술했던 『구당서舊唐書』에도 그의 외모만큼은 "수염과 얼굴이 매우 준수하고 형체가 걸출하였다"고 전한다. 이런저런 기록을 모아 보면 연개소문은 외양이나 성격에서 그 나름대로 영웅적 풍모를 지니고 있었던 모양이다. 어쨌든 연개소문이 역사의 전면에 돌연히 부각한 계기는 군사정변을 통해서다.

642년 10월, 영류왕과 대신들이 연개소문을 천리장성의 축조자로 내보내 권력의 핵심에서 제거하려고 하자, 이를 눈치챈 연개소문은 쿠데타를 일으켜 반대파 대신 100여 명을 살해하고 영류왕마저 시해하였다. 그러고는 영류왕의 동생 대양왕의 아들인 보장을 왕위에 세우고, 스스로 막리지가 되어 정권을 장악하였다.

바로 이 대목에서 연개소문에 대한 역사적 평가는 칭송과 비난의 양극단을 오갔다. 즉 신하로서 영류왕을 죽이고 제1인자로 등장했다는 점에서 반역자로 낙인찍혀 비난의 대상이 되기도 하고, 당나라의 침략에 당당히 맞서 싸웠다는 점에서 사대주의자인 영류왕 등을 제거하고 민족 주체성을 지키려는 구국의 결단으로 평가되기도 하였다. 어느 쪽이든 연개소문의 정변을 평가하는 일은 정변 그 자체보다는 정변을 일으킨 배경 및 이후의 정치적 행적에 대한 올바른 이해에 기초해야 할 것이다.

연개소문은 왜 정변을 일으켰을까? 그가 정변을 일으킨 직접적인 계기는 자신을 제거하려는 영류왕과 대신들의 모의를 알아채고 먼저 선수를 친 것이었으나, 실은 이미 그 이전부터 이들 사이에는 심각한 정치적 대립이 있었다. 앞서 살펴본 바와 같이 여러 대에 걸쳐 연개소문 집안의 세력이 강대해지고 정치권력을 독점하자, 이에 불만을 품은 귀족들이 그를 견제하기 시작하였다. 부친이 죽은 뒤 대대로의 직책은 마땅히 그 아들인 연개소문이 계승해야 함에도 불구하고, 대신들은 연개소문이 잔인하다는 이유를 내세워서 반대하였다. 당시 귀족들의 불만이 얼마나 팽배했는지를 알 수 있는 대목이다.

영류왕 역시 연개소문 집안의 권력 장악에 불만을 품고 있었다. 고구려 후기에 들어 귀족들이 정권을 주도하면서 왕권이 크게 위축된 상황이었지만 영양왕은 수나라와의 전쟁을 주도하면서 다시금 왕권의 강화를 시도했고, 을지문덕과 더불어 전쟁을 승리로 이끈 전쟁 영웅인 영류왕 역시 왕권의 위상을 높이고자 하였다. 이때 연개소문 가문은 영류왕의 왕권 강화 과정에서 첫 번째 걸림돌이 되었을 터이니, 영류왕이 다른 귀족과 손을 잡고 연개소문을 제거하려 했던 것은 당연하다. 연개소문의 정변은 이처럼 자신이 점차 고립되는 정치적 상황에 불안을 느끼고 역습을 시도한 사건으로, 자신과 가문의 지속적인 권력 장악을 위해 결행되었던 셈이다.

연개소문이 당과 맞서 싸운 이유

영류왕이 즉위한 618년에 중국에서는 당나라가 건국되었다. 당은 중원을 통일하고 서역과 북방의 돌궐을 복속시키는 등 세력권을 확대해갔다. 이러한 정세 속에서, 바로 얼마 전에 수나라의 대규모 침략을 경험했던 고구려는 당나라에 대해서도 의구심을 가졌을 것이다. 비록 수나라의 침략을 성공적으로 막아내기는 했지만 고구려가 입은 손실도 결코 적지 않았다. 이 때문에 또다시 당과 전쟁을 치른다는 것은 고구려로서도 원하는 바가 아니었다. 따라서 고구려는 온건·화평책을 쓰며 당의 의중을 탐색하였다. 처음에는 당나라도 고구려의 세력권을 인정하면서 양국의 우호 관계를 유지하려고 했으나, 당 태종이 즉위하면서 상황이 달라졌다. 고구려에 대해 점차 공세적인 입장을 취한 것이다.

당과 대외적 긴장도가 높아지는 현실은 고구려 귀족들 간의 갈등을 촉발하는 계기가 되었다. 대외 정책을 둘러싸고 온건파와 강경파로 나뉜 것이다. 그러나 이것은 어디까지나 대당 정책에 대한 기조의 문제일 뿐, 결코 자주와 사대의 문제는 아니었다. 기본적으로 고구려의 세력권을 유지하려는 데는 양자의 입장이 동일했던 것이다. 따라서 천리장성을 쌓는 등 강경책을 시도하는 한편, 고구려의 세력권을 표시한 강역도를 당에 보내는 등 온건한 전략도 이루어지면서 양면 전략이 모두 구사되었다. 사실 이 시기 강경파와 온건파의 대립은 그동안 내재되었던 귀족 세력 간의 권력투쟁이 대외 정책에 편승하여 나타난 현상에 불과했다.

흔히 연개소문을 추켜세우는 평가를 할 때 가장 많이 언급되는 부분이 자주적인 대당 정책을 펼쳤다는 점이다. 그러나 정변을 일으켜 권력을 장악한 연개소문도 처음부터 당나라에 강경한 자세를 취한 것은 아니었다. 고구려에서 도교가 유포되고 육성될 수 있도록 당에 요청하는 등 화평책을 써서 되도록이면 전쟁을 피해보려는 노력도 기울이고 있었다.

그러던 연개소문이 강경한 입장으로 돌아선 것은, 당 태종이 고구려 침략의 명분을 연개소문의 '대역죄'를 징벌하는 데서 구하였기 때문이다. 그리하여 이때 연개소문으로서는 당에 맞서 항전을 계속하는 것 말고는 다른 선택의 여지가 없었다.

이 무렵 당 태종은 중국 중심의 천하 질서를 실현하려는 강한 욕망을 갖고 있었다. 주위의 어떤 세력과도 공존하려는 뜻이 없었다. 그는 이미 중원과 막북漠北(고비사막 북쪽)의 유일한 지배자인 '황제천가한皇帝天可汗'으로 자처하였다. 그의 야심은 동방 삼국마저 자신의 지배 아래 거느리는, 명실공히 최고의 황제가 되는 것이었으니 고구려라고 예외는 아니었다. 더욱이 만백성 위에 중화적 법과 질서를 구현하고 있는 자신의 치세에, 왕을 죽이고 권력을 독단하는 연개소문과 같은 '대역 죄인'이 공존한다는 것은 도저히 용납할 수 없는 일이었다. 마침내 당 태종은 연개소문의 패륜에 대한 징죄徵罪라는 명분으로 고구려 정벌을 합리화하였다.

연개소문의 처지에서는 당의 침략 명분이 자신의 정변에 맞춰져 있는 이상 더 이상 전쟁을 피하거나 물러서기도 힘들어졌다. 결국 고구려와 당의 전쟁은 양국 지도자의 자존심을 건 대결로서도 결코 비켜설 수 없게 되었으며, 그 결과 연개소문은 당 태종과 맞선 결연의 지도자가 되었던 셈이다.

안시성

안시성으로 비정되는 영성자산성英城子山城이다. 중국 요령성 해성시海城市에 위치하고 있다. 영성자산 성은 흙으로 쌓은 토성으로, 지금도 성벽에는 곳곳에 돌 포탄이 박혀 있어 당시의 치열한 전투를 생생 하게 보여준다. 성문 일대에 남아 있는 20여m 높이의 견고한 성벽은 고구려인들의 축성술을 대표한다.

또한 여기서 우리가 놓치지 말아야 할 사실은 당과의 전쟁을 통해 연개소 문의 권력 기반이 강화되었다는 점이다. 연개소문이 기습적인 정변으로 정 권을 장악했다고 하더라도 그것은 어디까지나 중앙 정계의 상황이고, 그는 곧이어 각 지방에서 독자적인 무력 기반을 갖춘 귀족들의 저항에 부닥쳤다. 그는 이들을 무력으로 진압하기도 했지만, 안시성주와 같이 무시하지 못할 세력과는 서로의 지위를 인정하는 선에서 타협하지 않을 수 없었다. 초기 연개소문의 권력은 이렇듯 불안하였다.

그런데 당의 침입이 시작되면서 일단 대내적 권력투쟁을 중단하지 않을 수 없었고, 전쟁 전체를 중앙에서 총지휘하면서 연개소문은 자신의 권력을 강화할 수 있는 절호의 기회를 얻었다. 게다가 전쟁을 치르는 과정에서 지방의 군사력이 소실됨에 따라 연개소문은 그의 정적들을 굴복시킬 수 있었을 것이다. 연개소문이 대당 강경 노선을 견지한 데는 곧 이러한 정책이 쿠데타 이후 불안정한 자신의 정치적 입지를 강화해줄 좋은 계기라는 판단도 작용했을 것이다.

고구려 멸망의 책임은 연개소문이 져야 하나

고구려는 왜 멸망했을까? 한때 동북아시아의 패자로 강력한 세력을 떨쳤던 왕조가 멸망하였으니, 그 멸망 원인이 궁금하지 않을 수 없다. 특히 고구려의 멸망에 대해서는 많은 사람이 큰 아쉬움을 갖고 이런 물음을 던진다. 여기에는 동북아의 강국 고구려가 삼국을 통일했으면 그 뒤의 역사가 달라지지 않았을까 하는 후대인의 막연한 안타까움도 깔려 있다. 하지만 실제 역사적 현실은 후세대의 바람과는 전혀 다른 상황이었다. 고구려가 멸망에 이르는 과정을 살펴보면 몰락할 수밖에 없는 충분한 이유가 나타나며, 거기에는 최후의 집권자 연개소문의 책임도 적지 않았음을 알 수 있다.

고구려 멸망의 직접적인 계기는 나당연합군의 침략이다. 따라서 우선적으로 살펴보아야 할 것은 나당동맹이 맺어지는 배경과 상황이다. 앞서 고구려는 수 양제의 대규모 침략을 비롯한 네 차례의 침입을 물리쳤고, 또 당과의 대결에서도 당 태종의 대규모 공격뿐 아니라 그 뒤 계속된 산발적 침략을 성공적으로 막아냈다. 이러한 승리는 기본적으로 고구려의 국력이 뒷받침되었기 때문에 가능하였다. 그리고 수와 당 군대의 입장에서는 요동 지역까지 긴 보급로라든가, 미처 적응하지 못한 요동 지역의 기후나 지리적 조건으로 인해 군사 활동에 크게 제약을 받았다는 점도 무시할 수 없다. 고구려의 지구 전술과 유인 전술이 효력을 발휘한 것도 이 때문이었다. 당이 독자적으로 고구려를 침공하여 굴복시키기란 군사전략상 상당히 어려운 일이었다.

그런데 나당의 군사동맹과 이들에 의한 백제의 멸망으로 한반도에서 당군의 군사 활동이 가능해졌고, 그 결과 남북 양쪽에서 공격을 받게 된 고구려는 궁지에 몰리고 말았다. 결국 고구려가 나당 군사동맹을 막지 못한 것이 멸망의 결정적 요인이 되었던 셈이다.

642년 겨울, 신라의 김춘추는 고구려를 방문하여 그해에 정권을 장악한 연개소문과 마주하였다. 그 무렵 신라는 백제의 침공에 시달렸기 때문에 고구려와 평화 협상을 맺음으로써 백제와 치를 전쟁에 전념하기 위해서였다. 그러나 연개소문은 신라가 빼앗아간 한강 유역을 되돌려주지 않으면 협상할 수 없다면서 김춘추의 제의를 거부하였다. 결국 김춘추는 당으로 건너가 나당 군사동맹을 맺었으며, 결과적으로 이 일이 고구려의 운명을 재촉하게 되었다.

연개소문은 왜 김춘추의 평화 협정 제의를 거부했을까? 발길을 돌린 김춘추가 당으로 건너가리라는, 불 보듯 빤한 결과를 예측하지 못했을까? 더욱이 나당 군사동맹이 맺어진 뒤라도 백제와 군사동맹을 시도할 수 있었을 텐데, 왜 그런 외교정책은 서두르지 않았을까? 현재로서는 이런 의문에 속시원한 답을 얻을 수 없다. 다만 그가 어떤 생각을 갖고 있었든지 간에, 신라와 협상을 거부한 그의 판단은 결과적으로 고구려의 국운에 치명적인 타격을 주는 오판이 되었다.

고구려 멸망의 또 다른 요인으로는 내부의 권력투쟁을 들 수 있다. 666년 연개소문이 죽자, 그의 큰아들 남생이 태막리지가 되어 정권을 계승하였다. 권력을 잡은 남생은 지방 세력을 무마하고자 전국을 순행했는데, 이때 평양성에 남아 있던 두 아우 남건과 남산이 형에게 반기를 들었다. 국내성으로 쫓긴 남생은 당에 투항하여 거꾸로 고구려를 침략하는 당군의 길잡이가 되었다. 어제까지 고구려의 집권자였던 인물이 하루아침에 적군의 선봉에 서서 길 안내를 하는 상황인데 고구려가 어찌 국운을 보존할 수 있었겠는가?

『일본서기』에 따르면 연개소문이 죽음을 앞두고 그의 세 아들을 불러 "너희들은 고기와 물과 같이 서로 화목하여 작위를 다투지 마라. 만약 그렇지 않으면 이웃 나라의 웃음거리가 될 것이다."라고 유언하였다고 한다. 그도 자신이 죽은 뒤 자식들 사이에 정권 다툼이 있으리라는 것을 어느 정도 예견했던 모양이다. 그런데도 그는 왜 아무런 대책을 마련하지 않았을까?

그도 고민이 적지는 않았겠지만, 사실 뾰족한 대책이 없었을 것이다. 그렇게 된 데는 그 스스로 자초한 면도 있다. 정권을 장악한 연개소문은 새바람을 일으키는 개혁보다는 자신의 지위를 유지하는 데만 급급하였다. 태대대로라고 하는 초법적인 관직을 새로 만들어 그 자신이 취임하고, 어린 아들들에게도 높은 관직을 주어 자신의 가문으로 권력을 집중시켰다. '절대적인 권력은 절대적으로 부패한다'는 말처럼, 연개소문 가문의 독점적인 권력 행사는 이미 정상적인 정치 운영 체계를 파탄내고 있었다. 따라서 연개소문 개인의 카리스마로 유지되던 정권이 그의 죽음과 동시에 수습 불능의 지경으로 빠져들어간 것은 어쩌면 당연한 결과였다.

가뜩이나 연개소문가의 권력 독점에 불만을 품고 있던 귀족들과 지방 세력은 그의 아들들 사이에 권력 다툼이 벌어지자 하나둘씩 항쟁의 전선에서 이탈하기 시작하였다. 요동과 만주 일대에 있던 수십 개의 성들이 당군의 침략에 변변한 저항도 해보지 못하고 투항하는 사태가 속출하였다. 연개소문 가문에 못지않은 명문가 출신인 고문高文 같은 이조차 일찌감치 당에 투항하여 일신을 보존하는 지경이었다.

이렇게 연개소문은 대외 정책이나 대내 정책 모두에서 안정을 이루는 데 결국 실패한 셈이다. 그의 정변으로 시작된 한바탕 소용돌이 속에서 그 자신의 영웅적인 이미지는 뚜렷해졌지만, 고구려는 점차 멸망의 길로 빠져들었다. 668년 끝내 평양성은 함락되고, 보장왕과 남건·남산은 당군에 포로로 잡혀 장안으로 압송되었다. 한때 동북아시아의 패자로 군림했던 고구려는 그렇게 역사의 무대에서 사라졌다.

물론 연개소문 혼자서 나라를 망쳤다고는 볼 수 없다. 그 이전부터 이미 고구려는 쇠망의 기운이 나타나고 있었다. 그러나 그의 당대에, 아니 그의 시대의 종언과 동시에 고구려가 멸망했다는 점에서 결코 그 책임을 면할 수는 없다. 자신이 살던 시대의 역사는 자신이 책임져야 한다는 역사의 교훈을 우리는 여기서 배워야 한다.

김춘추와 김유신, 꿈과 야망의 결합

역사상에는 '위인' 또는 '영웅'으로 일컬어지는 인물들이 있다. 그들은 원대한 꿈을 갖고 자신의 뜻대로 역사를 만들어간 걸출한 사람이었을까? 꼭 그렇지는 않다. 개인은 동시대 인간들과 관계를 맺고 서로 영향을 주고받는다. 또 '시대가 영웅을 만든다'는 말이 있듯이, 인간의 생각과 활동은 자신이 살고 있는 사회구조의 제약도 받는다.

어떤 개인이 자신의 능력으로 시대적 과제를 잘 수행했을 때, 그리고 그것이 역사의 진행 방향과 일치했을 때 영웅 또는 위인으로 불린다. 한편, 거대한 불의에 맞서 저항한 정의로운 인물은 설령 성공하지는 못했더라도 위인으로 추앙받기도 한다.

이 글에서 이야기하는 김춘추와 김유신은 신라의 왕족·귀족 출신이었다. 그들은 처음에는 상대적으로 '불우한'(?) 처지에서 출발했지만, 각자의 능력을 발휘하고 야망을 키우며 서로 힘을 합쳐서 신라 사회의 요구에 부응하였다. 그리하여 신라인은 그들을 오랫동안 삼국 통일의 영웅으로 받들었다.

왕손임에도 권력에서 소외되었던 김춘추

김춘추金春秋(604~661)는 신라 제25대 진지왕의 손자였다. 그런데 진지왕은 즉위한 지 3년 만에 '정치가 어지럽고 음란하다'는 이유로 귀족들에게 내쫓김을 당하였다. 진지왕이 폐위된 이면에는 귀족들과 어떤 정치적 갈등이 있었겠지만 실상을 자세히 알기는 어렵다. 어쨌든 할아버지의 폐위로 김춘추가 왕위 계승에서 멀어졌음은 분명하다.

진지왕이 쫓겨난 뒤에 귀족들의 지원을 받아 즉위한 사람이 진평왕이다. 진평왕은 장기간 재위하면서 불교의 권위를 빌려 왕실을 신성화하려 했던 왕으로 유명하다. 그의 이름 백정白淨은 석가모니의 아버지 이름이며, 왕비 마야부인摩耶夫人은 석가모니의 어머니 이름에서 따온 것이다. 왕실을 석가족으로 자처한 셈이다.

진평왕은 즉위하면서부터 권력을 강화하기 위해 여러 정치 세력을 포섭하였다. 폐위된 진지왕의 아들 용춘龍春(용수龍樹라고도 함)을 자신의 둘째 딸(천명부인)과 결혼시켰고, 또한 왕실 관련 업무를 총괄하는 내성사신內省私臣에 임명하여 자신을 보필하게 하였다. 용춘도 이 과정에서 현재의 국왕 권력과 긴밀하게 결탁함으로써 정치적 입지를 마련하였다. 이러한 가운데 용춘의 아들 김춘추도 정치적 재기의 희망을 버리지 않았을 것이다. 『삼국사기』에 따르면 김춘추가 어려서부터 "세상을 다스릴 뜻을 품었다"고 했으나, 폐위된 진지왕의 손자가 그 야망을 실현하기는 쉽지 않은 일이었다.

김춘추는 매우 준수한 용모를 지녔던 듯하다. 김춘추가 당唐에 파견되었을 때, 당 태종이 그의 풍채를 보고서 '신성神聖한 사람'이라고 감탄했다는 기록이 『삼국유사』에 전한다. 게다가 그는 예리한 정치적 감각까지 갖추고 있어서 자신을 뒷받침해줄 세력만 있다면 마음껏 야망을 펼칠 수 있을 터였

단양 신라 적성비

550년을 전후하여 신라가 소백산맥 이북으로 진출할 때, 신라군에게 협력한 현지인을 포상하고 그 자손들까지 배려하는 내용이 담겨 있다. 비문에 고위 군지휘관으로 열거된 사람들 가운데 무력지武力智가 있는데, 그가 곧 김무력이며 김유신의 할아버지이다.

다. 뛰어난 능력에도 불구하고 신라의 토착 귀족들로부터 차별받던 김유신 가문은 김춘추에게 매우 적절한 상대였다.

금관가야 왕족의 후손 김유신

김유신金庾信(595~673)은 금관가야의 마지막 왕 김구해金仇亥의 증손자이다. 532년(법흥왕 19), 김구해는 가족을 이끌고 신라에 항복하여 최고 신분층인 진골에 편입되고 왕경으로 옮겨 와 살았다. 이후 그 후손들은 군사 방면에서 두드러지게 활약하였다. 김구해의 아들 김무력金武力은 554년(진흥왕 15) 관산성(충북 옥천) 전투에서 백제 성왕을 전사시키는 등 큰 공을 세웠다.

김무력의 아들 김서현金舒玄도 장군으로 활약했는데, 김서현의 결혼과 관련된 재미있는 이야기가 전한다. 그는 신라의 토착 귀족인 숙흘종의 딸 만명과 사랑에 빠져 중매도 없이 야합하였다. 김서현이 만노군萬弩郡(충북 진천) 태수로 부임하면서 만명을 데리고 가려 하자, 그제서야 이들 사이를 눈치챈 숙흘종이 딸을 집안에 가두고 사람을 시켜 지키게 하였다. 그런데 갑자기 문에 벼락이 치는 바람에 문지기가 혼비백산했고, 그 틈을 타서 만명은 도망쳐 나와 김서현을 따라가버렸다. 그리하여 만노군에서 김유신이 태어나게 된 것이다.

김서현과 만명의 결혼 이야기에서 알 수 있듯이, 금관가야 왕족 출신인 김유신 가문은 운신의 폭이 그리 넓지 못하였다. 진골 신분으로 신라 사회에 편입했지만, 토착 귀족들이 김유신 가문처럼 새로 편입된 사람들에 대해 워낙 배타성이 강했기 때문이다.

어쩌면 김유신 가문이 군사적인 면에서 두드러진 활약을 보인 이유는 배타적인 사회 분위기 아래 정치 분야보다는 군사 분야에서 능력 발휘를 할 수 있는 기회가 더 많이 생겼기 때문일지도 모른다. 김유신 가문은 군지휘관으로 맹활약하면서, 당시 귀족들을 누르고 국왕 중심의 정치체제를 구축하려 한 왕권과 밀착해갔다. 그 과정에서 김유신은 소외된 왕족 김춘추를 주목하게 되었던 것이다.

두 가문의 결합

김유신이 김춘추보다 아홉 살가량 위지만, 두 사람은 일찍부터 친밀하게 어울렸다. 어느 날 집 앞에서 공을 차던 김유신은 짐짓 김춘추의 옷고름을 밟아 찢어 떨어뜨리고는 자기 집에 들어가 꿰매자고 하였다. 김춘추는 숨은 뜻을 알아차리고 권하는 대로 따랐다.

문무왕릉비

비문에 따르면 문무왕은 681년에 56세로 승하하였다. 따라서 출생 연도는 626년(진평왕 48)으로 추정할
수 있다. 선덕여왕이 즉위하기 6년 전이다. 『삼국유사』에 전하는 김춘추와 문희의 설화, 그리고 문무왕
의 탄생 이야기에 선덕여왕이 등장하는 까닭은 김춘추·김유신과 선덕여왕이 맺었던 정치적 결합 관계
를 반영한다.

　　김유신에게는 보희와 문희라는 두 여동생이 있었는데 보희는 오빠의 청
을 거절했지만, 작은 누이 문희는 오빠가 시키는 대로 김춘추의 옷고름을
꿰매주었다. 이 일을 계기로 김춘추와 문희의 사이가 가까워졌고, 김춘추는
이후 문희의 처소에 자주 출입하였다.

　　문희가 임신을 하자 김유신은 "부모에게 알리지도 않고 애를 가졌다"고
하면서, 선덕여왕이 남산에 행차하는 날을 일부러 택하여 문희를 불태워 죽
인다는 소문을 퍼뜨렸다. 신하들과 함께 남산에 오른 선덕여왕은 김유신의
집에서 연기가 피어오르는 것을 보고 사정의 전말을 들은 뒤, 김춘추에게
속히 가서 그녀를 구하라고 명령하였다. 이리하여 두 사람은 결혼할 수 있
었다고 한다.

　　김춘추와 문희 사이에서 태어난 장남이 김춘추의 뒤를 이어 삼국 통일을

완성한 제30대 문무왕이다. 『삼국유사』에 기록된 이야기는 이와 같지만, 실제 문무왕이 태어난 해는 선덕여왕이 즉위한 632년보다 약간 빠르다. 이 이야기는 김춘추와 문희가 결혼하는 과정이 순탄치 않았기 때문에 국왕 또는 왕실의 힘을 빌려 이루어졌던 분위기를 전해준다. 고대 귀족 간의 혼인은 단순히 남녀의 사랑이 아니라 두 가문의 정치적 결합이었다. 문희와 김춘추가 혼인함으로써 두 집안은 더욱 두텁게 맺어졌다.

신라의 국가적 위기

7세기에 접어들면서 신라는 심각한 위기를 맞았는데, 선덕여왕 때 이르러서는 더욱 위태한 상황에 처하였다. 642년(선덕여왕 11)에는 신라가 바닷길로 당과 통하는 거점인 당항성黨項城(경기도 화성시 남양읍)이 백제·고구려의 협공으로 위태로웠다. 그뿐만 아니라 서쪽 국경의 요충인 대야성大耶城(경상남도 합천)마저 백제에게 함락당하였다. 이로써 신라의 대백제 방어선이 일시 무너졌고, 왕경은 백제의 공격에 직접 노출되는 위기에 봉착하였다.

대야성이 함락될 때 그곳의 도독으로 파견되어 있던 김품석과 그의 아내가 백제군에게 죽임을 당하였다. 김품석은 김춘추의 사위였다. 큰 충격을 받은 김춘추는 기둥에 기대어 서서 사람이 앞을 지나가도 모를 정도였다고 한다. 어쨌든 신라의 상황이 위급해지자 이를 돌파하기 위해 김춘추는 그해 고구려를 방문하여 군사원조를 청하였으나, 죽령 이북의 땅을 반환하라는 고구려 연개소문의 무리한 요구를 거절했다가 감금당하였다.

김춘추가 고구려로 떠날 때 김유신은 "만약 그대가 돌아오지 못하면 나의 말발굽이 반드시 고구려·백제 두 왕의 궁궐 마당을 짓밟을 것"이라고 약속했다고 한다. 두 사람의 신뢰는 이렇듯 매우 깊었다. 실제로, 김춘추의 귀환이 늦어지자 김유신은 결사대를 조직하여 고구려 공격에 나서려고 하였다. 양국 사이에 군사적 충돌의 긴장감이 감도는 가운데 김춘추는 꾀를 내어 겨우 빠져나왔다.

겨우 목숨을 부지하고 돌아온 김춘추는 647년에 왜국으로 건너갔다. 그러나 백제와 더욱 긴밀한 관계에 있던 왜국으로부터 만족할 만한 대답을 들을 수는 없었다. 오히려 고립무원에 빠진 신라의 처지를 다시 한 번 확인했을 뿐이었다. 결국 김춘추는 그 이듬해에 최후의 발걸음을 당나라로 옮겼다.

당시 당나라는 고구려 원정에 연거푸 실패한 뒤 장기 소모전으로 전략을 바꿀 계획을 수립해 놓은 상황이었다. 이에 따라 고구려 남쪽 국경에 제2전선을 구축하여 고구려의 방어력을 분산시키는 방법을 궁리하고 있었다. 이때 김춘추가 찾아옴으로써 서로 간의 이해관계가 일치됨을 확인하자 마침내 신라와 당 사이에 군사동맹이 체결되었다.

한편, 이 무렵 국내의 군사 활동은 김유신이 주도하였다. 신라의 군대를 총지휘하는 대장군이 된 김유신은 고구려와 백제의 거듭된 공격을 성공적으로 막아냈다. 전쟁터에서 막 돌아와 집에 들어갈 겨를도 없이 다시 출전 명령을 받고서는 집 앞을 지날 때 물맛만 보고 곧 또다시 길을 재촉하여 군사들을 감동시켰다는 이야기가 이즈음의 일이다. 이렇게 고군분투하며 눈부신 활약을 하던 김유신은 드디어 대야성을 탈환했고, 이에 신라인의 신망을 한 몸에 받게 되었다.

그런데 국가적 위기 속에서 불만을 키운 귀족들이 "선덕여왕이 정치를 잘못한다"며 반란을 일으켰다. 바로 647년(선덕여왕 16)에 일어난 '비담과 염종의 난'이다. 명활산성을 차지한 반란군이 기세등등한 가운데 마침 별이 월성에 떨어지자 국왕군의 사기가 크게 떨어졌다. 김유신은 연에 불을 붙여 몰래 하늘로 띄우게 한 뒤, 별이 다시 하늘로 올라갔다고 소문을 퍼뜨려 군사들로 하여금 불길한 조짐이 사라졌다고 믿게 하였고, 마침내 반란을 진압할 수 있었다.

반란이 완전히 진압되기 직전에 선덕여왕이 죽자 그녀의 사촌 여동생인 진덕여왕이 즉위하였다. 아마 그 과정에도 김춘추와 김유신의 영향력이 크게 작용했으리라 짐작된다. 당시 외교와 군사를 주도했을 뿐만 아니라 귀족들의 반란 진압 과정에서도 큰 역할을 함으로써 김춘추와 김유신 세력은 정치적 실권을 완전히 장악하였다. 학계에서는 진덕여왕 때 이루어진 관료 조직의 개혁도 사실상 이들이 주도한 것으로 본다.

김춘추의 즉위와 통일 전쟁

『삼국유사』에는 진덕여왕 때 신라 정계의 실력자들이 남산에서 회의하는 모습이 다음과 같이 기록되어 있다.

> 진덕여왕 대 알천공, 임종공, 술종공, 호림공, 염장공, 유신공(김유신)이 남산 우지암에 모여서 국사를 논의하고 있었다. 이때 큰 호랑이가 나타나 좌석 사이에 뛰어들었다. 모두들 놀라 일어났으나 알천공은 까딱하지 않고 태연하게 담소하며 호랑이 꼬리를 잡아 땅에 팽개쳐 죽였다. 알천공의 힘이 이와 같으므로 수석首席에 앉았으나, 사람들은 모두 유신공의 위세에 복종하였다.　　　　　—『삼국유사』 권1 「기이紀異」, '진덕왕' 조

이 설화는 알천이 귀족 회의에서 수석에 앉을 만큼 정치적 서열이 높았지만, 그럼에도 불구하고 장군으로 활약하며 위세를 떨치던 김유신의 영향력이 그보다 더 강했음을 시사한다. 이런 분위기는 654년 마지막 성골인 진덕

여왕이 죽자 귀족들 사이에서 왕위 계승을 논의할 때 바로 현실로 나타났다. 다음 왕위의 후계자로 알천이 먼저 꼽혔으나 그는 김춘추에게 양보하였고, 김춘추는 세 번 사양하는 예의를 갖춘 뒤 왕위에 올랐다. 태종무열왕이 그였다. 김춘추가 즉위한 배경에는 김유신의 강력한 위세가 있었다.

김춘추는 즉위한 뒤 김유신 가문과 더욱 굳건한 관계를 다졌다. 그는 즉위 2년째 되는 해에 자신의 딸을 김유신과 혼인시켰다. 김유신의 누이이며 김춘추의 부인인 문희가 첫아들 김법민金法敏(문무왕)을 낳은 지 30년 가까이 지난 시점이므로, 이 딸이 문희가 낳은 여인인지 아니면 다른 여성이 낳은 딸인지를 판단하기는 어렵다. 아무튼 이 혼사는 김유신과 김춘추의 두 가문이 매우 파격적으로 이중결합을 단행했음을 보여준다.

무열왕은 648년에 자신이 성사시켰던 나당 군사동맹의 실천을 당나라에 계속 요구하였다. 그동안 당나라는 몇 차례의 고구려 공격에 실패하고 나서야 우선 백제부터 공격하자는 신라의 요청을 받아들였다. 드디어 660년, 나당연합군의 총공격이 백제를 향하였다. 신라군 총사령관 김유신은 백제 계백 장군의 결사대를 무찌르고 사비성에 나아가 당군과 합류하였다.

나당연합군의 공격에 백제 의자왕은 제대로 저항 한번 못하고 무릎을 꿇고 말았다. 백제의 사비성을 무너뜨렸지만 상황은 신라의 뜻대로 진행되지 않았다. 당은 백제 영토를 직접 지배하려는 야욕을 감추지 않았으며, 곳곳에서 백제 저항군의 무력 항쟁도 집요하게 펼쳐졌다. 이런 와중에 태종무열왕은 죽고(661), 삼국 통일의 과제는 그 아들 문무왕에게 넘겨졌다.

이후 신라는 백제 저항군을 진압 또는 회유하면서 백제 영토를 차지해갔다. 한편 당군은 신라의 지원을 받으며 668년(문무왕 8)에 고구려마저 멸망시켰다. 고구려가 망하자 당나라는 신라마저 지배하려는 야욕을 드러냈다. 이후 8년여에 걸친 나당전쟁이 이어졌다. 김유신은 노령에도 불구하고 이때까

ⓒ 하일식

삼년산성
충청북도 보은군에 있다. 660년 신라가 백제를 총공격할 때, 무열왕 김춘추도 군사를 이끌고 이 산성에
머물면서 전황을 지휘하였다. 삼년산성이라는 이름의 유래는 성을 쌓는 데 3년이 걸렸기 때문이라고
『삼국사기』에 전한다.

지 상징적인 활약을 계속하다가 당군 축출이 거의 마무리되던 시점에 숨을 거두었다(673).

항구적이지 못했던 두 가문

김춘추와 김유신의 결합은 미래에 대한 전망이 밝지 못했던 두 사람이 정치적 꿈과 야망을 키우는 한편으로 서로 신뢰를 쌓아 이루어졌다. 그들의 야망은 매우 정치적인 동기에서 출발했지만 당시 신라 사회가 요구하는 방향에 잘 부합했기에 성공할 수 있었다.

김춘추는 신화적 이미지로 정치를 이끌어가던 과거의 행태를 지양하고 유교적 합리성을 추구하는 편이었다. 왕자들을 당나라에 보내 유학儒學을 공부시킨 것은 당의 신뢰를 얻으려는 하나의 방법이기도 했지만, 유교적 통치 철학을 익히게 하려는 의도도 있었으리라 짐작된다. 이에 비해, 배타적인 신라 귀족들 사이에서 김유신이 추구한 것은 국왕 권력과 협력하여 자신과 가문의 입지를 확보하는 일이었다.

이렇게 하여 두 사람은 의기투합했고, 이중의 혼인을 통해 그 결합은 더욱 강고해졌다. 이중의 혼인을 오늘날 관점에서 윤리적으로 재단하면 곤란하다. 이 시대 신라 귀족들 사이에서 근친혼은 흔한 일이었기 때문이다. 한층 두터워지고 공고하게 결합된 김춘추·김유신 두 가문의 위상은 무열왕의 아들 문무왕 때 최고조에 달하였다. 문무왕은 즉위 첫해에 외가의 위상을 높이는 조치를 단행하였다. "수로왕은 나의 15대조이고, 나라는 멸망했지만 능과 사당이 아직 남았으니 신라 종묘에 합하여 제사를 계속하라"고 명령했던 것이다.

다만 김유신의 후손들은 이후에 세월이 갈수록 정치적으로 두드러진 역할을 하지 못하였다. 후손 가운데 걸출한 인물이 드물기도 했지만, 반란 사건에 연루되어 핍박을 받기도 하면서 점차 쇠퇴하였다. 제36대 혜공왕 때 김유신의 무덤에서 회오리가 일며 한 장수가 나와 미추왕에게 가서는 "이 나라를 떠나겠다" 하니, 미추왕이 세 번이나 말렸다는 설화가 만들어진 것은 이 같은 분위기를 알려준다.

혜공왕은 무열왕 김춘추의 직계 후손으로는 마지막 왕이었다. 토착 귀족들이 불만을 쌓아오다가 반란을 일으켜 혜공왕을 죽였고, 이후로 김춘추의 후손은 왕위에 오르지 못하였다. 곧이어 진골 귀족들이 무력으로 왕위 쟁탈전을 벌이는 일이 흔하게 일어났으며, 즉위한 지 채 1년도 안 되어 피살된 왕도 생겨났다. 결국 신라 왕조는 서서히 기울어갔다.

신라인들은 오랫동안 김춘추와 김유신을 삼국 통일의 영웅으로 숭배하였다. 고려시대의 김부식도 "중국에 사대의 예를 다하고 거친 풍속을 개량하였으며, 고구려·백제를 평정하여 태평성세를 이룩한 임금"으로 김춘추를 평가하였다. 이에 반해 한말~일제강점기에 신채호는 이들을 외세 의존적인 사대주의자라고 비판하였다. 이같이 상반된 평가가 나오지만, 조금 달리 생각할 여지도 있다. 삼국시대 사람들이 지금의 우리와 같은 '민족의식'을 가졌을 리는 만무하다. 오히려 오랜 기간 전쟁을 치르는 과정을 겪으면서, 또한 고구려·백제 유민과 힘을 합쳐 당군을 축출하는 과정에서 일종의 동류의식이 형성되었다고 판단하는 것이 실제에 가까울 듯하다.

민족주의적 관점에서 평가하는 데 그치지 않고, 한 인간이 자신의 꿈과 야망을 실현하려 한 방법을 관찰하는 것도 필요하다. 그리고 그의 활동이 시대가 요구하는 방향과 부합했는가를 생각해보는 일도 역사를 역동적으로 이해하는 방법의 하나이다.

원효와 의상, 불교적 이상 사회

원효元曉(617~686)와 의상義相(625~702)은 같은 시대를 살아간 동시대인이었다. 둘 다 승려로서 삶의 목표는 같았지만 각자 지닌 기질이라든가 삶을 살아가는 구체적인 모습 등 모든 면에서 대조적이었다. 이렇게 서로 다르면서도 그들은 처음부터 끝까지 돈독한 우정을 나누었다. 그런 점에서 우리에게 시사하는 바가 많다.

원효 : 출생과 활동

원효는 온갖 관습과 제도에 구애받지 않고 자유자재로 살아간 사람이었다. 우리가 익히 아는 그는 술과 고기를 먹고 요석공주와 관계하여 아들 설총薛聰을 낳기까지 한 파계승이다. 하지만 또 다른 모습의 그는 방대한 불교 경전을 두루 섭렵하여 독자적인 불교 사상을 체계화한, 전고에 비할 바 없는 불교 학자이기도 하였다. 때로는 허리춤에 조롱박을 꿰차고 민중과 멋들

양양 낙산사 보타전의 벽화
원효와 의상은 650년에 함께 중국 유학을 떠났다. 가던 길에 오늘날 충청남도 직산에서 깨달음을 얻은 원효는 발길을 돌려 경주로 향했고, 의상은 처음에 품은 뜻을 굽히지 않고 중국으로 건너갔다. 그림에서 깨달음 직후 해골을 들고 춤추는 이가 원효이며, 뒤돌아보며 중국으로 떠나는 이가 의상이다.

어지게 한판 어울렸는가 하면, 때로는 태종무열왕이나 김유신 등 당대 최고의 권력자들과 이리저리 얽히기도 하였다.

어려서 출가하여 승려가 되었지만 결국 스스로 환속하여 거사居士로 일생을 마쳤다. 그런데도 후세 사람들은 그러한 원효를 보살로 추앙했으며, 그러한 인식은 오늘날에도 변함이 없다. 그는 확고한 성인의 반열에 오른 것이다. 그렇다면 그의 진면목은 무엇이었으며, 우리는 그것을 어떻게 받아들여야 하는가?

원효는 617년(진평왕 39) 지금의 경상북도 경산시에서 태어났다. 그의 가문인 설씨薛氏가 왕족의 성이 아닌 점은 분명하지만, 최근 발견된 자료에 따르면 설씨가 신라 왕성王姓인 김씨金氏에서 갈라져 나왔다고도 한다. 그러니 그의 신분이 6두품이라는 종래의 통설은 수정되어야 할 듯하다. 출신 성분과 더불어 그의 출가 동기라든가 출가해서 들어간 사찰도 단정하기 어렵다.

중국 당나라 장안長安의 불교계에서 이름을 드날리는 현장玄奘에 관한 소식을 듣고 원효는 650년(진덕여왕 4)에 의상과 함께 중국 유학을 시도하였다. 그러나 고구려 영토를 관통하여 육로로 당나라에 가려던 첫 번째 시도는 실패로 끝났다. 이 시기 고구려와 신라는 적대적인 관계였으며, 신라의 구원 요청을 받은 당나라가 고구려의 요동 지방을 공격했다가 도리어 격퇴된 직후였기 때문에 육로의 길목마다 군사적 긴장감이 흐르고 있었다. 그 지역을 당나라와 동맹 관계인 신라의 승려가 통과한다는 일은 애초부터 무리였다. 그들은 요동까지 갔다가 결국 고구려 국경수비대에게 세작細作(간첩)으로 오인받아 체포되었다. 다행히 간첩 혐의는 벗어났으나 신라로 추방당하고 말았다.

하지만 원효와 의상은 이에 굴하지 않고 다시 중국 유학길을 떠났다. 이번에는 해로를 이용하고자 당항진黨項津(경기도 화성시 남양읍)으로 향하였다. 그들은 가는 도중에 지금의 충청남도 직산 부근의 동굴에서 하룻밤을 묵게 되었다.

한밤중에 타는 듯한 목마름을 느낀 원효는 근처의 물을 벌컥벌컥 들이켰는데, 물맛이 감로수보다 더 달콤하였다. 아침에 일어나서 간밤에 달게 마신 그 물이 해골 속에 고인 물임을 알고는 역겨움을 이기지 못하고 모든 것을 토하고 말았다. "어쩌다 해골물을 감로수인 양 마셨단 말인가? 어쩌다가. 어쩌…!" 일순간 그는 모든 번뇌와 의혹이 구름 걷히듯 말끔히 해소되는 것을 느꼈다. 그가 그토록 찾아 헤맨 깨달음의 진리를 마침내 터득한 것이다. "모든 것은 마음먹기에 달렸다!(一切唯心造)"

모든 것이 마음먹기에 달렸거늘 당나라든 신라든 무슨 상관이겠냐며 홀연히 깨달음을 얻은 원효에게 당나라 유학은 이제 더 이상 중요한 과제가 아니었다. 의상과 헤어지고 신라로 돌아온 원효는 본격적으로 대중 교화에 힘을 쏟았다. 송나라 때 찬술된『송고승전宋高僧傳』에 따르면 원효가 이때부터 파계행을 보였다고 하지만, 사실은 그 이전부터 이미 자유분방하고 기이한 행동을 서슴없이 하였다.

그 무렵 신라는 불교치국책佛敎治國策, 곧 불교에 힘입어 국가를 경영하려는 정책을 실시했으며, 이에 따라 자연히 불교의 성격도 정치와 관련을 맺으면서 체제 내적 색채를 띠고 있었다. 자장慈藏과 같이 진골 출신이면서 중국 유학을 다녀온 승려들이 불교 교단을 주도하며 국가 의식의 고취라든가 왕실 권위의 강화에 매진하였다. 그들은 때때로 정치 일선에 깊숙이 발을 디밀기도 했지만, 교단 내에서 만큼은 엄격한 계율관을 고수하였다. 이 시기 불교를 상징하는 건조물이 바로 황룡사와 황룡사 9층목탑이다.

그런데 신라 불교는 위로부터 수용되었기 때문에 지배층의 이해관계를 반영하는 한계를 드러냈다. 대다수 일반민은 장기간 계속된 삼국 전쟁으로 정신적·물질적으로 피폐해졌음에도 불구하고, 정작 불교는 이들에게 따뜻한 구원의 손길을 내밀지 못하였다. 이에 지배층 중심의 불교를 반성하고 소외된 일반민에게 종교적 관심을 촉구하는 승려들이 불교계 한편에서 출현하였다.

원효가 주로 만나서 교유한 승려들이 바로 그들이다. 대개 혜공惠空이나 대안大安처럼 비非진골 출신이며 중국 유학을 다녀오지 못한 승려들이었다. 그들은 주로 경주 시내의 저잣거리나 경주 외곽을 무대로 이른바 '불교대중화운동'에 매진하고 있었다. 원효는 이들과 함께 어울리면서 대중과 몸으로 부대꼈다. 문제는 일반민을 교화하다보면 교단이 요구하는 엄격한 계율을 지키기 어렵다는 점이다.

어부를 교화하려면 물고기도 먹어야 하고, 술꾼을 교화하기 위해서는 술도 마셔야 하며, 기생을 교화하기 위해서는 기방에도 출입해야 한다. 원효는 그것이 옳다고 생각했으며 그 생각을 행동으로 옮겼다. 그리고 자신의 파격적인 행동을 『화엄경』에 근거하여 '무애행無礙行'이라 이름하였다. 계율에 얽매이지 않는 파격적인 행동은 그를 교단으로부터 멀어지게 만들었지만, 동시에 그러한 그를 대중이 지지하고 믿고 따르게 만들었다.

국왕의 뜻, 요석공주와의 만남

654년 신라 사회는 새로운 시대를 맞이하였다. 진덕여왕을 끝으로 성골로 이어지는 왕위 계승이 막을 내렸다. 대신 진골 출신의 김춘추金春秋(태종무열왕)가 김유신金庾信의 지원을 받아 중대中代(654~780, 무열왕~혜공왕 대) 왕실을 개창하였다. 중대 왕실은 밖으로 고구려·백제와 전쟁을 치르면서 본격적으로 통일을 추진하는 한편, 내부적으로 민심을 얻기 위한 위민 정책을 적극 실시하였다.

왕실의 교체에 따라 불교 교단의 재편도 불가피해졌다. 중대 왕실은 정치 운영에서 불교에 대한 의존도를 낮추는 대신, 유교 정치 이념을 받아들이고자 하였다. 그런데 유교는 여전히 통치자의 논리, 즉 정치 운영 원리에 불과했다. 이에 반해 불교는 사회 곳곳에 깊숙이 침투하면서 승려의 사회적 영향력은 더욱 확대되었다. 왕실은 불교 교단을 세속적인 권력하에 더욱 예속시키는 동시에 대중적 지지를 받는 승려들을 포섭하고자 하였다.

한편, 원효는 자신의 신념에 따라 불교대중화운동에 주력했지만, 일련의 파계행으로 말미암아 불교 교단으로부터 곱지 않은 시선을 받고 있었다. 파격적이라 할 만큼 자유분방한 교화 활동은 반대파에게 더없이 좋은 비난거리였다. 한번은 황룡사 백고좌회百高座會에 추천을 받았지만, 기성 교단의 반대로 참여하지 못한 일도 있었다. 하지만 그에게는 더 큰 시대적 과제가 놓여 있었다. 그것은 독자적인 철학 체계를 수립하는 일과 불교를 대중화하는 일이었다. 그러기 위해서는 그의 처지를 이해하고 그의 꿈을 실현시켜줄 후원자가 필요하였다.

일연一然의 『삼국유사』에 남긴 짧은 이야기에 따르면, 원효와 요석공주의 만남은 태종무열왕 대(654~661)에 이루어졌다. 춘원春園 이광수李光洙는 이 이야기를 소재로 『원효대사』라는 소설을 썼는데, 두 사람의 만남을 자유연애로 생생하게 그려내면서 흥미를 돋우었다.

원효가 지어 퍼뜨려 경주 시내의 아이들 사이에 유행한 노래가 하나 있었으니, 내용인즉 "누가 자루 빠진 도끼를 빌려준다면, 내 하늘을 떠받들 기둥을 베어 오련만(誰許沒柯斧 我斫支天柱)"이라는 알쏭달쏭한 시구였다. 아무도 시구에 담긴 속생각을 몰랐는데, 왕은 이를 듣고 단숨에 간파하였다. 원효가 남산에서 시내로 들어오려고 남천의 다리를 건널 때, 왕은 요석궁의 관리로 하여금 다리에서 기다렸다가 짐짓 원효를 다리 아래로 떼밀도록 시켰다. 그러고는 옷을 말려야 한다는 구실로 그를 궁으로 데려갔다. 원효는 사흘간 유숙한 뒤 떠났다. 그 뒤 요석공주는 설총을 낳았다.

승려가 여자와 잠자리를 같이한 일은 계율에서 엄격히 금하는 '바라이'를 범한 것이기 때문에 중죄에 해당한다. 따라서 그 바라이 죄에 대한 처벌은 세속에서 사형에 해당하는 교단 추방이었다. 그런데 전후 맥락으로 살펴볼 때 원효와 요석공주의 만남은 원효가 강요를 당했다기보다 어느 정도는 스스로 자초한 결과였다. 왜 그랬을까? 춘원이 변명했듯이 그것도 보살의 자비행慈悲行이었을까? 혹은 그저 남녀 사이의 아름다운 로맨스였을까? 아니면, 우리가 모르는 또 다른 무엇이 숨어 있을까?

승속불이의 거사불교

원효의 파격적인 무애행은 궁극적으로는 '승속불이僧俗不二의 거사불교居士佛教'를 지향하는 수행의 한 방법으로서 기존의 교단 질서를 뒤흔들 만하였다. 또한 파격적인 만큼, 위민 정책을 추진하며 새로 출범한 중대 집권 세력의 주목을 받기에 충분하였다. 양자는 정법正法으로 민을 교화하고자 한다는 점에서 공감대를 형성하였다. 그리고 그 공감대는 원효와 요석공주의 관계, 다시 말해 파계라는 극적인 사건으로 이어졌다. 이를 계기로 원효 스스로는 환속하게 되지만, 자신이 추구하던 거사불교를 실행에 옮길 수 있었다.

대승불교에서 말하는 거사는 세속적인 삶을 영위하면서 동시에 불교의 깨달음을 추구한다. 특히 세속과 출가, 생사와 열반이라는 이분법적 사고를 초월하여 중생 제도濟度를 역설한 유마維摩(비말라키르티, 유마힐維摩詰) 거사는 원효에게 귀감이 되었다. 환속한 원효는 마침내 거사로 돌아가, 각자의 현실적 처지는 천차만별이지만 본질적으로 평등한 중생의 내면적 각성을 촉구했으며, 그렇게 함으로써 새로운 불교적 유토피아(정토淨土)를 바로 그가 살고 있는 현재 시점의 땅에서 구현하고자 하였다.

원효는 77부 150여 권에 달하는 방대한 저술을 남겼다. 대단히 규모가 큰 만큼 당시 중국에서 연구되는 대승불교의 주요 사상이 거의 모두 망라되어 있다. 이 정도로 방대한 저술은 교단에서 소외되어 길거리에서 생활하는 승려 혼자의 힘으로는 불가능한 작업이다. 안정된 경제적 후원자가 중국 불교계의 동향을 알려주고 불경 및 그들의 저작을 지속적으로 공급해주어야 비로소 할 수 있는 일이다. 중대 왕실은 민심을 사로잡은 원효를 주목하였다. 그러니 원효와 요석공주의 인연은 예견된 일이나 마찬가지다.

현재 전해지는 원효의 저술은 20여 권 남짓이다. 그중에서도 『대승기신론

유마 거사

평상에 앉아 문수보살과 대론하는 유마 거사의 모습을 묘사한 그림으로, 돈황 막고굴 벽화의 일부이다. 유마는 인도에서 돈 많은 부자였지만 늘 수행을 게을리하지 않고 불교의 깊은 뜻에 통달해 있었다. 출가든 재가든 수행에 따른 깨달음에는 구분이 없으며, 대중과 부처는 둘이 아니라고 설파하였다.

疏大乘起信論疏』와 『금강삼매경론金剛三昧經論』은 중국과 일본 불교학계에 커다란 영향을 끼쳤다. 특히, 지금은 일부만 남은 『십문화쟁론十門和諍論』은 당대 인도에까지 전해져 범어로 번역되기도 하였다. 유학도 가지 않은 원효의 저술이 되레 외국 학자에게 높이 평가받게 된 힘은 무엇이었을까?

원효가 연구한 결과 불교의 핵심은 '한마음(一心)'이었다. 그가 볼 때 한마음은 선악을 초월하는 궁극적인 것이었다. 그는 자신의 저술 곳곳에서 한마음의 구조와 작용을 해명하고자 했으며, 이를 바탕으로 수많은 불교 쟁론을 화쟁和諍시킬 수 있었다. 한마음은 단순히 추상적인 관념에 그치지 않고 우리 인간들 내부에 실재하는 것이었다. 그래서 그는 우리들 모두가 그곳으로 돌아가야 한다고 외쳤다. 그는 자신이 솔선하여 이를 실행에 옮겼다. 어찌 보면 그의 파격적인 행위는 신라인들을 한마음으로 되돌리려는 거룩한 방편이었는지도 모른다.

다만 일반민의 경우 철학적인 접근보다는 이미 깨달음의 지위에 도달했거나 가까이에 다가간 부처나 보살의 힘에 도움을 받아야만 똑같은 경지에 그들도 도달할 수 있다고 보고, 그들에게 불교 신앙을 권장하였다. 이 같은 생각을 갖고 원효는 그들과 접촉하기 위해 승려와 세속인의 경계를 넘나들었다. 그 결과 사원 노비나 화전 경작민 같은, 배우지도 못하고 가난한 무리가 원효를 따랐던 것이다. 일연이 일찍이 말하지 않았던가? 나무하고 꼴 베는 원숭이 같은 무리조차 '나무아미타불'을 염할 수 있게 된 것은 모두 원효의 덕분이라고. 그 때문에 좌절과 시련도 많았지만 원효는 끝까지 중심을 잃지 않고 살아간 사람이었다. 그리하여 마침내 왕실이라는 강력한 후원자를 만난 셈인데, 사실 원효에게 가장 강력한 후원자는 그의 불교에 공감한 대다수 일반민이었다.

하지만 눈여겨볼 점이 있다. 원효의 그러한 주관주의적 경향은 조직 활동, 즉 교단 운영에는 적합하지 않았다. 이 점은 원효가 교단을 통한 문도 양성 대신 저술 활동과 파격적인 교화 활동을 통해 자신의 사상을 정립하고 실천해 나간 일과도 관련 있다. 그는 인간의 마음을 깊고 넓게 파고들었으며, 그것을 가장 잘 실천했던 비범한 인간이었다. 한마음을 제대로 인식하고 그 마음을 구현하는 것이 올바른 삶이었다. 그러면 부처가 되는 것이었다.

의상 : 출가 수행자의 진면목

1970~1980년대 후반에 이르기까지 역사학계 내에서 정설처럼 통용된 학

설이 하나 있다. 의상이 정립한 화엄 사상이 신라 중대 전제 왕권의 이데올로기였다는 것이다. 이러한 설을 여기에서는 잠정적으로 '이데올로기설'이라고 해 두자.

이데올로기설을 뒷받침하는 논거는 대략 다음과 같다. 의상의 출신 성분이 특권 귀족인 진골이라는 점, 유학 도중 귀국한 동기가 당나라의 침공을 신라 조정에 미리 알리기 위한 정치적 성격이 짙다는 점, 676년 부석사 창건 과정에서 문무왕의 명을 받들었다는 점, 그가 주도한 화엄종 10대 사찰(화엄십찰華嚴十刹)이 신라의 국가적 성지인 오악五嶽과 밀접히 연관된다는 점 등이다.

특히 화엄 사상의 핵심인 원융圓融 사상은 전제 왕권을 중심으로 한 중앙 집권 체제와 일치한다고 보았다. 더 구체적으로 살펴보면, 원융 사상을 한마디로 정리한 표현이 "하나가 곧 전체요, 전체가 곧 하나다(一卽多 多卽一)"인데, 이는 한마음(一心)으로 만물을 통섭하려는 것이며, 여기서 하나(一)는 전제군주에 해당하고 전체(多)는 일체의 신민이기 때문에, 이 구절이야말로 전제 왕권의 구호로 적격이라는 것이다.

정말로 의상은 당시 전제 왕권을 이론적으로 옹호했을까? 위의 논거들을 정밀하게 되짚어보면 이데올로기설이 다소 자의적 해석에 의존하고 있음을 알게 된다. 우선 문제되는 것이 '일즉다一卽多 다즉일多卽一'이라는 명제를 그대로 정치 질서에 대입하여 해석할 수 있겠는가 하는 점이다. 불교의 세계관은 성속이원론聖俗二元論이라 할 수 있다. 이 세계를 '성聖(출세간出世間)'과 '속俗(세간世間)'으로 나누되 '성'의 우위를 인정하는 것이다. '성'의 이상적인 모습은 부처나 보살이 살고 있는 완전한 세상(정토)이지만, 현실적으로는 출가자들로 구성된 불교 교단의 모습을 하고 있다. 그러니까 불교의 교리는 일차적으로 '성'의 세계를 지향하며, 따라서 현실 사회의 정치 질서('속俗')에 그대로 대입하여 해석해서는 곤란하다.

또한 진골 귀족이라는 출신 성분만을 이유로 의상이 중대 전제 왕권을 옹호했다고 볼 수는 없다. 의상은 625년(진평왕 47) 중고기中古期(법흥왕~진덕여왕)에 태어났는데, 중대 왕실이 개창되면서 진골 세력에 대대적인 재편이 이루어졌기 때문이다. 또 교단 내에서 계급 평등을 주장하고, 나아가 이를 관철하고자 한 것으로 보아 그는 출신 성분에 크게 구애받지 않았다. 당나라의 침공 사실을 알리기 위해 급히 귀국했다는 주장도 그의 스승인 지엄智儼의 입적(668)이라든가 9년 유학 연한이 다 되었기 때문으로 볼 수도 있다.

부석사 창건 때 국왕의 명을 받들었다는 사실은 사찰 설립과 같은 불사佛事가 세속 권력에 통제받고 있던 실상을 보여주는 예에 불과하다. 중국이나 한국 사회에서 불교는 인도 사회에서와 같은 치외법권을 누리지 못하였다. 더구나 중대 왕실은 유교 정치 이념에 기반하여 불교계를 통제하는 정책을 수립했기 때문에, 그러한 국가정책을 어기면서 의상이 사찰을 창건할 수는 없었다. 또 화엄십찰이 신라 오악과 관련 있다는 점은 화엄십찰 자체가 신라 하대에 성립했다는 연구가 발표됨에 따라 적어도 의상의 불교 성격과는 직접적인 관련이 없게 되었다.

결국 기왕에 나온 논리로는 '이데올로기설'을 증명하기가 어려워졌다. 의상은 오랜 세월 전제 왕권의 이론가로 오해받았지만, 새로운 연구 성과가 쌓이면서 그의 진면목이 차츰 드러났다.

다시 한 번 '일즉다 다즉일'로 돌아가보자. 이 말은 원래 『화엄경』에서 법혜法慧 보살이 이 세계를 읊은 게송의 한 구절이다. 의상은 이 구절을 그의 『화엄일승법계도華嚴一乘法界圖』에 다시 인용한 것이다. 이 저술은 10년에 걸친 그의 중국 유학을 총결산하는 졸업논문 격인 데다 방대한 화엄 사상을 전문 210자로 축약해 놓았기 때문에 매우 함축적인 글이다. 이는 법혜 보살과 의상이 세계를 구성하는 부분들 간에 불가분리의 유기적 관계를 지적하기 위해 한 말이다. 다시 말해 보살의 경지에서 바라본 세계관이지, 세속적인 세계관이 아니다.

화엄 사상의 핵심은 모든 대립물 간의 본질적인 무차별성(원융무애圓融無碍)을 주장하는 데 있다. 그러한 원융무애의 구호가 바로 '일즉다 다즉일'이다. 따라서 의상 사상의 핵심은 오히려 '평등'에 가깝다고 할 수 있다. 이 말은 모든 구성인자들이 유기적이며 상호 의존적인 관계에 놓여 있으므로 불교 앞에서는 평등하다는 뜻이다. 이 점에서 현상적 차별상을 승인한 당시의 유식唯識 학자들과는 다르다. 그러나 그것은 다만 깨달은 자의 이상일 뿐 당장의 현실은 아니었다.

물론 의상도 현실 사회에 초연한 채 살아간 것은 아니다. 그 역시도 신라 사회의 급격한 변화를 체험했으며, 또한 그러한 과정에서 파생된 문제점에 대해 그 해결책을 고민하고 모색했을 것이다. 모든 구성물 간의 본질적 평등성을 설파한 의상의 불교 철학은 그가 살았던 통일 직후의 신라 사회가 나아가야 할 지향점과 결코 무관하지 않다. 의상이 체계화한 화엄 사상의 역사적 성격을 이해하려면 일단 고원한 철학을 떠나서 그의 발언과 행동, 물적 토대, 교화의 대상 및 지역적 특징 등에 대한 면밀한 검토를 병행할 필요가 있다.

의상은 최고 신분인 진골 귀족의 아들로 태어났지만 출가하여 승려가 되었다. 이후 한동안 8년 연상의 원효와 동문수학하였으며, 서로의 의기가 투합하여 드디어 함께 당나라 유학길에 올랐다. 그 역시 650년 제1차 유학 시도 때 원효와 같은 경험을 하였지만, 그는 당나라 유학을 단념하지 않고 마침내 661년 제2차 시도 때 중국으로 건너갔다. 이 점이 원효와 다분히 비교된다.

부석사 창건, 출가자의 자세

의상이 원효와 다른 기질의 소유자임을 보여주는 예화가 더 있다. 원효와 헤어져서 마침내 중국에 도착했을 때 머무른 신도의 집에 선묘善妙라는 아리따운 아가씨가 있었는데, 그녀는 의상의 풍모와 인품에 반하여 사모하는 마음을 품게 되었다. 그러나 의상은 세속적인 구애를 뿌리치고 장안으로 가서 10년 유학 생활을 계속하였다.

그동안 선묘는 오로지 의상을 기다리며 그의 승복을 만들었다. 그러나 의상은 유학을 마치고 돌아가는 길에 선묘에게 한마디 기별도 없이 배를 타고 떠나버렸다. 이 사실을 나중에 알게 된 선묘가 포구로 달려갔으나, 배는 이미 수평선 너머로 사라지고 있었다. 이에 선묘는 의상을 보호하는 용이 될 것을 다짐하며 바다에 투신하였다.

한편 신라로 돌아온 의상은 영주에 절을 짓고자 했는데, 이를 방해하는 사람들 때문에 어려움을 겪었다. 그때 어디선가 용이 나타나 한 길이나 되는 커다란 바위를 공중에 띄워 내리칠 듯 위협하자, 사찰 건립에 반대하던 무리가 놀라서 도망갔다. 이 일로, 공사가 끝난 뒤 절 이름을 부석사浮石寺라고 하였다. 그 용이 다름 아닌 선묘룡이었다고 한다. 이야말로 세속적인 사랑을 종교적으로 승화시킨 한 편의 아름다운 이야기인데, 원효와 요석공주의 사랑에 대비된다.

의상의 활동 중심지는 태백산 줄기에 자리한 영주 부석사였다. 번잡한 왕성에서 멀리 떨어진 궁벽한 지역이고, 그만큼 국가권력이나 왕실의 간섭을 덜 받을 수 있는 장소였다. 이런 곳에서 그는 자신이 그린 이상 사회를 건설하고자 하였다.

부석사가 창건되고 나서 문무왕은 의상에게 토지와 노비를 제공하겠다는 호의를 내보였다. 그러나 의상은 그것이 『열반경涅槃經』에서 말하는 여덟 가지의 깨끗하지 못한 재물에 속할 뿐만 아니라, 자신의 교단은 평등을 지향하기 때문에 왕의 제의를 받아들일 수 없다고 정중하게 사절하였다.

삼국 통일의 완수로 한층 권위가 높아진 문무왕의 제의를 거부한 일도 그렇거니와, 거부의 이유로 든 평등사상이 골품제에 배치된다는 점에서 볼 때, 그의 발언이 미친 파장은 매우 컸을 것이다. 물론 그가 말하는 평등이란 불교 교단 내에 국한되기 때문에 얼마나 사회적 영향력을 행사했는지는 미지수이다. 그럼에도 불구하고 어쨌든 노비 출신인 지통智通이나 빈민 출신의 진정眞定이 의상 문하에 출가하여 의상의 10대 제자로 성장했다는 사실은, 적어도 그의 교단 안에서는 계급 평등이 구현되었음을 증명한다. 또한 교단의 물적 토대를 살펴보더라도 의상은 탁발 걸식에 의존하여 교단을 운영함으로써 출가자와 일반민의 접촉을 중시했음을 알 수 있다. 이는 그 당시 사원 소유 토지의 경작이나 지배층의 시주에 의존했던 경주 불교계와 분명히 다른 점이다.

의상의 교단은 확실히 종래 경주 불교가 보여주던 지배층 중심의 계급적 편향성과 왕경 중심의 지역적 편향성을 상당히 극복하고 있었다. 이는 피지배층과 지방 사회에 한 발 더 가까이 다가갔음을 의미한다.

의상과 당시 왕권의 관계를 보여주는 좋은 예화가 하나 있다. 문무왕은 삼국 통일 전쟁과 나당전쟁 기간 동안 침략에 대비하느라 축성 사업을 빈번히 전개하였으며, 전쟁이 끝나고 당나라 군대를 격퇴하고 난 뒤에도 왕실의 권위를 높이려는 목적으로 토목 사업을 자주 일으켰다. 문무왕 말년인 681년, 왕성을 새로 쌓기 위해 대규모 토목 사업이 진행되려던 때였다. 의상은 왕에게 이렇게 편지를 보냈다. "왕의 정교政教가 밝으면, 풀이나 흙더미로 경계를 삼더라도 백성이 감히 넘으려 하지 않아서 재앙을 면하여 복이 됩니

부석사
화엄종의 중심 사찰이다. 676년(문무왕 16) 왕의 명을 받아 의상이 창건했으며, 의상과 선묘의 설화가 깃들어 있다. 부석사의 무량수전 뒤에는 용이 된 선묘가 의상의 사찰 건립을 도왔다는 이야기가 전해지는 부석浮石이 있다.

다. 그러나 정교가 밝지 못하면, 뭇사람만 수고롭게 할 뿐 장성을 쌓더라도 재앙은 그치지 않을 것입니다." 문무왕이 토목공사를 중지시켰음은 두말할 나위도 없다.

의상도 원효와 마찬가지로 통일신라가 나아가야 할 방향을 불교에서 찾았다. 그것은 불교적 평등 사회의 건설이었다. 직접적으로는 지방에서 일반민을 대상으로 그의 이상을 설파하였다. 그는 극히 간명하면서도 화엄 사상의 핵심을 다룬 몇 편의 저술을 남기기는 했으나, 더 주력했던 일은 사실 교단 조직을 활용하는 실천 활동이었다. 그로부터 많은 제자가 배출되었으며, 그들은 스승 의상의 유지를 받들어 향후 신라 화엄종을 주도하고 이른바 화엄십찰을 건립하였다.

이런 점에서, 의상은 원효와 달리 출가 수행자 본연의 모습에 충실하고자 했음을 엿볼 수 있다. 물론 그의 이상은 액면 그대로 실현되지는 않았다. 교단 내의 평등조차 신라 사회의 신분제적 질서 때문에 구현하기 어려웠다. 그러나 그의 이상이 있었기에 신라는 더욱 발전할 수 있었고 동시대인들의 삶 또한 풍요로울 수 있었다.

의상이 과연 신라 중대 왕권의 전제화를 뒷받침한 이데올로기를 제공하였는가? 우리는 이 질문을 이렇게 바꾸어야 한다. 우리 시대에 진정 의상과 같은 승려가 존재하는가?

장보고, 골품제의 벽을 뚫은 인물

한반도 서남해에 흩어진 크고 작은 섬들 가운데 완도는 제법 큰 섬으로 9세기에 청해진이 설치되었던 곳이다. '청해진' 하면 곧장 완도를 떠올리지만, 정작 청해진의 실제 본거지는 완도의 동쪽에 딸린 장군섬(장도將島)이라 불리는 아주 작은 섬이다.

이곳을 거점으로 9세기 전반기에 당과 신라·일본을 잇는 바닷길을 장악하여 '해상왕국'을 건설한 인물이 장보고張保皐이다. 그는 폐쇄적인 골품제의 굴레를 자신의 능력으로 벗어버리고 부富와 무력武力을 떨치며 한때 신라의 지배 체제를 흔들었던 인물이다.

섬에서 태어나 당나라로

장보고의 출신지는 정확히 알 수 없지만, 뒷날 청해진이 설치된 곳이 완도이므로 이곳 출신으로 추정할 뿐이다. 조상이나 신분에 대한 기록이 없다

완도 장군섬
청해진의 본부가 설치되었던 곳으로, 완도에 딸린 작은 섬에 토성을 쌓아 요새화하였다. 현재는 걸어서
건널 수 있도록 다리를 놓았다.

는 것은, 그가 미미한 평민 출신이었음을 알려준다. 원래 이름은 궁복弓福 또
는 궁파弓巴라고 전해지는데, 파巴는 당시 신라 발음으로 '보'에 가까운 소리
다. 따라서 그의 이름은 '활보', 곧 '활을 잘 쏘는 사람'이라는 뜻을 갖고 있
다. 그가 유명해진 뒤에 중국의 대성大姓인 장씨를 따서 지은 이름이 장보고
일 것이다.

장보고는 또래의 정년鄭年과 절친한 친구 사이였다. 둘 다 무예에 능했고,
특히 정년은 잠수를 잘하여 바닷속에 들어가 잠영으로 50리를 갈 수 있었다
고 한다. 이는 수영 실력이 탁월했음을 과장하여 표현한 말일 것이다. 두 청
년은 함께 당나라로 건너갔는데, 고향을 떠난 정확한 이유는 알기 어렵다.

그 시절 신라에서는 당으로 가는 국비 유학생도 많았고, 당의 불교를 접하고 배우려는 승려도 적지 않았다. 또 해상무역에 종사하는 사람들도 있었을 것이다. 아마도 이들을 지켜보던 혈기 왕성한 두 청년은 신라 사회를 답답하게 느끼지 않았을까? 당나라는 골품제를 고집하는 신라보다 훨씬 개방적인 사회였다.

장보고는 당나라로 건너가 서주徐州(강소성)의 무령군武寧軍 소장小將을 지냈는데, 이때 말달리고 창을 쓰는 데 대적할 자가 없었다고 한다. 아마 그의 나이 스무 살 남짓한 때였으리라 짐작된다. 이 무렵 당나라는 지방 여러 곳에서 독립 세력이 일어나 할거하던 때라 절도사節度使들도 사병 조직에 의존하는 경우가 많았다. 무령군은 서주 절도사의 사병이며 소장은 하급 장교에 해당하는 지위였다. 고구려 유민의 후손으로 산동 지방에서 독립 세력을 이룬 이사도李師道를 토벌하는 데 선봉에 섰던 군대가 무령군이었다.

이사도가 819년 무렵에 몰락하면서 무령군도 해산되었는데, 장보고도 그즈음 군대를 나온 것 같다. 『삼국사기』에는 이후 그의 행적이 적혀 있다. 828년(흥덕왕 3)에 장보고가 왕을 알현하고 당나라에서 노비가 된 신라인을 이야기하며 "저에게 청해淸海(완도)를 지키는 일을 맡긴다면 해적들이 우리나라 사람들을 노비로 끌고 가는 것을 막겠다"고 건의한 기록이 나온다. 흥덕왕은 그의 건의를 흔쾌히 받아들여 청해진을 설치하였다.

청해진 설치 전후의 신라 사정

당나라에는 산동의 등주登州부터 중국 동해안의 양주揚州와 소주蘇州 등지에 신라인이 많이 거주하고 있었으며, 이들은 해상무역에 종사하면서 먹고살았다. 장보고는 군대를 나온 뒤 이들 속에서 지도력을 발휘하며 귀국 전부터 이미 상당한 위상을 확보하고 있었으리라 짐작된다. 일개 장교 출신이 갑자기 국왕을 알현하고 진鎭의 책임자로 임명될 수는 없기 때문이다. 더구나 신라 골품제하에서는 왕경의 일부 지배층만 정치·사회적 특권을 누리고, 지방인은 중앙 관직이나 지방관을 맡을 수 없었다.

따라서 그는 청해진 설치 이전부터 무역에 종사하며 신라에 널리 이름을 알렸고 중앙 귀족들과 얼굴을 익혔을 가능성이 크다. 바로 그 덕에 진골 귀족들의 추천을 받아 국왕으로부터 청해진 설치 승인을 받아낼 수 있었다고 추측된다. 당시 신라 중앙정부와 귀족들은 무기력해져 있었기 때문에 출신 신분을 잣대로 장보고의 재력과 무장 조직을 무시할 수 없는 상황이었다.

8세기 후반부터 중앙정부는 귀족들의 왕위 다툼으로 극심한 혼란에 빠져 제대로 기능을 하지 못하였다. 822년(헌덕왕 14)에 일어난 김헌창金憲昌의 난은 그 결정판이었다. 김헌창은 자신의 아버지 김주원金周元이 왕위 계승 다툼에서 밀려난 일을 불만스럽게 여기고 웅천주熊川州(공주)를 거점으로 반란을 일으켜 국호를 장안長安, 연호를 경운慶雲이라 선언하였다. 이 반란은 신라의 9주州 5소경小京 중에 충청·전라·경상도의 일부에 걸친 4개 주와 3소경(국원경·서원경·금관경)이 동조할 정도로 큰 호응을 받았다. 반란은 단시간에 진압되고 말았지만, 이를 계기로 신라 중앙정부가 지방 사회를 통제하는 힘은 현저히 약화되었다.

서남 해안에서 해적들이 출몰하여 신라인을 잡아다가 당나라에 노비로 팔아먹는 일이 잦았던 것도 이 무렵을 전후하여 나타난 현상이었다. 이 문제는 당나라와 신라 사이에 외교 현안이 되기도 했다. 신라는 당에 사신을 보내, 해적을 단속해줄 것과 이미 끌려간 신라인들을 돌려보낼 것, 그리고 그들이 귀환할 수 있도록 배편을 제공해달라고 요청하였다. 당나라에서는 해적의 노략질에 대해 몇 번의 금지 조치를 취했으나, 별로 효과가 없었다.

이런 가운데 서남 해안의 뱃길을 장악하고 큰 세력을 형성했던 무역상인

장보고가 해적 단속을 내세우며 임무를 맡겨줄 것을 요청하자, 중앙정부로서는 당연히 받아들일 수밖에 없었다. 흥덕왕은 청해진을 설치하여 장보고를 대사大使로 임명하고 주변 지역에서 지방민 1만 명을 징발하여 군사로 부릴 권한도 함께 주었다. 비록 신라의 정식 관제官制에 없는 '대사'라는 임시 호칭이지만, 그 자체가 골품제 기준을 벗어난 파격적 조치였다.

진골 귀족의 왕위 다툼

청해진에 있는 장보고의 주변으로 신분을 불문하고 능력을 갖춘 사람들이 모여들었다. 무역을 통해 확보한 엄청난 재산은 많은 사람이 그를 따를 수 있는 기반을 마련해주었을 것이다. 선단船團을 이끌고 활동하는 데는 여러 종류의 사람이 필요했는데, 뱃길을 이용할 때 해적의 습격을 받거나 육로 운반 과정에서 도적을 만날 수 있으므로 전투력을 갖춘 인물도 확보해야 했다. 청해진은 이렇게 조직을 잘 갖추어 놓고 활기찬 분위기로 운영되었을 것이다.

이 무렵 신라 왕경에서는 왕위 다툼이 또 격렬하게 일어났다. 836년 흥덕왕이 후사 없이 죽자, 근친인 김균정金均貞과 김제륭金悌隆을 둘러싸고 귀족들이 두 패로 나뉘었다. 김균정 쪽에는 아들 김우징金祐徵과 김양金陽 등이, 김제륭 쪽에는 시중 김명金明과 김리홍金利弘 등이 가담하였다. 양쪽 병사들이 궁궐에 들어가 전투를 벌이는 과정에서 김양은 화살을 맞아 부상당하고 김균정은 목숨을 잃었다. 그 결과 김제륭이 즉위하니, 바로 제43대 희강왕(재위 : 836~838)이다.

왕위를 놓고 무력으로 다투는 일이 일상화된 듯, 그 시절엔 패배한 쪽이 곧바로 처형당하지도 않은 듯하다. 아버지를 잃은 김우징이 넉 달 뒤에 불

청해진의 접안接岸 시설
밀물과 썰물에 구애받지 않으면서 선박을 대고 사람이나 물건을 내리고 실을 수 있도록 설치한 시설로,
널판의 받침기둥 흔적으로 추정된다.

평을 늘어놓자 김명과 김리홍은 못마땅하게 여겼다. 그러자 김우징은 불안을 느껴 처자식을 이끌고 황산진(양산)에서 배를 타고 청해진으로 가버렸다. 진골 귀족이 장보고에게 신변 보호를 요청하며 몸을 맡기는 사태가 일어났던 것이다. 비슷한 일은 잇달아 일어났다.

한편 희강왕의 즉위를 도왔던 김명은 그 공으로 상대등에 오르고 김리홍은 시중이 되었으나, 권력을 향한 탐욕은 끝이 없었다. 결국 김명과 김리홍 두 사람은 희강왕을 핍박하여 죽였고, 김명은 스스로 왕위에 올랐다. 제44대 민애왕(재위 : 838~839)이 바로 김명이다. 이런 혼란을 겪자 김양도 자신을 따르는 병사들을 모아 왕경을 떠나 청해진으로 갔고, 여기서 김우징과 재회하였다.

지금까지 신라 하대의 왕위 계승 싸움과 관련된 이야기를 간단히 서술했는데, 너무 많은 인물이 얽혀 있는 탓에 독자는 글을 읽으면서도 아마도 누가 누구 편인지, 누가 왕이 되었는지도 잘 기억하기 어려울 것이다. 당시 신라 진골 귀족들 사이에서 벌어진 권력 다툼 자체가 그만큼 복잡한 양상을 띠고 있었다.

어쨌든 청해진에 모인 김우징과 김양은 희강왕(김제륭)과 민애왕(김명)을 들먹이면서 "임금을 시해한 자들과는 같은 하늘 아래 살 수 없다"고 장보고를 부추겼다. 정작 자신들도 그런 권력투쟁에 가담하여 패배한 처지라는 사실은 문제되지 않았다. 그들은 장보고를 이용하려 했고, 이런 분위기에서 장보고의 야망도 꿈틀거리기 시작했을 것이다.

장보고는 "의義를 보고서도 행하지 않으면 용기가 없는 것이다. 미흡한 몸이지만 명을 따르겠다"며 친구 정년에게 5천 군사를 내주었다. 김양이 총사령관으로 앞장선 청해진 군사는 무주(광주) 철야현(나주시 봉황면 철천리)에서 정부군을 거의 섬멸하는 승리를 거두었다. 이후 밤낮으로 행군하여 달구벌

민애왕 석탑 사리호
김명은 희강왕을 죽이고 스스로 왕(민애왕)이 되었으나, 왕위에 오른 지 불과 1년도 안 되어 장보고의
군대를 이끌고 온 김양에게 살해당하였다. 위 납석제 그릇은 민애왕의 화장한 뼈를 담은 사리호인데,
대구 동화사 비로암 3층석탑에서 이 사리호를 훔친 범인이 검거되어 동국대학교 박물관에 기증되었다.

(대구) 부근에 이르렀다.

민애왕이 보낸 정부군은 청해진 군사를 맞아 단 한 차례 전투로 절반이
전사하며 참패하였다. 왕경 서쪽에 나가서 초조하게 기다리던 민애왕에게
패전 소식이 알려지자 주위의 신하들은 모두 도망쳐버렸다. 홀로 남은 민애
왕은 어쩔 줄 몰라 금입택金入宅의 하나인 월유택月遊宅에 숨어들었으나 병사
들에게 발각되어 죽임을 당하였다. 스스로 왕이 된 지 1년이 채 안 된 시점
이었다.

골품제의 벽을 넘어선 위상

청해진 군사가 순식간에 왕경에 들이닥쳤고, 장보고의 후원을 받은 인물

이 새 왕으로 즉위하였다. 왕위 계승 다툼에서 김제륭 세력에게 패한 뒤 일찍이 처자를 이끌고 청해진으로 가서 장보고에게 의탁했던 김우징이 제45대 신무왕이다. 눈 깜짝할 사이에 세상이 다시 바뀌었다. 사태가 이렇게 되자 김리홍은 처자를 데리고 산속으로 도망쳤다가 신무왕이 보낸 기병에게 잡혀 죽임을 당하였다.

신무왕이 권력을 잡아가는 이 모든 과정은 장보고가 없었다면 불가능하였다. 그래서 신무왕은 장보고에게 '감의군사感義軍使'라는 칭호와 함께 식읍食邑 2,000호戶를 내렸다. 식읍이란 국가가 왕족이나 공신에게 일정한 지역을 봉건 영지처럼 맡겨 식읍주가 그곳의 민호로부터 조세를 받아 쓸 수 있게 하는 제도로서, 주로 진골 귀족에 한해 내려졌다. 그런 성격의 식읍을 장보고에게 주었으니, 그만큼 파격적인 대우였음을 알 수 있다. 다만 '감의군사'는 상징적인 칭호일 뿐, 신라의 행정·군사 제도에 갖춰진 정식 직책은 아니었다.

그런데 신무왕은 불과 7개월 만에 죽고, 그 아들이 왕위에 올랐으니 제46대 문성왕(재위 : 839~857)이다. 아버지와 함께 청해진에서 1년 남짓 머물다가 서라벌로 돌아와 왕이 된 그에게 장보고의 존재는 각별할 수밖에 없다. 문성왕은 즉위하면서 "청해진 대사 궁복은 아버지를 도와 임금의 큰 적을 없앴으니 공로를 잊어서는 안 될 것"이라며 그를 진해장군鎭海將軍에 임명하고 장복章服을 하사하였다.

신라의 장군직은 오로지 진골 출신만이 맡을 수 있는 직책이었다. 진해장군은 신라의 정식 군사 제도에 없지만 명예로운 칭호로서, 그에게 장군 칭호를 내린 일 자체가 골품제의 한계를 상징적으로 뛰어넘는 조치였다. 그리고 '장복'이란 국왕과 신하들이 의례儀禮를 치를 때 입는 공식 복장으로 짐작된다. 섬 출신의 국제 무역상이던 장보고가 얼마나 특별한 존재였는지, 또 얼마나 귀한 대우를 받았는지 알 수 있는 대목이다.

이 무렵부터 청해진과 장보고의 전성기가 시작되었다. 그는 840년쯤 무역선과 함께 교역 사절인 '회역사回易使'를 일본에 파견하였다. 이때 일본에서는 "신하로서 국왕의 허락을 받지 않고 외교 교섭을 벌이는 일은 부당하다"며 받아들이지 않았지만, 교역 자체는 허락하였다. 청해진에서 가져온 물품들을 외면할 수 없었기 때문일 것이다.

장보고의 부하들은 북규슈 지방에 지점을 설치하고 일본의 귀족·상인으로부터 선불을 받은 뒤 당과 신라의 물건을 거래할 정도였다. 장보고는 신라 국왕의 권위를 빙자하여 자신의 무역 행위가 마치 국가 차원의 사업인 양 행세하고 있었던 듯하다. 그가 당나라에 보낸 교역 사절을 '견당매물사遣唐買物使'로 칭하고 무역선을 '교관선交關船'이라 불렀던 사실은 이런 분위기를 시사한다.

야망과 몰락

장보고는 당나라 산동성 문등현文登縣 적산촌赤山村에 '법화원法花院'이라는 절을 세우고 매년 500석을 수확할 수 있는 장원도 기부하였다. 이 절에는 신라인 승려 24명이 거주했으며, 정월 대보름 법회가 열릴 때면 250여 명의 신라인이 참여하였다.

838년에 사신을 따라 당나라로 갔던 일본 승려 엔닌圓仁은 10년 가까이 당나라를 여행하며 많은 신라인을 만나 도움을 받았는데, 그 상당수가 장보고의 부하들이었다. 엔닌이 법화원에 머물던 840년에 장보고에게 쓴 편지 내용은 이렇게 간곡하다.

삼가 뵙지는 못했지만 … 미천한 몸이 다행히 법화원에 머물고 있으니 감사하고 즐겁다는 말 이외에 달리 비길 말이 없습니다. …

일찍이 일본을 출발할 때 지쿠젠筑前 태수가 대사께 전해 올리라는 서신을 받았으나 풍랑에 잃었습니다.…

엔닌은 귀국을 앞두고도 장보고의 부하들에게 청해진을 거쳐 돌아갈 배편을 부탁하였다. 그들의 도움으로 마침내 엔닌은 배를 타고 한반도 서남 해안을 거쳐 일본으로 돌아갔다. 장보고 세력이 일본 승려 엔닌에게만 도움을 주었던 것은 아니다. 당시 당나라로 유학갔다가 돌아오는 신라의 선종 승려들, 그리고 신라 사절단도 대부분 장보고의 도움을 받았을 것으로 짐작된다.

장보고는 한 걸음 더 나아가 중앙 정계로 진출하려고 하였다. 자신의 딸을 문성왕의 둘째 왕비로 들여보내려 했던 것이다. 845년(문성왕 7) 국왕이 장보고의 딸을 비로 맞으려는 뜻을 내비치자 진골 귀족들은 강력히 반대하였다. "궁복은 섬사람이거늘 어찌 그 딸을 왕실의 배필로 삼을 수 있느냐"는 거센 반대 앞에서 결국 문성왕도 뜻을 거둘 수밖에 없었다. 신분의 벽은 여전히 강고하였다.

『삼국사기』는 그가 "왕을 원망하며 청해진을 근거로 반역하였다"고 기록하였다. 그러나 군사를 일으켜 어떤 행동을 했던 것은 아니다. 단지 중앙정부와 관계를 끊고 등을 돌리는 정도였을 것이다. 신라 정부는 막강한 세력을 지녀 눈엣가시인 그를 그냥 둘 수도 없고, 그렇다고 군사를 동원하여 토벌하자니 후환이 두려웠다. 이때 왕 앞에 염장閻長이란 사람이 나타나서 자신이 장보고를 처치하겠다고 나섰다. 그는 일찍이 무주에서 정부군을 격파할 때 활약했던 인물이다.

염장은 짐짓 정부를 배반하고 장보고에게 투항하는 척하며 청해진으로 들어갔고, 호걸을 좋아한 장보고는 의심 없이 그를 받아들였다. 함께 술을 마시는 중에 장보고가 취하자 염장은 장보고의 칼을 빼어 목을 베었다. 이 때 염장의 위세에 눌린 장보고의 부하들은 감히 움직이지 못했다고 한다.

장보고의 부하들은 이후에도 당분간 무역 활동을 계속했으나 정부의 압박으로 세력이 급속히 약화되었다. 결국 851년(문성왕 13) 신라 정부는 청해진을 없애고 주변에 모여 살던 사람들을 벽골군(김제)으로 강제 이주시켰다. 청해진은 이렇게 역사 속으로 사라졌다. 그의 출세와 몰락은 신라 골품제 사회가 쇠퇴하면서 틈이 생기는 조짐인 한편, 폐쇄적 지배 체제가 아직은 무너질 정도가 아니었음을 보여준다.

V.

함정

: 역사와 사실

24

고구려보다 빠른 신라 건국 기록

"우리 역사상 고대에 존재했던 삼국을 건국 시기순으로 열거하라."

이런 질문에 접하면 아마도 거의 모든 사람이 고구려, 백제, 신라의 순서로 대답할 것이다. 대다수가 중·고등학교 역사 시간에 그런 순서로 배웠을 테고, 실제로 2016년 사용 중인 중학교 『역사』 교과서에도 세 나라의 성립 순서를 그렇게 밝혀 놓았다.

그렇지만 100여 년 전만 하더라도 삼국은 신라, 고구려, 백제의 순서로 건국되었다는 인식이 널리 퍼져 있었다. 조선시대 역사가들은 삼국의 역사를 서술할 때 신라를 맨 먼저 다루면서, 그 이유를 건국 시기가 가장 앞서기 때문이라고 적어 놓기도 하였다.

이러한 인식은 현존하는 우리나라 역사책 가운데 가장 오래된 고려시대의 『삼국사기』에서부터 이미 나타났다. 그에 따르면, 고구려는 기원전 37년에 주몽에 의해 세워졌고, 백제는 고구려 시조 주몽의 아들로 전해지는 온조에 의해 기원전 18년에 건국되었다고 한다. 반면 신라의 경우는 이들보

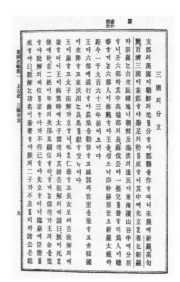

『중등교과 동국사략』
대한제국 시기의 대표적인 국사 교과서로, 현채가 1906년에 저술하였다. "신라, 고구려, 백제 삼국이 함께 일어나 솥발의 형세를 이루니 그 가운데 먼저 세워진 것은 신라"라고 서술하였다(붉은색 밑줄 참조). 대한제국 시기에 우리 학자들이 펴낸 교과서에는 모두 이러한 인식이 반영되어 있다.

다 앞선 기원전 57년에 혁거세가 처음으로 세웠다고 한다. 『삼국사기』에 제시된 이런 연대가 조선시대의 각종 사서에 그대로 반복되면서, 신라가 삼국 중 가장 먼저 건국되었다는 인식이 수백 년을 이어 내려왔던 것이다.

그런데 현재 우리는 삼국의 건국 시기를 이들 사서에서 전하는 내용과 다르게 파악하고 있다. 도대체 언제부터, 왜 그렇게 인식되기 시작했을까? 과연 어느 것이 사실에 부합할까? 그리고 이 논의를 살피는 일은 우리에게 역사의 이해와 관련하여 어떤 유의점을 알려줄까?

신라의 건국 연대를 둘러싼 의문

고구려의 건국 시기가 신라보다 앞선다는, 오늘날 우리의 상식은 일제강점기에 만들어졌다. 그리고 그러한 인식을 확산시키는 데 큰 역할을 한 이들은 일본인 학자였다.

일본은 19세기 후반 근대화 과정에서 독일을 통해 사료에 대한 비판적인 안목을 강조하는 서양의 근대 역사학을 받아들였다. 이후 일본 역사학계에서는 '엄밀한 사료 비판'이 하나의 전통으로 강하게 자리 잡게 되었다. 이러한 분위기 아래 우리 역사의 연구에 손을 댄 일본인 학자들은 『삼국사기』를 비롯한 사서의 내용이 어느 정도로 신뢰할 만한 것인지부터 관심을 기울였다. 이 과정에서 그들은 신라 초기의 역사를 기록한 부분이 후대 역사가에 의해 날조된 산물이며 허황된 내용으로 가득 찼기 때문에 결코 신뢰할 수준이 되지 못한다고 단정지었다.

일본인 학자들이 특히 주목한 부분은 연대와 관련된 문제였다. 예컨대, 『삼국사기』에 따르면 서기 262년부터 284년까지 재위한 미추왕이 402년부터 417년까지 왕위에 있었던 실성왕의 장인이다. 실성왕의 부인인 미추의 딸이 설혹 미추가 사망한 해에 출생했다고 가정하더라도, 실성이 즉위한 402년에는 무려 119세가 되었다는 말이 된다. 인간의 수명에 대한 일반적인 상식을 뛰어넘는 이러한 사례는 결국 『삼국사기』에 실린 신라 초기 역사의 연대를 전체적으로 신뢰할 수 없게 만든 중요한 요인이 되었다.

연대상의 모순은 신라의 제4대 왕인 탈해에 관해서도 지적되었다. 『삼국사기』 탈해이사금 즉위 조에 따르면, 그는 서기 57년에 62세의 나이로 신라의 왕이 되었다. 그렇다면 역산해 계산해볼 때 그의 출생 연도는 기원전 5년이다. 그런데 같은 기사에서 그가 신라의 동해안에 도착한 시기를 시조 혁거세 재위 39년의 일이라고 적어 놓았다. 혁거세가 즉위한 해가 기원전 57년이라고 했으니, 그의 재위 39년이면 기원전 19년이다. 이는 결국 탈해가 태어나기 14년 전에 벌써 경주 동해안에 출현했다는 이야기가 된다. 『삼국사기』의 연대에 심각한 문제가 있음을 이를 통해 다시 확인할 수 있다.

이런 문제점을 감안할 때, 일본인 학자들이 『삼국사기』에 기록된 건국 연

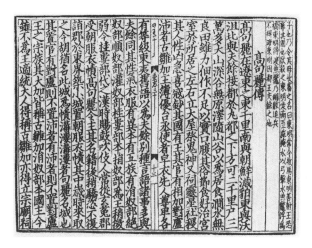

「삼국지」 「위서동이전」(백납본)
중국 서진西晉의 진수가 위·촉·오 삼국시대의 역사를 기록한 책이다. 이 가운데 「위서동이전」에는 고구려에 관한 기록이 일찍부터 등장한다.

대를 그대로 믿을 수 없다는 결론에 도달한 것은 당연한 일이었다. 그래서 신라의 실제 건국 시기는 『삼국사기』에 기재된 건국 연대보다 훨씬 더 내려와야 한다는 주장이 제기되었고, 심지어 5세기 이전의 신라 왕들은 가공인물이라는 주장마저 나오기에 이르렀다.

중국 사서에 신라보다 일찍 나오는 고구려

고구려의 건국 시기는 그동안 어떻게 파악되었을까? 고구려도 『삼국사기』의 연대에 비춰 보면 많은 문제가 발견된다. 예컨대 제6대 태조왕은 서기 53년에 즉위하여 146년까지 무려 94년간 왕위에 있었고, 생몰년으로 보자면 서기 47년에 출생하여 119세가 되는 165년에 사망했다고 나온다. 이 역시 사실로 믿기 어렵다. 바로 이 때문에, 주몽이 고구려를 기원전 37년에 건국했다는 『삼국사기』의 기록도 곧장 신뢰할 수 없다는 주장으로 이어졌다.

고구려는 중국과 인접해 있었으며 성장 과정에서 그들과 여러 형태의 접촉을 지속적으로 가졌다. 이런 까닭에 『삼국사기』뿐만 아니라 중국 사서에도 고구려와 관련된 기록이 일찍부터 나온다. 4세기 후반에야 비로소 중국 사서에 그 이름이 등장하는 신라와 비교하면 큰 차이를 드러낸다.

신라의 전신인 '사로국'이 3세기 전반의 역사적 사실을 전하는 『삼국지』에 나타난다는 점을 감안하더라도 중국 사서에서 신라의 존재가 확인되는 것은 3세기 이전으로 올라가지 못한다. 반면, 고구려는 중국 사서에서 기원 이전 시기부터 여러 차례 등장한다. 일본인 학자들은 『삼국사기』에 전하는 고구려 건국 연대를 그대로 받아들이지 않음에도 불구하고, 바로 그런 이유로 고구려의 건국이 비교적 이른 시기였다는 점은 굳이 부인하지 않는다.

고구려의 국가 성립 시기

현재 우리 학계에서는 고구려의 건국 시기를 『삼국사기』에 기록된 기원전 37년보다 오히려 더 올라간다고 파악한다. 그 단서는 이른바 한사군漢四郡 가운데 하나인 현도군玄菟郡의 속현으로 '고구려현'이라는 명칭이 나오는 데서 찾고 있다. 현도군은 기원전 107년에 한 무제漢武帝가 처음 설치하였는데, 압록강 유역을 중심으로 동해안 일대까지 뻗어 있었던 것으로 추정된다. 그런데 그 중심을 이룬 현이 바로 고구려현이었다는 것이다.

이는 '고구려'라는 이름이 우리가 『삼국사기』를 통해 알고 있는 시점보다 훨씬 이른 시기부터 사용되었음을 보여준다. 물론 당시에는 현도군의 속현을 가리키는 명칭이었으므로 이 시기에 고구려 국가가 이미 성립해 있었다고 볼 수는 없다. 다만 '고구려'라는 지명이 이때부터 나타났다는 사실은 고

고구려 초기의 돌무지무덤(적석총)

중국 요령성 환인현桓仁縣의 상고성자上古城子 묘군에 남아 있는 돌무지무덤 중 하나이다. 고구려의 발
상지인 압록강 유역에서는 기원전 3세기 무렵부터 돌을 쌓아 만든 무덤이 나타났다. 돌무지무덤은 고
구려인들이 사용한 독특한 무덤 양식으로 그것의 출현 자체가 국가의 성립을 의미하지는 않지만, 주변
세력과 뚜렷이 구별되는 주민 집단이 형성되었음을 분명히 보여준다.

구려 국가의 성립이 임박했음을 알려주는 지표임이 분명하다.

그렇다면 고구려가 하나의 국가로서 온전히 모습을 드러낸 시기는 언제
부터일까? 고구려현이 속해 있던 현도군은 기원전 75년 무렵 압록강 유역의
토착 세력이 일으킨 항쟁과 저항을 견디지 못하고 서북쪽의 요동 방면으로
쫓겨 갔다. 우리 학계는 바로 이 과정에서 '소노부'라는 세력을 구심점으로
하여 연맹체 형태의 고구려 국가가 성립되었다고 본다.

소노부는 중국의 역사책 『삼국지』에 서기 3세기쯤 고구려에 존재했던 다
섯 개의 부部(소노부·절노부·순노부·관노부·계루부) 가운데 하나로 전해진다. 『삼
국지』에는 이 시기에 계루부에서 고구려 왕이 배출되어 5부 연맹체를 이끌
었는데, 나머지 4개 부 가운데 소노부는 과거에 '왕'을 배출한 적이 있기 때

문에 독자적으로 종묘와 사직에 대한 제사를 지낸다고 기록되어 있다. 3세기에 고구려의 왕위는 주몽의 후손이 이어가고 있었으므로, 당시 연맹체를 주도하던 계루부는 당연히 주몽으로 대표되는 부였다. 그런데 그 계루부에 앞서 소노부에서 고구려의 왕을 배출했다고 하니, 이는 곧 주몽 이전에 고구려를 이끌었던 소노부 왕실의 존재를 알려주는 것이다. 소노부 출신의 고구려 왕은 바로 기원전 75년 무렵 현도군을 몰아내는 과정에서 출현했을 것으로 우리 학계는 추정한다.

결국 우리가 『삼국사기』를 통해 주몽이 고구려를 세웠다고 알고 있는 사실은 고구려 연맹체 내의 주도 세력 교체를 반영할 뿐, 고구려라는 국가가 성립한 시기와 무관한 셈이다. 또한 고구려의 실제 건국 시점과 『삼국사기』에 서술된 건국 연대가 차이 나는 것은 신라의 경우와 동일하지만, 신라와 정반대로 『삼국사기』에서 알려주는 시기보다 오히려 더 이른 시점에 국가를 형성했다는 말도 가능하다. 그리하여, 그 시기는 신라의 건국 시기보다 훨씬 앞설 것이라는—현재 우리의 상식과 부합하는—결론에 도달하게 된다.

『삼국사기』의 건국 연대는 어떻게 만들어졌을까

여기서 궁금증이 생길 듯하다. 왜 『삼국사기』는 역사적 사실과 다르게 신라의 건국 연대를 가장 오래된 것으로 기록했을까? 그 이유로는 여러 가지를 추정할 수 있지만, 가장 근본적인 것으로 삼국 중 신라가 가장 늦게 역사서를 편찬했다는 점과 신라가 삼국 간 경쟁에서 최종 승자가 되었다는 점을 들 수 있다.

신라는 6세기 중엽인 진흥왕 대에 자국의 역사를 처음 정리하였다. 그 시기에 역사서를 편찬하던 사람들은 많은 난관에 봉착했는데, 무엇보다도 신라 초기의 역사를 서술할 때 가장 큰 어려움을 겪었다. 그 어려움이란, 그때까지 입에서 입으로 전승되어 내려온 사건과 인물이 구체적으로 어느 시기에 해당하는지를 확인할 길이 없다는 문제였다. 따라서 그들은 이웃 나라인 고구려와 백제에서 먼저 편찬되어 신라에 들어와 있는 사서들을 참고할 수밖에 없었다. 오늘날 고구려와 백제의 사서로 이름이 알려진 『유기留記』니 『서기書記』니 하는 책이 그때 참고가 된 역사책이라 추정된다.

이렇듯 고구려와 백제의 사서를 살펴보는 과정에서 시조 혁거세의 탄생 시기와 신라의 건국 시기가 자의적으로 결정되었을 터다. 어차피 아무도 모르는 상황이니 신라가 다른 두 나라보다 앞선 시기에 건국되었다는 식으로 쓴들 크게 문제될 일도 없지 않겠는가. 어쩌면 그렇게 함으로써 신라인의 자존감을 높였을 수도 있다.

일단, 고구려 사서에서 주몽의 건국 시기가 기원전 37년으로 나와 있으니, 그보다 더 올라가는 시점에 신라의 건국 시기를 잡는다는 원칙이 세워졌을 것이다. 그리고 혁거세의 출현 이전에 고조선의 유민들이 경주 지역에 들어와 이미 6촌을 형성했다고 하니, 고조선이 멸망한 기원전 108년 이후의 시점에서 연대를 선택했을 것이다. 아울러 그 사이에 새로운 시대의 시작으로 인식되는 해(年)를 찾아 혁거세의 신라 건국 연대로 정한다면 금상첨화이니, 육십간지의 첫해인 '갑자년'은 가장 적당한 시기다. 이 모든 기준을 충족시키는 해가 바로 『삼국사기』에서 신라의 건국 연대로 전하는 기원전 57년, 곧 갑자년이었다.

이와 같은 조작이 이루어진 뒤 신라가 삼국을 통일하였다. 만약 고구려나 백제가 최후의 승자가 되었다면, 현재 우리가 알고 있는 내용과 다르게 건국 순서의 재조정이 이루어졌을지도 모른다. 그러나 일찍 역사서를 편찬했던 두 나라는 결국 사라진 채 신라만이 홀로 남았고, 그 신라의 역사서에 실린 조작된 건국 연대가 후대에까지 일방적으로 전해졌다. 전후 사정을 제대로 알 리 만무하던 고려시대의 역사가들은 옛 문헌에 그렇게 전하니 그대로 옮겨 실어도 괜찮다고 생각했을 것이다. 그렇게 하여 『삼국사기』에 실린 건국 연대가 마침내 조선시대까지 아무런 비판 없이 이어져 내려왔던 것이다. 삼국 간 경쟁에서 패한 고구려와 백제는 역사 속에서도 끝내 패배하고 만 셈이다.

역사학과 사료 비판

거짓말도 백 번을 반복하면 사실이 된다는 말이 있다. 삼국의 건국 연대를 비롯하여 『삼국사기』에 실린 삼국 초기 역사의 여러 부분은 사실성에 비춰 볼 때 많은 문제가 있다. 그렇지만 수백 년 이상 그 문제점이 아무런 의심을 받지 않고 숱한 사서에서 반복되었던 까닭에 거의 모든 사람은 『삼국사기』의 기록을 전부 틀림없는 사실인 양 착각하였다. 특히 역사학의 기본이라 할 만한 사료 비판을 제대로 훈련하지 못한 이들은, 과거 역사책에 실려 있다면 당연히 사실일 것이라고 쉽게 믿어버리곤 한다. 하기야 오늘날 역사학을 전공한다는 학자들 가운데서도 사료 비판을 소홀히 하는 경향이 심심찮게 나타나는데, 그렇지 않은 사람들에게 사료에 대한 엄격한 비판 의식을 기대한다는 일은 무리일 수 있다.

역사학에서 사료 비판이란 학문의 출발점이자 학문 성립의 토대이다. 사료 비판만으로 역사의 진실을 모두 밝히기에는 한계가 있지만, 만일 그것을 제대로 철저하게 하지 않은 상태라면 역사학은 아예 학문으로서 성립하기가 어렵다. 그런 점에서, 앞서 살펴본 『삼국사기』의 초기 역사 기록에 대한 과거 일본인 학자들의 불신적 태도는 그 나름대로 의미가 있다고 할 수 있다. 일단 사실성이 의심스럽다고 여겨질 때 그 기사를 무턱대고 받아들여서는 안 된다는 역사학의 기본 명제를 따랐기 때문이다.

그러나 사료 비판은 사실의 합리적인 이해를 위한 전제로서 필요한 일이지, 자의적인 사료 말살로 흘러가서는 곤란하다. 사료 비판의 정도가 너무 지나쳐서 사료 말살로 빠진 전형적인 예가 바로 일본인 학자들의 『삼국사기』 불신론이다. 의심스러운 데가 많고 일부 기록에 문제가 확인된다고 해서 거기에 실린 내용을 모두 사실이 아니라고 단정하는 그들의 태도는 한마디로 독단일 뿐이다. 연대에 문제가 있다는 점이 곧 그 기사에 나오는 인물이나 사건까지 조작되었음을 입증하는 증거가 되지는 못한다.

일본인 학자들은 애초부터 『삼국사기』는 믿을 수 없는 사서라는 선입견을 갖고 사료에 접근했으며, 그런 다음에는 왜 믿을 수 없는지를 밝혀내기 위해 연구를 진행하였다. 그 결과 『삼국사기』에서 연대를 포함한 문제점들이 왜 생겼는지, 그것들은 어떤 방식으로 합리적 이해가 가능한지에 대해서는 관심을 거의 기울이지 않았다. 사료의 가치를 말살하는 데 급급한 나머지 자의적인 해석만 남발했을 뿐, 그들이 주장하는 '날조'와 '가공'을 뒷받침할 확실한 근거를 제시하지도 못하였다.

따라서 신라의 건국 시기를 『삼국사기』에 기술된 대로 따를 수 없음은 분명하지만, 5세기를 넘어 6세기 무렵에 이르러서야 비로소 신라가 국가로서 모습을 갖추며 역사의 무대에 등장했다는 그들의 주장 또한 받아들일 수 없다. 남아 있는 자료를 통해 신라가 국가로 처음 성립하여 발전해간 과정을 합리적으로 그려보려는 노력이 필요하다. 문제가 있음이 확실한데도 그 문제를 도외시하려는 태도나 일부의 문제를 꼬투리 삼아 전체를 부정하려는 태도는 역사적 진실을 파악하는 데 아무런 도움이 되지 못한다. 그것은 역사학의 발전을 가로막는 장애물이 될 따름이다.

세 성씨가 교대로 왕이 된 신라

'역성혁명易姓革命'이라는 말이 있다. 국왕의 성姓이 바뀌고, 다시 말해 다른 성씨를 지닌 새로운 통치자로 바뀌고 왕조가 교체되는 사건을 가리킨다. 근대 이전의 사회에서는 국왕이 국가의 중심이었을 뿐만 아니라 국가 그 자체와 동일시되기도 하였다. 따라서 국왕의 성이 바뀐다는 것은 국가의 흥망과 직결되는 일로 흔히 인식되었다.

그런데 우리 역사를 살펴보면 왕의 성씨가 바뀌었음에도 불구하고 왕조는 그대로 존속한 경우가 있다. 신라가 바로 그러하다. 『삼국사기』를 비롯한 역사책은 신라 초기에 박씨, 석씨, 김씨가 교대로 왕위를 계승했다고 적고 있다. 또 김씨가 계속 왕위를 잇다가 신라 말에 이르러 박씨가 김씨를 대신해서 왕위를 차지한 적이 있다. 신라에서는 어떻게 서로 다른 성씨의 인물이 왕위에 오를 수 있었을까? 또, 어째서 그것은 왕조의 교체나 국가의 흥망을 의미하지 않았을까?

박·석·김 세 성씨의 시조

『삼국사기』와 『삼국유사』에는 신라의 왕성王姓인 박·석·김 3성의 시조 설화가 전해진다.

먼저 박씨의 시조이자 신라의 첫 왕인 혁거세에 관한 설화를 보면, 그는 경주 양산 기슭의 나정羅井이라는 우물 근처에서 자줏빛 큰 알을 깨고 나왔다고 한다. 당시 사람들은 표주박을 '박'이라 불렀는데, 혁거세가 태어난 알이 표주박 모양과 같다고 하여 그에게 '박朴'이라는 성씨를 붙여주었다는 이야기도 전한다. 혁거세는 13세가 되는 해에 경주 지역 여섯 촌장의 추대를 받아 왕으로 즉위하고, 나라 이름을 서라벌이라 했다고 한다.

석씨의 시조는 탈해로서, 그는 박혁거세의 자손인 남해왕과 유리왕에 이어 신라의 네 번째 왕으로 즉위하였다. 『삼국사기』에 탈해 설화가 전하는데, 이에 따르면 그의 아버지는 다파나국多婆那國의 왕이고, 어머니는 여왕국女王國 출신이었다. 왕비가 임신한 지 7년 만에 알을 낳자, 이를 상서롭지 못하다고 여긴 왕은 알을 내다 버리라고 명령하였다. 왕비는 비단으로 알을 싼 다음 궤짝 속에다 넣고 바다에 띄워 보냈는데, 그것이 오늘날의 감포 근처에 닿았다. 이때 한 노파가 궤짝을 열어 탈해를 발견하고 집으로 데려가서 길렀다. 궤짝이 바닷물에 떠내려올 때 까치가 울면서 같이 날아왔다고 하여 '까치 작鵲' 자를 줄여 '석昔'을 성으로 삼고, 궤짝에서 나왔으므로 이름을 '벗을 탈脫', '풀 해解'로 지었다고 한다. 그는 커서 남해왕의 사위가 되었으며, 재상에 해당하는 대보大輔 벼슬을 지냈다.

남해왕은 죽기 전, "내가 죽은 뒤에 너희 박과 석, 두 성 가운데 나이 많은 자가 왕위를 잇도록 하라"는 유언을 남겼다. 맏아들인 유리는 탈해가 덕망이 높다 하여 왕위를 양보하려고 하였다. 그러나 탈해는 "임금 자리는 보통

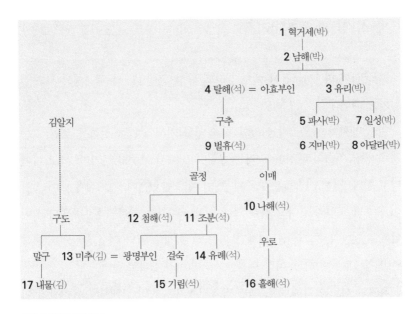

신라 초기의 왕실 계보도
시조 혁거세부터 제3대 유리왕까지 박씨가 왕위를 잇다가, 제4대 탈해왕이 석씨로서는 처음 왕위에 올랐다. 그 뒤 알지를 시조로 하는 김씨는 제13대 미추왕 때 처음으로 왕위에 올랐다.

사람이 감당할 바가 아니다. 들건대 성스럽고 지혜로운 사람은 이(齒)가 많다고 한다"라면서 둘 중에 치아 수가 많은 자가 왕위에 앉을 것을 제의하였다. 이에 두 사람이 떡을 깨물어 잇금을 비교해 본 결과 유리의 이가 더 많으므로, 그가 먼저 왕위에 올랐다고 한다. 탈해는 유리왕이 죽은 뒤에 즉위하였다.

그러나 탈해 이후 석씨가 왕위를 계속 잇지는 못하였다. 탈해왕의 뒤를 이어 유리왕의 둘째 아들인 파사가 제5대 왕이 되었기 때문이다. 그 후 박씨인 제8대 아달라왕이 아들 없이 죽은 뒤 나라의 유력한 세력들이 석씨인 벌휴를 왕으로 추대하였다. 벌휴왕은 탈해왕의 손자라고 전한다. 이후 석씨 왕계는 제13대 미추왕을 제외하고 제16대 흘해왕까지 이어졌다.

경주 계림

김씨의 시조 김알지의 탄생 설화가 깃든 곳이다. 처음 이곳은 시림始林으로 불렸으나 김알지의 탄생 신화와 관련하여 계림鷄林으로 바뀌었다. 후에 계림은 신라의 국명으로도 사용되었다.

김씨로서 최초로 왕위에 오른 사람은 미추이다. 김알지의 후손인 그는 제12대 첨해왕이 아들 없이 죽은 뒤 국인國人들의 추대를 받아 왕위에 올랐다. 전설에 따르면 김알지는 석탈해왕 때 경주의 서쪽 시림始林(계림鷄林) 숲 속의 한 나뭇가지에 걸려 있는 황금빛 궤에서 탄생하였다. 자라면서 총명하고 지혜가 뛰어나 알지閼智라는 이름이 붙여졌으며, 또 황금빛 궤에서 나왔다 하여 성을 '김金'이라 하였다. 그러나 석탈해와 달리 김알지는 왕위에 오르지 못하였다. 그의 6대손인 미추가 왕으로 즉위하면서 비로소 김씨가 왕위를 차지할 수 있었다. 그러나 미추왕 이후 김씨 역시 계속 왕위를 잇지 못하여 석씨가 왕좌에 앉았는데, 제16대 흘해왕이 아들 없이 죽고 내물이 제17대 왕으로 즉위함에 따라 그때부터 다시 김씨가 왕위를 이어 나갔다.

왕위의 조건

앞서 소개한 설화에서 눈여겨볼 점이 있다. 처음 성씨를 연 왕이나 인물은 자신의 능력으로 왕위에 오르거나 사회적으로 이미 인정을 받고 있었다는 사실이다. 대표적인 예가 석탈해이다.

탈해는 본래 다파나국에서 태어났다. 다파나국은 왜국의 동북쪽으로부터 1,000리 떨어진 곳에 있었다. 탈해는 그 나라에서 환영받지 못했던 탓에, 배에 태워 버려졌다. 그 배는 떠돌아다니다가 계림 동쪽의 하서지촌에 있는 아진포에 닿았다. 이때 포구에서 아진의선阿珍義先이라는 노파가 떠내려오는 배를 발견하고 그 안에 있는 사내아이를 데려다가 길렀다. 이 노파가 혁거세왕 때 해척海尺의 어머니이다. 성장하면서 탈해는 낚시를 생업으로 삼아 고기잡이를 하며 그 어머니를 봉양했는데, 한 번도 게으른 적이 없었다. 이것이 탈해가 왕(이사금)이 되기 전의 모습이다.

탈해 이야기에서 주목되는 것이 바다나 포구와의 관련이다. 탈해가 배에 실려 표류하다가 마침내 상륙한 포구는 아진포인데, 일반적으로 그곳은 문무대왕릉이 있는 감포 부근으로 추정된다. 신라시대에는 아진포, 개운포, 우유촌과 같이 포구나 어촌 마을이 형성되어 있었다. 기록이 미미하여 몇 가지 예만 들었으나, 영남 동해안의 주요 지역에는 이보다 더 많이 포구가 형성되어 있었을 것이다. 삼국시대부터는 주요 해안가의 포구가 바다로 진출하는 통로이자 어업을 영위하는 전진기지의 역할을 수행했을 것이다.

이러한 주요 포구와 그 주변에서는 무기·농구·어구를 부장한 고분이 발견되고 있다. 울진의 덕신리 61호, 영덕의 괴시리 16호, 포항의 옥성리 90호 목곽묘, 학천리 20호 목곽묘, 경주 봉길리 12호 등이 대표적이다. 특히 이들 무덤은 내륙지역의 고분과 달리 고기잡이에 쓰이는 어구가 부장되어 있는 특성을 보인다. 이 지역의 사람들은 주요 포구나 그 인근에 살면서 항구와 밀접한 관계를 가졌을 것이다. 지금도 울진, 영덕, 포항, 경주, 울산의 해안가에는 포구가 발달해 있다.

탈해도 임금에 오르기 전에는 낚시로 먹고살았다. 탈해가 바닷가에서 물고기를 낚았다는 기록으로 보아 당시 해안 쪽에 사는 사람들에게 낚시는 중요한 어로 수단이었을 것이다. 신라인이 낚시를 하였다는 증거는 고고학 자료에서도 보인다. 낚싯바늘이 경주 봉길리 I-22호, I-23호 주변 채집, 울산 일산리 1호, 괴시리 16호 순장 2곽에서 출토되었기 때문이다.

삼국시대 기록에 따르면 해안가의 주요 지점에는 포구가 형성되었으며, 또 그 포구의 주변에는 포구를 장악한 탈해와 같은 수장이 있었다. 그 수장의 무덤에서 무기·농구·어구가 출토되는 것으로 보아, 이 지역의 수장은 농업과 어업을 관장하면서 해안가의 생업 경제를 지켜주는 관리자 역할을 수행했던 것 같다. 즉 직접 어업에 종사하지는 않았으나 어부들을 관리하는 역할을 맡았다. 신라 동해안 지역의 주요 포구를 장악한 유력자는 기록에 '해척海尺'으로 나온다. 탈해를 데려다 키운 바닷가 노파의 아들이 혁거세왕의 아래서 벼슬한 해척이다. 해척은 신라 관등의 파진찬波珍湌을 달리 부르는 제4위의 관위이지만, 이렇듯 원초적인 모습을 보여주고 있다. 아마도 신라 국가로 편제되기 이전에 해안의 수장을 해척이라 불렀는데, 이것이 나중에 국가의 관위로 전화된 듯하다.

왕위 계승의 뒷이야기

앞의 설화에 따르면 신라 초기에는 '연장자'가 왕위에 올랐음을 알 수 있다. 물론 신라 사람 가운데 가장 나이 많은 인물이 왕이 되었던 것은 아니다. 그 범위는 유력한 세력의 대표자와 그 친척들에 한정되었다. 그 범위 안에서 제일 연장자가 왕위에 오르는 일이 보통이었다는 뜻이다.

그러나 이 역시도 철칙은 아니었다. 탈해왕이 죽었을 때 유리왕의 큰아들 일성에게 순서가 돌아갔지만 "둘째 아들 파사가 위신이 있고 더 총명하다"고 주장하는 세력에 의해 파사가 먼저 즉위하였다. 만약 왕이 아들을 낳지 못하고 죽었다면 왕위를 계승할 수 있는 사람의 범위를 둘러싸고 더 많은 논란이 따랐을 것이다.

동서고금을 막론하고 왕위를 둘러싼 내분과 갈등이 없던 때는 없었다. 그런데 『삼국사기』에는 신라 초기에 왕위 계승을 둘러싸고 치열한 암투가 벌어졌다는 사실이 직접 드러나지는 않는다. 그렇다고 아무 문제없이 순조롭게 왕위 계승이 이루어지지는 않았을 것이다. 남해왕이 죽은 다음 유리와 탈해가 왕좌를 놓고 떡을 깨물어 잇금을 비교했다는 사실은, 유리와 탈해로 대표되는 박씨 집단과 석씨 집단이 어떤 형태로든 경쟁했음을 암시한다.

마치 미덕인 양 평화적인 왕위 양보를 기록한 뒷면에는 왕좌를 둘러싼 치열한 각축전이 전개되고 있었다고 보는 편이 실상에 가까울 것이다. 석씨가 박씨에 이어, 또 김씨가 석씨를 이어 왕위에 오를 때도 각 성씨 집단 사이에는 보이지 않게, 또는 공공연하게 힘겨루기가 따랐을 것이다. 스스로의 힘이든 다른 여러 세력의 도움을 받아서든, 일단 승리한 쪽에서는 자신들의 승리를 좀 더 그럴싸하게 미화하기 마련이다.

갈등의 역사적 배경

이 같은 암투와 갈등의 뒤편에는 어떤 정치 세력이 도사리고 있었을까? 박·석·김의 세 성씨 집단으로 구분할 수 있을까? 신라에서 성씨가 사용된

대릉원(경주 황남동 고분군)

경주시 황남동에 위치한 대릉원은 "미추왕을 대릉大陵(죽장릉竹長陵)에 장사지냈다"는 『삼국사기』의 기록에서 따온 이름이다. 이 고분군은 5~6세기 전반 무렵에 조영된 신라의 무덤으로, 김씨 세력이 마립간을 세습한 시기와 겹친다. 세 성씨가 교대로 왕위를 물려받는 상황에서 김씨가 독자적으로 권력을 독점할 때 만든 거대한 고분이다.

시기는 대체로 6세기 중반 이후라고 알려져 있다. 그렇다면 초기의 박씨·석씨·김씨는 그 후손들이 자신들의 조상에게도 성씨를 소급해서 붙인 데 불과하다는 이야기가 된다. 이를 방증하듯, 초기의 인물들 가운데는 성씨의 중복과 혼동이 심하여 한 사람이 두 개 이상의 성씨로 기록된 경우가 많다.

『삼국사기』 등의 역사책은 신라 초기에 '6부部'가 있었다고 전한다. 6부란 양부, 사량부, 모량부(점량부), 본피부, 습비부, 한지부의 여섯 개 부를 일컫는다. 6부 각각에는 '간干'이라 불리는 지배자가 있었으며, 국왕과는 별도로 독자적인 관료 조직도 갖추고 있었다. 바로 이 6부가 신라의 국왕 자리를 놓고 서로 권력투쟁을 벌였던 정치 세력이었다. 신라의 왕은 이들 간의 역학관계에 따라 결정되었지만 왕위에 올랐다고 해서 기존의 체제를 부정하는 새로운 나라의 왕이 된 것은 아니었다.

4세기 말 내물왕 이후로는 김씨가 왕위를 독점하였다. 이제 왕의 출신 부部가 하나로 고정되었다. 여러 부에서 왕위 다툼을 벌이며 왕이 나오는 상황이 사라지고, 각각의 부 사이에 세력 격차가 나타나기 시작한 것이다. 세력이 약한 부는 더 이상 왕의 계승에 참여하지 못하고, 단지 왕경 지배 집단의 일원으로 만족해야 했다.

5세기를 거쳐 6세기 초에 이르러서는 6부의 세력 차가 더욱 두드러졌다. 이제 왕은 어떤 한 부의 최고 지배자가 아니라 왕경과 지방을 망라하는 신라 전체의 왕으로서 군림하게 되었다. 지증왕 때부터 '왕王'이라는 칭호를 사용하기 시작한 것은 이러한 사정을 반영한다.

신라 말, 최후의 박씨 왕

그런데 신라 말에 와서는 돌연 박씨가 왕위를 계승하였다. 제52대 효공왕에 이어 신덕왕이 즉위했는데, 그가 바로 박씨였다. 박씨 왕은 신덕왕에 이어 경명왕, 경애왕까지 3대가 이어졌다. 이 시기에는 독자적인 세력 기반을 가진 부部 세력도 이미 존재하지 않았고, 따라서 각 부 세력들 간에 왕위 계승을 둘러싼 알력과 다툼이 벌어지지도 않았다. 그러면 이때 박씨 성을 지닌 왕이 재등장하게 된 배경은 무엇일까?

제28대 진덕여왕을 마지막으로 성골의 왕위 계승은 끝났으며, 태종무열왕부터는 진골 신분이 왕위를 계승하였다. 그런데 진골에는 김씨뿐만 아니라 박씨도 속하였다. 신라 왕 중에는 지증왕·법흥왕·진흥왕·진지왕·효성왕·애장왕·문성왕 등 박씨 성의 왕비를 맞아들인 왕이 여럿 있다.

중국의 역사책인 『신당서』에는 "왕족은 제1골에 속하고, 그 처와 자식들 또한 마찬가지였다"고 했으니, 왕비족을 냈던 박씨 집단 역시 제1골에 속하였음을 알 수 있다. 여기서 제1골은 진골을 말하며, 그들은 일반적으로 왕족으로 인식되었다. 그러므로 박씨도 잠재적으로는 왕위를 계승할 수 있는 자격을 갖고 있었던 셈이다.

그렇지만 9세기 말에 이르도록 박씨족의 왕위 계승은 현실적으로 거의 불가능하였다. 6세기 이후 왕권을 강화하면서 확립된 태자 책봉제로 인해 다른 성씨의 왕위 계승은 원천적으로 봉쇄될 수밖에 없었다. 8세기 말 이후 귀족연립정권이 성립하면서 태자 책봉제가 무너지고 강력한 무력을 갖춘 진골 귀족이 왕위를 계승하는 경우가 잦아졌지만, 그런 상황에서도 박씨가 곧바로 왕위를 계승하지는 못하였다. 왕과 가장 가까운 친·인척으로서 김씨가 여전히 정권의 요직과 막대한 경제 기반을 틀어쥐고 있었기 때문이다. 따라서 박씨 귀족들이 왕위 쟁탈전에 곧바로 뛰어들기는 어려웠다.

왕위 계승 다툼이 거듭되자 정치는 극도로 혼란해졌다. 진성여왕 대 이후는 잇따른 농민 봉기로 경주 이외의 지역에 대한 중앙정부의 통제력이 완전히 상실되었다. 또한 지방에 막대한 토지를 두고 경제적 기반을 탄탄히 다졌던 김씨 귀족도 그 세력이 빠르게 약화되었다. 바로 이 틈을 타고 박씨 귀족 세력이 김씨 귀족과 어깨를 나란히 할 수 있을 만큼 힘을 키웠고, 그 결과 아들 없이 죽은 효공왕의 뒤를 이어 제53대부터 왕위에 오를 수 있었다.

오랫동안 김씨가 이어가던 왕위를 신라 말에 이르러 박씨가 차지했지만 신라라는 기존의 국가 체제는 변함없이 유지되었다. 박씨 왕의 세력 기반 역시 김씨 왕처럼 골품제라는 폐쇄적 사회질서에 바탕을 두었기 때문이다. 기존 체제를 부정하지 않은 이상, 왕성王姓의 교체는 새로운 국가 체제의 성립을 가져오지 못하였다. 신라 초기 왕성의 교체가 그랬듯이, 신라 말 왕성의 교체 역시 왕조의 교체나 국가 자체의 흥망을 의미하지는 않았다.

26

임나일본부설이 지닌 문제

2010년 3월, 제2기 한일역사공동연구위원회는 활동을 마무리하면서 중요한 합의 하나를 최종 연구보고서 형태로 발표하였다. 그동안 한일 양국의 고대사학계에서 논쟁이 끊이지 않던 '임나일본부任那日本府'는 용어 자체가 부적절하여 폐기한다는 데 동의했다는 내용이었다. 우리나라의 각종 언론매체는 이 사실을 크게 부각해서 보도하였다.

'임나일본부'라는 단어는 사실 일반 시민에게는 약간 생소하게 느껴질 수 있다. 간혹 신문과 방송 등에서 그와 관련된 뉴스가 나오기는 하지만, 중·고등학교 교과서에서 전혀 언급되고 있지 않을뿐더러 대학에서 교재로 사용하는 한국사 개설서에서도 거의 다루지 않기 때문이다. 그래서 고대사를 전공하는 학자가 아니라면 그 구체적인 내용과 문제점을 제대로 인식하지 못하는 경우가 많다.

대체 임나일본부란 무엇이며, 그동안 왜 문제가 되었던 것일까? 그리고 이를 이해하기 위한 합리적 태도는 무엇일까?

임나일본부와 임나일본부설

'임나任那'란 삼국시대에 낙동강 서쪽 지역을 가리키는 말이었다. 우리에게는 '가야'라는 명칭이 더 익숙한데, 그 가야를 대신하여 당시에 쓰인 용어 가운데 하나였다. 우리 측 기록 가운데는 광개토왕릉비에 '임나가라任那加羅'라는 이름으로 처음 등장하며, 『삼국사기』에도 신라 문무왕 때 문장가로 이름을 떨친 강수強首가 원래 '임나가량任那加良' 출신이었다는 언급이 있다. 그러나 전체적으로 보아 우리 측 기록에서는 임나라는 용어를 잘 쓰지 않았으며, 가라加羅·가야加耶·가락駕洛 등을 주로 사용하였다.

이에 비해 일본 측의 기록을 보면 가야보다는 임나라는 명칭이 더 빈번하게 나온다. 한일 학계에서 논란의 대상이 된 '임나일본부'라는 용어도 일본 고대의 역사서인 『일본서기』에만 보인다.

임나가 어떤 지역을 가리키는 명칭이라면, 거기에 '일본부'가 붙은 '임나일본부'는 임나 지역에 설치된 일본의 '관부官府'라는 의미로 해석할 수 있다. 다시 말해 고대에 임나, 즉 가야 지역에 일본이 설치한 어떤 기관 정도로 이해할 수 있겠다.

여기서 문제가 되는 것은 임나일본부의 설치 목적과 기능, 그리고 성격이다. 이에 관해서는 현재 여러 가지 설이 제시되어 있는데, 그간 일본 학계에서 통설처럼 받아들여진 주장은 '한반도 남부 지역을 군사적으로 지배하기 위해' 고대 일본의 야마토大和 조정이 설치한 기관이라는 것이었다. 즉, 고대의 일본이 임나일본부를 통해 한반도 남부를 군사 통치했다는 말이 된다.

우리 측으로서는 사실 여부를 떠나 이러한 주장이 매우 불쾌하게 여겨질 수밖에 없다. 이 때문에 한국의 많은 학자는 임나일본부설의 부당성을 지적하고 반론을 펴면서 일본의 논리를 극복하고자 노력하였다. 그 결과 2010년 일본 학계로부터 '임나일본부'라는 용어의 폐기에 대한 공식적인 동의를 이끌어내기에 이른 것이다.

그렇다면 그전까지 일본 학계는 도대체 무슨 근거로 전통적인 임나일본부설, 즉 '고대 일본의 한반도 남부 통치설(남선경영론南鮮經營論)'을 주장했던 것일까? 그 주장에는 어떤 문제점이 있을까? 고대 한일 관계사를 올바로 파악하기 위해서는 어떤 인식을 갖는 것이 바람직할까?

임나일본부설의 근거

임나일본부설의 연원은 720년에 편찬된 고대 일본의 역사서 『일본서기』로 거슬러 올라간다. 1,300여 년의 오랜 역사를 갖고 있는 셈이다. '임나' 문제는 에도시대江戶時代 일본에서 이른바 '국학國學'이라는 학문이 일어나면서, 일본의 고문헌에 대한 정리와 연구가 본격화된 때부터 학자들의 관심을 끌기 시작하였다. 18세기 초에 편찬된 『대일본사大日本史』라는 기전체의 역사서에는 임나와 관련된 기사만 따로 정리되기도 했는데, 이런 작업의 결과물은 이후 일본인들에게 임나 문제를 바라보는 기본 시각을 제공하였다.

19세기 후반부터 근대화 바람이 불어닥친 일본에서 임나 문제는 서양 근대 역사학의 방법론에 입각하여 여러 학자들로부터 더욱 구체적으로 조명을 받기 시작하였다. 그 뒤 이 임나 문제는 일제강점기 조선총독부 산하 조선사편수회에서 수사修史 업무를 담당한 경력이 있는 조선사 전공자 스에마쓰 야스카즈末松保和에 의해 제2차 세계대전이 끝난 후 하나의 완성된 체계로 갖추어졌다. 그가 쓴 『임나흥망사任那興亡史』(1949)는 사실상 임나일본부설을 정설로 확정 짓는 결정판으로서, 그 주요 내용과 근거는 다음과 같다.

우선 『일본서기』 「진구기神功紀」 49년(369) 조에 보면, 진구神功 황후가 아

일본 후소샤扶桑社 간행, 『새로운 역사 교과서』에 기술된 '임나' 관련 부분

'새로운 역사 교과서를 만드는 모임'이라는 일본의 극우 단체가 2001년에 만든 역사 교과서이다. "4세기 후반 야마토 조정은 바다를 건너 조선에 출병했다. 야마토 조정은 반도 남부의 임나(가라)라는 땅에 거점을 구축한 것으로 여겨진다."고 기술하였고(붉은색 밑줄 참조), 또 다른 곳에서는 5세기 고구려의 남진과 정복 활동이 백제와 임나를 근거지로 삼은 일본군의 저항으로 인해 실패한 것처럼 서술하였다. (西尾幹二 外 13名, 『市販本 新しい歴史教科書』, 扶桑社, 日本, 2001, 37쪽)

広開土王碑 ○

高句麗

国内(集安地)

百済

新羅

任那(加羅)

倭国

4世紀末の朝鮮半島

○広開土王 (好太王) 碑　高句麗の建国神話や王の業績を刻んだ碑。倭(日本)が高句麗と交戦したことも記されている。

❼ 大和朝廷の外交政策

朝鮮半島の動きと日本　古代の朝鮮半島や日本列島の動向は、中国大陸の政治の動き一つで大きく左右された。220年に漢がほろびてから、589年に隋が中国を統一するまでの約370年間、中国は小国が並び立つ状態で、朝鮮半島におよぼす政治的影響力がいくらか弱まった。

急速に強大になった高句麗は、313年に、このころ中国領土だった楽浪郡を攻めほろしました。中国を中心とした東アジア諸民族の秩序にはゆるみが生じ、大和朝廷もこれに対応して、半島への活発な動きを示した。

高句麗は、半島南部の新羅や百済を圧迫していた。百済は大和朝廷に救援をあおいだ。日本列島の人々は、もともと鉄資源を求めて、朝鮮半島南部と交流をもっていた。そこで、4世紀後半、大和朝廷は海を渡って朝鮮に出兵した。大和朝廷は、半島南部の任那(加羅)という地に拠点を築いたと考えられる。

라타와케荒田別와 가가와케鹿我別 등을 보내 백제 장수들과 함께 신라를 치고, 이어서 가야 지역의 일곱 나라를 평정했다는 기사가 나온다. 이를 흔히 '가야 7국 평정'이라 부르는데, 고대 일본의 임나 지배는 여기서 비롯되었다고 본다. 아울러 『일본서기』에는 진구 황후가 임신한 몸을 이끌고 신라를 직접 정벌하여 신라 왕의 항복을 받았다는 무용담도 실려 있다. 그리고 이를 계기로 신라는 물론 백제와 고구려마저 복속시켰다는 이야기가 이어진다. 어쨌든 4세기 후반 진구 황후 때부터 왜는 임나를 직접 지배하기 시작했으며, 백제와 신라에도 강한 영향력을 행사하면서 562년에 고령의 대가야가 신라에게 멸망되기 전까지 한반도 남부에서 세력을 유지했다는 것이다.

19세기 말에 그 존재가 처음 알려진 광개토왕릉비문도 임나일본부설의 핵심적인 근거 자료가 되었다. 즉 비문의 신묘년(391) 기사를 "왜가 바다를

건너와 백제와 임나(혹은 가라), 신라 등을 격파하고 신민臣民으로 삼았다"고 해석하면서, 당시 왜의 한반도 남부 지배를 알려주는 결정적인 증거라고 주장하였다. 특히 광개토왕릉비문은 고구려라는 제3자의 입장에서 쓰여진 만큼 『일본서기』의 관련 기록보다 오히려 신뢰성이 더 크다고 평가되었다.

중국 남조의 여러 국가 중 송(유송劉宋)의 역사를 기록한 『송서』 「왜국전」의 기사도 중요한 근거 자료의 하나로 취급되었다. 여기에는 5세기 전반에 왜왕이 '왜·백제·신라·임나·진한·모한육국제군사왜국왕倭百濟新羅任那秦韓慕韓六國諸軍事倭國王'을 자칭하면서 송에 그 작호를 인정해줄 것을 요청하고, 송에서는 백제를 제외한 나머지 나라들에 대한 왜의 지배권을 인정하는 듯한 조치를 취한 것으로 서술되어 있다. 제3국인 중국 쪽의 사서에도 이처럼 야마토 조정의 한반도 중남부 지배를 반영한 기사가 나오고 있으니, 임나일본부설은 의심의 여지가 없다는 것이다.

한편 일본 학계 한쪽에서는 나라 현奈良縣 이소노카미石上 신궁에 전해져 오는 철제 칼인 '칠지도七支刀'도 임나일본부설의 근거 자료로 거론되었다. 칠지도는 『일본서기』에 백제가 야마토 조정에 '바친(獻)' 것으로 나오는데, 당시 왜의 군사적 우세와 한반도 남부 지배를 실물로 입증해준다는 주장이다.

칠지도
일본 나라 현의 이소노카미 신궁에 소장된 칠지도에는 금으로 상감된 명문이 새겨져 있는데, '백제의 왕세자가 왜왕을 위해 만드니 후세에 전하여 보여라'는 내용이다. 여기서 왜왕은 '후왕侯王', 즉 백제 왕에게는 제후에 해당하는 왕으로 나온다.

쏟아진 반론

얼핏 보면 임나일본부설은 그 나름대로 근거 자료를 갖추고 내용도 상당히 치밀하게 짜여 있는 것 같다. 그러나 임나일본부설의 가장 큰 문제는 그 사실성 여부를 떠나 일본 제국주의의 식민 지배를 정당화하는 논리로 이용되었다는 데 있다. 실제로 일제강점기에는 일선동조론日鮮同祖論과 함께 임나일본부설을 적극적으로 내세우면서 일본의 한반도 지배가 전혀 새삼스러운 것이 아니며 단지 과거의 상태로 돌아갔을 뿐이라는 궤변이 횡행하였다. 이런 까닭에 식민사학의 극복을 논의할 때 임나일본부설에 대한 비판과 부정이 빼놓을 수 없는 과제가 된 것은 당연한 일이었다.

본격적인 비판은 북한 학계에서 먼저 터져 나왔다. 1963년 김석형은 『력사과학』에 「삼한 삼국의 일본렬도 내 분국에 대하여」라는 논문을 발표하고, 얼마 뒤 『초기 조일관계 연구』라는 책을 펴냈다. 이른바 '분국설'로 불리는 그의 주장은 파격적이고 기상천외한 가설인지라 임나일본부설을 부동의 정설로 믿고 있던 일본 학계에 엄청난 파문을 일으켰다. 그 대략의 내용은 다음과 같다.

『일본서기』에 나오는 한반도 관련 사건은 실제 한반도 여러 나라와 야마토 조정 간에 벌어진 일이 아니다. 한반도에서 일본으로 건너간 이주민들이 각지에 세운 이른바 '삼한·삼국의 분국分國'들과 야마토 조정이 일본열도 내에서 벌인 사건이다. 임나일본부도 이러한 일본열도에 있었던 임나의 분국에 설치된 것이지, 한반도 남부의 임나에는 실제로 설치되지 않았다.

그는 『송서』 「왜국전」에 왜왕이 지배하는 나라로 거론된 '진한'과 '모한'(마한)이 5세기에는 이미 한반도에서 사라졌기 때문에 한반도의 본국을 지칭하는 것이 아니라 일본열도 내의 분국으로 보아야 합리적 이해가 가능하다는 주장을 펼쳤다. 이 주장은 임나일본부설을 전면 부정하는 데 그치지 않고, 한반도의 본국과 연계를 가진 분국들이 한동안 일본열도를 지배하였다는 공세적 논리로 나아갔다.

'분국설'의 파장이 완전히 가시기 전인 1972년, 이번에는 '광개토왕릉비문 조작설'이 제기되었다. 재일교포 사학자 이진희는 19세기 말에 일본 육군 참모본부가 광개토왕릉비에 석회를 발라 비문 내용을 일본에 유리한 방향으로 해석되도록 변조했다고 주장하였다. 임나일본부설의 가장 중요한 근거로 내놓은 광개토왕릉비문 자체를 믿을 수 없다는 폭탄선언이었다. 훗날 비문의 의도적 조작은 사실이 아닌 것으로 밝혀졌지만, 그의 주장은 근대 일본 역사학의 '제국주의적 체질'에 대한 반성을 촉구하는 계기가 되었다.

한편, 남한 학계에서는 오랫동안 이렇다 할 논의가 이루어지지 않다가 1970년대 후반에 이르러 천관우가 본격적으로 문제 제기를 시작하였다. 그는 『일본서기』에 나오는 임나 관련 사건의 주체는 야마토 조정이 아니라 백제라고 주장하였다. 백제 멸망 후 일본으로 건너간 백제인들이 『일본서기』 편찬에 맞춰 자료를 제출할 때 원래 백제가 주체로 되어 있던 기사를 왜가 주체로 된 기사로 바꾸었으리라는 추정을 내놓았다. 나아가 임나일본부의 실체란 백제가 가야 지역의 통치를 위해 설치한 파견군 사령부와 같은 것이며, 고대 일본의 한반도 남부 지배와는 아무런 관계가 없다고 주장하였다.

변형된 임나일본부설

여러 반론이 쏟아져 나오자, 일본 학계에서는 임나일본부설에 대한 수정 작업이 다양하게 이루어졌다. 가야 지역에 있던 왜(倭)계 주민의 자치기관이라는 견해, 가야와 왜의 외교교섭을 맡았던 기관이라는 견해, 왜가 설치한 상업적 목적의 교역 기관으로 보는 견해가 그것이다. 이 밖에도 비록 '200여 년에 걸친 야마토 조정의 임나 지배'를 강조하지는 않으나, 여전히 6세기 전반에 짧은 기간이나마 임나일본부는 군사적 지배를 위해 한반도 남부에 존재했다고 보는 설도 제기되었다. 이런 주장은 애초의 임나일본부설에 비해서는 상당히 후퇴한 모습을 보여준다.

그러나 여기서 간과하지 말아야 할 점이 있다. 처음의 주장에서 물러섰다고는 하지만 임나일본부설의 저변을 흐르는 인식의 기본 줄기, 즉 '고대 일본이 한반도에 군사적으로 진출하여 한반도 남부의 여러 나라에 강한 정치적 영향력을 미쳤다'는 생각 자체에는 근본적인 변화가 없다는 사실이다. 광개토왕릉비와 『삼국사기』를 비롯하여 우리 쪽 기록에 적잖게 등장하는 왜병의 존재는 결국 고대 일본의 군사력뿐 아니라 한반도 남부 지역에 대한 정치적 영향력을 보여준다는 주장은 여전히 살아있다. 변형된 임나일본부설도 가야 지역에서 왜의 역할을 전면 부정하지는 않는다.

역설적이게도 논의의 핵심은 임나일본부의 존재 자체가 아니라, 한반도 남부에 대한 고대 일본의 지배 또는 영향력 행사의 인정 여부에 있었던 셈이다. 이 점만 훼손되지 않는다면, 임나일본부가 군사적 성격의 지배 기관이든 아니든, 심지어 실제로 존재했든 안 했든, 그리 큰 문제가 되지 않는다고 여길 수도 있다.

발상의 전환이 필요하다

왜병이 가야 지역을 비롯하여 한반도 남부에 출몰했음은 광개토왕릉비와 『삼국사기』 등 우리 기록에도 많이 등장한다. 문제는 왜병 출몰이 어떤 동기에서, 또 어떠한 국제적 역학 관계에서 가능했는지를 따져보는 일이다.

고대사회에서 주변 세력들 간에 출병 등의 군사적 원조는 흔히 나타났다. 고구려는 4세기 초 서진의 요청에 따라 선비족 모용씨를 공격하는 군대를 보내기도 했고, 6세기 중반 백제가 신라와 공동작전으로 고구려로부터 한강 유역을 탈환할 때는 가야군이 백제를 돕기 위해 동원되기도 하였다. 또한 백제는 근초고왕 때 영산강 유역의 마한 잔여 세력을 정벌하면서 왜병을 동원했으며, 이후 광개토왕이 이끄는 고구려군에 맞서 반격전을 펼칠 때도 바다 건너 왜병을 끌어들였다.

물론 왜병이 위험한 바다를 건너 한반도까지 온 데는 그들 나름의 이유가 있었을 터다. 아무런 대가도 없이 한반도까지 원병을 보내지는 않았을 것이다. 도움을 청하는 쪽에서 어떤 보상을 약속했으리라는 점도 분명하다. 그것은 결국 상대적으로 앞선 선진 문물을 보급해주겠다는 등의 약속이었을 것이다. 이런 상호 혜택의 관계를 상정하지 않고서는 당시의 한일 관계를 제대로 이해하기 어렵다.

이때 백제가 왜에 전한 선진 문물은, 보는 관점에 따라 '번국藩國'에서 헌상한 공물貢物로 인식될 수도 있다. 『일본서기』의 표현 방식이 바로 그 대표적인 예다. 그러나 이것은 『일본서기』라는 역사서가 편찬된 당시 일본인의 의식일 뿐이지, 백제가 스스로 그렇게 생각했을 가능성은 거의 없다. 일본 학계에서 그동안 『일본서기』의 기록을 근거로 백제에서 '헌상獻上'했다고 주장해온 칠지도의 경우, 실제 명문 내용은 오히려 백제가 왜왕에게 '하사下賜' 한 것처럼 쓰여져 있다는 사실도 우리가 놓쳐서는 안 될 참고 사항이다.

한편, 그동안 우리 쪽에서는 은연중에 일방적인 문화 전파만을 강조함으로써 일본 쪽의 후진성을 부각하려는 경향이 있었다. 보통, 한반도 남부에는 일본 쪽의 유물·유적이 거의 나오지 않고, 나온다 하더라도 그 기원이 모두 우리 쪽에만 있다는 주장을 하기도 한다. 이 역시 잘못된 인식이다. 고대 일

바람개비 모양 청동기(파형동기巴形銅器)
한반도 남부에서는 일본 쪽 유물이 간혹 발견되는데, 이는 한반도와 일본열도의 정치 세력이 접촉하고
서로 오갔음을 보여준다. 왼쪽의 바람개비 모양 청동기는 가야 지역의 고분(김해 대성동 88호분)에서 나
온 유물로, 일본열도에서 제작된 것(가운데 파형동기는 나가사키 출토, 오른쪽 파형동기는 가가와 현 사누키
시 출토)과 모양이 흡사하다. 방패 앞면을 장식하는 데 쓰인 것으로 추정된다.

본이 한반도에 비해 문화 수준이 떨어졌음은 틀림없는 사실이지만, 일본 사
회도 그 나름대로 발전을 이루고 있었음을 인정해야 한다. 또 한반도와 일
본열도의 정치 세력이 끊임없이 접촉을 가진 이상, 많지는 않지만 일본 쪽
유물이 한반도 남부에서 발견되는 것도 당연하다. 물론 그것이 곧바로 일본
의 군사적 지배를 증명하는 자료가 될 수는 없다.

1960년대 후반부터 1970년대 전반에 걸쳐 한국군이 미군의 전쟁 수행을
돕기 위해 베트남에 파병된 적이 있다. 2004년에는 전후 복구와 의료 지원
을 목적으로 우리나라의 자이툰 부대가 이라크 현지에 파견되기도 하였다.
먼 훗날 다른 자료들이 모두 사라지고 파병 사실만 전하는 간략한 기록이
발견되었다고 가정해보자. 우리 후손이 당시의 정세를 무시한 채 그 간략한
기록만 가지고 20세기 후반과 21세기 초에 한국은 베트남과 저 멀리 중동
의 이라크까지 군사적으로 진출하여 그 지역을 지배했다고 주장하려 한다
면, 이를 어떻게 받아들여야 할까? 고대 한반도에 출몰한 왜병의 성격을 규
명할 때 우리 모두가 유념해야 할 비교 자료가 될 것이다.

고구려가 삼국을 통일하지 못한 이유

고구려의 첫 번째 도성인 졸본과 두 번째 도성인 국내성은 모두 압록강 북쪽의 중국 땅에 자리 잡고 있다. 1992년 한중 수교가 이루어지면서 졸본과 국내성, 만주 곳곳에 산재한 고구려 유적이 우리 앞으로 성큼 다가왔다.

많은 사람이 고구려의 거대한 산성과 웅장한 고분, 그리고 무덤 속에 그려진 화려한 벽화를 접하면서 찬란했던 고구려의 역사와 문화에 환호하였다. 그러면서 한편으로는 '신라가 아니라 고구려가 삼국을 통일했다면 저 넓은 만주 대평원은 모두 우리 땅이 되었을 텐데…'라는 생각에 잠겼을지도 모르겠다. 또, '그랬더라면 압록강과 두만강, 백두산 천지도 중국과 나누어 갖지 않고 온전히 우리의 것이 되었을 텐데'라면서 말이다.

고구려의 영화와 우리의 꿈

사람들은 대체로 가장 인상적이었던 것만 기억하려는 묘한 버릇이 있다.

고구려를 머릿속에 그릴 때도 대부분의 사람들은 남으로 한반도의 반 이상을, 북으로 넓은 만주 땅을 차지한 모습을 떠올릴 것이다. 그러나 고구려가 처음부터 그렇게 광대한 영토를 차지했던 것은 아니다. 고구려는 압록강 중·상류의 자그마한 나라에서 출발하였다.

고구려가 본격적으로 영역을 확장하기 시작한 무렵은 중국 대륙이 여러 나라로 분열한 4세기부터였다. 이때 낙랑·대방군을 멸망시켜 한반도 서북 지역을 장악하고, 부여를 공격하여 송화강 중류 일대도 차지하였다. 5세기 초 광개토왕은 오랜 숙원인 요동 진출을 이룩하여 강국의 기틀을 다졌고, 장수왕이 선왕의 업적을 공고히 하면서 동북아시아의 패자로 군림하였다.

장수왕은 475년에 백제의 수도 한성을 함락하고, 이후 신라 도성의 인근까지 공격하여 한반도 남부 깊숙이 영토를 확장하였다. 남한강변에 서 있는 충주 고구려비에는 신라를 '동이東夷'라 부르며 신라의 왕과 신하에게 고구려 관복을 내려주던 내용이 적혀 있다. 우리가 흔히 상상하는 고구려는 이때의 모습이다.

중국의 남북 왕조로부터 최상의 대우를 받으면서 대등한 외교를 펼치고, 북방 초원의 유연柔然 등과 관계를 맺는 한편, 유목국가와 중국 남조의 외교 관계를 중개할 정도로 독자적인 외교망을 구축했던 모습. 우리는 이때의 고구려를 머리에 그리면서 '고구려가 삼국을 통일했더라면…'이라는 가정을 해보곤 한다.

그러면 과연 고구려는 삼국을 통일할 수 있었을까? 아니, 삼국을 통일하려는 의지는 갖고 있었을까? 도대체 왜 이때 그 기세등등한 힘을 갖고도 삼국을 통일하지 못했을까? 우리의 바람과 달리, 고구려의 지배 세력은 백제와 신라를 당연히 통일해야 할 같은 민족의 일원으로 여기지 않았다. 고구려인들은 자신을 천하의 중심 국가로 설정한 다음, 신라를 '동이', 백제를

© 여호규

충주 고구려비
충주 고구려비는 광개토왕릉비를 축소
해 놓은 듯한 돌기둥 모양이며, 4면에 모
두 비문을 새겼던 것으로 짐작된다. 5세
기 고구려 중심의 천하관과 국토 인식,
관등제와 지방 제도 등과 관련된 중요한
내용을 담고 있다.

'백잔百殘'으로 부르면서 고구려에 복종시켜야 하는 속국쯤으로 여겼다.

　백제나 신라도 마찬가지였다. 자신들을 위협하는 강대한 고구려의 상황을
살피면서 세력을 만회할 기회만 엿보았다. 신라는 고구려에 적극 협조하는
척하면서 고구려를 통해 선진 문물을 받아들이며 내적인 성장을 꾀하였고,
백제는 처음부터 고구려를 적으로 인식하면서 왜를 끌어들여 고구려의 남
진을 막고 중국 왕조들과도 활발하게 교류하였다. 고구려 장수왕이 한성을
함락하기 직전, 백제 개로왕은 중국 북위에 외교문서를 보내 고구려 토벌을
요청하기도 하였다. 삼국이 서로를 당연히 통일해야 할 하나의 민족으로 바
라보는 인식이 형성되지 않았던 것이다.

　설령 고구려가 백제와 신라를 통일하려는 의지를 갖고 계획을 세웠다고
하더라도 일방적인 병합은 힘들었을 것이다. 백제와 신라는 비록 열세였지

만 서로 동맹을 맺어 고구려의 남진을 어느 정도 저지할 수 있었다. 또 당시 동아시아 국제 질서로 보아 고구려가 백제와 신라를 병합하려 했다면 중국 왕조들로부터 만만찮은 견제를 받았을 것이 틀림없다. 한반도와 만주 전체를 통일한 대제국 고구려라면 중국 왕조에게도 위협적인 존재로 여겨졌을 것이기 때문이다. 이에 고구려는 백제와 신라를 온존시키면서 최대한 남진하였고, 북으로도 북위나 유연과 적절히 타협하면서 영토를 확장하였다. '고구려가 삼국을 통일했더라면'이라는 소망은 바로 그 당시에도 실제로 이루어지기 힘든 우리의 꿈에 불과하다.

통일된 중국, 각축전을 벌이는 삼국

그러나 의문은 여전히 남는다. 신라는 비록 당나라와 군사동맹을 맺고 대동강 이북을 당나라에게 내주긴 했으나 삼국을 통일하지 않았는가? 고구려는 더 강대한 국력을 지니고서도 왜 삼국을 통일하지 못했을까?

고구려는 5세기 초에서 6세기 중엽까지 약 150여 년간 동북 아시아의 최강국으로 군림하였다. 그러나 6세기 중엽부터 대내외 정세가 급변하였다. 551년 신라와 백제 연합군의 공격을 받아 한강 유역을 상실하였고, 556년에는 동해안의 원산만까지 신라에 내주었다. 552년과 553년에는 북위北魏 말에 고구려로 망명한 유랑민들을 북제北齊의 위협에 견디지 못하고 내주어야했다. 몽골 초원에서는 돌궐이 유연柔然을 격파하고 새로운 강자로 부상하여 555년부터 고구려를 공격하였다.

그러나 이것들은 앞으로 중국 대륙에 찾아올 변화와 고구려에 닥칠 일을 생각하면 서곡에 지나지 않는다. 그동안 여러 국가로 나뉘어 분열되어 있던 시기를 마감하고 중국 대륙에는 통일 왕조가 등장하였다. 중국 대륙을 재통

심양瀋陽 석대자산성의 치성

1990년대에 새롭게 발견된 고구려 성곽으로, 전면 발굴 조사가 이루어지면서 다양한 형태의 치성도 여러 개 확인되었다. 특히 다시 쌓은 성벽에서는 수나라 동전이 발견되었는데, 고구려가 수나 당의 침공을 앞두고 성곽을 수리하며 방어 체계를 재정비했던 사실을 보여준다.

일한 수와 곧이어 들어선 당은 종전의 다원적 국제 질서를 거부하고 주변국들에게 중국 중심의 일원적 국제 질서를 강요했으며, 이를 거부할 경우에는 무력 정벌에 나섰다. 그렇지만 고구려는 수와 당이 추진하는 정책에 고분고분 따르지 않았다. 이는 항복이나 멸망을 의미했기 때문이다.

　이에 고구려는 수나 당의 침입에 대비하여 군사 방어 체계를 더욱 다지는 한편, 남쪽으로 백제와 신라를 공격하여 종전의 세력권 회복에 나섰다. 이로 인해 삼국 사이의 각축전은 더욱 치열하게 전개되었다. 수나 당은 삼국 간에 벌어지는 치열한 공방전을 바라보는 것만으로도 즐거웠다. 이런 가운데 백제와 신라가 고구려의 압박에서 벗어나기 위해 수·당의 대외 정책에 편승하여 고구려 정벌을 요청해오니, 수·당으로서는 더욱 반가웠다.

와방점瓦房店 득리사산성 전경
골짜기를 감싸며 능선을 따라 성벽을 쌓은 전형적인 포곡식 산성이다. 고구려인들은 이러한 포곡식 산성을 요동 지역에 줄지어 축조하여 지방 통치와 함께 군사 방어를 도모하였다.

    하지만 정작 수·당은 물샐틈없는 고구려의 군사 방어 체계와 이에 바탕한 전략·전술을 쉽게 뚫지 못하였다. 수나라는 100만 대군을 거느리고 무려 세 차례나 고구려를 침공했지만 성城 하나도 제대로 점령하지 못한 채 패하고 돌아갔다. 당나라도 주변국을 차례로 격파하고 첩자까지 보내서 치밀하게 준비한 다음 고구려를 침공했지만, 겨우 요동 평원의 몇 개 성곽을 점령하는 데 만족하고 물러나야 했다.

    당은 고구려의 철통 같은 군사 방어 체계를 쉽게 뚫을 수 없다는 사실을 깨달았지만, 그렇다고 뾰족한 대책을 세우기도 힘든 상황이었다. 이때 신라의 김춘추(태종무열왕)가 사신 자격으로 당나라에 갔다(648). 백제의 공격으로 위기에 처한 신라가 고구려에 구원을 요청했다가 거절당하자(642), 다시 당

27. 고구려가 삼국을 통일하지 못한 이유   **323**

나라에 구원의 손길을 내밀러 갔던 것이다.

김춘추는 "백제를 먼저 무너뜨리고 나서 고구려를 공략하자"고 제안하였다. 고구려 정벌에 실패한 당은 귀가 솔깃하였다. 신라와 당은 백제와 고구려를 차례로 멸한 뒤 대동강을 경계로 삼기로 하고 군사동맹을 맺었다. 삼국 간의 공방전에서 수세에 몰린 신라 지배층으로서는 당 중심의 일원적 국제 질서에 편승하는 방법이 살길이었는지도 모른다.

이로써 고구려는 남과 북 양쪽에서 협공을 받게 되었고, 당군은 신라로부터 군량을 지원받으면서 자유롭게 군사작전을 수행할 수 있게 되었다. 반면 난공불락 같았던 고구려의 군사 방어 체계나 월등함을 자랑하던 전략·전술은 심대한 타격을 받았다. 나당연합군은 660년 백제를 멸망시키고 곧이어 고구려 공격에 나섰다. 결국 668년 고구려는 나당연합군의 공격을 받아 멸망하였다. 그러면 왜 고구려는 삼국을 통일하기는커녕 자기 왕조도 지키지 못하고 멸망했을까?

분열된 귀족 세력, 곪아 터진 사회

고구려 멸망의 싹은 이미 100여 년 전부터 움트고 있었다. 545년 추운 겨울날, 평양성 거리가 피비린내로 가득 찼다. 안원왕이 위독하자, 둘째 왕비 추군麤群과 셋째 왕비 세군細君 세력이 왕위 계승 다툼을 벌인 것이다. 이는 새로운 점령지에 대한 이권과 기존 영토에 대한 지배권을 놓고 간간이 벌어지던 귀족 간의 다툼이 왕위 쟁탈전으로 발전한 사건이었다. 마침내 추군이 세군을 누르고 둘째 왕비의 왕자를 양원왕으로 즉위시키는 데 성공했으나, 그렇게 차지한 왕위는 2,000여 명의 피로 물든 뒤였다.

중앙의 왕위 쟁탈전은 지방에도 번져 557년 부수도副首都 국내성에서 간

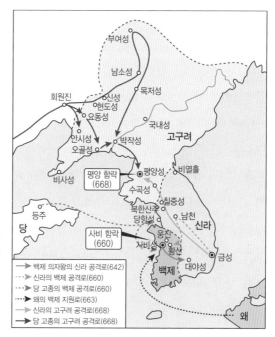

나당연합군의 백제와 고구려 공격
신라와 당은 648년에 군사동
맹을 맺은 다음, 660년과 668
년에 차례로 백제와 고구려를
협공하여 멸망시켰다. 이로써
700여 년 가까이 지속된 삼국
시대가 역사적 종언을 고하게
되었다.

주리의 난이 일어났다. 이 난은 곧 진압되었지만 고구려는 더욱 큰 내분으
로 빠져들었다. 이 무렵 대외 정세가 급박하게 돌아가는 상황이었지만 귀족
들은 내분으로 인해 민첩하게 대응하지 못하였다. 귀족 세력의 내분은 고구
려 중앙 정계에서 최고 실권자인 대대로를 타협이나 무력 대결로 3년마다
선출하는 귀족연립체제를 탄생시켰다.

　수나라가 중국 대륙을 재통일한 것은 이 무렵이었다. 이 소식을 들은 고
구려의 귀족들은 일시적으로나마 다시 단결하여 수나라의 침입을 물리쳤다.
그런데 수에 이어 들어선 당나라는 수나라와 달랐다. 수나라와 마찬가지로
중국 중심의 국제 질서를 사뭇 고구려에 강요하면서도 곧바로 대군을 이끌
고 공격해오지는 않았다. 단지 고구려의 사정을 염탐하면서 침공의 기회만

엿보았다. 당과 대립이 오래 지속되자 고구려의 귀족들은 점차 강경파와 온건파로 갈라졌다.

642년, 영류왕을 비롯한 온건파가 연개소문을 천리장성의 축조 책임자로 임명하여 변방으로 쫓아내려 하자, 연개소문이 쿠데타를 일으켜 영류왕 등 반대파 귀족 100여 명을 살해하고 권력을 장악하였다. 그는 귀족연립체제의 모순을 극복하려 노력하기보다는 사적인 권력 기반을 강화하면서 1인독재 체제를 확립하였다. 또한 대외적으로는 강경한 대외 정책을 추진하여 정적의 입지를 약화시키려 하였다. 신라의 구원 요청을 거절한 일도 이러한 강경책의 일환이었다. 이를 통해 당의 침공을 여러 차례 물리치는 성과를 거두기도 하였다. 그러나 그의 반대파는 여전히 전국 각지에서 성주로 건재했으며, 중앙 귀족의 내분은 언제 재연될지 모르는 상황이었다.

665년 연개소문의 죽음은 1인독재체제의 붕괴와 함께 귀족 세력이 또다시 충돌하는 데 불을 당겼다. 귀족 세력은 저마다 연개소문의 아들들을 하나씩 끼고 권력투쟁에 몰두하였다. 연개소문의 큰아들 남생은 아버지의 권력을 계승했으나 얼마 안 있어 동생 남건과 남산에게 권력을 빼앗겨 실각하였다. 동생들에게 쫓긴 남생은 국내성 등 여러 성을 당에 바치고 투항하였다. 그뿐 아니라 연개소문의 동생 연정토도 동해안 방면의 12성을 신라에 내놓고 투항하였다. 눈 깜짝할 사이에 고구려의 주요 전략 거점이 적에게 넘어갔다.

그 밖에도 중요한 성들이 투항자를 앞세운 나당연합군에게 차례로 점령당했고, 668년 9월 결국 평양성마저 내분 끝에 함락되었다. 700여 년의 역사를 간직한 고구려가 마지막 순간에 전쟁다운 전쟁을 제대로 한번 치르지 못하고 어이없이 무너진 것이다.

연개소문의 1인독재체제 수립으로 귀족들의 내분이 해소된 것처럼 보였지만, 실제로는 안으로 계속 곪아가다가 한번 터지자 고구려 사회 전체가 걷잡을 수 없이 붕괴되고 말았다. 통일된 중국이 삼국에게 강요한 중국 중심의 일원적 국제 질서가 고구려 멸망의 대외적 원인이기는 하지만, 사실 더 주요한 원인은 귀족들이 분열되어 정세 변화에 능동적으로 대응하지 못했다는 데 있다. 더욱이 쿠데타로 권력을 장악한 연개소문은 강경 일변도의 대외 정책을 추진할 수밖에 없었고, 이는 국제 정세 변화에 탄력적으로 대응하는 길 자체를 원천적으로 봉쇄하였다.

삼국 통일을 할 수 없었던 더 근본적인 원인 : 고통받는 백성

귀족들 간 내분의 이면에는 또 다른 문제가 숨어 있었다. 가장 근원적인 문제였는지도 모른다. 수·당의 침입, 삼국 간의 치열한 전쟁, 귀족들의 끊임없는 내분 속에서 큰 고통을 받은 이들은 백성이었다. 백성들은 전쟁터로, 공사장으로, 권력투쟁의 마당으로 끌려다니면서 하루 한 끼도 못 먹는 열악한 상태로 전락해갔다. 제때 농사짓지 못한 탓에 거둬들일 곡식도 없었다.

그런데도 귀족들은 호사스런 생활을 누리려고 더욱더 많은 세금을 거두어 갔다. 특히 권력투쟁에서 승자가 되기 위해 토지와 예속민을 불법적으로 늘리는 한편, 이들을 가혹하게 착취하였다. 굶주리는 사람은 늘어가고, 민심은 흉흉해졌으며, 곳곳에서 도적이 일어났다. 귀족들은 이 같은 백성의 형편에는 아랑곳하지 않고 오직 그들을 다스리기 위한 엄한 법률만 만들었다.

반역을 꾀한 자는 사람들을 모아 태우게 한 뒤 머리를 베었으며 그의 가족은 모두 호적을 몰수하였다. 수성전에서 항복한 자, 진지전에서 패배한 자, 다른 사람을 죽인 자, 행인을 겁탈한 자는 모두 죽였다. 물건을 훔친

자는 12배로 배상하도록 하였으며, 소나 말을 죽인 자는 노비로 삼았다.

— 『구당서』 「고구려전」

　앞의 사료에는 고구려 말기의 법률이 얼마나 엄격했는지 잘 드러나 있다. 특히, 행인을 겁탈한 자에게 사형을 내린 규정은 당시에 도적이 횡행했음을 알려준다. 고구려가 수나라의 침입을 여러 차례 물리치고 삼국 간의 전쟁에서도 주도권을 장악했지만, 내부적으로 보면 위로는 귀족들이 내분에 휩싸여 혼란에 빠지고 아래로는 백성들의 생활이 극도로 어려워지면서 사회 전체가 밑에서부터 무너지고 있었다.

　연개소문의 죽음으로 1인독재체제가 무너지고 귀족 세력의 내분이 대폭발하는 순간, 국가를 지탱하던 백성들이 동요하면서 고구려 사회 전체가 일시에 붕괴한 것은 너무나 당연한 귀결이었다. 결국 고구려의 멸망 원인, 나아가 고구려가 삼국을 통일하지 못한 가장 근본적인 원인은 고구려 사회의 내적 모순에 있었다. 7세기의 고구려 사회는 내부 모순이 극에 달했기 때문에 대외 정세의 변화에도 적절히 대응할 수 없었던 것이다.

　고구려가 멸망한 지 1,300년이 넘는 지금 시점까지도 '고구려가 삼국을 통일했더라면…' 하는 가정을 새삼 되뇌는 사람들이 있다. 혹시 과거의 '화려했던' 역사 속으로 현재의 자신을 묻으려는 것은 아닐까? 역사는 결코 현재의 도피처가 될 수 없고, 되어서도 안 된다. 과거의 역사는 우리에게 과거의 환상에 빠져들지 말고 과거에 대한 깊은 성찰을 통해 미래를 향하여 한 걸음이라도 더 나아가라고 준엄하게 말한다. 고구려의 삼국 통일을 그리면서 감상에 젖어들 여유가 있다면, 반대로 고구려가 삼국을 통일하지 못했던 여러 원인을 곱씹어보면서 오늘날 남북 분단을 극복할 방안을 찾아보는 일이 더 필요하지 않을까.

신라에만 여왕이 나왔던 이유

남성의 권한이 강했던 전통 사회에서 여성의 지위는 상대적으로 약할 수밖에 없었다. 특히 유교적 예법과 사회제도가 널리 보급된 조선시대의 경우, 어려서 부모를 따르고 시집가서는 남편을 따르며 늙어서는 자식을 따른다는 '삼종지도三從之道', 시부모에게 순종하지 않거나 자식(특히 아들)을 낳지 못하는 등의 일곱 가지 사유에 해당하면 내쫓을 수 있다는 '칠거지악七去之惡'이 여성을 억압하는 상징적인 규범으로 자리 잡아 사회 전체를 옥죄었다.

그러나 우리 역사를 살펴보면 여성이 정치의 주인공이 되어 활발히 활동한 시기도 있었다. 1,400여 년 전의 신라에서는 남성이 아닌 여성이 왕위에 올라 직접 통치한 일도 있다. 신라 제27대 선덕여왕(재위 : 632~647), 제28대 진덕여왕(재위 : 647~654), 제51대 진성여왕(재위 : 887~897)이 그 주인공이다. 고려·조선은 물론이거니와 삼국 중 고구려와 백제에는 전혀 여왕이 나타나지 않았다. 왜 신라에만 유독 여왕이 등장했을까?

성골만 왕이 될 수 있다

『삼국유사』는 신라 최초로 여성이 왕위에 오를 수 있었던 이유를 '성골 신분의 남자가 없었기 때문'이라고 기록하였다. 제26대 진평왕을 끝으로 성골 신분 남성의 대가 끊어져서 왕위를 이을 사람이 더 이상 존재하지 않았기 때문에, 어쩔 수 없이 진평왕의 딸인 선덕여왕이 즉위하게 되었다는 말이다. 그러면 당시 왕위 계승의 전제 조건인 '성골'이란 어떤 신분을 가리키며, 언제 그리고 왜 생겼을까?

신라에는 골품제라고 하는 독특한 신분제가 있었다. 이 골품제는 성골 외에 진골과 6~1두품까지 모두 8등급의 신분으로 구성되었다. 그러나 성골은 진덕여왕이 사망한 뒤 소멸되었고, 3~1두품도 일찍이 일반 백성과 구별이 없어지면서 신분으로서 의미를 상실하게 되었다.

골품 신분 가운데 왕족인 성골과 진골은 최고 관직을 독차지하면서 배타적인 특권을 누렸다. 이에 반해 나머지 신분층은 관직에 나아갈 기회뿐만 아니라 일상생활에까지 큰 제약을 받았다. 심지어 평상시 사용하는 그릇이나 옷차림, 거주하는 방의 크기에 이르기까지 신분에 따른 규정과 통제를 받았다.

『삼국사기』에는 신라의 시조 혁거세부터 제28대 진덕여왕까지를 모두 성골 출신이라고 하여, 마치 원래부터 성골 신분이 존재했던 것처럼 기록되어 있다. 그러나 오늘날 학자들의 연구에 따르면, 진골과 성골은 따로 존재했던 신분이 아니라 본래 진골 하나만 존재했었다고 한다. 그러다가 어느 시기엔가 진골 가운데 일부가 '우리들은 다른 진골과 달리 한층 더 신성한 족속'이라는 선민의식을 가지고 스스로를 한 단계 높여서 성골을 표방했다는 것이다.

진종 설화와 성골

신라의 왕이 될 수 있는 전제 조건인 성골은 불교가 크게 발전하는 과정에서 생겨났다. 불교는 왕실과 국왕의 권위를 수식하는 데 적극적으로 활용되었다. 제23대 법흥왕이란 왕명은 바로 '불법佛法을 일으킨(興) 왕'이라는 뜻이다. 또한 제24대 진흥왕의 맏아들인 동륜銅輪과 둘째 아들인 금륜金輪은 불교에서 이상적인 제왕으로 일컫는 전륜성왕轉輪聖王(금륜·은륜銀輪·동륜·철륜鐵輪) 중에서 따온 이름이다. 정법正法을 통해 세상을 다스린다는 전륜성왕을 이렇듯 왕족의 이름에까지 차용했던 것으로 보아, 신라 왕실에서 국가 통치 이념으로 불교를 적극 활용했음을 알 수 있다.

왕명도 선덕여왕을 제외하면 제24대 진흥왕 이후 제28대 진덕여왕까지 모두 '진眞' 자가 붙어 있는 것이 특징이다. 특히 동륜 태자의 세 아들인 진평왕眞平王, 진정갈문왕眞正葛文王(백반伯飯), 진안갈문왕眞安葛文王(국반國飯) 등 모두 '진' 자가 붙은 사실은 시사하는 바가 매우 크다. 이와 같이 왕명이나 호칭에 '진' 자를 많이 사용한 것은 불교의 '진종설眞種說'과 관련이 깊다. 진종眞種이란 '진정한 종족'이라는 뜻인데, '석가모니와 같은 종족'이라는 의미를 담고 있다.

석가모니는 원래 가비라국迦毘羅國의 왕자 출신으로, 그 사회적 신분이 찰리종刹利種(크샤트리아=왕족)이었다. 신라 왕실에서는 자신들을 스스로 인도의 석가모니와 똑같은 찰리종이라 하면서, 급기야 석가모니 왕실이 신라에 그대로 옮겨 와 다시 그 모습을 드러냈다고 주장하였다. 제26대 진평왕의 이름인 '백정白淨'과 왕비 '마야부인摩耶夫人'은 각각 석가모니의 부모 이름에서 따온 것이며, 진평왕의 두 동생 '백반伯飯'과 '국반國飯'은 석가모니 삼촌들의 이름과 같다. 신라 왕실이 자신들을 석가모니와 같은 종족이라고 표방한 것

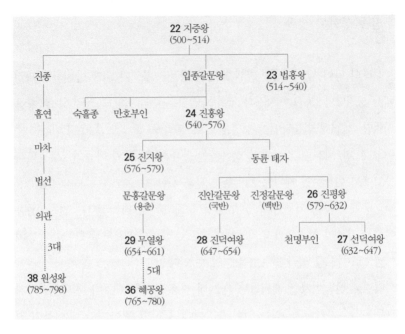

신라 왕실 계보도 1

은 스스로를 한층 더 신성하고 선택받은 족속이라고 주장함으로써 다른 왕족과 본질적으로 다른, 곧 차별적인 존재임을 드러내기 위한 것이었다.

이와 같은 차별화가 언제 분명히 이루어졌는지는 확실하지 않지만, 대략 진평왕 때의 일이라 짐작된다. '신라 왕실 계보도 1'에서 보듯이 제25대 진지왕의 아들인 용춘龍春은 신분상 특별한 결함이 없고, 게다가 그 부인은 진평왕의 딸이자 선덕여왕의 자매인 천명부인이었다. 하지만 용춘은 선덕여왕이 왕위에 오를 때까지 살아있는데도 불구하고 성골이 아니라는 이유로 왕위에 오르지 못하였다. 이는 그 무렵에 이미 선덕여왕계 가문과 용춘계 가문 사이에 뚜렷한 신분상의 차별이 있었기 때문일 것이다. 결국 진평왕과 그 형제들은 부친인 동륜을 정점으로 자신들을 다른 진골과 구분하기 위해 불교의 진종설을 끌어와 '성골'이라는 더 신성한 신분층으로 자처했고, 이 성골을 왕위 계승의 전제 조건으로 삼았다.

여왕에 대한 귀족들의 반발

진평왕에게는 아들이 없었다. 그는 자신의 딸을 왕위에 앉히기 위해 성골만이 왕위를 계승할 수 있다는 전제 조건을 내걸었다. 이렇게 성골이라는 명분을 내세워 마침내 632년, 진평왕의 뒤를 이어 그의 딸이 최초의 여왕이 되었다. 그러나 여왕에 대한 반발이 만만치 않았다. 먼저, 내부적으로는 국왕의 권위와 위신이 약화되어 국정을 통솔하는 데 많은 한계가 있었을 터다. 게다가 고구려·백제의 공격이 점차 치열해지면서 국가적인 위기가 닥치자 그 한계는 더욱 크게 느껴졌을 것이다.

당시 신라와 매우 우호적 관계에 있던 당나라조차 여왕의 존재를 탐탁지 않게 여겼다. 고구려·백제의 공격에 시달리다 못해 당나라에 군사 지원을 요청하러 간 신라의 사신에게 당 태종은 이러한 해결책을 내놓는다. "너희 나라는 여왕의 권위가 서지 않은 탓에 이웃 나라의 공격을 받는다. 당나라 왕족을 보낼 테니 그를 너희의 왕으로 삼으면 어떠냐?" 이 말을 들은 신라 사신은 묵묵부답했다고 한다.

이렇듯 안팎으로 여왕의 권위가 실추되자, 신라 왕실은 여왕의 즉위를 좀 더 합리적으로 정당화할 명분이 필요하였다. 이를 위해 먼저 선덕여왕이 왕이 될 수 있는 충분한 자격을 갖추었을 뿐만 아니라, 다른 사람보다 훨씬 뛰어난 능력을 지녔다고 강조하였다.

『삼국유사』에는 선덕여왕의 뛰어난 선견지명 세 가지가 전한다. 그 하나는, 당 태종이 보낸 모란꽃 그림에 나비가 그려져 있지 않음을 보고서 향기가 없는 꽃임을 예측하여 주위 사람들을 감탄시켰다는 이야기다. 이때 선덕여왕은 당나라 황제가 모란꽃 그림과 씨를 보내준 일을 두고, 자신에게 향기가 없어 배필이 없다며 희롱했다고 받아들였다. 그런데 사실 당나라에서는 꽃을 그릴 때 관례적으로 벌과 나비를 함께 그려 넣지 않았다. 그럼에도 불구하고 선덕여왕은 지레짐작으로 그림의 의미를 위와 같이 해석하였다. 그러고서 634년에 창건한 사찰의 이름을 '향기가 있는 임금의 사찰'이라는 뜻인 '분황사芬皇寺'라 지었다고 한다.

또 다른 선견지명은, 겨울철에 개구리 떼가 영묘사靈廟寺의 옥문지玉門池라는 연못 부근에서 사나흘 계속 울어대자 서쪽 변방의 여근곡女根谷에 백제 군사가 몰래 쳐들어와 매복해 있음을 알아차리고, 장수를 보내 백제군을 격퇴시켰다는 일이다. 마지막 세 번째는, 선덕여왕이 살아있을 적에 자신이 언제 죽을 것이라 예언했는데, 실제 그달 그날에 죽었다고 한다.

선덕여왕의 예지력을 강조하는 내용 자체는 후대에 윤색되었을 가능성이 크다. 이렇게 선덕여왕을 미화시키고 보통 사람과 다르다는 점을 부각한 이유는 그녀가 왕으로서 충분히 자격을 갖추었음을 드러내기 위해서다. 곧 이를 통해 여왕에 대한 부정적 편견을 불식하려는 의도가 컸기 때문이었다.

불교를 이용하여 여왕의 권위를 강화시키는 작업도 지속적으로 전개되었다. '선덕善德'이라는 왕명은 불교에서 유래한 말이다. 불교 경전인 『대방등무상경大方等無想經』에 따르면, 선덕은 훗날 전륜성왕이 될 사람으로 석가모니가 예언한 자의 이름이다. 또한 이 경전에는 석가모니의 열반 후 겨자씨만큼이나 많은 사리를 공양함으로써 도리천주忉利天主가 되고 싶다는 선덕바라문의 소원이 실려 있다. 선덕여왕은 죽어서 도리천에 묻어달라고 유언했으며, 그 장소로 경주 낭산의 남쪽을 지목하였다. 현재 낭산의 남쪽에 선덕여왕릉이 위치하고 있다. 이처럼 선덕이란 왕명은 바로 '도리천 왕생 신앙'

경주 남산 불곡 마애여래좌상(감실석불좌상)
신라의 동쪽 남산 불곡(부처골)에 위치한 부처님이다. 어떤 학자는 이 석불의 모델을 선덕여왕으로 보기도 한다.

과 깊은 관련이 있다.

선덕여왕이 거대한 황룡사 9층탑을 세운 것도 실추된 왕실의 권위를 높이고 대외적으로 위신을 회복하려는 목적 때문이었다. 자장법사가 중국의 오대산에서 수행할 때 문수보살이 나타나서 "너희 국왕(선덕여왕)은 인도 찰리종의 왕이므로 다른 족속과는 다르다"고 말했다고 한다. 또한 그가 중국의 태화지太和池라는 연못가를 지나다가 신인神人을 만났을 때 신라가 주변 나라들의 침입으로 고통을 당하고 있다며 호소했더니, 신인으로부터 다음과 같은 말을 들었다고 한다. "너희 나라는 임금이 여자라서 덕德은 있으나 위엄이 없기 때문에 이웃 나라의 침입을 받고 있다. 그러나 만약 황룡사에 9층탑을 세운다면 이웃 여러 나라가 모두 항복하고 해마다 조공을 바칠 것이다." 자장은 곧바로 귀국하여 황룡사탑을 세울 것을 여왕에게 건의했다고 한다. 황룡사탑을 완성하고 난 뒤 자장은 진흥왕 대에 조성한 황룡사장육존상皇龍寺丈六尊像, 진평왕의 천사옥대天賜玉帶와 함께 9층탑을 일컬어 신라의 세 가지 보물이라고 주장하면서 선덕여왕이 진흥왕과 진평왕을 잇는 정통의 왕위 계승권자임을 강조하였다.

그러나 이러한 노력에도 불구하고 여왕에 대한 신라 귀족들의 반발은 조금도 수그러들지 않았다. 647년(선덕여왕 16), 신라 귀족의 최고위직인 상대등의 자리에 있던 비담은 염종 등과 함께 "여왕은 나라를 잘 다스릴 수 없다"며 대규모의 반란을 일으켜 국왕을 갈아치우려 하였다. 김유신 등이 비담의 난을 진압했지만, 그 와중에 선덕여왕은 병으로 사망하였다.

선덕여왕에 이어 그녀의 사촌인 진덕여왕이 성골이라는 조건에 힘입어 왕위에 올랐다. 그러나 이미 여왕 통치에 대한 귀족들의 불만이 반란으로까지 표출되고, 왕실의 위신도 크게 추락함에 따라 진덕여왕의 국정 장악력은 약화될 수밖에 없었다. 그 결과 진덕여왕 재위 기간 중에는 당시 실권자였던 김춘추와 김유신 세력이 정치를 주도해 나가는 형국이 되었다. 결국 진덕여왕의 죽음과 함께 성골은 사라졌고, 김춘추가 제29대 태종무열왕으로 즉위함에 따라 진골 출신자가 왕위에 오르는 시대가 열렸다.

신라 말 진성여왕의 즉위

제51대 진성여왕의 등장은 선덕여왕이나 진덕여왕과 사뭇 다른 배경을 지니고 있다. '신라 왕실 계보도 2'에 보이는 바와 같이 진성여왕의 아버지인 경문왕은 제43대 희강왕의 손자이며, 제47대 헌안왕의 사위로서 왕위에 올랐다. 헌안왕은 선덕여왕과 진덕여왕처럼 여자가 왕위에 오르는 것을 탐탁지 않게 여겼다. 그 때문에, 아들이 없고 딸만 둘을 둔 헌안왕은 왕위를

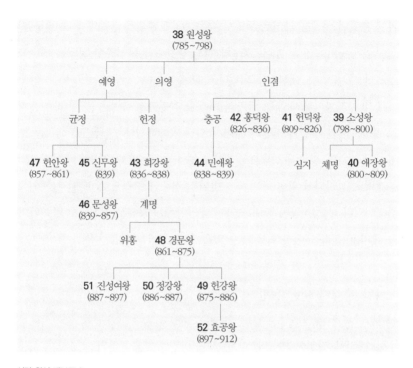

신라 왕실 계보도 2

딸 대신 사위에게 물려주었다. 사위가 왕위에 오르자, 이번에는 왕의 친족
세력과 일부 귀족들이 크게 반발하였다. 이로 인해 경문왕의 재위 기간 중
에는 세 차례나 반란이 일어났다. 위기에 처한 왕권을 회복하고자 경문왕은
각종 제도 개혁과 학문 진흥을 통해 통치력을 강화해 나갔고, 그 결과 어느
정도 정치적 기반을 다질 수 있었다. 그리하여 헌강왕·정강왕·진성여왕에
이르기까지 그의 세 자식이 연이어 안전하게 왕위를 계승할 수 있게 되었던
것이다.

　진성여왕은 제50대 정강왕의 유언에 따라 왕위에 올랐다. 헌안왕이 여왕
에 거부감을 가졌던 데 비하여, 정강왕은 오히려 선덕여왕과 진덕여왕이 왕

위에 올랐던 선례를 근거로 들면서 여동생에게 왕위를 물려주었다. 결국 진성여왕이 왕위에 오른 것은, 경문왕 일가가 왕위를 독점하여 정치적 기반을 공고히 하려는 의도에서 비롯되었다고 할 수 있다.

그러나 진성여왕 대에는 국왕의 사생활 문란으로 정치 기강이 해이해지고 자연재해까지 겹쳐 농민의 삶이 극도로 황폐해졌다. 전국 도처에서는 도적이 봉기하여 정부에 정면으로 대항하였다. 또한 지방에 대한 중앙정부의 통제력도 상실되어 왕권이 미치는 범위도 경주를 중심으로 한 일부 지역에 한정되었다. 진성여왕이 끝내 조카인 효공왕에게 왕위를 넘겨주고 물러나기는 했지만, 신라는 이미 회복할 수 없을 정도로 기울어졌다.

여왕 통치에 대한 논란

선덕·진덕·진성여왕이 비록 골품제를 바탕으로 즉위하기는 했지만, 이들 모두가 한 시대를 호령했던 여장부라는 사실은 확실하다. 그러나 그 시대 일부 신라인은 물론이거니와, 뒷 시기인 고려와 조선의 정치가·유학자들은 여자의 정치 참여에 매우 심한 거부감을 드러냈다. 김부식은 『삼국사기』에서 선덕여왕의 즉위에 대해 "난세에나 있을 법한 일이다. (여자가 왕이 되었음에도 불구하고) 나라가 망하지 않은 것은 정말 다행이다."라고 비난했을 정도다. 심지어 신라가 멸망한 직접적인 원인을 진성여왕의 실정失政 때문이라고 몰아붙이기도 하였다.

여왕들이 나라를 다스리는 동안에 수많은 사건이 발생했던 것은 사실이다. 그러나 그러한 정치·사회적 문제들이 '여자가 왕이 되었기 때문'에 나타난 일만은 아니다. 남성이 왕위에 있을 때도 커다란 사건과 정치적 실책은 무수히 일어났다는 점을 항시 염두에 두어야 한다.

29

화랑과 화랑도의 실체

660년(태종무열왕 7) 신라의 김유신 장군은 5만의 군사를 거느리고 백제의 황산벌로 진격하였다. 당나라와 연합하여 백제를 멸망시키기 위한 출정이었다. 백제의 장군 계백은 가족을 모두 죽이고 결연한 자세로 5천 결사대를 이끌고 와서 미리 진을 치고 기다렸다. 신라군이 네 번이나 백제 진지를 공격했으나 모두 실패하였다. 병사들의 힘이 빠지고 사기는 땅에 떨어졌다.

이때 16세의 관창이 단기필마로 적진을 향해 돌진하였다. 처음에 계백은 관창을 사로잡았으나 어리다는 이유로 신라군 쪽에 그냥 돌려보냈다. 그러나 관창이 다시 돌진해오자, 이번에는 그의 머리를 베어 말안장에 매달아 보냈다. 이를 본 신라군은 분이 복받쳐 죽을 각오로 진격하여 마침내 대승을 거두었다.

김유신은 계백의 5천 결사대를 무찌르고 사비성으로 진격하여 결국 백제를 멸망시켰다. 황산벌에서 국가를 위해 초개처럼 목숨을 버린 관창! 우리는 그를 신라의 대표적인 화랑으로 기억하고 있다.

충용과 신의의 표상, 신라의 화랑

김흠운金歆運은 무열왕의 사위이자 화랑 문노文努의 낭도였다. 그는 655년 (태종무열왕 2) 조천성(충북 영동군 양산면) 전투에 낭당郎幢 부대의 대감大監으로 참여하였다. 흠운은 불리한 상황에서 주위 사람들이 적극 만류했음에도 불구하고 칼을 뽑아 휘두르며 백제군과 맞서 싸워 몇 사람을 죽이고 장렬하게 전사하였다. 그를 따라 예파와 적득, 보용나 등이 적진에 뛰어들어 싸우다가 죽었다. 무열왕의 사위라는 고귀한 신분을 지녔지만 전장에서 결코 물러서지 않는 진정한 용기와 불굴의 의지를 보여준 김흠운! 그는 황산벌 전투에서 신라군의 승리에 결정적인 기여를 한 관창과 함께 충용스러운 화랑상의 전형으로 꼽힌다.

화랑 사다함斯多含은 그의 낭도와 함께 562년(진흥왕 23) 신라가 대가야를 공격할 때 참전하였다. 사다함은 대가야를 정벌하는 데 1등 공로자였다. 진흥왕은 사다함에게 대가야 사람 300명을 상으로 주었으나 그들을 모두 양민으로 풀어주었다. 또한 왕이 포상으로 내린 토지를 군사들에게 나누어 주어 아름답다는 칭송을 들었다. 사다함은 친구 무관랑이 병으로 사망하자 몹시 슬프게 울다가 끝내 친구를 따라 7일 만에 죽었다. 그때 그의 나이 겨우 17세였다. 같이 죽기로 친구와 맹세하고 그 약속을 지킨 사다함! 그는 충용과 신의를 겸비한 화랑의 표상이었다.

이 밖에도 『삼국사기』에는 나라를 위해서라면 목숨도 아끼지 않은 여러 화랑과 그 낭도의 전기가 전한다. 신라는 충용과 신의를 소중하게 여긴 화랑도花郎徒를 군사 조직으로 적극 활용하여 마침내 삼국 통일의 위업을 달성하였다.

과거 박정희 군사정권 시절에는 이와 같은 화랑도의 정신을 애국심 고취의 방편으로 활용했던 적이 있다. 그 영향 때문에 많은 사람이 화랑도에 친숙해질 수 있었다. 그런데 화랑도는 전쟁터에 나아가 용감무쌍하게 전공을 세운 것만은 아니다.

그들은 노래 부르고 춤추며 서로 즐기면서 명산대천을 두루 찾아다녔다. 다시 말해 풍류를 즐긴 놀이집단이기도 했다. 이렇듯 유희를 즐기는 화랑도는 우리에게는 친숙하지 않은 편이다. 과거 정부 차원에서 화랑도의 일면적인 상만을 강조한 결과다. 충용과 신의를 소중하게 여겼을 뿐만 아니라 풍류도 마음껏 즐긴 화랑도의 성격을 종합적으로 이해할 때, 화랑도의 진실된 모습에 한 발 더 다가갈 수 있다.

화랑도의 창설

『삼국사기』「신라본기」는 진흥왕 37년(576)에 화랑도를 창설하였다고 전한다. 그러나 진흥왕 23년(562)에 화랑 사다함이 대가야 정벌에 참여했으니, 화랑도는 진흥왕 대 초기(540년대)에 이미 창설되었다고 보아야 한다.

화랑도가 창설되기 이전에는 원화源花 제도가 존재하였다. 임금과 신하들이 관리로 삼을 인물의 사람됨을 알아볼 방법이 없어 걱정하다가, 무리를 지어 함께 모여 놀게 하고 그 행동을 살펴본 뒤 그들 가운데서 관리를 발탁할 계획을 세웠다. 마침내 남모南毛와 준정俊貞이라는 뛰어난 미녀를 원화로 뽑고 무리 300여 명을 모았다. 그러나 두 명의 원화가 서로 질투하여 준정이 남모를 살해하자, 원화 제도를 곧바로 폐지하였다.

그 후 다시 남자를 택하여 곱게 꾸며 화랑이라 명명하고 받드니, 무리가 구름처럼 몰려들었다고 한다. 화랑도는 삼한의 청년 조직에서 기원했다고 알려진다. 삼한의 청년 집단은 일종의 노동공동체 조직이면서 전쟁이 발생하면 전사戰士 집단으로 전환되었다. 진흥왕은 기존의 청년 집단을 국가의 조직 체계로 흡수 통합하여 화랑도를 창설한 것이다.

원화 제도와 마찬가지로 화랑도의 창설 동기 역시 훌륭한 인재를 선발하는 데 있었다. 그러나 단지 그 이유로만 화랑도를 창설했다고 제한할 수는 없다. 진흥왕은 원화 제도가 폐지된 뒤 나라를 흥하게 하려면 풍월도風月道를 먼저 해야 한다고 언급하면서 화랑도를 창설하도록 명령하였다. 나라를 흥성시키고자 할 때, 일차적으로는 군사력을 먼저 키워야 한다. 진흥왕은 화랑도를 전사단으로 편성하여 군사력을 키우고자 의도했을 것이다. 그 결과 "어진 보필자와 충신이 화랑도로부터 나왔고, 훌륭한 장수와 용감한 병졸이 이로부터 생겼다"라고 김대문金大問이 『화랑세기』에서 말하였다.

화랑도의 조직과 운영

김유신은 15세에 화랑이 되었다. 화랑 사다함은 17세에, 관창은 16세에 사망하였다. 헌강왕의 사위로 제48대 왕(경문왕)에 등극한 김응렴金膺廉은 15세 때 화랑으로 활동하였다. 대체로 15~16세의 청년이 화랑으로 임명되었음을 알려준다.

『삼국사기』에서 김부식은 신라시대에 화랑이 통틀어 200여 명이었다고 언급하였다. 제1대 화랑은 설원랑薛原郎이고, 5대, 6대, 7대 화랑은 거열랑居烈郎, 보처랑寶處郎, 보동랑寶同郎이었다. 김유신과 그의 동생 김흠춘金欽春(김흠순金欽純), 그리고 문노文努, 죽지랑竹旨郎, 미시랑未尸郎, 기파랑耆婆郎, 효종랑孝宗郎, 부례랑夫禮郎도 화랑이었다.

고려·조선시대 자료에 영랑永郎, 남랑南郎, 술랑述郎, 안상安詳 등 사선四仙, 즉 네 명의 화랑이 거느린 무리가 3천이었다고 전한다. 이는 4명의 화랑이

삼일포

휴전선 북쪽의 강원도 고성군 삼일포리에 있는 호수로, 화랑도가 찾아가 즐겼던 명소 중 한 곳이다. 신라의 사선四仙이 사흘간 이곳에서 놀았다고 해서 '삼일포'라는 이름을 얻었다고 한다.

거느린 무리 전체를 가리킨다. 화랑 사다함의 낭도는 1천여 명이었고, 화랑 부례랑과 효종랑의 낭도 역시 마찬가지였다. 화랑 한 사람이 거느린 낭도는 적게는 수백 명에서 많게는 1천여 명에 이르렀다.

동시대에 여러 명의 화랑이 존재했으며, 그들을 따르는 낭도에는 진골뿐만 아니라 일반 백성들도 포함되었다. 화랑도에는 승려도 소속되어 있었는데, 이 승려가 낭도들의 교육을 담당하였다. 전쟁이 일어나면 화랑도는 전사단으로 편제되어 출정하였다.

조정에서 화랑도 조직을 총괄한 관리는 화주花主라고 불리는 이들이었다. 화주에는 대아찬 이상의 고위 관리가 임명되었으며, 정치적으로 막강한 권력을 행사하였다. 진평왕 대에 화주가 죽지랑의 낭도 간진侃珍에게 뇌물을 받은 아찬 익선益宣을 잡아오도록 명령하고, 그의 아들을 얼려 죽였다는 일화가 전한다.

화랑을 임명하는 일은 화주가 맡았다. 화주가 진골의 청년 가운데서 화랑을 뽑아 임명했는데, 이때 가문이나 부모의 정치적 영향력이 상당히 작용했을 것이다. 한 명의 화랑이 수많은 낭도를 통솔하기 위해서는 넉넉한 자금과 정치적 후원이 필요하였다. 따라서 실질적으로 화랑 조직은 화랑의 부모인 진골 귀족에 의해 운영되었다고 보아도 크게 틀리지 않다. 또한 화랑의 부모에게는 화랑도가 매우 든든한 정치적 기반이 되었을 것이다.

화랑과 낭도는 한번 관계를 맺으면 평생 서로 후원하며 친밀한 관계를 유지하였다. 심지어 김유신의 낭도인 열기裂起는 유신 사후에 그의 아들 삼광三光을 찾아가 삼년산군(충북 보은) 태수직을 요구하여 뜻을 이룬 적도 있다.

화랑도의 변질

화랑도는 명산대천을 찾아다니고 즐겼으며 멀리 이르지 않은 곳이 없었다고 한다. 화랑도가 즐겨 찾던 명소로는 금강산, 총석정의 사선봉四仙峰, 금난굴金蘭窟, 삼일포의 석감石龕과 사선정四仙亭, 영랑호永郎湖와 경포대, 한송정寒松亭, 설악산 등이 있다. 화랑 효종랑은 경주 남산의 포석정에서 낭도들과 노닐며 즐겼다고 한다. 울산시 울주군 두동면 천전리에 있는 '천전리 각석'에는 화랑의 이름이 여럿 새겨져 있는데, 이를 통해 천전리 계곡 역시 화랑도가 찾아가 즐긴 명소 중 하나였음을 알 수 있다.

삼국 통일 이전에 신라는 백제, 고구려와 치열한 각축전을 전개하였다. 이러한 상황에 아랑곳하지 않고 화랑도가 늘 한가롭게 즐겼다고 보는 것은 상식에 맞지 않는다. 전쟁이 끊임없이 일어난 이 시기에는 전사단적인 성격이 더 강조되었을 것이기 때문이다. 그러나 삼국 통일 이후 전쟁의 공포가 사

© 하일식

© 전덕재

© 하일식

천전리 각석 명문

울산광역시 울주군 두동면 천전리에 있다. 바위의 위쪽에는 선사시대의 여러 문양이 새겨져 있고, 아래 쪽에는 법흥왕을 비롯한 왕족들이 행차한 기록이 전한다. 그 기록의 주변 여러 군데서 화랑의 무리가 새긴 글자들이 발견되었다. 아래 오른쪽 사진에서 왼쪽 위에 '永郎영랑', 오른쪽 아래에 '官郎관랑'이라는 글자가 보이는데, 신라 청년들이 찾아와서 새긴 이름이다.

라지고 장기간의 평화가 지속되자, 화랑도도 자연히 무예 단련이나 도의 연마보다는 명산대천을 찾아다니면서 노래 부르고 춤추며 상호 간의 친목과 우의를 다지는 데 더 많은 관심을 기울이게 되었다.

이러한 화랑도의 모습은 삼한의 청년 집단이 국토를 순례하고 성스러운 산을 참배하던 전통과 연결되며, 또한 신선神仙 사상과도 밀접한 관련이 있다. 화랑을 국선國仙이라 부르고, 화랑도花郎道를 풍류도風流道 또는 풍월도風月道라고 표현하며, 화랑의 낭도가 되면 '풍류황권風流黃卷에 이름을 올렸다'고 표현했는데, '국선'이나 '풍류' 등의 표현은 모두 신선 사상으로부터 유래한 말이다.

삼국 통일 이전에는 화랑을 미래의 부처인 미륵으로 간주하기도 했다. 이를테면 진지왕 대 국선인 미시랑을 미륵이라고 인식했으며, 김유신의 낭도를 용화향도龍華香徒라고 불렀다. 미륵은 용화수 아래에 내려와 중생을 구제하는 미래의 부처이므로, 김유신의 낭도가 용화향도라고 일컬어졌음은 곧 김유신을 미륵으로 인식하고 따랐다는 셈이 된다.

신선 사상과 불교 사상 외에 화랑도에는 유교 이념도 반영되어 있다. 화랑도가 연마한 도의道義의 내용으로 널리 알려진 원광법사의 세속오계世俗五戒에서 유교 이념을 확인할 수 있다. '임금을 섬기되 충성으로써 하며(事君以忠)', '부모를 섬기되 효성으로써 한다(事親以孝)'는 덕목이 바로 그것이다.

통일신라기에 화랑도가 이렇듯 유교, 불교, 신선 사상까지 받아들이며 숭배했기 때문에 최치원崔致遠은 난랑비鸞郎碑에서 "나라에 현묘한 도가 있으니, 바로 풍류라 한다. 가르침의 근원에 대해서는 선사仙史에 자세히 갖추어져 있거니와, 실로 이는 삼교(유교·불교·선교)를 모두 포함하고 뭇 백성과 접하여 교화한다."라고 기술하였다.

고려시대에 양갓집의 자제 4인을 선발하여 신선이 입는 무지개 옷을 입히고 팔관회에서 사선악부四仙樂部에 맞춰 열을 지어 춤을 추게 했다고 한다. 무지개 옷을 입고 춤을 춘 양가의 아들 네 자제를 '사선四仙' 또는 '선랑仙郞'이라고 불렀다. 고려시대에 이르러 화랑도는 충용스런 전사단, 관료 예비군으로서의 모습은 온데간데없이 사라졌으며, 이제 한갓 가무를 즐기며 신선 놀음하는 존재로만 인식될 뿐이었다.

조선시대에는 유교를 숭상한 반면 불교 및 신선 사상, 샤머니즘을 가혹하게 탄압했기 때문에, 그것들과 결합된 화랑도의 유풍이 제대로 전승되기 어려웠다. 당시 화랑의 유풍은 주로 민간의 천속賤俗으로 계승되었다. 남자 무당, 무당의 남편, 창우倡優(광대), 무동舞童, 유녀遊女를 화랑이라고 불렀다. 노래 부르고 춤추며 즐긴 화랑도의 유풍이 조선시대에 이르러 무당·무동 등으로 왜곡되고 변질되어 전승된 것이다. 시간이 지나면서 과거의 역사가 왜곡, 변질되어 전승될 수 있음을 새삼 일깨워준 사례의 하나다.

화랑 제도는 원래 신라 귀족 사회가 인재 발굴을 위해 만들어낸 신라 고유의 제도였다. 그러나 화랑, 화랑도, 화랑 정신은 그것이 지닌 역사적 배경과 달리 오늘날 청년들의 상무적 기풍이나 호국 정신을 강조하는 데 곧잘 활용되었다. 이는 화랑도의 실체 가운데 일부만 취사선택하여 이해하는 태도다. 역사상에 나타난 제도나 현상을 당시 사회의 실상으로부터 분리하여 이해하는 태도는 바람직하지 않다. 중요한 것은, 자신이 사는 사회의 필요에 따라 독특한 제도를 만들어낼 수 있었던 구체적인 상황이다.

화백회의는 민주주의의 원형이 아니다

진덕여왕 대 알천공, 임종공, 술종공, 호림공, 염장공, 유신공(김유신)이 남산 우지암에 모여서 국사를 논의하고 있었다. 이때 큰 호랑이가 나타나 좌석 사이에 뛰어들었다. 모두들 놀라 일어났으나 알천공은 까딱하지 않고 태연하게 담소하며 호랑이 꼬리를 잡아 땅에 팽개쳐 죽였다. 알천공의 힘이 이와 같으므로 수석首席에 앉았으나, 사람들은 모두 유신공의 위세에 복종하였다.
　　　　　　　　　　　　　　　　　──『삼국유사』 권1 「기이紀異」, '진덕왕' 조

　윗글은 『삼국유사』의 한 대목으로, 신라의 최고위층 여러 명이 회의를 하고 있을 때 일어났던 일을 생생하게 전해준다. 또 『삼국유사』에는 이런 사실도 전한다. "신라에는 성스러운 장소 네 곳이 있어, 국가에 큰일이 생길 때 대신들이 그곳에 모여서 의논하면 반드시 순조롭게 이루어졌다"고 언급하면서, "동쪽의 청송산, 남쪽의 우지암, 서쪽의 피전, 북쪽의 금강산"을 네 곳의 성스러운 장소로 밝혔다.

회의를 열어 정사를 논의하다

앞에 소개한 『삼국유사』의 한 대목이 이른바 화백회의를 묘사한 장면이다. 신라의 중요한 정책 결정 기구가 화백회의라는 사실은 어릴 때부터 역사 관련 책을 통해서나 학교 역사 시간에 배워서 잘 알고 있을 터다. 그러나 정작 '화백和白'이라는 회의의 명칭은 중국 역사책인 『신당서新唐書』에 실려 있다. "중요한 국사는 반드시 여러 사람이 의논하였는데, 그것을 화백이라 부른다. 한 사람이라도 의견이 다르면 결정은 유보되었다." 『신당서』의 이 구절은 통일신라 때의 사실을 기록한 것이다. 따라서 '화백'이라는 명칭이 삼국시대에는 다르게 불렸을 가능성도 있다. 그러나 비슷한 형식의 회의가 신라 초기부터 존재했던 것은 사실이므로 일반적으로 그렇게 불러도 큰 무리는 없다.

이러한 회의는 신라뿐만 아니라 백제나 고구려에도 있었다. 백제에는 정사암政事巖이라는 바위가 있었는데, 재상을 뽑을 때면 후보자 서너 명의 이름을 써서 상자에 넣고 봉하여 바위 위에 두었다. 그러고서 얼마 후에 개봉하면 그중 한 사람의 이름 위에 도장이 찍혀 있어, 그를 재상으로 임명하였다고 한다. 이렇듯 백제의 재상들이 나라의 정사를 의논하던 장소가 바로 정사암이었다. 고구려에서도 국사범에 대한 처리 문제를 두고 제가諸加들이 모여서 회의한 뒤 사형에 처하였다고 한다. 이 같은 일은 모두 고위 지배층이 모여 회의를 열고 국정을 운영하던 사실을 말해준다.

원래 이러한 회의는 부족사회의 공동 집회에서 유래하였다. 부족사회에서는 씨족 또는 촌락 단위로 집회가 열렸는데, 영국의 포크무트Folkmote, 게르만의 마르크Mark, 슬라브의 미르Mir 등이 그러한 사례이다. 회의 장소로는 큰 바위나 산봉우리, 수풀이 우거진 곳 등을 택하였다. 백제의 정사암이나 신라에서 성스럽게 여겼다는 네 개 장소도 유럽 부족사회의 집회와 비슷한 맥락으로 이해할 수 있다. 특히 신라에서 큰일이 있을 때마다 대신들이 모였다는 그곳은 신라가 국가로 성장하기 이전부터 신성하게 여기던 장소일 테고, 따라서 화백과 같은 회의체의 기원도 아주 오래되었을 것이다.

초기의 화백회의 : 6부 대표자 회의

1988년에 울진 봉평리 신라비(이하 '봉평비')가, 그 다음 해에 포항 냉수리 신라비(이하 '냉수비')가 발견되었다. 두 비석은 각기 524년(법흥왕 11), 503년(지증왕 4)에 건립되었다.

경북 포항시 냉수리에서 발견된 냉수비는 절거리節居利라는 사람의 재산 소유를 기록해 놓은 비석이다. 대략적인 내용은 이렇다. 경주 근처의 진이마촌에서 절거리, 말추末鄒, 사신지斯申支라는 세 사람이 재물을 가지고 분쟁을 벌였다. 그러자 지증왕(지도로갈문왕至都盧葛文王)을 비롯한 고위 관리 7명이 화백회의를 열어 분쟁의 대상이 된 재물을 절거리의 소유로 한다고 판결하였다. 이때 회의에 참석한 이들은 지증왕, 양부(훼부)와 사량부(사훼부)의 귀족, 그리고 본피부와 사피부(습비부)의 대표였다.

울진군의 봉평비에도 법흥왕(모즉지매금왕牟卽智寐錦王)을 포함한 14명이 모여서 회의를 한 모습이 전한다. 이때 화백회의에 참석한 사람은 법흥왕과 그의 동생 사부지갈문왕徙夫智葛文王(입종갈문왕立宗葛文王) 및 양부와 사량부의 귀족, 그리고 본피부와 모량부(잠훼부)의 대표였다.

두 비석은 6세기 전반까지 신라에서 화백회의를 통해 나라의 일을 처리했던 사실을 생생하게 보여주는 귀중한 자료이다.

『삼국사기』에 따르면 6촌이 연합하여 경주에 위치한 조그만 나라인 사로

포항 냉수리 신라비
503년에 건립된 신라의 비석이다. 냉수리비에는 지증왕을 비롯한 7명의 6부 대표자가 진이마촌에서 벌어진 재산 분쟁을 해결하고 그에 대해 판결한 내용이 기록되어 있다. 6세기 초반에 6부의 대표자들이 회의를 통해 국정을 운영했음을 알려주는 귀중한 자료이다.

국을 건국하였는데, 바로 이로부터 신라가 출발하였다. 그러나 학계에서는 『삼국사기』의 기록을 그대로 믿을 수 없다고 본다. 사실상 사로국은 양부, 사량부, 모량부(점량부), 본피부, 습비부, 한기부가 연합하여 건국되었으며, 이 6부部를 중심으로 발전하였다고 이해한다. 이때 6부는 각자의 영역과 주민을 자체적으로 다스렸을 것이라 파악하고 있다. 초기의 신라는 박씨·석씨·김씨의 세 성씨가 교대로 왕위를 계승했기 때문에 왕권이 미약하였다. 이때 6부의 대표가 모여서 회의를 열고 중요한 정사를 처리했는데, 한 사람이라도 반대하면 국정 수행이 이루어지기 힘들었으므로 모두 동의하는 것을 전제로 삼았다. 화백회의의 만장일치제는 바로 이러한 전통에서 비롯되었다.

신라는 4세기 후반부터 6세기 초반까지 이른바 '마립간'이라는 왕호를 사용하던 시기에 김씨가 왕위를 독점하면서 왕권이 강화되었다. 6세기 전반에 세워진 냉수리비와 봉평비에서 보듯이 양부 및 사량부의 다수 귀족들이 화백회의에 참석했던 반면, 나머지 부의 대표 가운데 일부는 참석하지 못하였다. 왕권이 강화되면서 나타난 화백회의 구성원의 변화를 반영하는 것이다. 하지만 그런 상황 속에서도 일부 부의 대표가 화백회의에 여전히 참석했다는 점은 6부 대표의 합의를 바탕으로 국정을 운영하는 기본 원칙이 그때까지도 계속 지켜졌음을 알려준다.

6부의 대표들로 구성된 화백회의에서 논의했던 가장 큰 핵심적인 문제는 국왕 추대에 관한 사항이었다. 『삼국사기』에는 왕이 아들을 낳지 못한 채 죽었거나 새로 즉위한 왕이 매우 어린 경우에 '국인國人'이 모여서 제3의 인물을 왕으로 추대했다는 기록이 가끔 나온다. 여기서 '국인'이란 다름 아닌 화백회의에 참가한 6부의 대표자들을 말한다. 물론 왕위를 계승할 인물이 있으면, 그를 추인하는 것이 관례였다. 그리고 필요한 경우에는 국왕을 폐위시키는 권한도 그들에게 주어졌을 것이다. 그 밖에 전쟁을 비롯하여 나라 안팎의 크고 작은 일을 의논할 때도 6부의 합의가 필요했을 것이고, 그에 따라 화백회의도 자주 열렸을 것이다.

대등회의가 재상회의로 발전하다

화백회의의 성격은 신라가 국왕을 중심으로 하는 국가 체제를 갖추어가면서 서서히 바뀌기 시작하였다. 어떤 논의의 결정 과정에서 국왕의 영향력이 더욱 커지고, 반대로 각 부의 정치적 영향력은 상대적으로 감소하였다. 그러다가 6세기 전반기에 상대등上大等이 설치되면서 화백회의는 더욱 큰 변화를 겪는다.

그전까지는 관례적으로 국왕이 화백회의에 참석하여 주재했지만, 531년

창녕 신라 진흥왕 척경비
진흥왕이 562년(진흥왕 23)에 경남 창녕 지역을 순수巡狩하고 세운 비석이다. 비석에는 진흥왕 때 대등을 역임한 인물 및 주행사대등州行使大等에 임명된 인물들이 새겨져 있다.

(법흥왕 18)에 상대등이 설치된 이후로는 귀족을 대표하는 최고 관직인 상대등이 화백회의를 주재하게 되었다. 이후 국왕은 통상 화백회의에 참석하지 않았다. 이제 상대등이 화백회의의 결정 사항을 정리하여 국왕에게 보고하면, 국왕은 그것을 국가의 정책으로 공포하였다. 당시 대등大等이 화백회의의 주요 구성원이었기 때문에 화백회의는 '대등회의'라고도 불렸다.

이 무렵 6부의 대표는 자체적인 세력 기반을 상실하고 모두 국왕의 신료가 되었다. 동시에 국왕을 '왕 가운데 으뜸 왕'을 가리키는 매금왕寐錦王이 아니라 '대왕大王'이라 부르고, 귀족들은 '신臣'이라고 칭하기 시작하였다. 상대등이 설치된 이후로 국왕이 화백회의의 결정에 제약을 받지 않게 되면서 초월적인 권력을 행사했음이 반영된 결과다.

신라는 7세기 중반 진덕여왕 대에 중앙의 행정 관서를 체계적으로 정비하였다. 이전까지만 해도 전대등典大等, 행사대등行使大等, 사대등仕大等, 금하대등衿荷大等과 같은 이들이 화백회의의 구성원인 대등으로서 국가의 직무를 분담하여 처리하였다. 특히 상대등은 화백회의를 주재하고 국사를 총괄하는 직임을 수행하였다. 그러다가 진덕여왕 5년(651)에 이르러 중앙행정 업무를 총괄하는 집사부를 새로이 설치하였다. 이때부터 화백회의에서 결정된 사항은 집사부를 중심으로 하는 중앙의 행정 관서에서 분담하여 처리되었다. 이에 따라 화백회의는 의결 기능만 갖게 되고, 정무 집행의 기능은 상실하게 되었다.

통일신라기에는 중앙 행정 관서의 장관 가운데 일부가 재상으로 임명되었다. 재상의 종류에는 상재상上宰相 또는 대재상大宰相, 차재상次宰相, 제3재상이 있었다. 일반적으로 상재상이 재상회의를 주재하였으며, 여기에서 중요한 국사를 논의하고 결정하면 그 다음에 국왕이 그것을 국가의 정책으로 공포하였다. 재상이 통일신라기 화백회의의 핵심 구성원이었던 까닭에 그

회의는 '재상회의'라고도 불렸다. 상대등이 상재상을 겸임하는 경우도 있었으나 그렇지 않은 경우가 더 많았다. 이렇게 분리되어 있을 때 상재상은 국정 운영을 책임지는 집정자執政者라 불렸지만, 상대등은 단지 귀족을 대표하는 명예직의 성격만 지녔을 뿐 정치적 영향력은 그리 강하지 못하였다.

신라 역사의 흐름에 따라 화백회의 형식과 구성원이 변화되고 그 기능이 점차 약화되어가는 추세였지만, 그렇다고 하여 완전히 무기력해진 것은 아니었다. 신라는 진골 귀족들의 특권을 제도적으로 보장해준 골품제 사회였다. 따라서 그들로 구성된 화백회의 결정이 국정 운영에서 여전히 중요한 역할을 수행했던 사실 자체에는 큰 변동이 없었다.

화백회의 성격

신라의 화백회의를 우리 고유의 민주주의 제도인 양 자랑스럽게 인식하는 경우가 적지 않은 듯하다. 과거 박정희 유신정권 때는 중·고등학교 『국민윤리』 과목에서 은연중에 이런 점이 강조되기도 하였다. 통일주체국민회의에서 거의 100%에 가까운 지지를 받아 대통령이 선출되는 것이 '국론의 통일'이며, '한국적 민주주의'라고 외치던 시절의 이야기다.

그러나 과거에 존재했던 제도나 관행에 대해 구체적인 역사적 배경을 고려하지 않은 채 몰역사적으로 판단해서는 곤란하다. 시기에 따라 약간의 차이는 있지만 화백회의는 국왕의 일방적인 권력 행사를 견제하는 기능을 갖고 있었다. 어떻게 보면 오늘날 행정부의 수반인 대통령이 독단할 수 없도록 견제하는 기능을 갖는 의회에 견줄 수 있다. 다만 국왕에 대한 화백회의의 견제 목적은 백성이 아니라 진골 귀족의 이해를 대변하는 데 있었다.

더구나 화백회의에 참여할 수 있는 자격은 부部의 대표나 귀족 등 신라

국가의 최고위층으로 제한되었다. 그러므로 엄격하게 말하여 화백회의는, 법 앞에서 평등한 권리를 지닌 일반 시민들의 요구와 의사를 대변한다고 하는 오늘날의 의회와 질적으로 다르다. '민주주의'란 글자 그대로 '민이 주권을 행사하는 원리'이다. 따라서 기능과 형식이 비슷하다고 하여 화백회의를 민주주의의 원형이라고 판단해서는 곤란하다. 그 역사적 배경과 실질적인 내용을 따져 올바르게 평가해야 한다.

화백회의가 형식상으로 만장일치의 결정 방식을 택했다고 하지만, 언제나 동등한 결정권이 행사되었던 것만도 아니었다. 앞서 소개했듯이, 알천공은 호랑이를 때려잡을 정도로 담력이 커서 회의에서는 첫자리에 앉았지만, 사람들은 모두 김유신의 위엄에 복종하였다. 진덕여왕이 죽은 뒤 화백회의에서 알천이 첫 번째 국왕 후보로 거론되었음에도 불구하고, 결국 김유신과 결탁한 김춘추가 왕위에 오른 일도 이러한 사정 때문이었을 것이다. 이는 만장일치의 원칙도 결국 김유신이 지닌 군사적인 힘에 따라 좌우되었음을 방증하는 사건이었다.

VI.

흔적

: 유적과 유물

고인돌을 만든 이유

고인돌은 우리나라 어디서나 볼 수 있다. 워낙 흔하다보니, 고인돌공원으로 조성하여 관리되기 전까지는 단순한 바윗덩이와 구분하기도 힘들어서 무심히 지나치는 경우가 많았다. 들판에 널려 있는 고인돌은 농부들에게 골칫거리이기도 했다. 이 때문에 논밭을 갈다가 거추장스러운 나머지 들어내거나 심지어 부숴버리는 일도 있었다. 이렇게 하여 없어진 고인돌도 상당수일 것이다.

고인돌과 비슷한 거석기념물은 영국의 스톤헨지를 비롯하여 북유럽 지역에도 있지만 전혀 성격이 다르고, 또 동남아시아에도 고인돌이 분포하지만 우리의 고인돌과 계통 및 기능이 다르다. 우리나라 고인돌은 중국이나 일본의 무덤과 구별되는 청동기시대의 무덤이다. 이 같은 무덤 성격의 고인돌은 중국의 요하 동쪽으로부터 제주도를 포함하여 한반도 전역에 걸쳐 있으며, 중국 산동반도와 일본 북큐슈北九州에도 소수 분포하고 있다. 이는 고인돌을 만든 종족이 초기에 이들 지역에서 활동했음을 알려준다.

고인돌은 어떻게 만들었을까

고인돌이라 하면 보통 거대한 탁자 모양을 떠올리기가 쉽다. 이렇게 생긴 고인돌은 주로 중국의 요동 지방에서부터 한반도의 중부 이북 지방에 이르는 지역에서 많이 보인다. 이에 비해 한반도 중부 이남에서는 몇 개의 작은 돌 위에 커다란 돌덩어리를 올려놓아 바둑판 모양으로 만든 것이 흔한 편이다. 또 어떤 경우에는 거의 다듬지 않은 큰 돌 몇 개가 땅 위에 있고 바로 그 아래 땅속에는 많은 수의 돌널(석관石棺)이 마련된 형태를 볼 수 있는데, 이런 것들도 고인돌에 포함된다. 이 밖에도 고인돌은 만들어진 시기와 지역적 특성에 따라 다양한 모양이 나타난다.

거대한 탁자식 고인돌을 만들기 위해서는 수십 명, 많게는 수백 명의 노동력이 필요하였다. 별다른 도구가 없는 시대에 이 거대한 고인돌을 어떻게 만들었을까?

우선, 쓸 만한 돌을 찾아내서 이를 암반으로부터 떼어낸다. 비록 지금과 같은 굴착기가 없지만 큰 돌덩이를 잘라내는 방법은 있다. 바위 결을 따라서 난 조그만 틈에다 깊은 홈을 파고 나무 말뚝을 박은 뒤, 바로 거기에 물을 뿌려 적셔 놓는다. 홈에 박힌 나무가 물에 불어 팽창하면 쩍 하고 바위가 갈라져 나온다.

이렇게 떼어낸 돌은 고인돌을 세우는 곳까지 운반해야 한다. 이 작업은 큰 통나무 여러 개를 깔아 레일처럼 만든 뒤 여러 사람이 끌어당겨 옮겼을 것이다. 이집트 피라미드를 쌓는 데 사용된 거대한 돌도 이런 방식으로 운반했으리라 추정된다. 날씨가 추워져서 땅 위가 빙판이 된다면 이 운반 작업은 생각보다 쉽게 이루어졌을 수도 있다.

다음으로 고임돌 위에 덮개돌을 얹는 작업이 뒤따른다. 당연히 기중기 같

© 하일식

개주 석붕산 고인돌
중국 요령성 개주시蓋州市 석붕산石棚山에 있다. 동북아시아 최대의 탁자식 고인돌로, 덮개돌 규모만 길이 약 8.6m, 너비 5.1~5.7m, 두께 40~50cm에 이른다.

은 기계가 없었으니 색다른 방법을 강구했을 것이다. 우선 판판한 고임돌을 땅에 묻어 세운다. 위에서 보면 고임돌은 한쪽이 트인 네모 모양, 즉 'ㄷ' 자 형태이다. 한쪽을 터놓는 이유는 고인돌이 완성된 후 시신을 옆에서 밀어 넣기 위해서다. 그런 다음 지면에서부터 고임돌의 꼭대기까지 흙을 쌓아 올려 작은 둔덕을 만든다. 이때 둔덕의 경사는 완만해야 한다. 경사가 너무 급하면 돌을 끌어올리기가 힘들기 때문이다. 이렇게 덮개돌을 올려놓은 뒤 둔덕처럼 쌓은 흙을 치우면, 고임돌 위에 덮개돌이 얹히는 것이다. 고임돌과 덮개돌로 만들어진 직육면체의 공간에 시신과 부장품을 밀어 넣고 편편한 돌판으로 입구를 막으면 모든 과정이 끝난다.

　탁자 모양의 고인돌은 주검을 지상에 안치해 놓는 무덤 형태이기 때문에 덮개돌을 고임돌 위에 얹어야 하는 수고가 따른다. 그러나 고임돌이 작거나 없는 고인돌은 주검을 지하에 설치된 돌널 안에 안치한 뒤 덮개돌을 땅 위에 그대로 운반해 놓기만 하면 작업이 끝난다. 바둑판 모양의 고인돌은 덮개돌의 크기나 무게가 탁자 모양의 덮개돌보다 작은 경우가 많기 때문에 훨씬 수월하게 일을 마쳤을 것이다.

사회경제적 배경

고인돌을 만든 청동기 문화는 기원전 1000년대 전반에 청동기가 출현하면서 변화가 나타나기 시작하였다. 청동 공구의 발달로 다양한 목제 농기구가 제작됨으로써 돌로 만든 농기구와 함께 농업 생산을 향상시키고 본격적인 농경이 시작되었다. 이전 시기부터 이루어진 밭농사는 청동기시대에 더욱 발전하였는데, 농경문 청동기에도 밭농사를 짓는 모습이 잘 묘사되어 있다. 따비로 밭을 갈고 괭이로 땅을 고르는 모습이 농경문 청동기에 새겨진 것으로 보아, 그 무렵 이미 밭에 이랑을 만들어 씨앗을 뿌리는 이랑 재배가 이루어졌음을 알 수 있다. 대규모의 밭은 마을과 조금 떨어져서 넓게 형성되었고, 텃밭은 마을 내의 집 주위에 작게 만들어졌다. 텃밭은 주로 채소 등을 길러 집집마다 자급자족하던 밭으로, 규모가 작다.

진주 대평리의 취락 유적에서 발굴된 대규모 밭은 구릉의 경사면에 형성되어 있다. 특히 이 경작지는 기다란 도랑(환호環濠)으로 둘러싸여 있으며, 경계도 만들어져 있다. 밭고랑의 가장 긴 부분은 30m이며, 고랑의 폭은 35cm 내외, 두둑의 폭은 50cm 내외, 고랑의 깊이는 10cm 정도로, 현재의 밭과 큰 차이가 없다. 밭고랑의 폭이나 굴곡을 자연스럽게 이어 나갔으며, 밭의 군데군데에는 경작에 방해가 되는 돌이나 토기 등을 모아 두었다. 작은 화덕의 흔적도 발견되었는데, 즉석으로 요리를 해 먹은 듯하다. 밭은 마을과 무덤의 반대편에 위치해 있다. 밭고랑에서는 사용하다가 망가져서 버린 듯한 농기구가 출토되었으며, 떨어진 곡식 이삭도 그대로 남아 있다. 그뿐 아니라 밭고랑 사이에서 조로 판단되는 곡물이 불탄 채로 출토되었다.

청동기시대에는 나무로 만든 괭이를 사용하여 밭을 경작했는데, 실제로 진주 남강변의 대평 옥방 지구에서 나무 괭이로 밭을 간 흔적과 대구 매천동·서변동에서 나무 괭이가 발굴되었다. 밭을 가는 괭이 외에 나무를 베는 벌채용 돌도끼도 증가하고, 홈자귀·돌끌·대패날 등 나무 농기구를 제작하는 공구가 보편적으로 사용되면서 농경이 생산 경제의 주요한 기반이 되었음을 알 수 있다.

고인돌 사회는 이와 같은 밭농사를 바탕으로 유지되고 발전되어갔다. 청동기시대의 고인돌이 구릉지대에 존재한 것은 밭농사를 영위한 집단과 관련을 갖기 때문이다.

청동기의 획득과 불평등

청동기 문화는 요하 동쪽에서부터 한반도 서북부 일대에 이르는 지역에서 먼저 시작되었다. 농경이 시작되면서 발생한 잉여생산물, 그리고 그것을 바탕으로 싹튼 빈부 격차와 사회적 불평등은 청동기 문화가 발전하면서 더욱 촉진되었다. 청동은 구리를 주원료로 주석이나 아연 등을 섞어 900℃ 이상의 열을 가해 만들어진 합금이다. 따라서 석기나 목기, 뼈 연모 등을 만들던 때보다 훨씬 높은 기술 수준과 전문적인 경험이 요구되었다. 또한 광석의 채굴, 거푸집의 제작, 주물 작업, 가공과 보수, 분배 및 교역이라는 복잡한 과정을 거쳐야 손에 넣을 수 있었다. 이 과정은 새로 등장하기 시작한 지배자가 주관하였다.

청동기 자체는 원료를 구하기가 힘들고 값비쌌기 때문에 농기구로 사용하기에는 적합하지 않았으나 무기 및 공구·장신구나 의식용儀式用 기구로는 매우 쓸모가 있었다. 집단 내부에서 권력을 유지해야 할 때나 이웃 집단과 전투를 벌일 때 청동제 칼·창·화살촉 등은 큰 위력을 발휘하였다. 청동제 무기로 무장한 사람들은 그렇지 못한 사람들과 전투를 치를 때 우위를 점했으며, 자연히 이 같은 장점을 이용한 약탈 전쟁이 활발해졌다.

사회적으로 우월한 지위에 올라선 이들은 자신의 권위를 과시하는 데 청동제 장신구와 의식용 기구를 유용하게 이용하였다. 번쩍거리는 청동 장식품을 몸에 매달거나 손으로 흔들면서 자신이 하늘로부터 선택된 자임을 내세움으로써 많은 사람을 거느릴 수 있었다. 고인돌에 묻힌 부장품에는 이러한 청동제 장신구와 의식용 기구가 함께 나온다.

고인돌의 종류와 지역성

고인돌은 청동기시대가 신석기시대와 다른 단계의 사회로 돌입했음을 말해준다. 신석기시대의 무덤으로는 울진 후포리 유적과 통영의 연대도·욕지도 유적이 대표적인데, 이들 무덤에는 뚜렷한 매장 시설이 없고 규모도 크지 않다. 또한 돌도끼 등의 껴묻거리가 발견되기는 하지만 많은 부장품을 갖고 있는 무덤이 없다. 이로 미루어 신석기시대에는 공동체 성원 사이에서 경제적 불평등과 신분의 차이가 아직 발생하지 않았음을 알 수 있다.

청동기시대의 무덤, 특히 고인돌은 사람들 간의 관계가 불평등해진 모습을 보여준다. 요하 동쪽부터 한반도 중부 이북까지의 지방에서 주로 발견되는 탁자 모양의 고인돌은 대개 전망 좋은 언덕에 위풍당당하게 우뚝 서 있다. 그리고 대체로 한 지역에서 한두 개 정도만 발견된다. 반면, 한반도 중부 이남에서 많이 나타나는 바둑판 모양 고인돌이나 고임돌이 없는 고인돌은 수십 개, 심지어 수백 개씩 떼를 지어 분포하는 경우도 있다. 주로 전라도나 경상도를 비롯한 남부 지방에서 찾아볼 수 있다. 이러한 차이는 두 지역의 사회 발전 정도, 즉 지배자가 발휘할 수 있는 권력의 규모와 범위가 달랐음을 의미한다.

고인돌은 형태와 만드는 방법에 따라 탁자식, 바둑판식, 뚜껑식 고인돌로 구분된다. 탁자식 고인돌은 땅 위에 넓적한 판돌(판석板石)을 세워 긴 네모꼴의 무덤칸을 만들고 그 안에 주검을 넣은 뒤, 세워 놓은 판돌 위에다가 크고 넓은 덮개돌(상석上石)을 덮는 형식이다. 일명 북방식이라고 하는데, 주로 대동강과 재령강을 중심으로 평안남도와 황해도 지방에 분포한다. 한강 이남에서는 드물지만 고창 지역에도 나타난다. 남부 지방에서도 이 같은 형태의 고인돌이 존재하기 때문에 '북방식'이라는 용어보다는 '탁자식'으로 부르는 것이 좋을 듯하다.

남부 지방에서 주로 확인되는 고인돌은 땅을 파고 거기에 판돌이나 깬돌(할석割石)로 긴 네모꼴의 돌널을 만든 뒤 그 안에다가 주검을 넣는 형식이다. 그런 다음 고임돌(지석支石)이나 돌무지를 쌓은 후 그 위에 덮개돌을 덮는데, 덮는 형식에 따라 뚜껑식(개석식蓋石式)과 바둑판식(기반식碁盤式)으로 세분된다. 뚜껑식은 돌널의 뚜껑이 땅 위에 노출되어 있는 형태 외에도 땅 밑의 널을 덮은 뚜껑과 별도로 그 위에 다시 덮개돌을 올려놓은 형태가 있는데, 덮개돌을 받치는 고임돌이 없는 점이 특징이다. 바둑판식은 주로 영·호남 지역에 분포하며 작은 고임돌이 덮개돌을 받치고 있는 모양이라 바둑판처럼 보인다.

최근에는 이러한 모양과 다른 형태의 고인돌도 발견되고 있다. 바로 묘역

© 하일식

© 하일식

전라북도 고창의 고인돌
고창군에는 전북 지역에 분포되어 있는 고인돌의 60% 이상이 밀집되어 있으며, 죽림리에만 440여 기가 군집을 이루고 있다. 고창 고인돌 유적에는 탁자식 고인돌(아래 왼쪽, 도산리 고인돌)과 바둑판식 고인돌(아래 오른쪽)이 모두 남아 있다.

식묘식墓域式 고인돌이나 구획묘區劃墓라고 부르는 것이다. 무덤방을 둘러싸듯이 돌을 깔아 놓아서 전체가 원형이나 장방형의 모양을 하고 있는데, 기원전 5~4세기 무렵 남부 지방에서 유행하였다. 산청 매촌리 고인돌이 대표적이며, 이곳에는 무덤방이 있는 원형의 것과 무덤방이 없는 장방형의 것이 짝을 이루어 군집하고 있다. 무덤방이 없는 고인돌의 경우에는 무덤에 제사를 올리는 제단祭壇으로 사용되었을 것이라 추정하고 있다. 묘역식 고인돌은 그 밖에 진안 용담댐 수몰 지구, 사천 이금동, 창원 덕천리, 마산 진동리, 김해 율하 지구 등지에서도 발견되었다.

고인돌의 정치성

우리 역사 최초의 국가인 고조선이 위치한 지역은 대체로 탁자 모양의 고인돌이 분포하는 지역과 일치한다. 이 지역은 동시대 다른 지역보다 매우 선진적인 곳이었다. 거대한 탁자식 고인돌을 만들기 위해서는 수십 수백 명의 사람이 필요한데, 이는 곧 많은 노동력을 동원할 수 있는 권력자의 출현을 반영한다.

반면에 한반도 남부 지방은 청동기 문화가 전개되는 시기도 약간 늦고, 사회적 변화도 그리 뚜렷하지 않았다. 공동체의 성원들을 위압하면서 우뚝 서 있는 거대한 고인돌이 만들어지지 못하고 비슷비슷한 크기의 고인돌이 떼를 지어 분포하고 있는 것은 이러한 사정에서 말미암는다. 이러한 고인돌의 주인공은 소수의 유력자가 아니라 공동체의 일반 성원이었을 가능성이 크다. 고인돌을 만들 때 그들은 일종의 품앗이 형태로 협조했을 것이다. 무리를 이룬 고인돌은 대부분 2~6개씩 줄을 지어 서 있는데, 각각의 줄은 작은 집단을 뜻하며, 그 같은 몇 개의 작은 집단이 모여서 전체 사회를 구성했으리라 보인다. 하나의 줄에 묻힌 사람들은 혈연적으로 가장 가까운 사이였을 것이다.

고인돌 사회를 구성한 사람들이 모두 똑같은 사회적 지위에 있었던 것은 아니다. 고인돌에 묻힌 사람들은 대부분 돌로 만든 화살촉이나 민무늬토기, 붉은간토기(홍도紅陶) 등을 껴묻거나, 부장품이 없는 경우마저 있어 매우 단촐한 모습이다. 그런데 간혹 비파형 동검, 청동 창, 청동 화살촉과 같은 값비싼 청동기나 장신구를 가지고 묻혀 있는 자도 있다. 따라서 남부 지방의 고인돌 사회는 모든 사람이 고인돌에 묻힐 수 있었다는 점에서는 평등하다고 할 수 있지만, 청동기를 소유한 자와 그렇지 못한 자의 격차는 엄연히 존재했음이 틀림없다. 고인돌이 만들어진 것은 청동기 문화가 전개되면서 사회적으로 우세한 집단이나 개인이 등장했던 상황을 반영한다.

북쪽의 선진 지역에 비해 한 단계 낙후된 사회였던 남부 지방에도 점차 청동기 문화가 고도로 발달하고 철기가 새로이 사용되기 시작하면서 사회 내부의 계층 분화가 한층 심해졌다. 마침내 경기·충청·전라도 지역에는 마한이라고 불리는 50여 개의 작은 소국이, 영남 지방에서는 진한과 변한이라고 불리는 24개의 소국이 등장하였고, 이들은 이후 다시 백제와 신라·가야로 통합되어갔다.

고대인이 순장을 한 이유

2007년 경상남도 창녕군 송현동 고분군의 발굴 현장에서 총 4구의 유골이 발견되었는데, 그중에는 10대 소녀의 유골도 있었다. 이 소녀의 뼈에 살을 붙여서 그 모습을 복원한 마네킹이 매스컴에 소개된 적이 있다. '송현이'라고 이름 붙인 이 소녀는 나이 16세가량이고, 키는 153.5cm로, 오늘날 청소년의 모습과 크게 다르지 않다.

중학교 3학년 정도밖에 안 된 어린 소녀가

송현이
국립김해박물관에는 어린 나이에 순장된 '송현이'가 전시되어 있다. 송현동 고분군에서 발굴된 16세가량의 소녀 인골을 가지고 최첨단 과학기술로 복원해낸 것이다. 꽃다운 나이에 순장된, 고대사회 장례 풍습의 희생자이다.

강제로 죽임을 당하여 무덤에 묻힌 비극적인 사실이 우리의 가슴 한쪽을 안타깝게 만든다. 그런데 다른 한편으로는 1,500년 전 한 소녀의 모습을 이렇듯 생생하게 재현할 수 있는 과학기술의 발전이 놀랍기만 하다.

이 소녀는 왜, 누구에 의해, 어떻게 죽임을 당하고 무덤에 묻혔을까? 고대인들은 무엇 때문에 이렇게 잔인하고 끔찍한 일을 저질렀을까?

순장과 순사

순장殉葬이란 죽은 자를 위하여 산 사람을 무덤에 함께 묻는 장례 풍습을 말한다. 살아있는 사람을 일부러 죽이거나 때로는 산 채로 묻어버리는 경우도 있었다. 부여에서는 많을 경우 100명 단위로 순장을 행하였고, 5세기 이전 신라 왕실에서는 왕이 죽으면 남녀 5명씩 순장한 일도 있었다. 가야 무덤에서도 순장의 흔적은 종종 발견된다.

사실 순장의 풍습은 비단 우리나라 삼국시대뿐만 아니라 세계적으로 널리 행해졌다. 중국의 상商·주周나라 때는 순장이 대규모로 실시되었으며, 흉노, 돌궐, 위구르, 그리고 수메르와 이집트에서도 그 흔적이 발견된다. 현재의 베트남 초기 역사와 관련된 남월국南越國의 왕릉이 중국 광동성廣東省 광주시廣州市에서 발견되었는데, 여기에도 왕의 부인과 시종들을 죽여서 순장한 흔적이 고스란히 남아 있었다.

황금 유물로도 유명하지만 평소 사납고 용맹스러워 주변 종족들에게 공포의 대상이던 스키타이족도 잔인한 방법으로 순장을 행하였다. 왕이 죽으면 귀족 청년 수십 명과 그들 숫자에 맞춰 말까지 죽였다. 말 잔등 위에 청년의 시신을 태우고 뾰족한 나무로 꿴 다음, 왕의 시신 주위에다가 돌아가면서 배치하여 마치 죽은 왕을 호위하는 것 같은 모습을 연출하였다.

한편, 순장과 비슷한 풍속으로 순사殉死가 있다. 사람을 강제로 죽여서 매장하는 것이 순장이라면, 순사는 죽은 자를 애도하여 스스로 목숨을 끊는 것이다. 고구려 동천왕이 죽자 주변 사람들이 모두 슬퍼하는 가운데, 특히 그를 가까이서 모시던 신하들은 왕을 따라 죽으려고 하였다. 새로 즉위한 중천왕은 예의에 벗어난다면서 자살을 금했지만, 기어코 장례일에 왕릉에 와서 순사한 자가 매우 많았다고 한다.

어릴 때부터 생사를 같이하기로 한 친구가 병으로 죽자, 7일 만에 자신도 죽음을 택한 신라 사다함의 죽음도 순사의 일종이라고 할 수 있다.

세계 각지에서 순장이 보편적으로 확인된다는 사실은, 이 풍습이 특정한 국가나 종족에게만 국한되지 않고 고대사회에서 일반적으로 행해지던 장례 풍습이었음을 뜻한다. 왕이나 주인을 그리워하며 스스로 목숨을 끊는 순사의 경우는 신분이 높은 자와 낮은 자 모두 포함될 수 있다. 그렇다면 순장당한 사람의 사회적 지위는 어느 정도일까? 얼핏 자신의 의지와 관계없이 강제로 순장당하기 때문에 낮은 신분, 즉 노예나 전쟁 포로라고 생각하기 쉽다. 하지만 실상은 그렇게 간단하지 않다.

신라와 가야의 순장

황남대총이라는 이름으로 더 친숙한 경주 98호분은 돌무지덧널무덤(적석목곽분積石木槨墳)의 구조를 지닌 초대형 고분이다. 5세기 신라의 왕이었던 내물왕, 실성왕, 눌지왕 중 한 분이 묻혀 있을 것이란 점에는 학계에서 이견이 없는 왕릉이다. 왕으로 추정되는 남성을 묻은 남분과 그의 부인인 왕비를 묻은 북분이 연접하여 조롱박과 같은 형태를 취하고 있다. 발굴 조사 결과 남분에서는 무덤 주인공인 60세 전후의 남성과 그를 위하여 순장된 10대

소녀의 인골이 발견되었는데, 그녀는 금제 귀걸이를 착용하고 있었다. 송현
이를 포함하여 남녀 각기 2명씩 순장된 창녕 송현동 15호분에서도 순장된
사람들의 영양 상태는 좋았으며, 금동제 귀걸이를 걸친 사람도 있었다. 따라
서 이들을 모두 노예라고 단정할 수는 없다.

경상북도 경산에는 임당동 고분군이라는 큰 무덤 떼가 있다. 신라에 복속
되기 전에 이 지역에서 성장했던 압독국押督國이란 세력의 우두머리와 그 후
예들의 무덤인데, 이곳에서도 순장의 흔적이 확인되었다. 주인공의 발치 쪽
에 2~3명이 순장당한 경우와 부장품을 넣어 둔 딸린 방에서 물건처럼 취급
된 자도 있었다. 신라에 흡수되기 전에 경상북도 의성에는 소문국召文國이란
세력이 존재했는데, 최고 고위층이 묻힌 고분에서는 금동관을 착용한 성인
남성의 발치 쪽에서 은제 귀걸이를 한 노인 여자의 뼈가 나왔다. 이를 두고
유모가 순장당한 것으로 보는 견해가 있다.

순장의 양상을 잘 보여주는 것은 가야 고분이다. 금관가야의 왕족들이 묻
혀 있는 김해 대성동 고분군, 아라가야의 왕족 무덤인 함안의 말이산 고분
군, 다라국의 합천 성산리 옥전 고분군 등 가야 최고 지배자들의 무덤에서
는 순장이 일반적으로 실시되었다. 무덤의 크기가 클수록 묻힌 자의 신분이
높으며 많은 부장품이 출토되고, 순장당한 사람의 숫자도 늘어나는 경향을
보인다.

가야의 순장 풍습이 잘 드러난 대표적인 무덤은 대가야 왕족들이 묻혀 있
는 고령 지산동 고분군이다. 이곳에는 4세기 말부터 6세기 중엽에 걸쳐 만
들어진 무덤 수천 기가 분포하는데, 대형 무덤에서는 어김없이 순장이 나타
난다. 그중 5세기 후반 대에 조성된 왕릉급인 44호분은 3개의 큰 돌방을 32
개의 돌덧널이 부채꼴 모양으로 감싸고 있는 형태이다. 주인공은 3개의 돌
방 중에서도 가장 크고 중심되는 방에 묻혀 있으며, 그 방의 한구석과 나머

순장 곽을 갖춘 고령 지산동 75호분
길이 25m, 너비 23m 정도의 봉토 아래에서 주인공이 묻힌 돌덧널(석곽), 그 서쪽에 배치된 딸린덧널(부곽)이 T자 모양으로 발견되었다. 주변에서 순장자를 묻은 덧널 5기가 발견되었고, 딸린덧널과 봉토에 묻힌 인원까지 포함하면 전체 순장자의 수는 13명이다.

지 2개의 방에는 순장당한 사람이 배치되어 있었다. 32개의 돌덧널 안에서는 각각 한 사람씩 순장 인골이 발견되었다. 그런데 이 인골을 살펴보면 고리자루긴칼이나 화살촉 등의 무기를 소지한 자, 금이나 은 혹은 청동으로 만든 장신구를 착용한 자도 보인다. 부장된 유물로 볼 때, 순장당한 이들 중에는 제법 신분이 높은 사람도 섞여 있었던 셈이다. 무기를 지닌 자는 호위무사, 귀금속 장신구를 착용하고 주인공의 옆에 묻힌 여인들은 시녀, 그리고 노인 여자는 유모가 아니었을까?

이보다 조금 앞선 시기에 만들어진 지산동 30호분은 주인공이 묻힌 공간과 부장품 창고 외에도 순장자를 묻은 3개의 돌덧널로 구성되어 있다. 놀라운 사실은, 순장된 것으로 보이는 3~11세 정도의 어린이가 금동관을 착용하고 있다는 점이다. 고대사회에서 금동관을 소유한 인물이라면 상당히 높은 신분이었음이 분명하다. 따라서 30호분의 순장 사례는 귀족 출신의 어린이까지도 순장의 대상이 되었음을 알려준다. 이렇듯 순장당한 사람은 묻혀 있는 공간, 지니고 있는 물건, 처리 방식 등에서 다양한 면모를 보이고 있다.

순장과 희생

하지만 순장된 이들 중에는 인격을 갖추지 못한 채 짐승처럼 취급당한 경우도 많다. 중국의 상商나라 왕릉에서는 무덤 안에 수십 명의 남녀가 순장된 채로 발견되었는데, 목관에 정중하게 묻힌 자가 있는 반면 그렇지 못한 자도 있고, 부장품의 질과 양에서도 차이가 심하다. 이는 순장당한 사람 사이에서도 신분의 차가 존재했음을 말해준다. 무덤의 남쪽에서는 제사의 제물, 곧 희생犧牲으로 사용된 사람들을 매장해 놓은 구덩이 191개가 발견되었다. 여기에서 총 1,178명분의 뼈가 나왔으며, 대부분 머리가 잘린 상태였다. 이들은 전쟁 포로로 잡힌 이민족으로서, 조상에 대한 제사를 지낼 때 제물로 바쳐진 자들이다. 따라서 엄밀히 말하면 이들은 순장된 이들과 구분되며, 특별히 인간 희생으로 분류된다.

앞에서 부여의 경우 100명 단위로 순장이 행해졌다는 사실을 언급했는데, '100명 단위'라는 말이 의미하는 바는 100, 200, 300 ⋯ 이런 식으로 헤아린다는 뜻이다. 이렇게 많은 사람을 죽인 것으로 보아 부여의 순장은 인간 희생에 가까운 형태였을 것이다.

순장이 무덤의 주인공을 생전에 모시던 주변 사람들을 대상으로 실시된 반면, 인간 희생은 전쟁 포로를 대상으로 삼았다. 신라와 가야의 고분군에서는 순장당한 흔적이 많이 확인되는 편이지만, 무덤을 만드는 과정과 장례 도중 인간을 희생물로 사용한 흔적은 아직 확인되지 않았다.

저승에 대한 인식

순장을 실시하던 사회적 풍조는 당시 죽음이나 저승 세계에 대해 사람들이 가지고 있는 인식과 밀접한 관련이 있다. 고대인들이 무덤을 만든 이유는 여러 가지가 있으나, 그중 가장 중요하게 여긴 것은 죽은 사람이 언젠가는 다시 살아나고 따라서 그때까지 시신을 잘 모셔야 한다는 생각 때문이었다. 이집트에서 미라를 만든 이유도 여기에 있다.

살아생전 누리던 권력과 풍요로운 생활이 저세상에 가서도 이어진다고 믿는다면 이에 대한 준비가 필요할 것이다. 그 때문에 무덤은 살아있을 때 거주하던 가옥의 모습을 본떠 만들게 된다. 고구려 고분 중에는 실제로 내부 구조가 가옥을 그대로 빼닮은 것이 많으며, 벽화를 그려서 가옥 내부의 기둥과 장막을 생생히 표현해냈다.

죽은 사람이 저승에서도 풍족하게 살기 위해서는 가옥처럼 꾸민 무덤만으로는 부족하다. 생전에 누리던 삶과 거의 비슷하게 큰 항아리에 갖가지 음식과 술을 담아 넣어주었을 뿐만 아니라 귀금속 장신구나 마구와 같은 값비싼 물건도 무덤 속에 넉넉히 넣어주었다. 가마에서 구워 바로 꺼내 한 번도 사용하지 않은 제기용 토기 수십 점을 그대로 무덤에 넣는 경우도 있었다. 이렇게 해야만 생시의 안락한 생활이 저승 세계에서도 이어진다고 믿었다. 후장厚葬이라 불리는 이러한 장례 풍습은 신라와 가야의 무덤에서 쉽게 찾아볼 수 있다.

도굴꾼이나 짐승, 외부의 사악한 기운으로부터 시신을 지키기 위해서는

중국 전국시대의 대규모 말 순장
중국의 산둥성 임치臨淄에서 발견된 동주東周 시기의 순마갱이다. 중국의 주 대周代에는 얼마나 많은 수의 전차를 소유했는지에 따라 왕과 제후의 권력이 평가되었다. 따라서 지배자의 무덤 주위에 수십 수백 필의 말을 순장하거나 마차와 말을 함께 묻는 풍습이 크게 유행하였다.

주술적인 의미가 담긴 거울이 유용하였다. 일본에서 3세기 말~4세기에 조성된 전기 고분 중에는 수십 점의 청동거울을 부장하고 있는 경우가 나타나는데, 바로 이러한 경우에 해당한다.

저택과 같은 구조에 온갖 생활용품과 장신구까지 무덤에 갖추어 놓았지만, 고대인들은 이것으로도 부족하다고 생각했던 것 같다. 다시 말해 죽은 이의 곁에서 시중들게 할 사람도 필요하였다. 당연히 생전에 총애하던 첩과 가까이서 시중들던 시녀가 그 대상이 되었으며, 죽은 이와 함께 순장되었다. 그래야 죽은 뒤에도 안락한 생활을 누릴 수 있다고 생각하였다. 죽은 자를 지키기 위해서는 호위 무사도 필요하였다. 이렇게 순장당한 사람들은 살아 있을 때도 주인에게 완전히 예속되어 물건처럼 취급받았는데, 주인이 죽으면 저승길조차 함께 가야 했다. 늘 말을 타고 다니며 기마 활동을 중시한 기마민족은 자신의 소중한 애마를 순장하는 경우가 많았다. 대표적 기마민족인 돌궐족의 무덤에서는 거의 예외 없이 애마와 주인이 함께 묻혀 있다.

사상의 변화

순장은 원래 강제로 시행되었을 것이다. 죽기를 바라는 인간은 없기 때문이다. 그런데 어느 때부터인가 자발적인 순사가 나타났는데 그 이유를 분명히 알 수는 없다. 우선, 죽은 자를 흠모하여 그를 따르고자 하는 마음이 이유가 될 수 있을 터다. 이승에서 맺은 관계가 저승에서도 이어지기를 바라는 마음 또한 있었을 터다. 이승에서 누리던 지위와 안락한 생활은 주인을 따라가야만 유지된다고 생각했기 때문이다. 따라서 순사하는 사람도 결국 주인에게 예속된 정도는 순장당한 사람이나 다를 바 없다.

하지만 사회가 발전하고 사람들도 생각을 깨치면서 순장은 점차 '예禮에서 벗어난 행위'로 간주되었고, 마침내 국가는 공식적으로 순장을 금지하기에 이르렀다. 인간의 존엄성에 대한 인식이 높아졌음을 방증한다. 아울러 인간의 노동력을 순장으로 낭비하기보다는 전쟁이나 농사일, 성곽 축조 등 현실적인 분야에 활용하는 쪽이 훨씬 효과적이라는 계산도 작용했을 것이다. 그리하여 신라에서는 6세기 초 지증왕 대 이르러 국왕의 장례식을 거행할 때 순장을 금한다는 조서를 내렸다.

순장은 폐지되었지만 저승 세계에 대한 고대인의 관념은 크게 바뀌지 않았기 때문에 무언가 그 기능을 대신할 것이 필요하였다. 바로 이로부터 흙으로 빚은 인형이 출현하였다. 중국에서는 상·주 시대가 지난 뒤 점차 순장이 소멸되면서 무덤 속에 인형, 즉 용俑을 만들어 묻는 풍습이 유행하였다.

토용

사람을 순장하는 대신 흙으로 만든 인형(용)을 넣는 풍습은 우리나라의 경우 통일신라시대에 나타나며,
중국에서는 진·한나라 이후 명나라까지 장기간 이어졌다. 위 사진은 경주 황성동과 용강동 고분에서
발견된 인형이고, 아래 사진은 중국 북조의 황제릉에서 발견된 인형이다.

맹자는 용을 최초로 만든 자를 저주했는데, 이는 용의 기능이 순장과 동일함을 알고 있었기 때문이다.

　진시황릉에는 진흙으로 만든 수많은 병마용이 부장되었을 뿐 사람 순장은 이루어지지 않았다. 한나라에 들어와서도 황제릉에는 실제 사람이 순장되지 않고 인물과 동물의 용이 부장되었다. 인물상은 주로 황제를 가까이서 모시는 근신과 시녀들이고, 동물상의 종류는 음식의 주재료인 돼지가 많다. 진·한 시대 이후로는 중국에서 이미 순장의 흔적을 찾기 쉽지 않다. 간혹 순장을 실시했더라도 이는 예외적이고, 사회의 상식에 어긋난 행동으로 취급되었다.

　우리나라의 경우에는 신라에서 7세기 이후에 용이 만들어졌음이 확인된다. 경주 황성동과 용강동 등지에서 발견된 돌방무덤에서 성별, 나이, 직책 등을 다양하게 표현한 흙 인형, 즉 토용이 발견되었다. 황성동 고분은 통일 전후의 시기에 조성되었는데, 이곳에서 남녀 토용과 흙으로 빚은 소·말·마차 모형이 발견되었다. 남성 토용은 중국식 복두를 쓰고 있으며, 여성 토용은 전통적인 복식 차림새로서 무덤 주인공을 모시던 시녀로 추정된다. 용강동 고분은 통일신라기의 무덤이며, 흙으로 빚은 말 모형 4점, 청동제 십이지상 7점과 함께 인물 흙 인형 28점이 발견되었다. 그중 남자가 15점, 여자가 13점이다. 남자는 머리에 복두를 쓰고 홀을 잡은 문인상, 무술 대련을 하는 듯한 자세를 취한 무인상, 수염이 덥수룩하고 눈이 깊게 파인 호인상胡人像 등이 있다. 여성상은 두 손을 모아 상대방에게 최대로 공손한 모습을 취하고 있다.

　이에 비해 백제와 가야에서는 순장의 대체물로 흙 인형을 사용한 흔적을 찾을 수 없다. 고구려에서는 무덤 주인공의 살아있을 때 모습과 그를 따르던 많은 사람의 모습이 생활풍속도 형식으로 그려진 고분벽화가 발견되는

데, 이 벽화 속 사람들이 흙 인형과 비슷한 기능을 지닌 것으로 보인다.

살아있는 사람을 강제로 죽여서 동물처럼 희생으로 사용하거나 무덤에 묻는 풍습은 사람과 사람 사이의 강한 지배와 예속의 모습을 보여준다. 이렇게 인간의 존엄성과 인격이 무시당하는 것은 고대사회의 한 특징이다. 순장이 소멸되고 그 대신 흙 인형을 묻는 것은 그만큼 사회가 발전하고 인간의 존엄성을 인식하게 되었기 때문이다. 그리하여 중세사회에 들어오면 순장이라는 풍습과 인간 희생은 완전히 사라지게 되는 것이다.

33

신라 금관의 비밀

금관은 한국을 대표하는 문화재이며, 또 가장 신라적인 유물임이 분명하다. 눈부신 황금빛이 보는 이의 시선을 사로잡을 뿐만 아니라, 나뭇가지나 사슴뿔 모양의 이색적인 장식과 더불어 주렁주렁 매달린 비취색 곡옥曲玉에서 신비로우면서도 장중한 느낌이 물씬 배어난다. 이처럼 화려하고 상징성이 강한 금관은 세계에서 유례가 드물다.

우리는 신라 금관이라고 하면 으레 신라 왕이 쓰던 왕관이라 생각해왔다. 그렇지만 근래 진행된 여러 연구에 따르면, 신라 금관을 왕관으로 보던 우리의 생각은 단지 선입견에 지나지 않으며 심지어 오류가 있었음이 밝혀졌다. 이제 금관 속에 담긴 다양한 비밀의 실타래가 하나씩 풀리고 있다.

신라 금관은 어떻게 발굴되었나

신라의 국운이 차츰 기울어지면서 위용을 자랑하던 왕릉도 덩달아 퇴락의 길을 걸었다. 그렇게 천 년도 훨씬 넘는 긴 세월 동안 세인의 무관심 속에 묻혀 있다가 다시 빛을 보게 되었으니, 바로 1921년 9월 경주시 노서리 봉황대 주변에 있던 민가의 뒤뜰에서 우연히 왕릉이 간직한 비밀의 실마리가 풀리게 된다. 이곳에서 아무도 상상하지 못했던 금빛 찬란한 금관이 처음으로 발견된 것이다. 그러나 이때 금관을 비롯하여 무덤 내부에 대한 조사가 비전문가들에 의해 이루어졌기 때문에 중요한 정보를 다수 잃어버렸고, 후속 조사 또한 유물 수습 정도에만 머물고 말았다.

이후 경주 시내에 흩어져 있는 큼지막한 신라 무덤을 파면 금관이 나온다는 사실이 알려졌고, 이를 증명이나 하듯 1924년 금령총에서, 1926년 서봉총에서도 금관이 연이어 출토되었다. 일제강점기에 출토된 이들 금관 3점이 신라 고고학 연구에 서광을 비춘 것은 분명하다. 하지만 조선총독부의 발굴 목적은 학문 연구와 거리가 멀었으며, 또 그 무렵의 학계 수준으로는 금관과 일련의 황금 유물이 지닌 의미에 대해 정확한 해석을 내리기가 불가능한 실정이었다.

해방 이후에도 이에 대한 후속 연구가 거의 뒤따르지 않는 상황에서 1970년대를 맞이하였다. 1971년 공주 송산리 고분군에서 예상치 않게 발견된 무령왕릉은 1921년 우연히 발견된 금관총의 발굴 이상으로 왕릉에 대한 관심을 높이는 계기가 되었으며, 학계는 물론이고 전 국민과 대통령까지 놀라게 했다. 곧이어 경주를 개발할 때, 왕릉 발굴에 고무된 정치권의 지시에 따라 천마총과 황남대총이 발굴되었고 다시 2점의 금관이 출토되었다. 하룻밤에 끝내버린 무령왕릉 발굴 조사의 선례를 따르지 않으려는 조사단의 열의에 힘입어서 이때 마침내 금관이 가지고 있던 많은 정보를 고스란히 얻어내는 성과를 올렸다.

황남대총 북분 금관의 출토 당시 모습 금관은 발굴 당시에 윗부분이 고깔처럼 모여 있었다. 금관의 관테가 목걸이의 윗부분과 겹쳐 출토된 것으로 보아, 원래 금관은 왕비의 머리 전체를 감싸듯이 씌워졌던 것으로 추정된다.

무덤 속 금관의 모습

신라 금관은 어떤 모습으로 세상에 나왔을까? 그간 금령총, 서봉총, 천마총, 황남대총 북분에서 완전한 모습으로 발굴된 금관은 모두 피장자의 머리 쪽에서 수습되었다. 이 때문에 언뜻 금관은 무덤 주인공의 머리에 씌워 부장된 것처럼 보인다.

그러나 자세히 관찰하면 특이한 모습이 발견된다. 즉, 금관은 목관 내부에 묻힌 피장자의 머리 쪽에서 출토되었는데, 금관의 세움장식은 모두 한곳에 모여 고깔 모양을 이루고 있으며 관테의 아래쪽은 피장자의 어깨 부위까지 내려와 있었다.

이로 미루어 보건대 금관은 피장자의 이마 위에 씌워준 것이 아니라 머리 전체를 감싼 채로 매장되었던 것 같다. 이와 관련하여 금관 관테의 양 끝에 있는 구멍이 주목된다. 대개 상하로 2개씩 뚫려 있는데, 못이나 금속제 장식으로 고정되어 있지 않으며 단지 구멍만 남아 있다. 아마 원래는 가죽이나 직물로 만든 끈으로 묶었을 것이라 추정되는데, 망자를 염하는 과정에서 얼굴 앞쪽으로 금관을 펼친 형태로 올린 다음 뒷면에서 끈으로 관테를 묶고, 다시 윗부분에 솟아 있는 세움장식을 오므려 고깔 모양으로 묶었을 가능성이 있다.

금관은 왕의 상징물일까

경주 시내의 큰 무덤에는 일제가 부여한 일련번호가 있다. 모두 155기에 번호가 붙었는데 그중 지금까지 발굴된 무덤은 약 20% 정도이다. 일부만 발굴했는데도 이미 5점의 금관이 나왔다. 무덤 전체를 조사한다면 금관은 틀림없이 훨씬 더 많이 출토될 것이다. 지금까지 금관이 출토된 무덤은 5세기 후반부터 6세기 전반까지 100여 년도 못 미치는 짧은 기간에 축조된 것이다. 이 시기 신라 왕은 눌지왕, 자비왕, 소지왕, 지증왕 등 4명에 불과하다. 이에 비해 현재까지 출토된 금관은 이들 왕 숫자보다 많다. 그렇다면 왕이외의 다른 사람도 금관을 무덤에 매장했다는 뜻이 된다.

출토 유물을 분석해보면 무덤 주인공의 성별과 지위를 추정할 수 있다. 먼저 금관총과 천마총에서는 금제 관모와 관식, 금제 허리띠가 출토되었고, 피장자의 허리 부위에는 장식대도가 착장되었다는 점이 공통적이다. 특히 천마총은 관 안에서 60대 남성으로 보이는 인골이 출토되었으므로 피장자는 왕 또는 그에 준하는 왕족의 남성으로 추정된다. 금관총도 출토 유물로 보면 천마총과 동일하다.

황남대총 북분과 서봉총의 피장자는 금관, 가슴걸이, 금제 허리띠를 착장하고 있지만, 금동관, 금제 관모, 금제 관식은 없고 장식대도도 차고 있지 않았다. 황남대총 북분은 왕릉으로 추정되는 황남대총 남분에 잇대어 자리하

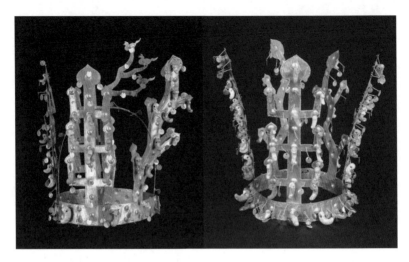

서봉총 금관과 황남대총 북분 금관
왼쪽은 서봉총 금관으로, 나뭇가지 모양의 장식과 사슴뿔 장식이 달려 있고 세 마리의 새가 있는 것이 특징이다. 오른쪽은 황남대총 북분의 금관으로, 곱은옥과 달개가 많이 달려 있다. 신라의 금관은 현재 5점이 출토되었으며, 화려한 외양과는 달리 매우 약하게 만들어졌기 때문에 평소 사용되었으리라 생각하기는 힘들다.

며 내부에서 '夫人帶부인대'라는 글자를 새긴 허리띠 끝장식이 출토되었기 때문에 왕비의 무덤이라 짐작된다. 서봉총은 황남대총 북분과 큰 차이가 없으나 서봉총에 연접하여 축조된 데이비드총(David塚)의 부장품이 빈약한 점을 고려하면 왕족 여성의 무덤일 가능성이 높다.

금령총의 경우에 금관과 가슴걸이, 금제 허리띠, 장식대도가 출토된 점은 천마총이나 금관총과 같지만, 금동관, 금제 관모, 금제 관식을 소유하지 않았다는 점에서는 황남대총 북분이나 서봉총과 같다. 금령총은 출토 유물의 크기가 작고 무덤 유해부의 장신구 출토 범위도 좁기 때문에 왕족 소년의 무덤으로 추정된다.

지금까지 살펴보았듯이 금관은 왕의 전유물이 아니며, 왕족 특히 여성과 왕자까지도 소유했음을 알 수 있다.

왕릉에서 금관이 출토되지 않은 이유

황남대총 남분은 현재까지 발굴 조사된 신라의 무덤 가운데 규모가 가장 크다. 내부 구조는 전형적인 돌무지덧널무덤(적석목곽분積石木槨墳)이며, 주곽과 부곽을 모두 갖추고 있어 그간 조사된 왕릉급 무덤 가운데 비교적 이른 시기에 조영되었을 것으로 추정된다. 내부에는 각종 금은제 장신구, 무기, 무구, 마구, 농·공구를 비롯하여 5,000점에 가까운 토기가 집중적으로 부장되어 있었다. 유물 역시 금관이 출토된 다른 무덤의 그것보다 오래되었다고 여겨진다. 이 무덤은 크기나 유물의 질과 양으로 볼 때 왕릉일 가능성이 높다. 다만 무덤의 주인공이 누구인지에 대해서는 눌지왕설과 내물왕설로 나뉜다.

왕릉일 가능성이 높은데도 불구하고 특이하게 이 무덤에서는 금관이 출토되지 않았다. 조사자의 회고에 따르면 이 무덤은 조사 당시에 왕릉으로 지목되어 당연히 금관이 출토될 것으로 기대되었다고 한다. 그러나 유해부가 드러난 순간 금관이 있을 것으로 예상된 곳에서 금동관이 나왔다. 조사단과 취재진을 비롯한 이들은 관심이 컸던 만큼 실망도 컸으나, 이 조사는 신라 금관의 출현 시점이나 성격에 대한 단서를 제공해주었다는 면에서 매우 뜻깊은 발견이었다.

이 무덤에서 금관이 출토되지 않은 사실을 어떻게 해석하면 좋을까? 혹여 이 무덤이 만들어지던 시기에는 금관이 없었던 것은 아닐까? 금관이 출토된 무덤의 축조 시기에 대해서는 논란이 분분하나, 모두 황남대총 남분보다 늦은 시기에 만들어졌음은 분명하다. 봉토 조사를 통해 황남대총 북분이 남분보다 나중에 축조되었음이 확인되었고, 금관총·서봉총·금령총·천마총 등 4기의 무덤도 5세기 후반에서 6세기 전반에 축조되었을 것으로 추정되어 황남대총 남분과 꽤 연대 차가 나고 있다.

금동관이란 구리관의 표면에 금도금을 한 것인데, 금관보다 이른 시기부터 제작되었고 금관이 유행하던 시기에도 여전히 제작되었다. 금동관은 두 가지 용도로 사용되었던 것 같다. 먼저 국가적인 의례가 있을 때 왕족과 귀족 남성이 착용했으며, 또 그들이 사망하면 머리에 씌워주는 용도로 활용되었다. 금관은 바로 장례 때 사용한 금동관을 금으로 만들었던 듯싶다.

경주의 대형 고분 가운데 금동관이 출토되는 경우, 주인공은 성인 남성이며 유해부에서 출토되고 있어 황남대총 남분과 동일한 양상을 보인다. 이러한 전통은 계속적으로 이어졌으며, 일정 시점 이후 아마도 황남대총 북분이 축조되는 시기쯤에는 왕뿐만 아니라 왕족도 금으로 만든 관을 머리에 씌워서 매장했던 것 같다.

금관이 곧 왕관은 아니다

금관은 화려한 겉모양과 달리 튼튼하지 못하고 지나치게 장식이 많아서 실용품으로 사용하기 어렵다. 관의 세움장식은 두께가 일정한 얇은 금판을 길쭉하게 오려서 만들었다. 특히 천마총 등 6세기 금관은 위로 올라가면서 체감이 거의 이루어지지 않은 탓에 불안정하며, 관테에도 2개의 금못만으로 고정해 놓았기 때문에 매우 취약한 구조이다. 실제로 조금만 움직여도 세움장식이 꺾여 내려앉을 정도로 약하다.

게다가 고난도의 제작 기술이 구사되어 있지 않고 끝마무리도 매끈하지 못한 부분이 많아, 이 금관이 정말 평소에 사용된 물품일까 의심이 든다. 특

금관총 금관의 전체 모습과 관테의 정면 세부
신라의 금관 가운데 맨 처음 발굴되었다. 세움장식의 형태가 단순한 편이며, 황남대총 북분의 금관과
유사하다. 좌우에 길쭉하게 늘어진 수식垂飾 1쌍이 매달려 있으며 맨 아래에는 금모자가 씌워진 경옥제
곡옥이 장식되어 있다. 관테 정면을 보면 곡옥과 영락이 장식되어 있다. 그 사이사이에 2개가 1조를 이
룬 빈 구멍이 보인다. 관테 전면에 뚫려 있는 이 구멍에는 아무런 장식도 매달려 있지 않다.

히 금관총 금관은 전체적으로 조형적인 아름다움이 매우 빼어나지만, 제작 기법을 세밀하게 관찰해보면 무성의하다 싶을 정도로 끝마무리가 엉성하다. 신라의 왕이나 왕족이 생전에 썼던 금관이라면, 들여오기 전의 까다로운 검수 과정을 과연 통과할 수 있었을까 하는 생각마저 든다.

대표적인 예를 한 가지만 들겠다. 금관총 금관의 관테에는 아무런 장식이 없는 구멍이 상하 2줄로 촘촘히 뚫려 있다. 이 2줄 구멍은 무엇인가? 왜 뚫어 놓은 것일까? 다른 금관에는 보이지 않는 구멍이다. 금관에 구멍을 뚫는 목적은 보통 달개(영락瓔珞)나 곡옥을 매달기 위함이다. 이 금관을 관찰하면서 느낀 바는 2줄의 빈 구멍과 3줄의 곡옥 및 달개를 매단 구멍이 선후 관계를 가지며 뚫렸을 가능성이 있다는 점이다. 즉, 본래 2줄 구멍을 뚫어 곡옥 혹은 달개를 부착하려고 했다가, 어떤 이유에서인지 이 2줄 구멍에 장식을 매달지 않고 재차 3줄 구멍을 새로이 뚫어 곡옥과 달개를 장식했던 것 같다. 현재까지 확인된 모든 신라 금관에 3줄 구멍이 뚫려 있다는 사실을 고려하면 2줄 구멍을 뚫은 것은 제작자의 실수였을 가능성이 있다. 숙련된 장인이 관테를 다시 만드는 일은 그리 어렵지 않으며 제작에 드는 시간도 그다지 길지 않을 것이다. 이 때문에 금관총 금관에 남아 있는 2줄 구멍은 금관의 비실용성을 말해주는 중요한 단서가 될 수 있을 듯하다. 이에 더해, 앞서 언급한 것처럼 금관이 피장자의 머리 위쪽에서 출토되는 것이 아니라 머리 전체를 감싼 모습으로 발견된다는 점 또한 금관을 장송 의례품으로 볼 만한 하나의 근거가 될 수 있을 듯하다.

설령 왕관이 아니라고 할지라도 금관에는 1,500년 전 이 땅에 살았던 신라인들의 삶과 생각을 추정해볼 수 있는 다양한 정보가 가득 들어 있다. 그러한 정보를 얻어내고 금관에 살아 숨 쉬는 생명을 불어넣는 일은 21세기를 살아가는 우리들 모두의 몫으로 남아 있다.

거대한 고분을 만든 까닭

고구려의 두 번째 수도인 국내성이 위치했던 중국 길림성吉林省 집안시集安市에는 아직도 수천 기의 고구려 고분이 남아 있다. 그중에서 가장 유명한 고분은 통구평야를 내려다보는 용산龍山 기슭에 자리 잡은 장군총이다. 이 무덤은 잘 다듬은 화강암을 피라미드처럼 쌓아 올린 계단식 돌무지무덤이다. 전체 7층이며, 한 변의 길이는 32m, 높이는 12m가 넘는다. 그래서 이 무덤을 왕릉으로 간주하는 학자가 많다. 그런데 장군총이 집안시에서 제일 큰 무덤은 아니다. 이보다 훨씬 큰 규모를 자랑하는 무덤이 여럿 있다.

소수 지배자를 위한 거대 무덤

이 같은 무덤을 만들기 위해서는 복잡한 공정을 거쳐야 한다. 우선 어디에 어떤 형태로, 얼마만큼의 규모로 만들지를 결정해야 한다. 그런 다음 무덤에 쓸 돌을 채석할 장소도 물색해야 한다. 엄청난 양의 석재를 캐낸 뒤에

장군총

중국 길림성 집안시 통구분지에 위치한 고구려 고분 중 보존 상태가 가장 양호한 돌무지무덤이다. 밑변의 길이는 약 31m로, 집안 시내의 고분 가운데 최대급은 아니지만 잘 다듬은 돌을 피라미드 모양으로 쌓아 올린 기술이 고구려 돌무지무덤의 최고봉이라고 할 수 있다. 여기에 묻힌 인물에 대해서는 광개토왕이란 견해와 장수왕이란 견해가 맞서 있는 상태이다.

는 이것을 운반하기 위한 임시 도로도 필요하다. 돌을 옮겨서 쌓기만 한다고 무덤이 완성되지는 않는다. 정확한 측량과 기초공사를 실시한 뒤 차곡차곡 돌을 쌓아 올린다. 중력이라는 자연의 법칙을 극복하려면 여러 가지 지구과학적 지식이 필요하다. 7층의 계단으로 이루어진 장군총이 위로 한 단씩 올라갈 때마다 조금씩 안으로 들어가게 설계된 이유가 바로 여기에 있다. 또, 무덤 안에 채워 놓은 돌들이 옆으로 밀려나면서 붕괴될 위험을 방지하기 위해 사람의 키보다 훨씬 큰 판석을 비스듬히 기대어 세워 놓는다. 시신을 모실 공간인 돌방은 정성껏 다듬은 거대한 판돌을 잘 짜 맞춰서 만든다. 무덤의 외형을 치장하기 위해 수많은 기와를 덮는 경우도 있는데, 특히 왕릉급 무덤은 보통의 무덤과 달리 거대한 제단을 갖추고 묘역을 감싸는 담장이 추가된다.

이같이 복잡하고 어려운 대규모 공사를 실시하기 위해서는 수많은 인력이 동원되어야 한다. 이들을 먹여 살리거나 보수를 주기 위한 경제력도 뒷받침되어야 한다. 고구려인들은 왜 이렇게 큰 무덤을 만들었을까?

그런데 고구려뿐만 아니라 신라와 가야, 그리고 중국과 일본에서도 고대국가의 지배자를 위해 거대한 무덤을 만들었다. 일반 백성의 보통 무덤이 아닌 소수의 지배자를 위한 무덤을 특별히 고분이라고 부른다. 유라시아 대륙에 광범위하게 나타나는 대형 무덤인 쿠르간이나 이집트의 피라미드 모두 소수의 지배자를 위해 만든 거대한 무덤이라는 점에서 고분이라 부를 수 있다. 그렇다면 소수 지배자를 위해 거대한 고분을 만드는 풍습은 세계적으로 보편적인 현상이었던 셈이다.

고분의 등장과 발달

구석기시대의 원시인도 자신의 가족이나 동료가 죽으면 애통해하면서 특별한 시설, 즉 무덤을 만들었다. 신석기시대와 청동기시대에도 죽은 이를 위해 다양한 형태의 무덤을 만들었는데, 우리가 흔히 볼 수 있는 고인돌은 청동기시대의 대표적인 무덤이다.

사람들 사이의 관계가 평등했던 구석기·신석기시대의 원시사회에서는 무덤의 규모와 부장품에 별다른 격차가 없었다. 하지만 사유재산제에 기반한 지배-예속 관계가 발생하면서 지배층이 된 사람들은 이승에서 누리던 우월한 지위를 죽어서도 유지하고 싶어 했다. 저승 세계에서 안락한 생활을 누리려면 죽은 자가 살아갈 집, 즉 무덤을 잘 꾸며야 했다. 후손으로서는 죽은 분의 무덤을 크게 만듦으로써 조상의 권위를 높이고, 그것을 통해 후계자인 자신을 과시하는 데 도움이 된다고 판단하였다. 이러한 사고방식과 생각이 맞아떨어져 엄청난 노동력과 물자를 쏟아부은 특별한 무덤, 즉 고분이 등장한 것이다.

지배자와 피지배자의 사회적 격차가 본격적으로 벌어지기 시작한 것은 청동기시대부터다. 당시 지배자들은 죽은 뒤에도 자신의 우월한 지위를 드러내려고 했는데, 무덤을 통해 이를 표현하는 방식은 두 가지였다.

첫 번째, 묘역을 조성하고 무덤 자체도 거대한 규모로 만드는 방식이다. 공동체 일반 성원들의 공동묘지가 아닌 별도의 공간에 도랑이나 돌벽을 이용하여 자신만의 묘역을 만들고 큰 무덤에 묻히는 것이다. 창원 덕천리의 고인돌은 거대한 묘역을 갖추고 있기 때문에 따로 묘역식 고인돌이라 불린다. 묘역식 고인돌은 한반도 남해안 지역에 널리 분포한다.

두 번째, 청동기를 비롯한 귀중품을 자신의 무덤에만 잔뜩 넣는 방식이다. 고조선의 무덤인 중국 심양沈陽 정가와자鄭家窪子 6512호 무덤이 대표적인 예다. 무덤의 주인공은 이 지역의 지배자였는데, 청동으로 만든 거울과 각종 장식품 수십 점이 부장되었으며, 청동 단추를 촘촘히 붙인 가죽신을 신고 묻혀 있었다. 반면 그 주변에서 발견된 일반 성원들의 무덤에서는 아주 간단한 부장품만 보일 뿐이다. 청동기시대 부여 송국리의 수많은 무덤 중에서 비파형 동검과 석검, 석촉, 푸른 대롱옥을 풍부하게 부장해 놓은 무덤은 하나뿐이다. 역시 이 지역 지배자의 무덤일 것이다.

이렇게 특별한 무덤은 세속적인 권력과 종교적인 권능을 한 몸에 아우른 당시 지배자의 살아생전 모습을 생생히 드러낸다. 삼국시대로 접어들면서 현실 사회의 불평등성은 더욱 심해지고, 이는 무덤에도 그대로 반영되었다. 기원전 1세기 무렵에 만들어진 창원의 다호리 1호묘는 그리 크지 않은 규모의 널무덤이지만, 부장품이 같은 시기의 다른 무덤들을 압도한다. 극심하게 도굴을 당했음에도 불구하고 널 아래서 발견된 대나무 바구니 안에 칠기 붓과 부채, 청동과 철로 만든 각종 무기와 농·공구, 장신구와 중국 거울 등 막대한 양의 유물이 출토되었다.

기원후 2세기가 되면 영남 지역에서는 널 밖에 나무로 짠 또 하나의 시설, 즉 덧널을 갖춘 무덤이 등장한다. 이런 무덤을 덧널무덤이라 부르는데 널무덤 단계에 비해 규모가 커지고 부장하는 유물의 양도 크게 늘어난다. 김해 양동리에서 이 시기의 덧널무덤이 많이 발견되었다. 덧널무덤의 규모는 더욱 확대되어 3세기 말에 이르면 김해 대성동, 부산 복천동, 경주 구정동, 울산 하대 등지에서 발견된 것처럼 왕릉급의 대형 덧널무덤으로 발전한다.

덧널무덤 내부에는 화살촉·칼·창 등의 철제 무기와 갑옷·투구·마구·장신구가 다량 부장되어 있어, 고작해야 토기 몇 점과 손칼 정도를 부장한 일반민과 큰 격차를 보인다. 영남 지역의 덧널무덤은 4세기까지 발전했으며, 지상에 낮은 봉토를 올렸을 것으로 추정된다. 그러나 오랜 세월이 흐르면서 무너져 내린 탓에 봉토의 흔적이 남아 있는 덧널무덤은 매우 드물다.

거대한 토목 구조물인 고분

현재까지 남아서 위용을 자랑하는 거대 고분의 봉토는 특별한 기술 없이는 만들 수 없다. 영남 지역 곳곳에 남아 있는 5세기 대형 고분의 봉토는 당시 최첨단 측량술과 토목 기술이 발휘된 결과다. 경주 시내에 밀집 분포하는 돌무지덧널무덤에는 4~6세기 무렵 신라의 왕과 왕족들이 묻혀 있는데, 밑변의 길이가 40m를 넘는 것이 많다. 기중기나 화물차도 없는 고대사회에서 이렇게 거대한 토목 구조물인 초대형 고분을 축조하려면 뛰어난 기술력

황남대총

경주평야에 위치한 신라 고분 중 가장 규모가 큰 무덤이다. 남성의 무덤인 남분을 먼저 축조하고 여기에 덧붙여서 북분을 축조하여 연접시킨 구조이다. 남분에 묻힌 인물이 5세기 신라 왕이라는 점에는 이견이 없다. 내부에서 발견된 부장품도 그 종류와 양, 질이 삼국시대 최고이다.

외에도 국가적 차원에서 수백 수천의 노동력이 동원되었을 것이다.

당대 최고의 기술자들은 거대 고분을 만들기 전에 먼저 방위, 거리와 면적, 부피 계산 등 기본적인 측량을 실시하고, 그 뒤 각종 토목 기술을 이용하여 고분을 쌓았을 것이다. 봉토가 무너지지 않게 하려면 기반 조성, 물성이 다른 흙의 교차 성토, 달구질, 안식각을 고려한 경사도 조정, 수직 하중의 분산, 호석의 배치 등 다양한 기술을 발휘해야 한다. 또한 작업을 효율적으로 진행하기 위해 공사 구간을 여러 개로 나누고 각 구간마다 책임자를 두었을 것이다. 이러한 기술과 작업 진행 방식은 고분뿐만 아니라 성곽이나 제방 등 대형 토목 구조물을 만들 때도 그대로 적용되었다.

이렇듯 최고 수준의 과학기술과 함께 그 기술을 몸에 익힌 기술자들, 그리고 고분을 만드는 데 수많은 인력이 동원되었기에 삼국시대의 거대 고분이 만들어지고, 1,600년이 넘는 세월을 무너지지 않고 버텨온 것이다.

거대 고분 출현의 수수께끼

집안시에 분포한 고구려 돌무지무덤 중에는 장군총보다 훨씬 규모가 큰 무덤이 있다고 앞서 언급했는데, 바로 태왕릉, 천추총, 서대묘 등이다. 이들 고분은 한 변의 길이가 60m를 넘는 초대형 돌무지무덤이며, 모두 왕릉으로 추정된다. 백제에서는 4세기 이후에 서울 석촌동 3, 4호분과 같은 대형 돌무지무덤이 등장했는데, 구조적으로 볼 때 고구려 왕릉과 유사하다. 특히 석촌동 3호분은 한 변의 길이가 50m에 달해 장군총보다 더 큰 규모이다. 고구려 왕릉과 맞먹는 크기이기 때문에 백제의 세력을 크게 떨친 근초고왕이나 그 아들 근구수왕의 무덤으로 추정된다.

신라와 가야에서 거대 고분이 많이 만들어진 전성기는 5세기다. 신라의 왕릉인 98호분(황남대총)은 왕과 왕비의 무덤이 표주박처럼 붙어 있는 형태인데, 남분과 북분 두 무덤을 합한 길이가 120m, 높이가 각각 22~23m에 이른다. 삼국시대 무덤 중 가장 큰 규모이다.

가야 지역에서는 헤아릴 수 없을 정도로 수많은 고분이 발견된 덕에 그간 문헌 자료가 부족했던 가야사를 복원하는 데 힘을 보태고 있다. 대가야의 고령 지산동 고분군, 아라가야의 함안 말이산 고분군, 다라국의 합천 옥전 고분군은 지금도 위용을 뽐내고 있다. 대개 수십에서 수백 기의 고분이 무리를 지어 있는데, 각 지역의 왕과 그 가족, 그리고 귀족들의 무덤이 모여 있는 형태이다. 거대 고분에 묻히는 자는 왕이나 왕족이고, 그보다 신분이 낮은 자들은 좀 더 작은 무덤에 묻혔다. 무덤의 크기는 곧 묻힌 자의 신분을

산성하 고분군

산성하山城下 고분군은 중국 길림성 집안시 환도산성丸都山城의 주변에 분포하는 고구려 고분군이다.
현재 1,200기 이상의 고분이 남아 있으며, 우산禹山 고분군과 함께 통구通溝 고분군을 대표하는 유적이
다. 고분의 종류는 돌무지무덤과 돌방무덤으로 나뉘며, 현재 세계문화유산에 등록되어 있다.

일본의 하시하카 고분

나라奈良 현 사쿠라이櫻井 시에 위치한 고분으로, 일본 최초의 전방후원분이다. 전체 길이가 280m이며 무덤을 감싼 10m 폭의 도랑도 확인되었다. 무덤을 만든 시기는 3세기 후반 무렵으로 추정되며, 이후 크게 유행하기 시작한 전방후원분의 모델이 되는 무덤이다. 여기에 묻힌 자를 『삼국지』 '왜인' 조에 나오는 일본 최초의 여왕인 히미코卑彌呼로 보는 견해도 있다.

반영한다.

신라의 지방에 해당되는 지역인 오늘날의 경산, 창녕, 대구, 양산, 부산 등지에도 가야의 왕릉 못지않게 거대한 고분이 많이 남아 있다. 다만 무덤의 주인공들이 왕경인 경주에서 발견되는 금관의 형태를 본뜬 금동관을 착용했다는 점에서 그들 세력이 이전에 지녔던 고유의 독자성을 상실하고 신라에 편입된 모습을 보여준다.

일본에서는 전방후원분前方後圓墳이라는 거대한 고분이 3세기 후반쯤에 등장한다. 전방후원분이란 사각형(方)의 봉분과 둥글게(圓) 쌓아 올린 봉분을 연접시킨 형상에서 그 이름이 유래한다. 최초의 전방후원분이라고 하는 하시하카箸墓 고분은 전체 길이가 280m에 이른다. 4세기를 지나 5세기에 접어들면 일본은 전방후원분의 전성기를 맞는다. 오사카大阪 남부에 소재한 다이센大仙 고분은 전체 길이가 486m에 이르는 초대형 전방후원분이다. 이 무덤을 축조하는 데 총인원 680만 명이 동원되었는데, 이는 하루 평균 2,000명이 동원되어도 꼬박 16년이 걸리는 규모이다.

일본에서는 규슈에서부터 도쿄 부근의 관동 지방까지 전방후원분이라는 동일한 무덤 형태를 유지하면서, 규모를 통해 집단의 세력 차이를 표현하였다. 더 큰 전방후원분을 축조한 세력은 그보다 작은 전방후원분을 축조한 세력에 비해 정치적으로 우위에 있었다. 요컨대 권력의 크기는 무덤의 규모에 비례하였다. 하지만 이는 어디까지나 일본열도 내의 원리였다. 백제와 가야, 고구려의 왕릉은 전방후원분에 비하면 훨씬 작은 규모이다. 한반도에서 가장 큰 무덤인 신라의 황남대총도 일본의 전방후원분 크기에 한참 못 미친다. 그렇다면 삼국의 왕권이나 국력이 일본보다 약했다고 보아야 할까? 그렇지 않다. 고구려와 백제는 단지 고분의 외형에만 신경 쓰지 않고 궁궐이나 사원 건축을 통해서도 왕권과 국력을 과시하고자 하였다. 거대한 불사를 일으켜 17년 만에 황룡사를 완공한 사실에서 알 수 있듯이 신라도 마찬가지였다. 일본열도에서 전방후원분 크기의 경쟁이 벌어진 까닭은 그들 고유의 장례 풍습과 저승 세계에 대한 인식으로부터 비롯하였다. 바로 이 점이 삼국과 달랐다.

일반적으로 고분 안에는 그 크기에 비례하여 엄청난 양의 부장품을 넣었다. 신라 왕릉 중의 하나인 경주 황남대총에서는 총 5만 8,000점의 유물이 출토되었다. 어마어마한 양으로도 놀랍지만, 질적 수준 또한 매우 높다. 금관과 금제 허리띠 같은 귀금속 장신구, 수많은 철제 무기와 공구, 토기류, 비단벌레 날개로 장식한 화려한 말안장, 멀리 서역에서 수입한 유리 용기 등,

황남대총에서 출토된 말안장 가리개

황남대총에서 발견된 유물은 총 5만 8,000점에 이를 정도로 후장의 양상을 띤다. 금과은으로 만든 수많은 귀중품 가운데 금관과함께 단연 눈에 띄는 유물은 비단벌레의 날개를 떼어서 영롱한 형광색을 표현한 말안장 가리개와 발걸이(등자)이다. 말안장 가리개는 2장의 나무판을 결합하고 그 위에 자작나무 껍질을 붙인 후, 다시 그 위에 수천마리분의 비단벌레 날개를 떼어서 촘촘히붙인 위에다 용무늬를 투조한 금동판을 올린 모습이다.

온갖 종류의 호화로운 물품이 셀 수 없을 만큼 많이 부장되어 있었다. 이렇게 아낌없이 많은 부장품을 넣어주는 장례 풍습을 후장厚葬이라고 한다. 살아생전 시중들었거나 곁에서 호위했던 사람을 함께 죽여서 넣는 순장은 후장과 잘 어울리는 장례 풍습이었다. 후장과 순장은 죽은 사람이 저승에서도 아무런 불편 없이 살기를 바라는 마음에서 나왔다. 일반 백성은 꿈도 꿀 수 없는 호사였다.

사회의 발전과 고분의 쇠퇴

삼국 간의 경쟁이 치열해지면서 병사와 전투 물자가 계속 요구됨에 따라 막대한 노동력과 재물을 무덤에 쏟아붓는 풍습에 대한 반성이 일어났다. 고구려와 백제에서는 이른 시기부터 돌방무덤이 도입되었는데, 이 무덤은 한 번 만들고 나면 그 뒤에도 여러 번 추가로 매장할 수 있기 때문에 무덤 축조로 인한 경제적인 손실을 크게 덜 수 있었다.

율령이 반포되고 신분과 지위에 따른 차등이 분명해지면서 굳이 커다란 무덤을 만들면서까지 자신과 집안의 권세를 과시할 필요도 없어졌다. 무덤의 규모가 작아지고 부장품이 줄어드는 박장薄葬 현상을 더욱 가속화한 것은 불교이다. 불교 사상은 죽음에 대한 생각 자체를 바꾸어 놓았다. 큰 무덤을 만들고 많은 사람을 죽여서 순장한다고 극락정토에 갈 수 있는 것이 아니라 현세에서 공덕을 쌓는 것이 중요하였다. 마침내 삼국시대의 귀족들은 고분에 값비싼 재물을 쏟아붓고 사람을 순장하는 대신, 사원을 만들고 탑을 세우는 데 열중하였다. 신라의 문무왕은 유언에서 공연히 인력과 물자를 낭비하지 말고 불교식으로 화장할 것을 당부하였다.

백제의 유물은 고분을 발굴할 때보다 오히려 부여 왕흥사지나 익산 미륵사지 같은 사원을 발굴할 때 더 많은 양의 귀중품이 나오고 있다. 그 이유는 백제의 왕족과 귀족들이 무덤을 화려하게 만드는 대신, 사찰 세우기에 열중했기 때문이다. 고구려와 백제에 비해 약간 늦었지만 신라와 바다 건너 왜 역시 불교를 수입하면서 무덤 꾸미기에 치중하기보다는 사찰을 짓는 일에 열중하게 되었다. 이제 무덤의 크기와 부장품의 양, 순장하는 사람의 숫자로 자신의 권력을 자랑하던 시대가 지나갔다.

신라에서 6세기 이후 이루어진 일련의 조치들, 즉 지증왕 대의 순장 금지, 법흥왕 대의 율령 반포와 불교 공인 등은 고분 문화의 쇠퇴를 상징하는 사건이다. 국가의 지배 구조가 확립되고 불교라는 고등 종교가 사람들의 머릿속에 뿌리내리면서 거대한 고분을 만드는 풍습은 사라졌다. 화려했던 고분 문화는 드디어 막을 내렸다. 달리 말하자면 고대사회는 더욱 발전해갔으며, 동시에 미개함을 떨쳐버린 셈이다.

목간으로 본 고대의 일상

목간은 문자를 기록하기 위해 나무로 만든 서사書寫 재료로서 종이가 발명되기 이전에 널리 사용되었다. 특히 주변에서 쉽게 구할 수 있고 내구성도 좋은 나무의 특징 덕분에 목간은 종이가 발명된 뒤에도 매우 오랫동안 서사 재료로 애용되었다. 또 나무는 여러 가지 형태로 가공할 수 있기 때문에, 남근형 목간처럼 특이한 형태로 만들고 거기에 주문呪文을 써넣어 주술 용도로 사용하거나 부적으로 활용하기도 하였다.

한국의 고대 목간에는 글자를 반복적으로 연습한 흔적인 단순 메모부터 국가의 복잡한 회계장부에 이르기까지 각종 기록물이 다양하게 확인된다. 목간의 묵서墨書는 당대인의 육필로 기록되었으므로 그 내용이나 형태, 출토지 등을 통해 제작에서 폐기에 이르기까지 '목간의 일생(life cycle)'을 추적할 수 있다. 따라서 목간은 기록으로서의 가치를 갖고 있을 뿐만 아니라 고대인의 일상과 문자 생활에 관한 다양한 정보도 알려준다.

목간의 보존 환경

목간은 재질의 특성상 썩기 쉬워 저습지라는 특수한 조건에서만 발굴된다. 고대의 연못이나 우물, 도랑 속에는 진흙이 천 년 이상 켜켜이 쌓여 산소가 차단되기 때문에 공기 중에서 쉬 부패되는 나무라도 그 안에서는 썩지 않는다. 그런 까닭에 물속 뻘층에서 천 년도 더 된 고대의 목간이 처음 모습 그대로 발견된다. 유기물이 살아남는 이러한 저습지의 보존 환경에 최근 고고학자들이 큰 관심을 가지고 신중한 발굴을 진행하였다. 그 결과 1980년대에는 50여 점에 불과했던 목간 출토 수가 2017년 현재 700여 점에 이를 정도로 그 양이 기하급수적으로 증가하였다.

특히 백제 말기의 수도였던 충남 부여는 백마강으로 흘러드는 물길, 하수시설, 그리고 범람원이 발달해 있어 앞으로 더 많은 백제의 목간이 출토될 것으로 기대된다. 실제로 최근 부여군 구아리 시외버스터미널 인근의 교회 신축 공사 현장에서 백마강으로 흘러드는 백제시대의 하수 시설이 발굴되었는데, 이곳에서 백제 목간 6점이 출토되었다. 이 가운데 한 목간에는 '적미赤米'라는 글자가 기록되어 있어 당시 백제에서 다양한 쌀 품종이 개량·재배되었다는 사실을 알려주었다. 우리도 중국의 '주마루 삼국 오간走馬樓三國吳簡'이나 일본의 '나가야오 목간長屋王木簡'처럼 고대의 우물이나 하수 폐기 시설에서 목간 수만 점이 한꺼번에 발굴될 날이 그리 멀지 않을 듯하다.

다면 목간으로 본 한자 학습 방법

한반도에서 가장 오래된 목간은 평양 일대의 한 대漢代 '낙랑군樂浪郡' 유적에서 출토되었다. 1990년대 북한이 평양시 낙랑 구역 일대를 발굴할 때

【 주마루 삼국 오간과 나가야오 목간 】

주마루 오간은 1996년 중국 호남성 장사시長沙市 무역빌딩 건설 현장에서 포클레인 작업 중에 옛 우물을 훼손하면서 우연히 발견되었다. 장사시문물고고연구소 발굴팀이 서둘러 조사·발굴한 결과, 삼국시대 오吳나라 기년의 간독簡牘이 세상에 모습을 드러냈다. 뒷날 주마루 22호로 명명된 우물에서만 총 10만여 점에 달하는 엄청난 양의 간독이 발굴되었다. 이는 그때까지 중국에서 발굴된 죽간과 간독을 모두 합한 숫자보다 많은 양이었다. 주마루 간독에는 건안建安(196~220), 황무黃武(222~228), 황룡黃龍(229~231) 연간 오나라의 세금 및 소작 관계를 비롯하여 사법 안건의 심리, 호구조사, 관리의 봉록 명세서 등이 기록되어 있어 그 시대 지방행정을 복원하는 데 큰 도움이 되고 있다.

나가야오 목간은 1986년 일본 나라奈良 시 백화점 건설 과정에서 대규모 건물 유적과 함께 발견되었다. 건설 공기가 정해져 있는 탓에 급히 조사했음에도 대략 4만 점에 달하는 목간이 출토되었고, 이들 목간을 통해 그곳이 나가야오長屋王의 저택임이 밝혀졌다. 나가야오는 덴무天武 천황의 손자로, 당시의 권력자인 후지와라노 후히토藤原不比等와 정치적으로 대립했다가 역적으로 몰려 자살한 인물이다. 이 목간을 통해 귀족 집안의 행정사무나 기술자, 수도 부근의 각 영지에서 운반된 수취 기록 등 그간 문헌 자료로는 알 수 없었던 귀족 가문의 일상생활이 명료하게 드러났다.

나온 목간인데, 기원전 45년 낙랑군과 그 소속 현의 호구가 통계되어 있는 장부용 목간, 『논어』를 필사한 뒤 이를 끈으로 묶은 서책용 죽간 등이다. 한국의 고대사회는 이처럼 한사군을 통해 매우 일찍부터 중국의 발달된 한자 문화를 접하였다.

고구려, 백제 등 한국의 고대국가는 중국 군현 세력에 효과적으로 저항하기 위해서 중국의 선진 문화를 받아들여 국가 체제를 확립하였다. 이때 중국의 문서 행정 시스템도 수용하였다. 삼국은 또한 경전에 해박한 박사를 두고 식자층을 육성하는 태학太學을 설립하였다. 이후 한자를 읽고, 쓰고, 문

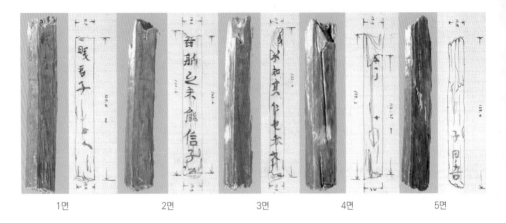

1면   2면   3면   4면   5면

인천 계양산성에서 출토된 논어 목간
다섯 면에 『논어』 「공야장」의 일부 내용이 적혀 있다. 3면의 '不知其仁也 赤也'는 「공야장」 제8장의 "孟武伯問 … 求也何如? 子曰, 求也 千室之邑 百乘之家 可使爲之宰也 不知其仁也. 赤也何如? …"(맹무백이 묻기를 … "구求는 어떻습니까?" 하니, 공자가 말하기를 "구는 천 호 정도 되는 읍이나 경대부의 집에서 가신 노릇을 할 수 있을지는 모르나, 그가 어진지는 알지 못하겠다."라고 했다. "적赤은 어떻습니까?" …)라는 구절의 일부 내용이다.

서와 장부를 만들 수 있는 이들이 상당수 배출되었다. 김해 봉황동과 인천 계양산성에서 발굴된 신라의 '논어 목간'으로 볼 때, 늦어도 7세기 무렵에는 지방 사회에서도 학생들이 활발하게 중국 고전을 학습하였다.

계양산성에서 출토된 목간은 단면이 오각형인 막대 형태로 이루어진 다면 목간인데, 상·하단이 파손되었다. 현존 길이는 14cm이고, 각 면의 폭은 1.5cm이다. 다섯 면에 『논어』 「공야장公冶長」 편이 적혀 있는데, 내용의 전후 연결을 고려하면 본래 길이는 1m 정도의 매우 긴 목간이었음을 알 수 있다. 다면 목간은 어떤 면의 글자를 읽거나 외울 때 다른 면의 글자가 보이지 않도록 만들어졌다. 이런 모양 때문에 이미 중국 한 대부터 다면 목간은 초학자初學者의 암기 학습용으로 널리 사용되었다. 또 1m에 달하는 목간의 길이는 『논어』 경전의 권위와 위상을 보여주는 것으로 시각적 효과를 노린 듯하다. "추운 겨울이 와야 소나무와 잣나무의 기백을 알 수 있다"는 『논어』의 구절이 7세기 신라 무인들의 좌우명으로 널리 유행한 일도 당시 『논어』가 신라 사회에 널리 읽혔음을 잘 말해준다.

백제 남근형 목간과 도성의 경계

충남 부여의 능산리 절터는 사비 도성을 방어하기 위해 건설된 나성羅城 동벽의 제3문지門址와 백제 왕릉인 능산리 고분군 사이에 있다. 이 절터에서는 백제 금속공예의 정수로 꼽히는 '용봉금동대향로龍鳳金銅大香爐'가 출토되었다. 또한 절터의 목탑에서는 사리 장치도 발견되었다. 이를 통해 567년 위덕왕 대에 왕실의 원찰願刹로 건립되었으며, 인근의 왕릉을 지키기 위한 '능사陵寺' 역할도 했음을 알게 되었다.

한편, 이 능사의 남쪽에는 백제시대의 도로가 뚫려 있었던 것으로 밝혀졌다. 이 도로는 사비 도성 외부에서 백제 왕릉, 능사, 나성의 동문 등을 거쳐 도성 내부로 들어가는 중심 도로와 연결되었다. 또 절터의 동서 양쪽 도랑이 남북 방향으로 흘러내려 합류하는 지점인 능사 남측의 도로 인근은 연못이나 물웅덩이를 이루었다. 이곳은 물과 땅이 만나고, 삶과 죽음의 공간이 나누어지는 도성의 '경계境界' 지점으로, 고대사회에서는 제사의 장소로 적합한 곳이었다. 아니나 다를까 이곳에서 남근형 목간을 비롯하여 특이한 목간이 다수 발굴되었다. 특히 앞면에는 여러 사람의 이름이 적혀 있고 뒷면에는 '물 수水' 자가 가득 채워져 있는 목간도 발견되었는데, 액막이 용도로 만들었던 듯하다.

남근 모양의 목간은 길이가 22.6cm이며, 남자의 성기 모양을 하고 있어 발굴 초기부터 '남근형 목간'으로 불리며 큰 화제를 모았다. 무엇보다 형태

상의 특징이 두드러진 까닭에 이 목간은 주술적 성격을 갖고 있다는 견해가 일찍부터 제기되었다. 묵서 내용을 분석해보면 그 용도를 더욱 분명히 알 수 있다.

이 목간에는 돌아가면서 4행에 걸쳐 묵서와 각서刻書(칼로 새긴 글)가 있는데, 정면에 '道禓立立立도양립립립'이라는 독특한 문구가 기록되어 있다. '양禓'은 '길의 신(道神)'이다. 따라서 목간 정면의 '道禓立立立'이란 '길(道)의 신神인 양禓이여! 서라! 서라! 서라!'는 의미의 주술적 문구이며, '설 립立'을 세 번 연속하여 쓴 것은 감탄을 겸한 강조법으로 보인다.

길 제사와 관련해서는 신라나 고대 일본에 자료가 많이 남아 있다. 길 제사는 도성의 사방 입구나 외곽 도로에서 길의 신께 폐백을 올림으로써 도성으로 들어오는 온갖 부정한

남근형 목간
부여 능산리 절터 주변의 물웅덩이에서 출토된 백제시대의 목간이다. 나쁜 기운을 막기 위한 주술적 용도로 만들어졌을 것이라 추정한다. 당시 사람들은 대로변에 이 목간을 세워 놓고 제사를 지낸 것으로 보인다.

것들, 예를 들어 전염병이나 자연재해 등의 재난에 대처하기 위해 거행한 국가 의례였다. 옛날 사람들은 역병이나 재해를 '귀신과 도깨비(鬼魅)'의 장난으로 여겼고, 귀신과 도깨비도 사람처럼 똑같이 길을 따라 도성으로 들어온다고 생각하였다.

앞서 언급했듯이 남근형 목간이 출토된 능사는 사비 도성의 나성 동벽 제3문지와 능산리 고분군 사이에 자리 잡고 있다. 이 문은 나성의 다른 성문들과 달리 평지에 입지해 있으며, 규모 면에서도 제일 크다. 현재 이 문지로 부여~논산 간 국도가 지나가는데, 이 도로는 공주나 논산 방면에서 부여로

들어가는 가장 중요한 교통로이다. 백제 당시에도 이 문은 각 지방에서 사비 도성으로 사람과 물자가 가장 빈번하게 드나들던 사비 나성의 대문이었을 가능성이 매우 높다.

더욱이 나성 자체가 도성의 수호를 목적으로 세워졌고, 나성 대문은 도성 출입을 통제하는 곳이다. 따라서 역병이나 온갖 나쁜 기운이 도성으로 들어오는 것을 차단하기 위해 거행했던 길 제사의 장소로 이보다 더 적합한 곳이 없다.

남근에 대한 주술적 사유와 전승

길 제사에 사용된 이 목간은 왜 하필이면 남근의 모습을 하고 있을까? 정초에 사악한 기운이 집에 들어오는 것을 막기 위해 호랑이와 닭을 문에 그린다거나 버드나무를 문에 매다는 민속은 모두 음양오행과 관련 있다. '양물陽物'을 대표하는 호랑이, 닭, 버드나무 등으로 음습한 기운을 몰아내려고 한 것이다.

그런데 양물을 대표하는 것으로는 남근을 빼놓을 수 없다. 양물은 그 자체가 남근을 상징하는 말로 흔히 쓰인다. 남근형 목간의 정면에 기록된 "길의 신이여, 서라!"는 말은 바로 남근의 발기, 즉 "남근이 섰다!" 그러니 이제 사악한 귀신과 도깨비는 남근의 형상과 그 주문을 보고 두려워서 감히 더이상 근접할 수 없다는 것을 의미한다.

백제의 길 제사에서 신물神物로 사용된 남근형 목간은 형태나 용도가 모두 조선시대의 장승과 맥이 닿아 있다. 장승은 경계의 성표聖標로서, 외부로부터 흉재를 막기 위해 지내는 거리제 때 세운다. 지역에 따라서는 나무로 만든 장승 대신 남근석이 신주로 모셔지기도 한다. 우리나라뿐 아니라 일본에서도 고대 이래 오늘날까지 길 제사의 신물로 남근을 사용하고 있다. 그런데 눈여겨볼 만한 사실은 이러한 길 제사의 전승 지역이 고대 한반도에서 일본열도로 건너간 사람들이 거주했던 지역과 상당히 겹치고 연결되어 있다는 점이다. 이는 백제의 남근형 목간이 동아시아 세계에 끼친 영향을 잘 말해준다.

고대 도성의 경관과 의례

이렇듯 고대 도성의 경계에는 독특한 경관이 연출되었다. 먼저, 도성의 입구에 도성과 왕권을 수호하는 장엄한 국가 사찰과 왕릉이 조성되었다. 또 도성 안으로 들어올지도 모르는 역병 등의 부정을 막기 위해 길의 신인 남근을 세우고 정기적으로 성대한 국가 의례를 거행하였다.

고대국가의 도성은 독특한 도시경관과 상징적인 장엄莊嚴 의례를 통해 국가권력의 위엄과 중심을 연출해낸다. 도성은 마치 거대한 '극장'과 같다. 도성이라는 '무대 장치'에서 베풀어진 장엄 의례는 세금을 운반하여 상경하는 지방인에게도, 도성에 거주하는 관인에게도 똑같이 거대한 권력을 체감케 한다. 그럼으로써 그들의 마음속에 국가에 대한 충성심과 복속하는 마음을 불러일으키는 힘으로 작용한다.

특히 도성의 경계 지점은 도성과 지방을 연결하는 접점이고, 지방인이 도성으로 들어오는 입구이며, 도성의 인력과 물자가 사방으로 뻗어 나가는 출발점이라는 점에서 국가 전체를 압축적으로 상징한다. 백제의 지방인들은 도성으로 들어오는 입구에서 제일 먼저 능사를 마주칠 것이다. 그들은 화려하고 숭엄한 불교 사찰과 그 제사 의례에 압도되어 영원불멸하는 백제 왕권을 상상했을 것이다. 이러한 관점에서 바라본다면 사비 도성의 '나성'도 전

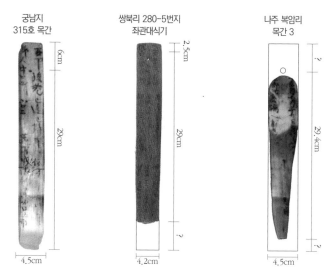

궁남지
315호 목간

쌍북리 280-5번지
좌관대식기

나주 복암리
목간 3

6cm

29cm

4.5cm

2.5cm

29cm

4.2cm

?

29.4cm

?

?

4.5cm

비슷한 규격의 백제 문서 목간들

쟁만을 고려한 방어벽은 아니었다고 생각된다. 나성은 도성 안의 백제 지배
층을 무너뜨릴 수 있는 모든 것, 예컨대 적賊일 수도, 모반일 수도, 전염병일
수도 있는 것들과 함께 그들이 느끼는 모든 불안 심리를 잠재우는 역할을
함으로써 도성을 수호하는 가장 장엄한 경관을 드러냈을 것이다.

목간과 문서 행정

백제의 장부 정리용 목간들은 그 폭과 길이가 대체로 4.5×30cm 안팎의
일정한 크기로 제작되었다. 장부의 기재 양식은 목간에 가로줄을 그어 2~3
단으로 나누고 각 단에 2~3행으로 할서割書하였다. 여러 개의 목간을 끈으
로 편철할 수 있도록 상단 중앙에는 구멍을 뚫어 놓았는데, 오늘날 링으로
묶은 여러 장의 메모카드와 유사하다. 목간이 이처럼 형태적으로 규격화된

고대 일본의 제첨축

제첨축은 문서의 제목을 써 놓은 권축이라는 뜻이다. 종이 문서를 권축에 말아도 제목을 쓴 권축의 머리 부분이 위로 돌출되어 있으므로 상자에 꽂혀 있는 온갖 두루마리 문서들을 쉽게 구분하여 찾을 수 있다. 제첨축은 오늘날의 견출지와 유사한 역할을 한다.

것은 목간 제작과 문서 서사書寫가 규율·통제되었음을 뜻한다. 관료들은 일정한 크기의 목간을 미리 제작해 두고, 이를 이용하여 문서와 장부를 작성·편철하였다고 생각된다.

관청에서는 방대한 양의 문서를 생산했기 때문에 이들을 분류하여 쉽게 찾을 수 있도록 할 장치가 필요하였다. 권축卷軸에 말아 놓는 두루마리 종이 문서의 경우, 그 문서의 제목을 권축에 기록하여 문서의 표지標識로 삼았는데, 대표적인 방법이 제첨축題簽軸이다. 제첨축은 권축의 두부頭部를 넓적하게 만들어 그곳에 해당 문서의 제목을 적은 것이다. 종이 문서가 가느다란 권축에 말려 있더라도 권축 두부에 써 놓은 문서 제목은 그대로 드러나므로 표지 역할을 충분히 할 수 있다.

월성 해자에서 출토된 다면 목간에 쓰인 이두의 판독과 해석

(1) 大鳥知郎足下万拜白之　　대오지랑大鳥知郎 님께 거듭 절하며 아룁니다.
(2) 經中入用思買白不雖紙一二个　경에 사용한다 생각하고 백불유지白不雖紙 한두 개를 매입하라는
(3) 牒垂賜敎在之 後事者命盡　첩牒을 내리신 명령이 있었습니다. 이후 일은 명령대로 모두 다
(4) 使内　　　　　　　　　　시켰습니다.

　기존에는 제첨축을 활용한 문서 분류 방식이 고대 일본에서만 확인되었
지만, 최근 우리나라에서도 부여 쌍북리 신성전기 창고 부지에서 백제의 제
첨축이 출토되었다. 이 발굴로 고대 동아시아 서사 문화에서 백제가 차지하
는 위상을 다시 한 번 확인할 수 있게 되었다.

　신라에서도 관료들과 관청 사이에 문서 행정 시스템이 상당한 수준으로
발달해 있었다. 문서 행정에는 중국의 한자를 사용했지만, 그렇다고 한문은
아니었다. 신라인은 순수 한문을 체득해 나가면서, 동시에 한자를 빌려 자신
의 말을 표현하는 새로운 문자 체계인 이두를 창안하였다.

　고구려에서도 문장의 끝에 '之(-다)'를 적어 종결형 어미를 표현했는데, 7
세기 중반 신라의 문서 목간들을 살펴보면 고구려식 표기법을 더욱 발전시

ⓒ 국립가야문화재연구소

켜 과거형 어미(在), 존칭형 어미(賜) 등도 표현하였다. 예를 들어 우리말로 '이루다(成之)'라는 동사 기본형에 과거 시제를 결합하여 '이루었다(成在之)'로, 존칭형 어미를 붙여 '이루셨다(成賜在之)'로 기록하는 방식이다. 신라인은 이제 자신의 말을 그대로 완벽하게 표기했던 것이다.

신라인은 한문을 공부할 때 글자 사이사이에 구두점과 해석의 순서 등 번역을 위한 부호나 구결을 기입하였다. 그리하여 우리말 어간(成：이루-)은 한자의 훈을 그대로 가져다 쓰고, 한문에 없는 우리말 어미(賜：-시／在：-었／之：-다)는 한자의 음을 빌려와 표기하는 방식으로 이두를 개발하였다. 이는 고대 일본의 '가타카나片假名'와 '오코토점ヲコト点'의 기원으로서, 고대 동아시아의 한자 수용과 변용의 과정을 이해할 수 있는 매우 중요한 의의를 갖는다.

세금의 꼬리표, 하찰

고대에는 세금을 현물로 중앙에 납부하였다. 이때 관아에서는 납세자를 분명히 확인하기 위해 납부자의 소속 지명, 이름, 세액 등을 기록한 꼬리표를 나무로 제작하여 세금 꾸러미에 매달았다. 이 꼬리표를 '하찰荷札', 즉 짐표라고 부른다. 세금은 최종 목적지인 중앙의 수납처까지 장시간 이동하기 때문에 꼬리표에는 내구성이 좋은 나무가 애용되었다.

하찰은 대체로 3×20cm 정도의 가늘고 긴 형태인데, 목간 상단에 구멍을 뚫거나 상단 좌우에 각각 V자 홈을 파서 끈으로 묶어 세금에 매달 수 있도록 가공하였다. 때로는 세금을 포장한 끈이나 쌀과 같은 곡식의 용기에 꽂아 넣기 위해 하단을 뾰족하게 첨형으로 깎아 놓은 것도 있다.

경남 함안 성산산성에서 300점 이상 출토된 하찰은 561년 무렵 신라의

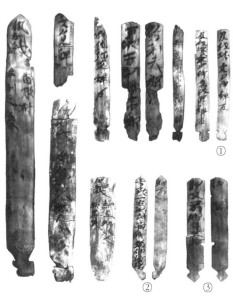

함안 성산산성 출토 하찰 목간
하찰은 고대 현물로 납부하는 세금에 붙이는 꼬리표이다. 어디에 사는 누가, 어떤 물건을, 얼마큼 보낸다는 내용이 기록되어 있다. 예를 들어 ①은 '급벌성'(오늘날의 경북 영주)에 사는 '문시이'라는 사람이 '피 1석'을 납부했다는 내용이 기록되어 있다. 또 ②는 고타(경북 안동)에 사는 사람, ③은 추문(경북 의성)에 사는 사람의 하찰이다.

각 지방에서 함안으로 보낸 세금에 매달았던 하찰인데, 당시 신라의 국가 유통망과 생산·수취 구조를 알려준다. 이 하찰들에 기록된 촌명村名은 오늘날의 영주, 안동, 예천, 의성 등이며, 이곳들은 모두 낙동강의 수계水系에 위치한 지역이라는 공통점을 가지고 있다. 이들 지역에서는 낙동강 수로를 통해 쉽게 함안에 도달할 수 있다. 함안은 당시 '아라가야(안라국)'가 있던 곳이다. 성산산성에서 발견된 하찰은, 신라가 이들 지역을 차지한 뒤 백제의 가야 진출을 봉쇄하기 위해 낙동강 수로를 활용하여 식량 등 전략 물자를 함안으로 집중시켰다는 사실을 알려준다.

6세기 이후 신라와 백제는 가야 지역을 서로 차지하려고 격돌하였으며, 그 최종 승자는 신라였다. 신라는 529년에 탁기탄국, 532년에 금관가야(경남 김해), 530년대 후반에는 탁순국을 차례로 병합하였다. 상황은 신라에 유리하게 돌아갔다. 백제는 신라의 진격 앞에 속수무책인 채 제대로 대응 한번 못하였다.

이처럼 신라가 가야 전선에서 백제에 밀리지 않고 승기를 잡을 수 있었던 배경은 무엇일까? 성산산성의 신라 하찰은 그 배경의 하나를 분명히 알려준다. 백제가 가야 지역으로 진출하기 위해서는 소백산맥이라는 자연적 장애물을 넘어가야 했다. 이에 비해 신라는 자신들이 장악한 낙동강 중·상류 지역의 물자를 낙동강 수로를 통해 훨씬 수월하게 가야 전선으로 집중시킬 수 있었다. 결국 신라가 가야 전선에서 백제보다 전략적 우위를 점한 배경은 낙동강의 조운漕運 시스템을 활용하여 노동력과 물자를 원활히 조달하는 일이 가능했기 때문이었다.

다시 성산산성에서 출토된 하찰 목간의 이야기로 돌아가보자. 이 하찰들 중에는 쥐의 이빨 자국이 선명하게 남아 있는 것도 있다. 이는 각지의 세금이 조창漕倉으로 이송되고 나서 일정 기간 집적되었다가 함안으로 운반되었음을 말해준다. 또 하찰에는 "도둑이 든 탓에 세금을 잃어버려 새로 목간만 제작하였다"는 내용도 확인된다. 이 목간은 당시 국가의 세금 수송을 노리는 도적들이 존재했다는 사실을 일차적으로 알려주지만, 그 외에도 함안에 세금이 도착하면 일일이 개별인의 납부 여부가 확인되는 절차가 있었음을 알게 해준다. 이는 국가에서 이들 납세자를 파악할 수 있는 기본적인 호적대장을 갖고 있지 않았다면 불가능한 일이다. 신라촌락문서(695)보다 130년이나 앞선 시점에 이미 중앙정부에서 수취 목적으로 각 지역의 주민을 조사·등록했음을 의미한다.

중앙의 행정 관서에서는 주·군 단위에서 집계되어 보고된 문서를 토대로 전국의 인구수를 계산·정리하고, 각 지방행정 단위의 경제력을 파악하였다. 촌락문서가 바로 그러한 문서 중의 하나이다. 중앙의 세금 수납 담당 부서인 조부調府나 창부倉部는 이 자료를 바탕으로 세금과 부역을 부과하고, 국가

문호 목간(왼쪽)과 키홀더 목간(오른쪽)
문호 목간에는 경비를 서는 궁문의 이름과 인명을 기록하고, 당일의 경비 여부를 추기하였다. 키홀더 목간에는 목간에 묶어 둔 열쇠로 열 수 있는 문의 이름이 기록되어 있다. 이들 목간을 통해 신라의 왕궁 경비 시스템을 알 수 있다.

의 여러 가지 수취 정책을 수립했을 것이다.

궁궐 경비와 궁중의 일상

안압지에서 출토된 목간 중에는 신라 동궁의 여러 문 이름과 그 아래에 한둘의 인명을 기록한 '문호門號 목간'이 있는데, 왕궁의 경비 시스템을 알려 준다. 신라에서는 애초 경비 인원을 궁문별로 나누고 그 이름을 목간에 기록해 놓았다. 그런 다음 그날그날 근무의 실재 여부를 직접 감독·검사한 뒤, 근무를 서는 경비원의 이름 아래에 감독자가 '在(있었음)'를 기록하였다. 이 목간은 이렇게 경비 상황을 기록하는 용도로서뿐만 아니라 경비원에게 지급하는 식량 청구서로도 활용되었다.

ⓒ 국립가야문화재연구소

식해 꼬리표 목간
신라 왕궁에서 저장 식품을 담아 놓는 단지에 매달았
던 꼬리표 용도의 목간이다. '醢해'라는 단어를 통해
식해를 담가 먹었음을 알 수 있다. 안압지에서 발굴
되었다.

    문호 목간으로 미루어 신라의 동궁은 사방문四方門을 갖춘 담장으로 둘러
싸여 있으며, 그 내부에는 중문重門과 내부 담장이 구비된 우궁隅宮 등의 별
도 부속 건물이 존재했음을 알 수 있는데, 이는 최근 안압지 주변의 담장 발
굴을 통해 사실로 확인되었다. 또 동궁의 경비를 위해 궁문의 개폐에 사용
했던 자물쇠와 열쇠도 안압지에서 출토되었는데, 그것들과 함께 키홀더 용
도의 목간도 나왔다. 이를 통해 신라에서 자물쇠(鏁), 열쇠(金 ; 쇠) 등 신라식
한자나 이두식 어휘가 사용되었음을 알 수 있다.

    월성 해자와 안압지에서는 의약 처방이 기록된 목간도 발굴되었다. 이 목
간들로 짐작건대, 신라에서는 6~7세기부터 중국의 의서醫書를 학습했으며,
약재 효용과 조제량을 숙지하고서 의약 처방을 내렸다.

    신라 왕궁의 후원인 안압지에서 출토된 꼬리표 목간에서는 '가오리(加火
魚)', '식해(醢)' 등과 같은 수산 가공물이나 발효 식품의 이름이 많이 확인된
다. 신라 왕실은 수산 가공물을 '옹甕'이나 '부缶'로 불리는 크고 작은 단지에
담아 창고에 보관했는데, 삭히는 음식인 경우에는 숙성하는 발효 기간을 고

려하여 품목과 제조 일자를 명확히 기록한 꼬리표 목간을 단지에 매달았다.

조선시대에도 서해안 지역에서는 소금이 풍부하게 생산되는 덕에 염장 식품인 젓갈류가 많이 만들어졌고, 동해안 지역에서는 소금이 부족하여 곡물을 섞어 삭힌 수산물 식해류가 많이 만들어졌다. 안압지 출토 목간에 '식해(醢)' 기록이 많이 보이는 것도 이러한 사실과 상통한다. 안압지의 식해 목간들 중에 보이는 '고성해高城醢'란 오늘날에도 이 지역 일원에서 많이 만들어 먹는 '가자미 식해'로 추정된다. 안압지의 꼬리표 목간들을 통해, 과거에는 상상조차 할 수 없었던 신라 궁중의 조리법과 음식 문화까지도 연구할 수 있는 지평이 열린 셈이다.

이처럼 목간의 기록 내용은 단편적인 기술이라고 하더라도 당대의 살아 있는 정보와 어휘를 담고 있기 때문에 역사 연구에 미치는 영향력과 파급도가 매우 크다. 앞으로 목간은 자료 부족에 허덕였던 고대사 연구를 새로운 국면으로 이끌 원동력이 될 것이 분명하다.

고분벽화의 세계

우리나라 사람이라면 고구려 고분벽화의 몇 장면쯤은 쉽게 머리에 떠올릴 수 있을 듯하다. 새 깃을 꽂은 모자를 쓴 기마 인물들이 겹겹이 주름진 산과 산 사이로 질풍같이 내달리며 때로는 앞에 있는 호랑이를 쏘고, 때로는 몸을 뒤로 틀어 놀라 달아나는 사슴을 쏘는 모습을 그린 수렵도는 무용총 벽화의 일부이다. 건장한 젊은이 둘이 상대의 샅바를 그러잡고 긴장한 표정으로 심판을 맡은 노인네의 시합 시작 소리를 기다리는 장면이 마치 오늘날의 민속 씨름을 연상시키는 씨름도는 무용총에 이웃한 각저총 벽화의 일부이다. 신비한 자태를 자랑하는 강서중묘의 청룡과 백호도, 강서대묘의 주작과 현무도 역시 우리가 자랑하는 고대 미술의 백미이다. 이들 고분벽화는 모두 한국 문화를 상징하는 대표적인 장면으로, 누구나 한 번쯤 보았을 것이다.

오늘날 우리로 하여금 절로 찬탄을 자아내게 하는 이런 벽화가 그려져 있는 무덤들은 대부분 묻힌 자의 이름조차 전하는 바가 없다. 사람이 죽으면

육신은 썩어 사라지고 때로는 이름조차 후대에 전해지지 않는데, 왜 고구려의 왕과 귀족은 죽어서 묻히는 무덤에 이렇듯 많은 공을 들여 벽화를 그렸을까?

왜 그렸는가

죽음은 누구나 피할 수 없다. 또 어느 누구도 죽음 저편의 세계에 대해서는 알 수가 없다. 그래서 죽음은 항상 두려운 법이다. 진시황도 죽음에서 벗어나려고 많은 사람을 사방으로 보내 불로초를 찾게 하지 않았던가? 그러나 중원 천하를 통일하고 무소불위의 권력을 누렸던 최고의 통치자인 그도 결국 죽음을 피해 가지 못하였다. 그 때문이었는지 진시황은 생전에 죽음 저편의 세계를 위한 또 하나의 아방궁을 건설하는 데 국력을 기울였다. 진시황 무덤에서는 어마어마한 수의 토용土俑(흙 인형)이 쏟아져 나왔다. 실제 사람과 똑같은 크기로 만들어진 문신상·무인상·기마병사상 등은 살아있는 인물을 그대로 본뜬 듯 생생하며, 이들을 포함한 여러 부장 시설의 규모는 생전의 궁중 생활을 그대로 재현할 수 있을 정도의 수준이다. 놀라서 쩍 벌어진 입을 다물 수 없을 만큼 진시황릉은 엄청난 규모와 생생함을 전한다. 자신이 세운 통일 왕조 진秦이 밑으로부터 무너져가는 소리를 듣지 못한 채, 왜 막대한 비용과 노력을 쏟아부어 이러한 무덤을 만들었을까?

고대의 지배층은 죽은 뒤에도 영혼은 사라지지 않는다는 영혼 불멸 신앙을 지니고 있었다. 그래서 그들은 죽어서도 살아있을 때와 똑같은 신분과 지위, 생활을 누리고자 하였다. 그런 바람의 한 표현이 순장殉葬이었다. 그들은 '죽은 자의 집'에서 순장된 처첩과 시종, 관리와 무사, 노비의 시중을 받으며 생전과 똑같이 편안하고 영화로운 삶을 누리기를 바랐다.

그러나 점차 죽은 이의 세계에서는 현세의 사람과 물건이 별 쓰임새가 없다는 인식을 갖게 되었고, 그에 따라 모든 꺼묻거리가 상징화되기 시작하였다. 순장이 거의 자취를 감추고 사람 대신 나무로 만든 인형이나 흙으로 빚은 인형을 묻는다거나, 생전에 실제로 사용했던 물건을 묻는 대신 무덤 안에 그림을 그려 넣는 것이 유행하기 시작하였다. 벽화고분은 이렇게 등장하였다.

현재까지 발견된 삼국시대의 벽화고분은 모두 126기인데, 그중 고구려의 것이 가장 많아 무려 121기에 달하며, 백제·신라의 것은 각각 2기, 가야의 것은 단 1기에 불과하다. 백제·신라·가야의 벽화고분은 그 수도 적을 뿐 아니라, 만들어진 시기도 6세기에 한정되어 있다. 또 벽화의 내용과 표현 기법도 고구려 및 중국 남조南朝의 영향이 짙게 배어 있다. 이들 세 나라는 무덤 안을 벽화로 장식하는 기법에 별로 관심을 두지 않았음을 알 수 있다.

이와는 달리 고구려에서는 벽화고분이 대략 3세기 중엽부터 멸망할 때까지 지속적으로 만들어졌고, 벽화의 내용과 구성 방식, 표현 기법, 분위기 등도 시기에 따라 바뀌었다. 고구려에서는 무덤 안에 벽화를 그리는 것이 상당히 오랫동안 선호되었다. 따라서 여기서는 고분벽화가 가장 많이 발견된 고구려를 중심으로 살펴보도록 하자. 고구려 벽화고분은 현재까지 중국 요령성 및 길림성에서 38기, 평양 및 평안도·황해도 지역에서 83기가 발견되었다.

어떻게 그렸는가

건물이나 무덤 안에 벽화를 그리는 방법에는 벽이나 천장 면에 직접 그리는 조벽지법粗壁地法과 회칠을 하여 벽면을 고른 뒤 그리는 화장지법化粧地法

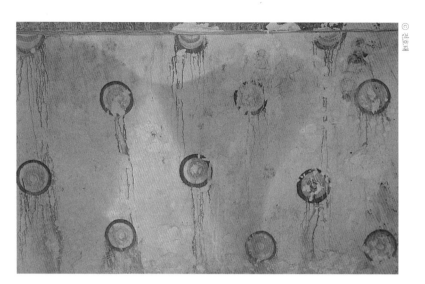

환문총 널방 벽에 그려진 동심원문
얇은 회를 덧발라 원래 그려져 있던 생활 풍속의 장면을 덮고, 그 위에 불교 신앙과 관련이 깊은 동심
원문을 그렸다.

이 있다. 화장지법은 다시 두 방법으로 나뉘는데, 회가 마르기 전에 그 위에
그림을 그리는 습지벽화법(프레스코법), 회가 다 마르고 나서 그 위에 그림을
그리는 건지벽화법(알-세코법·템페라법)이 있다.

조벽지법으로 그려진 벽화는 선명도가 매우 높지만 외부 공기에 노출되
거나 습기의 침투를 받으면 안료가 탈색되는 경향이 있다. 이 때문에 이미
발굴된 고분벽화의 경우 보존상 여러 가지 어려움이 있다. 습지벽화법으로
그린 벽화는 건지벽화법으로 그린 벽화에 비해 그림의 선명도가 떨어지는
단점이 있으나, 안료의 산화와 퇴색이 덜하기 때문에 오랜 시일이 흘러도
처음의 명도와 채도가 유지되는 장점이 있다. 초기와 중기에 만들어진 고분
벽화는 대부분 습지벽화법으로 그려졌다. 한편 후기에 만들어진 고분벽화는
석면 위에 직접 그림을 그리는 조벽지법으로 그려져, 일부 사신도四神圖는

아직도 그림 속의 사신四神이 살아 꿈틀거리는 듯 생생하다.

습지벽화법으로 고분벽화를 그리는 과정은 다음과 같다. 먼저 볏짚이나 갈대류를 잘게 썰어 넣어 반죽한 진흙회를 벽면에 바르고, 그 위에 다시 생석회와 모래를 짓이겨 만든 회반죽을 1~3cm 두께로 칠한다. 마지막으로 회가 마르기 전에 모본模本에 따라 묵이나 목탄, 먹바늘 등으로 밑그림을 그린 뒤 채색을 한다.

이 같은 과정으로 제작되기에, 만약 밑그림이 어설프거나 그림 주제를 바꿔야 할 경우에는 다시 얇게 백회를 덧바른 다음 밑그림을 새로 그릴 때도 있다. 안악3호분 주인공의 밑그림은 세 번 이상 다시 그려졌으며, 환문총 벽화의 주제는 원래 생활풍속도였지만 장식무늬로 바뀌었음이 밑그림 조사를 통해 확인되었다.

채색 안료로는 녹청석, 군청석, 진사, 자토, 황토, 금과 같은 광물질 가루를 물에 개어 썼다. 색채는 갈색을 바탕으로 흑색, 황색, 자색, 청색, 녹색 등을 주로 사용한 덕에 묘실 내부가 화려하면서도 차분하고 고요한 분위기를 자아낸다.

무엇을 그렸는가

고구려 고분벽화의 주제는 크게 생활풍속도, 장식무늬, 사신도로 나뉜다. 이들 주제는 각기 특정한 시기에 즐겨 그려졌는데, 대략 그 변화 과정은 세 시기로 나누어 볼 수 있다.

제1기는 3세기 중엽에서 5세기 초에 걸치는 시기로, 생활 풍속 그림이 즐겨 그려졌다. 이러한 주제의 벽화무덤은 대개 내부 구조가 생전의 저택처럼 두 칸 혹은 여러 칸으로 이루어져 있으며, 각 방 모서리와 벽에 붉은색 안료로 기둥과 들보, 두공 등 목조 가옥의 골조를 그대로 표현하고 꾸미는 것이 일반적이었다.

생활풍속도에는 묻힌 자의 살아있을 때의 생활 가운데 기념할 만한 일과 풍요로운 생활 모습을 묘사해냄으로써 내세에도 생전과 똑같은 삶이 재현되기를 바라는 마음이 담겨 있다. 그래서 무덤 주인이 홀로 또는 부인과 함께 남녀 시종들의 시중을 받는 장면, 대행렬에 둘러싸여 출행出行하는 장면, 산과 들을 질주하며 사냥하는 장면, 연회를 베풀고 가무와 놀이를 즐기는 장면 등이 자주 나온다. 생활 풍속을 주제로 한 벽화고분 가운데 대표적인 것으로는 평양·안악 지역의 안악3호분과 덕흥리벽화분을 들 수 있고, 길림성 집안 지역에서는 각저총과 무용총을 꼽을 수 있다.

제2기는 5세기 중엽에서 6세기 초에 걸치는 시기이다. 이 무렵에는 한 칸 혹은 두 칸 무덤에 생활풍속도와 사신도가 함께 그려지거나 장식무늬가 많이 그려졌다. 평양·안악 지역에서는 수산리벽화분과 쌍영총, 집안 지역에서는 환문총과 삼실총, 장천1호분이 유명하다.

대체로 사신도의 경우, 초기에는 사신이 무덤칸 천장고임에 별자리와 함께 작게 그려졌다. 그러다가 점차 벽의 위아래를 나누어 생활 풍속 장면과 같이 표현되었는데, 이후 서서히 벽면에 가득 차게 사신이 그려졌다. 반면 생활풍속도는 벽화에서 지니는 비중이 점점 낮아지다가 결국은 소멸하였다.

잘 알려져 있듯이 사신은 원래 사방의 방위신으로, 하늘의 28개 별자리 가운데 동서남북 각 방위의 일곱 별자리씩을 나타내는 존재이다. 따라서 사신도는 대개 방위 혹은 방향에 맞춰 그려진다. 좌(동東)청룡左靑龍, 우(서西)백호右白虎, 전(남南)주작前朱雀, 후(북北)현무後玄武이다. 중앙을 상징하는 황룡을 포함할 경우에는 5신神이 된다. 이러한 사신도는 음양오행설에 바탕을 둔 풍수지리설이 고구려에 들어오면서부터 등장한 듯하다. 무덤의 위치가 사신

미창구장군묘 널방 벽에 그려진 연꽃문
정토왕생을 바라는 강렬한 소망이 벽화의 주제를 연꽃으로 바꾼 경우이다. 정토에서는 연꽃에서 태어난다는 불교적 관념에 바탕을 둔 표현이다.

형상의 지세地勢(사세四勢)가 아니거나 최선의 자리가 아닐 경우, 무덤칸 안에 사신을 그려서 이를 대신했던 것으로 짐작된다.

　이 시기 집안 지역의 고분벽화에는 장식무늬가 많이 보이는데, 대체로 연꽃문이 주류를 이룬다. 이는 5세기경 고구려에서 불교가 크게 유행한 상황과 관련이 깊다. 무덤칸 안에 그려진 연꽃문은 죽은 이의 정토왕생淨土往生을 희구하는 표현이다. 이로 미루어 볼 때 5세기 집안 지역의 지배 귀족 사이에서는 현세와 내세의 일치를 바라는 전통적 내세관을 대신하여 정토에서 새로운 삶을 꿈꾸는 불교적 내세관이 크게 유행했음을 알 수 있다.

　제3기는 6세기 중엽에서 7세기 전반에 걸치는 시기로, 한 칸 무덤에 사신 그림이 즐겨 그려졌다. 평양·안악 지역의 대표적인 사신도 벽화고분으로는 호남리 사신총, 강서대묘, 강서중묘 등이 있으며, 집안 지역의 벽화고분으로는 오회분4호묘와 오회분5호묘, 통구 사신총이 있다. 이들 벽화고분의 사신도는 벽면 전체를 차지하는 유일한 주제로, 단순히 하늘 별자리가 형상화된 방위신 정도가 아니라 죽은 이의 세계를 지켜주는 우주적 수호신이다. 강서대묘의 주작·현무도와 강서중묘의 청룡·백호도는 그 신비롭고 환상적인 모습으로 인해 세계 종교미술사에서 걸작으로 평가받는데, 묘사 기법이 종교적 열정으로 뒷받침되지 않고는 표현해내기 어려울 정도의 높은 수준에 이르고 있다.

고구려 귀족의 생활

고구려 고분벽화 중 생활풍속도는 고구려 귀족들의 생활 모습을 생생하게 보여주는 귀중한 자료이다. 가장 유명한 고구려 벽화고분으로는 안악3호분과 덕흥리벽화분을 들 수 있다. 두 무덤 모두 벽화 내용이 풍부하게 잘 남아 있으며, 명문銘文이 있어 무덤을 만든 때와 무덤 주인공에 관해 어느 정도 알 수 있다. 현재 안악3호분은 그 주인공을 두고 여전히 논란이 분분하다. 묻힌 이가 고구려 왕(미천왕 또는 고국원왕)이라는 주장이 있는 반면, 묘지명이 기록된 중국인 망명객 동수冬壽라는 주장도 있다. 덕흥리벽화분도 무덤 주인공인 진鎭의 유주 자사 경력과 국적 문제를 놓고 서로 다른 견해가 나와서 아직 결말을 보지 못한 상태이다.

안악3호분(357년 축조)은 널길방과 앞방, 좌우 곁방·회랑·널방으로 이루어진 여러 칸 무덤으로, 구조상 중국 동한東漢 시대의 벽화고분과 맥이 닿는다. 벽화의 배치 내용과 무덤칸 구조로 보아, 이는 당시 대귀족의 저택을 재현해 놓은 것이다. 벽면에는 방앗간, 용두레 우물, 마구간, 외양간, 차고車庫,

각저총 널방 동북벽의 무덤 주인 부부
고구려 귀족이 실내에서 낮은 평상과 의자를 사용하는 입식 생활을 했으며, 개인 음식상을 받았음을 보여준다.

고깃간, 주방, 누각, 창고 등에서 많은 노비가 일을 하며 주인의 시중을 드는 모습이 사실적으로 잘 표현되어 있다.

덕흥리벽화분(408년 축조)은 무덤길·앞방과 통로·널방으로 이루어진 두 칸 무덤으로, 5세기 초에는 고구려 일반 귀족의 저택이 사랑채와 안채로 나뉘었음을 추론하게 해준다. 앞방에는 13군 태수 배례도拜禮圖와 신임 관리 접견도 등이 그려져 있어, 당시 실제 저택의 사랑채가 바깥주인이 손님을 맞이하거나 공적 업무를 처리하는 장소로 쓰였음을 알 수 있다. 또 무덤의 널방에는 연못, 누각, 창고, 마구간과 외양간, 마사희馬射戱 및 칠보七寶 공양 장면이 묘사되어 있는데, 당시 귀족들이 머무는 안채가 놀이·휴식 및 사사로운 행사를 위한 생활공간으로 이용되었음을 알 수 있다. 무덤칸 내부에는 목조 가옥의 골조를 똑같이 그려 놓았다.

위의 두 고분벽화에서 잘 드러나듯이, 고구려의 귀족은 편의 시설이 잘 갖추어진 넓은 저택에서 공사 업무를 보조할 시종과 노비를 다수 거느린 존재였다. 이들은 사냥과 놀이를 통해 무예를 닦고, 이를 바탕으로 정복 전쟁에 나갔으며, 각종 연회를 열어 생활의 여유를 즐기기도 하였다. 무용총의 사냥과 수박희手搏戱, 각저총의 씨름, 덕흥리벽화분의 마사회, 삼실총의 공성攻城, 장천1호분의 오현금 반주에 맞춘 무용, 수산리벽화분의 곡예 장면은 고구려 귀족의 생활 모습 그대로이다.

귀족들이 공식 행사에 출행할 때는 의장대와 고취악대가 앞서고 좌우에 많은 병사가 호위하였으며, 귀족 부인이 정토왕생을 바라는 공덕을 쌓고자 근처의 절로 행차할 때는 승려의 안내를 받고 남녀 노비의 시중을 받았다. 안악3호분에는 전열前列·중렬中列만 250명이 넘는 대행렬도가 그려져 있고, 쌍영총 벽화에는 벽면의 왼쪽 끝에서 오른쪽 끝으로 이어지는 긴 공양 행렬이 묘사되어 있다.

벽화 속의 인물들

벽화 속의 인물은 시대에 따라 표현 방식이 다르게 나타난다. 벽화 주제로 생활 풍속이 크게 유행하는 5세기 전반까지는 신분과 계급에 따라 사람의 크기·복장이 뚜렷이 구별된다. 각저총이나 무용총 벽화를 보면 무덤 주인을 기준으로 하여 신분과 계급에 따라 사람들의 크기가 주인의 8분의 1가량으로 표현된 경우도 있으며, 입은 옷의 무늬와 빛깔의 다양성, 소매나 가랑이의 너비와 길이 등이 각각 다르게 묘사되어 있다. 생활풍속도가 서서히 쇠퇴하고 사신이 즐겨 그려지는 5세기 후반에 이르면 사람 크기를 기준으로

ⓒ전호태

덕흥리벽화분 앞방 북벽의 무덤 주인과 남녀 시종들(왼쪽)
광개토대왕의 신하였던 '진鎭'은 408년 죽은 뒤 자신의 기반이기도 했던 대동강 하류의 남포 지역에 무
덤을 남겼다.
무용총 널방 동북벽의 무덤 주인(오른쪽)
무용총의 이름을 알 수 없는 무덤 주인은 5세기 전반의 늦은 시기에 죽기까지 고구려의 새 서울 평양이
아닌 옛 서울 국내성(집안)을 떠나지 않았다.

한 신분·계급적 표현은 약화되는 경향을 보인다. 이는 5세기 중엽을 고비로
신분·계급 간의 권한과 의무를 명확히 하는 율령 지배 체제가 확립되면서
고구려 사회의 안정도가 높아졌기 때문인 듯하다.

벽화 속의 인물은 지역에 따라서도 그 표현 방식이 다르게 나타난다. 평
양 지역 고분벽화의 인물들은 흔히 합임合袵(옷깃을 마주 여밈)이나 우임右袵(오
른쪽으로 여밈)에 소매와 통이 넓은 중국계 복장을 한 모습으로 묘사된다. 안
악3호분이나 덕흥리벽화분의 경우에는 인물의 얼굴마저 넓고 둥글어서 한
漢·위魏·진晉 시대의 고분벽화에 그려진 중국인 귀족을 연상시킨다. 이 지

역에 채협총彩篋塚과 같은 중국계 토광목곽묘土壙木槨墓를 남긴 낙랑의 영향 때문일 것이다. 반면 집안 지역 고분벽화의 인물들은 대체로 고구려 특유의 점무늬 옷에, 여자는 머리를 뒤로 간단히 묶은 모습이며, 남자는 새 깃이 꽂혀 있거나 장식이 없는 절풍을 쓴 모습으로 그려진다. 집안 지역에는 고구려 전래의 건실하고 소박한 문화가 잘 남아 있었음을 알 수 있다.

생활 풍속 계통의 벽화에는 눈이 크고 코가 뾰족하여 보통의 고구려인과 구별되는 인물도 가끔 눈에 띈다. 각저총 씨름도에 나오는 두 역사力士 가운데 왼쪽에서 샅바를 잡은 인물은 매부리코에 왕방울 눈을 가졌다. 장천1호분 백희기악도百戱伎樂圖 중 씨름하는 역사力士 가운데 한 사람, 마부 중의 한 사람, 채찍을 든 사람에게 쫓기는 인물, 기마 대열에 놀라 엉덩방아를 찧는 노인, 삼실총 2실과 3실 벽화 중 하늘 세계를 떠받는 역사들은 하나같이 코가 높고 눈이 크다. 모두 서역계(중앙아시아계) 인물이다. 이들이 고구려 고분벽화에 등장하는 것은 고구려가 내륙 아시아 유목민들과 빈번하게 교류하고, 이들 민족을 매개로 중앙아시아 지역과도 접촉했기 때문이다. 오늘날 중앙아시아 서부에 위치한 우즈베키스탄공화국 사마르칸트의 아프라시압 궁전 벽화에는 7세기 무렵 그곳에 갔던 고구려 사절의 모습이 남아 있어 고구려의 폭넓은 대외 교섭을 구체적으로 전해준다.

하늘의 세계

벽화의 무덤칸 천장고임에는 고구려인이 믿던 하늘 세계의 모습이 그려졌다. 가장 즐겨 그린 그림은 해와 달, 각종 별자리다. 해는 흔히 둥근 원 안에 세 발 까마귀가, 달은 두꺼비가 들어 있는 모습으로 표현된다. 마치 우리가 어렸을 적 달을 바라보면서 계수나무와 방아 찧는 토끼를 상상했던 것

강서대묘 널방 북벽의 현무도

평원왕의 왕릉으로 추정되기도 하는 강서대묘에는 사신도가 그려져 있는데, 고구려 예술 전성기의 작품이다. 벽면의 유일한 제재인 현무는 비워 둔 배경으로 말미암아 넓고 깊은 하늘 한가운데서 우주적 수호신으로서 위용을 드러낸다.

과 비슷하다. 이러한 해와 달의 표현은 중국의 영향이다. 중국의 신화에 따르면 본래 해를 나르던 열 마리의 금까마귀가 있었는데, 활의 명인인 예羿가 아홉 마리를 쏘아 떨어뜨리고 한 마리만 남겨 두었다는 이야기가 전하고, 또 달두꺼비는 서왕모西王母의 불사약을 훔쳐 먹은 항아姮娥가 달로 도망쳐 변신한 존재라고 설명한다. 집안 지역의 고분벽화에서는 상체는 사람이고 하체는 용의 형상을 한 해신과 달신이 머리 위에 해와 달을 받쳐 든 모습으로 그려졌다.

　별자리는 그 자체만 그려지기도 하고, 선인仙人이나 천인天人, 상상 속의 동물들과 함께 표현되기도 하였다. 덕흥리벽화분 앞방 천장고임에는 모두 60여 개의 별자리와 함께 선인, 옥녀, 날개 달린 천마와 비어飛魚, 몸은 하나에 머리는 둘인 청양青陽, 짐승 머리에 새의 몸인 부귀富貴 등 전설상의 존재가 가득 채워져 있다. 또 은하수를 사이에 둔 견우와 직녀의 모습도 보여, 고구려 때 이미 견우·직녀 설화가 널리 퍼져 있었음을 알 수 있다.

하늘 세계는 때로 불교의 정토로 상징되기도 하고, 신선이 노니는 도교적 이상향으로 그려지기도 한다. 연꽃무늬로만 장식된 통구12호분의 천장고임, 여래·보살·비천飛天과 기악천伎樂天으로 가득 찬 장천1호분 천장고임은 불교의 정토이다. 용이나 기린, 학 등을 탄 선인들 및 불로초와 각종 장수 동물이 그려진 강서대묘의 천장고임은 도교적 이상향이다. 곧 고구려 귀족들이 죽은 뒤에 가고 싶어 하던 하늘 세계의 모습이다.

살아서 부귀영화를 누리다가 자손들에게 높은 직위와 넓은 저택, 많은 노비를 남겨준 뒤 무덤에 묻힌 그들은 과연 그러한 이상 세계로 갔을까.

37

첨성대의 수수께끼

　2016년 9월 12일, 경주에 규모 5.1과 5.8의 비교적 큰 지진이 발생했고, 작은 여진이 몇 달 동안이나 계속 이어졌다. 역대 최강의 지진이 발생한 날 SNS에는 첨성대가 무너졌다는 소문이 잠깐 돌았지만, 사실이 아니었다. 첨성대에 설치된 CCTV 녹화 화면을 통해, 땅이 심하게 흔들리는데도 제자리를 지키고 서 있는 첨성대의 모습이 확인되었다.

　민가의 담장이 무너지고 기와가 내려앉는 등의 커다란 피해를 입는 와중에도 첨성대는 무사했기 때문에 신라의 건축술이 새삼 주목받았다. 그러나 이 지진으로 첨성대가 전혀 끄덕도 않은 것은 아니었다. 오랜 세월을 거치면서 첨성대는 이미 북쪽으로 20cm가량 기울어진 상태였다. 문화재 관리 당국은 정밀 조사를 한 뒤에, 이번 지진 이후 첨성대 위쪽의 정자석井字石이 북쪽으로 3.8cm 정도 이동했지만 구조상 우려할 만한 상황은 아니라고 발표하였다.

첨성대

경주시 인왕동에 있으며, 국보 제31호이다. 총 높이 9.07m이고, 상층부와 기단을 제외한 27단으로 쌓아 올렸다. 『삼국유사』에 "선덕여왕 때 돌을 다듬어 첨성대를 쌓았다는 기록이 있다"고 하였다.

첨성대의 형태와 구조

첨성대는 '동양 최고最古의 천문대'라고 알려져 있지만, 1960년대부터 지금까지 이 건축물의 실제 기능에 관해서 논쟁이 끊이지 않는다. 천문 관측을 위한 시설이라고 보기에는 여러 불편한 점이 있다면서 문제가 지속적으로 제기되었기 때문이다.

첨성대의 높이는 총 9.07m이다. 27단으로 구성된 둥근 몸통은 제일 위의 지름이 3.03~3.10m로 약간 타원형이고, 제일 아래 지름은 5.18~5.19m로 거의 원형이다. 제일 아래의 정사각형 기단은 동서 5.34m, 남북 5.31m로 정남향에서 19도 5분 25초가량 시계 방향으로 틀어져 있다. 기단은 2층

첨성대 중간의 창
아래에서부터 4.16m 높이(14~16단)
에 동남쪽으로 창문이 나 있는데,
창 아래에는 U자 모양의 홈이 두 군
데 파여 있다. 오르내리는 데 필요
한 사다리를 걸었던 자리라는 추정
이 나왔다.

으로 이루어졌지만 1층 기단은 흙에 묻혀 잘 보이지 않는 상태이다.

둥근 몸통 중간쯤, 즉 제14~16단에는 창문이 있는데, 그 내부의 아래쪽은
자갈과 흙으로 채워져 있다. 창문의 크기는 가로 98cm, 세로 93cm이며, 정
남에서 15도 58분가량 시계 반대 방향으로 틀어져 있다. 27단 위에는 우물
정# 자로 2단의 돌을 설치했고, 그 아래의 동쪽 절반은 편평한 돌판으로 막
혀 있다.

천문·절기 관측용 구조물이라는 추정

실제 천문 관측에 사용된 구조물이라고 생각하는 이들은 이런 구조가 천
체를 관측하는 데 크게 불편하지 않다고 주장한다. 꼭대기의 정자석은 한
변이 2.2m로서, 여기에 나무 시설물을 설치하고 바닥을 깔았다면 두 사람
정도가 움직일 수 있다는 것이다.

몸통 중간의 창문 바로 아래에는 양쪽에 U자 모양의 홈이 파져 있는데,

오르내릴 때 사다리를 걸치기 위한 홈이다. 바깥에서 사다리를 타고 이곳까지 올라온 다음 내부로 들어간다. 그리고 내부의 사다리를 한두 번 더 타고 올라가서 꼭대기에 앉거나 누워 하늘을 관찰할 수 있다는 주장이다.

그러나 이 주장에 반대하는 사람은 이렇게 반박한다. 꼭대기에 올라가서 하늘을 관측할 목적이라면 굳이 이런 구조로 만들 필요가 없다라고. 사실, 꼭대기에서 천문 관측 기계를 사용하며 몸을 움직이는 데는 여전히 불편하다는 점을 부정하기 어렵다. 중간 창의 크기도 가로세로 약 1m인지라 사람이 출입하려면 몸을 구부려야 한다. 짐승이 들어오지 못하게 몸통 중간에 창을 냈다지만, 바닥에 출입구를 내고 문을 달면 그만이다.

그래서 춘분·추분에 햇빛이 창을 통하여 바닥에 닿는 모습으로 절기節氣를 관측하는 시설이라는 상상도 나왔다. 이는 창문 아래의 내부가 원래 비어 있었다고 가정한다. 그러나 햇빛의 방향을 관측하려 한다면 바닥에 간단히 눈금을 표시하고 막대기만 세워도 충분하다. 굳이 이런 구조물을 만들어서 몸통 중간의 창까지 사람이 직접 올라가 햇빛이 어디까지 비추고 있나를 확인할 필요가 없다. 사다리를 타고 올라가 창 안으로 머리를 디밀고 바닥을 볼 때 바로 그 자신의 머리가 정작 햇빛을 가리는 것은 물론이다. 특히 창의 방향이 정남에서 시계 반대 방향으로 15도 58분가량 틀어져 있는 점은 절기 관측용이라는 주장의 설득력을 떨어뜨린다.

상징적 구조물이라는 상상

이상과 같은 이유로 첨성대를 관측 시설이 아니라 '상징적 구조물'로 파악하려는 시도가 잇달아 나타났다. 첨성대에 사용된 돌의 개수는 365개라고 알려져 있다. 이는 1년 날짜 수를 상징하는 측면이 있다는 것이다. 그러나 돌의 숫자는 기단부의 돌까지 포함하느냐, 또는 정자석도 포함하느냐에 따라 달라진다.

또 첨성대가 신라 제27대 선덕여왕 때 만들어졌다는 점과 몸통이 27단이라는 점을 연관시킨 상상도 나왔다. 그러나 이 역시 기단부 또는 정자석의 포함 여부에 따라 단의 숫자도 달라진다. 전체 돌의 개수나 단의 숫자에 어떤 상징성이 들어 있으리라는 견해는 설득력이 낮은 편이다.

그래서 첨성대가 무엇을 어떻게 구체적으로 상징하는가를 둘러싸고 연구가 이루어졌다. 다만 연구자마다 다양하게 상상하다보니 더욱 여러 갈래의 의견이 제시될 수밖에 없었다.

그중 하나는 첨성대가 우물을 상징한다는 견해이다. 꼭대기의 정자석은 전통 우물의 윗 모습과 흡사하고, 아래가 넓고 위로 조금씩 좁혀 들어가는 둥근 몸통은 지하의 우물을 땅 위로 올려놓은 것과 같다. 고대사회에서 우물은 생산·풍요·생명의 근원을 상징하고, 때로는 여성을 상징하기도 한다. 그렇다면 첨성대의 모양새가 우물을 닮았다는 지적은 쉽게 무시할 수 없는 측면이 있다.

이 때문인지 우물 상징설을 받아들인 일부 견해는 몸통 중간에 자리한 창문의 용도에 대해 상상하였다. 월지月池(안압지)에서 나무로 만든 남근이 발굴된 적이 있듯이, 풍요와 활력을 상징하는 남근을 던져 넣는 의례를 위해서 창문을 만들었다는 것이다. 매우 발랄한 상상이다. 그러나 그런 의례를 위해 군이 이런 구조물을 만들었다고 보기에도 설득력이 약한 것은 분명하다.

최근에는 우물 상징설을 받아들이면서 선덕여왕 당시에 신라가 처한 역사적 상황을 바탕으로 새로운 상상이 더해졌다. 신성한 여왕의 탄생을 불교적으로 수식하는 상징이라는 것인데, 그 내용은 이렇다.

불교에서는 마야부인이 오른손으로 나뭇가지를 잡고 서서 오른쪽 옆구리로 싯타르타 태자를 낳았다고 한다. 첨성대 몸통 중간의 창문은 마야부인의 오른쪽 옆구리를 상징하며, 몸통 아래 항아리처럼 부푼 부분은 마야부인의 엉덩이를 상징한다. 즉 마야부인이 동쪽을 바라보고 서서 허리를 살짝 돌린 방향으로 만들어진 것이 첨성대라는 견해이다.

선덕여왕의 아버지 진평왕(재위 : 579~632)은 자신의 이름을 석가의 아버지와 같이 백정白淨이라 했고, 왕비의 이름은 석가의 어머니인 마야부인에서 따왔다. 진평왕의 두 동생도 석가의 숙부 이름을 각각 따와서 백반伯飯, 국반國飯이라 하였다. 국왕을 중심으로 온 가족이 석가족을 자처했던 셈이다. 진평왕이 아들을 낳았다면 그 아들이 바로 싯타르타가 되고, 신라는 석가가 다스리는 불국佛國이라 내세울 수 있었을지도 모른다.

그러나 불행히도 진평왕에게는 딸 덕만德曼이 유일한 자식이었다. 바로 선덕여왕이다. 그녀는 여성임에도 불구하고 성골 신분이라는 명분 덕에 왕위를 이었다. 그런데 선덕여왕의 즉위를 전후하여 신라는 백제·고구려의 집중 공격에 시달렸고, 여왕이라는 이유로 권위가 불안정하였다. 대내외로 여왕의 위신이 약화되자 신라 왕실은 선덕여왕이 신성하며 선견지명을 가졌다는 이야기를 만들어냈고, 황룡사 9층탑을 세우는 등 국왕과 국가의 권위를 높이기 위한 노력을 기울였다.

바로 이즈음에 신성한 여왕의 탄생을 강조하려고 첨성대를 세웠다. 하지만 첨성대는 단지 이런 측면만 상징하지는 않는다. 일찍이 나정蘿井 우물가에 신비한 기운이 드리워져 사람들이 찾아가니, 말이 엎디어 절하는 곁에 자줏빛 알이 있었다. 박혁거세는 이 알에서 태어났다고 한다. 바로 이로부터 첨성대는 신라 시조의 탄생과 관련된 우물과 석가족 여왕의 탄생을 결합시킨 상징물이라는 견해이다.

지금의 모양은 후대에 보수한 결과?

문화재청이 첨성대를 설명하는 글에는 "천체의 움직임을 관찰하던 신라 시대의 천문 관측대"라고 되어 있지만, 이를 그대로 받아들이기에는 미심쩍은 구석이 많다. 이 때문에 앞서 살펴본 것처럼 여러 상상이 나왔던 것이다. 하지만 그 어느 하나를 골라 '첨성대는 이것이다'라고 말하기는 어렵다. 판단은 독자의 몫이다. 역사학은 사실을 탐구하는 학문이지만, 분명한 근거가 없을 때면 다양한 해석이 나오기 마련이다. 그 과정에서는 전문 학자가 아니어도 각자 생각을 내놓아 토론할 수 있다.

그런데 이런 상상과 다른 차원에서 첨성대에 대한 또 다른 관찰 결과도 나왔다. 즉 지금의 첨성대는 원형에서 조금 바뀐 모습이라는 것이다. 단순히 지진으로 인해 북쪽으로 조금 기울어졌다는 것과는 다른 지적이다.

경주의 원로들에 따르면, 일제강점기와 해방 직후에 정자석을 바로잡아 수리했다고 한다. 그때 정자석의 방향이 조금 바뀌었을 수 있다는 것이다. 국립문화재연구소의 조사 결과도 후대에 보수되었을 가능성을 열어 두었다. 즉, 몸통 윗부분과 아랫부분의 석재들에서 서로 다른 가공 방법이 나타나기 때문에 그런 가능성을 배제하지 않았다. 특히 윗부분에 끼워 넣은 작은 석재도 원래의 것인지, 후대에 보충해 끼운 것인지 판단하기 어렵다.

이와 같은 정황과 모습으로 미루어 첨성대가 일찍이 허물어진 적이 있으며, 그 이후에 원형과 다른 모습으로 복구되어 오늘에 이른다는 주장도 나왔다. 특히 25단 이상은 원형과 다른 형태로 복구되었을 가능성이 크다는 것이다. 이에 더해 첨성대 윗부분의 석재에서는 돌을 서로 결합할 때 이용되는 나비 모양의 철제품을 끼웠던 흔적도 발견된다. 그러나 그것이 어떤 기능으로 왜 사용되었는지는 구체적으로 알 길이 없다.

남동쪽 25단과 26단
25단은 다른 단에 비하여 유독 높이가 낮다. 또, 26단은 작은 보충 석재가 끼워져 있어 마치 두 개 단으로 이루어진 것처럼 보이는데, 반대쪽도 같은 형태이다.

고대사회의 천문 관측

이렇게 다양한 상상이 나오는 까닭은 첨성대의 독특한 형태 때문이기도 하지만, 문헌 기록이 별로 없기 때문이기도 하다. 『삼국사기』에는 첨성대에 관한 언급이 아예 없다. 『삼국유사』에는 선덕여왕의 선견지명을 소개한 곳에 "다른 기록에는 이 왕 때 돌을 다듬어 첨성대瞻星臺를 쌓았다고 했다"는 구절, 권1 「왕력王曆」에서 "나물마립간의 능은 점성대占星臺 서남에 있다"고 한 서술이 고작이다.

'첨성瞻星'·'점성占星'이라는 표현 때문에 막연히 천문대 또는 천문 관측 시설이라는 생각이 오랫동안 자리 잡았다. 그러나 최근 들어서는 첨성대가 현대적 의미의 천문대는 아니었다는 공감대가 널리 형성되고 있다. 다만, 그렇다고 해도 첨성대를 별이나 하늘과 아무 상관없는 상징물로 간주하지는 않는다. 하늘에 관한 고대사회의 독특한 관념을 고려하기 때문이다.

요즘처럼 자연과학이 발달한 시대에는 천체의 운행이나 기상이변 같은 자연현상을 과학적으로 설명할 수 있다. 그러나 고대인은 이를 합리적으로 이해하기 불가능하였다. 그들은 자연이나 천체에 나타나는 이상 현상을 인간에 대한 신神의 노여움, 또는 군주의 정치에 대한 경고로 받아들였다. 이럴 때면 국왕은 보통 근신하였다.

별똥별이 떨어지는 현상도 큰 인물이 태어날 예고나 불길한 조짐으로 해석되기도 하였다. 이렇게 천체의 운행과 변화에 관심이 컸던 만큼 고대사회에서는 천문 관측에 많은 노력을 기울였다. 한편 하늘과 별, 산과 물에 대한 신앙과 함께 신화적 사고가 권력의 신성함을 돋보이게 하는 이야기를 낳았다. 불교의 경우에도 수용된 직후에는 정치권력을 신화적으로 수식하는 역할을 하기도 했다.

이런 측면에서 풍요와 함께 생명의 탄생을 상징하는 우물 형상, 여기에 신성한 석가족 여왕의 탄생이라는 상징이 결합된 것이 첨성대라는 상상은 눈길을 끈다. 그런 장소에서 밤하늘을 바라보며 하늘이 땅에 내리는 계시를 기다릴 수도 있을 듯하다. 첨성대가 여왕의 신성한 탄생을 상징한다고 본 연구자는, 첨성대가 있는 곳은 "별을 관측하는 곳이 아니라 숭모崇慕하는 곳"이라고 하였다.

문무왕과 해중릉

차를 타고 경주에서 토함산을 향해 동북쪽으로 난 길을 따라 나지막한 산자락을 몇 구비 돌고 시원스런 호수를 지나 40분쯤 달리면 어느새 동해 바다에 닿는다. 감은사터와 대왕암에 이르는 길이다. 경주의 고적들을 살펴보느라고 좁은 시내를 이리저리 돌아다니다가 이곳에 오면, 바다 내음과 파도 소리에 어울려 기분을 시원하게 바꾸어볼 수 있다.

보문단지에서 추령의 옛 고갯길을 넘어가거나 추령터널을 지나 경사로를 내려가다가 평지에 거의 다다랐을 때쯤, 오른쪽 차창 밖을 내다보면 바다로 흘러드는 개천이 나타난다. 대종천大鐘川이다. 고려 때 몽골군이 침입하여 경주 황룡사의 큰 종을 약탈하여 뱃길로 가져가려다가 이 개천 앞의 어딘가에 빠뜨렸다는 데서 붙여진 이름이다. 우리나라 강은 여름철 큰비가 쏟아질 때마다 하천에 같이 흘러내리는 토사의 퇴적이 매우 심한 편이다. 이러한 사실을 고려하면, 고려시대에는 지금보다 물이 더 많이 흐르는 강이었을 것이다.

불국사 입구에서 2014년 개통된 새 도로를 따라 토함산터널을 지나면 훨씬 빨리 감은사터에 도착할 수 있다. 동해 바다를 1km쯤 앞두고 왼쪽을 바라보면 우뚝 솟은 석탑 2기가 눈에 들어오는데, 여기가 바로 감은사터이다. 다시 동해로 나와 봉길 해변에서 150m 정도 떨어진 바다 가운데 바라보이는 작은 바위섬이 대왕암이고, 왼쪽 편의 조그만 갯마을 뒤쪽 구릉에 보이는 누각이 이견대利見臺이다. 감은사·대왕암·이견대는 따로따로가 아니라 하나의 세트를 이루는 유적이다.

문무왕, 삼국 통일을 이루다

신라 제30대 문무왕의 이름은 김법민金法敏으로, 아버지는 태종무열왕 김춘추요, 어머니는 김유신의 동생 문희이다. 그는 아버지 무열왕의 뒤를 이어 661년 6월 왕위에 올랐다. 전해인 660년에 신라는 당과 연합하여 이미 백제를 멸망시켰으므로, 문무왕은 제위에 오른 뒤 바로 고구려 정벌을 적극 추진하였다. 그 결과 마침내 668년, 고구려를 무너뜨렸다.

그러나 문무왕은 고구려를 멸함과 동시에 새로운 위기에 맞닥뜨렸다. 신라와 연합했던 당나라가 신라까지도 집어삼키려는 야욕을 노골적으로 드러냈기 때문이다. 당은 이미 663년(문무왕 3)에 일방적으로 신라를 '계림대도독부鷄林大都督府'라 하고 문무왕을 계림 대도독에 임명함으로써 신라를 당나라의 일개 지방 행정구역으로 편입시키려 하였다. 또한 고구려를 멸망시킨 뒤에는 신라를 침략하려는 속셈으로 기회가 있을 때마다 트집을 잡고 늘어졌다. 이에 신라도 가만있을 수 없어, 고구려와 백제의 옛 땅에 진을 친 채 돌아가지 않는 당군을 공격하며 대응하였다.

신라는 먼저 669년에 당나라가 점령한 백제 지역을 공격하여 차지하였

감은사지

감은사는 문무왕이 왜병을 진압하기 위해 세우기 시작하여 신문왕 때인 682년에 완공되었다. 웅장한 감은사지 석탑은 삼국을 통일한 신라인의 자부심을 반영하고 있다. 감은사의 금당은 용이 된 문무왕이 드나들도록 했다는 『삼국유사』의 기록처럼 바닥을 땅에서 들뜨게 하여 공간을 두었다.

다. 그 다음 해부터는 백제·고구려 유민과 합세하여 본격적으로 당나라와 전쟁을 치르기 시작했고 여러 전투에서 승리하였다. 번번이 패한 당은 675년 9월에 장수 이근행李謹行이 이끄는 20만 대군을 보내서 신라를 공격했으나 매소성에서 신라군의 급습을 받아 대패하였다. 이 싸움에서 신라군은 군마 30,380마리와 3만여 명분의 무기를 노획하는 전과를 올렸다. 당나라 수군은 676년 11월에 전세를 만회하기 위해 금강 하구의 기벌포를 역습했다가 도리어 신라 수군에게 섬멸당하였다. 이 무렵 당나라는 엎친 데 덮친 격으로 티베트 지역의 토번吐蕃으로부터 침공을 당하고, 나당전쟁에서도 전세가 불리하게 돌아가자 결국 한반도에서 군대를 철수하였다. 신라는 나당전쟁의 승리로 대동강에서 원산만을 잇는 경계선 이남의 영토를 영유하며 삼국 통일을 달성하였다.

신라가 마침내 승리를 거둔 나당전쟁과 관련하여 다음과 같은 설화가 전해 내려온다. 당나라 고종이 군사 50만을 훈련시켜 신라를 침략하려고 하자, 중국에서 유학 중인 의상법사가 귀국하여 이 사실을 왕에게 알렸다. 왕은 여러 신하들을 모아 놓고 당군을 방어할 계책을 물었다. 한 신하가 "요즈음 명랑법사가 용궁에서 비법을 전수한 뒤 돌아왔습니다. 아마도 그에게 계책을 물어보심이 좋을 듯합니다."라고 아뢰었다. 왕이 명랑법사를 불러 그 계책을 물으니, 그는 "낭산의 남쪽에 신유림神遊林이 있는데, 그곳에 사천왕사四天王寺를 짓고 법회를 베풀면 될 것입니다"라고 대답하였다.

그런데 절이 채 완성되기도 전에 당나라의 수십만 군사가 배를 타고 신라로 쳐들어온다는 급보가 전해졌다. 왕이 다시 명랑을 불러 "일이 이렇게 급하게 되었으니, 어찌하면 좋겠소?"라고 묻자, 그는 "임시로 채색 비단을 활용해서 절을 만들면 되옵니다"라고 아뢰었다. 이렇게 절을 만든 다음 명랑법사 등 12명의 승려들이 문두루비법(불단을 설치하고 다라니 등을 독송하면서 국가적인 재난을 물리치기 위해 행하는 밀교 의식)을 행했더니, 과연 당나라 배가 모두 풍랑을 맞아 침몰하였다. 그 덕에 신라는 싸우지도 않고 승리를 거두었다. 그 뒤 당군이 또다시 침입했지만 신라는 같은 비법을 사용하여 침몰시켰다고 한다.

이러한 설화는 신라인이 불교를 호국의 이념으로 얼마나 깊이 받아들였는가를 엿보게 한다.

동해의 용이 되겠다

삼국을 통일한 뒤 문무왕은 전란으로 흉흉해진 민심을 수습하는 일에도 노력을 아끼지 않았다. 고리대로 얻은 빚에 허덕이던 백성들에게 그 빚을 탕감해주었을 뿐만 아니라 세금을 가볍게 하고 부역도 줄여주었다. 또한 무기를 녹여 농기구로 만들고 농업 생산을 장려하기도 하였다. 그 결과 신라 사회는 문무왕 스스로 "백성들이 안심하며 지내고 평안해졌다"고 평가할 정도로 안정되었다.

이렇게 백성의 생활과 국가의 안녕을 기원하던 문무왕의 염원은 죽는 순간까지도 계속되었다. 왕은 죽기 전에 이렇게 유언하였다.

> 내가 어지러운 때에 태어나서 전쟁을 겪고, … 풍상을 겪어서 고질이 생기고, 나랏일에 애를 써서 다시 중한 병이 도졌다. 운수는 가고 이름만 남는 것은 예나 지금이나 같으므로 갑자기 죽음의 어둠길로 돌아간들 무슨 여한이 있겠는가.
>
> 만사를 처리하던 영웅도 죽어서 흙으로 돌아가면, 나무꾼과 소 치는 아이들이 그 무덤 위에 올라가 노래하고 여우와 토끼가 무덤에 굴을 파고

놀 뿐이다. 공연히 재산과 인력을 축내어 무덤을 커다랗게 만드는 일은 내가 원하지 않는 바이니, 내가 죽은 뒤 열흘 만에 불교 의식에 따라 화장하라.　　　　　　　　　　　　　　　　　　　　　　　—『삼국사기』

　또한 문무왕은 평소 지의법사에게 "원컨대, 나는 죽은 뒤에는 나라를 수호하는 큰 용이 되어 불법을 숭상하고 나라를 지키고자 한다"고 말하였다. 지의법사가 "용은 짐승인데도 괜찮겠습니까?"라고 물으니, 왕은 "내가 세간의 영화를 싫어한 지 오래이니, 비록 짐승인 용으로 다시 태어난다고 해도 개의치 않으리라. 그것은 오히려 나의 소망에 꼭 맞을 것이다."라고 대답했다고 한다. 그리하여 신하들은 왕의 이러한 소망을 받들어 문무왕의 시신을 화장한 다음, 그 유골을 동해 바다 입구의 큰 바위 위에 장사 지냈다. 후대에 그 바위를 가리켜 대왕암이라고 불렀다.

대왕암과 감은사

　대왕암의 존재는 현지에 사는 사람들에게는 입에서 입으로 늘 전해 내려오는 사실이고, 이미 학계에도 널리 알려져 있었다. 그러던 것이 1967년 한 언론사의 후원을 받은 학술조사단에 의해 새삼 문무왕의 수중릉水中陵이 발견된 것처럼 신문에 대서특필된 적이 있다. 그러나 대왕암을 수중릉으로 보는 것은 어디까지나 추정에 지나지 않으며, 대왕암의 발견 자체가 특별히 새로운 일도 아니었다.
　대왕암에 올라서서 보면, 사방으로 '열 십+'자 모양의 물길이 나 있어 동쪽에서 파도를 따라 들어온 바닷물이 서쪽으로 난 물길을 따라 나가도록 되어 있다. 물길이 교차하는 가운데 지점에는 남북으로 길고 넓적한 바위가

대왕암

문무왕을 화장하고, 그 뼈를 수습하여 뿌린 곳이다. 바다의 용이 되어 왜병의 침략을 막겠다는 문무왕의 충정 어린 마음이 대왕암에 서려 있는 듯하다. 위 사진은 멀리서 본 대왕암이고, 아래 사진은 대왕암에 올라서서 본 모습이다. 열 십+ 자 모양의 물길이 보인다.

놓여 있는데, 수면이 그 위를 약간 덮을 정도이다. 그러나 아직까지 이 바위가 인공적으로 만들어졌다는 확실한 증거는 발견되지 않았다.

2001년 KBS의 〈역사스페셜〉 방송 프로그램에서 이 바위 아래에 유골을 모신 납골함 같은 인공 시설물이 있는지를 비파괴 검사 기계로 조사한 적이 있다. 그러나 조사 결과 바윗돌 아래에는 인공 시설이 없음이 밝혀졌다. 결국 대왕암은 수중릉이 아니며 화장한 뼈를 뿌린 곳이라는 주장이 더욱 설득력을 얻었다. 그렇다면 현재 사적 제158호로 지정된 '경주 문무대왕릉'이라는 명칭처럼 '능陵'이라는 표현은 어울리지 않는다고 생각할 수 있다. 그러나 다른 한편으로는, 화장하여 유골을 뿌린 곳이기는 하지만 오랫동안 사람들에게 '능'이라고 일컬어진 상징성도 있으니 그대로 불러도 무방하다는 의견 또한 있다.

바다의 용이 되겠다는 문무왕의 유지를 받들어 그의 아들 신문왕은 감은사感恩寺를 세웠다. 원래 감은사라는 절의 이름은 신문왕이 부왕의 은혜에 감사한다는 의미로 붙인 것이다. 『삼국유사』에는 문무왕이 왜병을 진압하기 위해 절을 짓다가 마치지 못하고 죽은 뒤 바다의 용이 되었으며, 그 아들 신문왕이 즉위하여 682년에 공사를 마쳤다고 전한다. 그리고 "금당의 계단 밑을 파서 동쪽으로 구멍 하나를 냈는데, 용이 들어와 살게 하기 위한 것이다"라고 덧붙여 놓았다.

감은사는 금당 앞에 탑이 두 개 서 있는 형태로, 통일신라의 전형적인 가람 배치 형식을 갖추고 있다. 이곳은 두 차례에 걸쳐 발굴 조사가 이루어졌는데, 금당터의 바닥을 조사한 결과 돌로 고랑을 만들어 지하 공간을 마련한 뒤 그 위에 기둥 받침돌을 놓고 건물을 지었음이 확인되었다. 용이 들어와 살 수 있게 했다는 『삼국유사』의 기록과 일치하는 점에서 흥미를 끈다. 또, 동서로 나란히 서 있는 3층석탑은 미술사적으로도 높이 평가받지만, 탑

이견대

작은 언덕에 자리한 누각이 이견대이다. 신문왕이 바다의 용을 본 곳이자, 동해 바다에 작은 산이 떠오
는 모습을 바라본 곳이라 전해진다. 용으로부터 피리 이야기를 전해 들은 신문왕이 만파식적을 만들었
다고 한다.

내부에서 금동판으로 만든 사리 장치가 나와 더욱 주목을 받았다. 웅장하고
장중한 분위기를 내뿜기로 정평이 나 있는 이 탑들은 삼국 통일을 이룩한
신라인의 진취적 기상을 잘 전달해준다.

이견대와 만파식적

통일 직후의 신라 사회 분위기를 상징적으로 보여주는 것이 만파식적萬波
息笛에 얽힌 설화이다. '만파식적'이란 온갖 풍파를 그치게 하는 피리라는 뜻
이다. 『삼국유사』에는 이 피리를 얻게 된 설화가 실려 있는데, 대략 다음과
같은 내용이다.

어느 날 신문왕은 동해 바다에 작은 산이 떠올라 감은사를 향해 오고 있다는 보고를 받았다. 일관日官(점치는 관리)이 이를 보고 '문무왕과 김유신이 보배를 내려줄 징조'라는 점괘를 내리자, 왕이 몸소 그곳으로 행차하여 산을 바라보았다. 그런데 그 산에는 밤에 합쳐졌다가 낮에는 둘로 나뉘는 대나무 한 줄기가 있었다.

며칠 뒤 배를 타고 직접 그 산에 가보니, 용이 나와서 이르기를 "이 대나무로 피리를 만들어 불면 천하가 태평할 것이다"라고 하였다. 왕궁으로 돌아와 피리를 만들어서 불었더니 적병이 물러가고 병이 나았으며, 가뭄에는 비가 오고 장마 때는 오던 비가 그쳤으며, 바람이 가라앉고 물결이 평온해졌다. 이에 그 피리를 만파식적이라 이름 붙이고, 당시에 용을 본 곳을 이견대利見臺라고 하였다.

만파식적 설화는, 오랜 기간 격렬한 전쟁을 치르고 마침내 삼국 통일을 달성한 신라 사회에서 이제는 평화와 안녕을 바라는 사회적 분위기가 크게 고조되었음을 반영한다. 문무왕이 죽어서 동해의 용이 되겠다는 바람도 그러한 분위기의 표현이었다.

이후 통일신라는 강력한 국왕 권력 아래 율령에 기반한 지배 체제가 갖추어지면서 정치적 안정을 구가하였다. 죽어서 용이 되어 나라를 지키겠다는 문무왕의 설화와 함께 만파식적 설화는 그러한 안녕과 번영의 상징이었다.

참고문헌

이 책의 집필진

참고문헌

01. 지어낸 『환단고기』, 만들어낸 '환국' | 하일식

박광용, 「대종교 관련 문헌에 위작 많다(1) — 규
　원사화와 환단고기의 성격에 대한 재검토」,
　『역사비평』 10, 1990.
박광용, 「대종교 관련 문헌에 위작 많다(2) — 신
　단실기와 단기고사의 성격에 대한 재검토」,
　『역사비평』 16, 1992.
이도학, 「역사를 오도하는 상고사의 위서들」, 『세
　계와 나』, 1990년 11월호, 1990.
이문영, 『만들어진 한국사』, 파란미디어, 2010.
조경철, 「단군신화의 환인·환국 논쟁에 대한 판
　본 검토」, 『한국고대사탐구』 23, 2016.
趙仁成, 「'고대사 파동'과 고조선 역사지도」, 『韓
　國史研究』 172, 2016.
조인성, 「재야사서(在野史書) 위서론(偽書論) — 단기
　고사(檀奇古史)·환단고기(桓檀古記)·규원사화(揆
　園史話)를 중심으로」, 노태돈 편, 『단군과 고조
　선사』, 사계절, 2000.
하일식, 「삼국유사 파른본과 기존 판본의 글자 비
　교」, 『동방학지』 162, 2013.

02. 필사본 『화랑세기』를 둘러싼 논쟁 | 박미선

權悳永, 「筆寫本 『花郞世紀』의 史料的 檢討」,
　『역사학보』 123, 1989.
권덕영, 「筆寫本 『花郞世紀』 진위 논쟁 10년」,
　『韓國學報』 99, 2000. (『한국의 역사 만들
　기 — 그 허상과 실상』, 새문사, 2015 재수록)
김대문 지음, 이종욱 옮김, 『화랑세기 — 신라인의

신라 이야기』, 소나무, 1999.
김태식, 「박창화와 『화랑세기』」, 『역사비평』 62,
　2003.
金學成, 「筆寫本 『花郞世紀』와 鄕歌의 새로운
　理解」, 『省谷論叢』 27집 1권, 1996.
盧泰敦, 「筆寫本 花郞世紀의 史料的 價値」, 『역
　사학보』 147, 1995.
盧泰敦, 「筆寫本 花郞世紀는 眞本인가」, 『韓國史
　研究』 99·100, 1997.
박남수, 「신발견 朴昌和의 『花郞世紀』 殘本과
　'鄕歌' 一首」, 『東國史學』 43, 2007.
박재민, 「박창화 筆 화랑세기 진위성 검토 — 擬
　作 시가를 중심으로」, 『고전문학연구』 38,
　2010.
윤선태, 「필사본 『화랑세기』 진위 논쟁에 뛰어들
　며」, 『역사비평』 62, 2003.
이근우, 「『화랑세기』에 대한 통계적 접근」, 『지역
　과 역사』 15, 2004.
李鍾旭, 「『花郞世記』의 신빙성과 그 저술에 대한
　고찰」, 『韓國史研究』 97, 1997.
弘中芳男(히로나카 요시오), 「『花郞世紀』の研究
　2~5」, 『古代日本海文化』 22~25, 1990~91.

03. 단군, 신화의 인물인가 실존 인물인가 | 송호정

김성환, 『조선시대 단군묘 인식』, 경인문화사,
　2009.
김재원, 『단군신화의 신연구』, 정음사, 1947.
김정배, 『고조선에 대한 새로운 해석』, 고려대학
　교 민족문화 연구원, 2010.

박광용, 「대단군 민족주의의 전개와 양면성」, 『역사비평』 계간 19호, 1992.

서영대, 「단군신화의 의미와 기능」, 『단군신화와 고조선사』, 사계절, 2000.

서울대학교 종교문제 연구소 편, 『檀君 : 그 이해와 자료』, 서울대학교출판부, 1994.

송호정, 『단군, 만들어진 신화』, 산처럼, 2004.

이기백 편, 『단군신화논집』, 새문사, 1988.

이형구 편, 『단군을 찾아서』, 살림터, 1994.

정영훈, 「단군의 민족주의적 의미 — 근대기 민족교육과 관련하여」, 『단군과 고조선사』, 사계절, 2000.

04. 바보 온달과 평강공주의 사랑 이야기 | 임기환

김현길, 「溫達에 관한 연구」, 『중원문화』 2·3, 1999.

박인호, 「溫達을 통해 본 6세기 고구려 귀족사회」, 『한국고대사연구』 36, 2004.

윤성환, 「6세기 말~7세기 고구려 지배세력의 대외인식과 대외정책」, 『민족문화』 37, 2011.

이기백, 「온달전의 검토」, 『백산학보』 3, 1967.

임기환, 「온달·서동 설화와 6세기 사회」, 『역사비평』 계간 22호, 1993.

05. 서동과 선화공주의 결혼 이야기 | 조경철

강종원, 「백제 무왕대의 정국변화와 미륵사 조영」, 『백제문화』 54, 2016.

김기흥, 「서동설화의 역사적 진실」, 『역사학보』 205, 2010.

김두진, 『삼국시대 불교신앙사 연구』, 일조각, 2016.

김상현, 「백제 무왕대 불교계의 동향과 미륵사」, 『한국사학보』 37, 2009.

노중국, 「미륵사 창건과 지명법사」, 『백제사회사

상사』, 지식산업사, 2010.

박현숙, 「무왕과 선화공주의 미스테리, 미륵사지 출토 금제사리봉안기」, 『금석문으로 백제를 읽다』, 혜안문화사, 2015.

신종원 외, 『익산 미륵사와 백제 — 서탑 사리봉안기 출현의 의의』, 일지사, 2011.

조경철, 「백제 익산 미륵사 창건의 신앙적 배경 — 미륵신앙과 법화신앙을 중심으로」, 『한국사상사학』 32, 2009.

주보돈, 「미륵사지 출토 사리봉안기와 백제의 왕비」, 『백제학보』 7, 2012.

최연식, 「미륵사 창건의 역사적 배경」, 『한국사연구』 159, 2012.

06. 광개토왕릉비와 고구려인의 천하관 | 여호규

권인한, 『광개토왕비문 신연구』, 박문사, 2015.

노태돈, 「5세기 김석문에 보이는 고구려인의 천하관」, 『한국사론』 23, 1988; 『고구려사연구』, 사계절, 1999.

박시형, 『광개토왕릉비』, 사회과학원 출판사, 1966(푸른나무, 2007 복각본)

서영수, 「광개토대왕릉비문의 정복기사 재검토」(상·중), 『역사학보』 96·119, 1982·1988.

여호규, 「광개토왕릉비에 나타난 고구려 천하의 공간범위와 주변 족속에 대한 인식」, 『역사문화연구』 32, 2009.

왕건군 지음, 임동석 옮김, 『광개토왕비 연구』, 역민사, 1985.

이진희 지음, 이기동 옮김, 『광개토왕릉비의 탐구』, 일조각, 1987.

천관우, 「광개토왕릉비 재론」, 『전해종박사화갑기념사학논총』, 1979.

07. 고조선의 중심지와 영역 | 송호정

김정배, 「고조선의 위치와 강역」, 『한국사』 4, 국
　사편찬위원회, 1997.
노태돈, 「고조선 중심지의 변천에 대한 연구」,
　『단군과 고조선사』, 사계절, 2000.
리지린, 『고조선 연구』, 과학원출판사, 1963.
박준형, 『고조선사의 전개』, 신서원, 2014.
서영수, 「고조선의 위치와 강역」, 『한국사 시민강
　좌』, 일조각, 1988.
송호정, 「고조선 중심지 및 사회성격 연구의 쟁점
　과 그 과제」, 『한국고대사논총』 10, 가락국사
　적개발연구원, 2000.
송호정, 「고조선 중심지의 위치 문제에 대한 쟁점
　과 과제」, 『역사와 현실』 98, 2015.
윤내현, 『고조선 연구』, 일지사, 1994.
이덕일·김병기, 『고조선은 대륙의 지배자였다』,
　역사의 아침, 2006.
이병도, 「고조선 문제의 연구」, 『한국고대사연구』,
　박영사, 1976.

08. 낙랑군 식민지설은 식민사학의 논리 | 오영찬

高久健二(타카쿠 켄지), 『낙랑고분문화 연구』, 학
　연문화사, 1995.
국립중앙박물관 편, 『낙랑』, 솔출판사, 2001.
권오중, 『낙랑군 연구 — 중국고대변군에 대한 사
　례적 검토』, 일조각, 1993.
김원룡, 「낙랑문화의 역사적 위치」, 『한국문화의
　기원』, 탐구당, 1976.
오영찬, 『낙랑군 연구』, 사계절, 2006.
이성규 외, 『낙랑문화연구』, 동북아역사재단,
　2006.
정인성 외, 『낙랑고고학 개론』, 진인진, 2015.
황기덕 외, 「기원전 5~3세기 서북조선의 문화」,
　『고고민속론문집』 3, 1971.

09. 백제의 요서 진출에 대한 합리적 접근 | 강종훈

姜鍾薰, 「백제 대륙진출설의 제문제」, 『韓國古代
　史論叢』 4, 가락국사적개발연구원, 1992.
강종훈, 「4세기 백제의 遼西 지역 진출과 그 배
　경」, 『韓國古代史研究』 30, 2003.
金庠基, 「百濟의 遼西經略에 對하여」, 『白山學
　報』 3, 1967.
김세익, 「중국 료서 지방에 있었던 백제의 군에
　대하여」, 『력사과학』 1967-1, 3, 1967.
余昊奎, 「百濟의 遼西進出說 재검토」, 『震檀學
　報』 91, 2001.

10. 일본 왕실의 기원이 백제라는 설 | 강종훈

金澤庄三郎(가나자와 쇼자부로), 『日鮮同祖論』,
　刀江書院(일본), 1929.
金聖昊, 『沸流百濟와 日本의 國家起源』, 知文社,
　1982.
盧重國, 『百濟政治史研究』, 一潮閣, 1988.
李基東, 『百濟史研究』, 一潮閣, 1996.
이도학, 『새로 쓰는 백제사』, 푸른역사, 1997.

11. 중국이 동북공정을 추진한 이유 | 임기환

김종성 외, 「동북공정에 관한 한·중 언론의 보도
　태도」, 『사림』 30, 2008.
송기호, 「중국의 동북공정, 그 후」, 『한국사론』
　57, 2012.
송기호, 『동아시아의 역사분쟁 』, 솔, 2007.
윤휘탁, 「포스트 동북공정 : 중국 동북변강전략의
　새로운 패러다임」, 『역사학보』 197, 2008.
윤휘탁, 「한중 역사논쟁과 역사화해」, 『중국사연
　구』 51, 2007.
이희옥, 「동북공정의 정치적 논란에 대한 비판적
　해석」, 『동아연구』 53, 2007.

임기환, 「중국의 동북공정과 한국 역사학계의 대응 – 고구려사 인식을 중심으로」, 『사림』 26, 2006.

임기환 외, 『중국의 동북공정과 한국고대사』, 주류성, 2012.

조인성 외, 『중국 동북공정 고구려사 연구논저 분석』, 동북아역사재단, 2010.

12. 통일신라시대인가, 남북국시대인가 | 김종복

김영하, 「신라의 삼국통일을 보는 시각」, 『韓國古代史論』, 한길사, 1988 ; 『新羅中代社會研究』, 일지사, 2007.

김종복, 「발해사 인식의 추이 – 남북국시대론을 중심으로」, 『史林』 26, 2006 ; 『발해정치외교사』, 일지사, 2009.

김종복, 「조선후기의 新羅正統論과 渤海史 인식」, 『史林』 39, 2011.

노태돈, 『삼국통일전쟁사』, 서울대학교출판부, 2009.

박시형, 「발해사 연구를 위하여」, 『력사과학』 1962–1, 1962 ; 『북한의 우리 고대사 인식』(김정배 엮음), 대륙연구소 출판부, 1991.

박찬흥, 「滿鮮史觀에서의 고구려사 인식 연구」, 『북방사논총』 8, 2005

송기호, 「통일신라시대에서 남북국시대로」, 『역사비평』 74, 2006.

李成市, 「渤海史研究における國家と民族 – '南北國時代'論の檢討を中心に」, 『朝鮮史研究會論文集』 25, 1988 ; 『만들어진 고대』(박경희 옮김), 삼인, 2001.

李佑成, 「南北國時代와 崔致遠」, 『創作과 批評』 35, 1975 ; 『韓國의 歷史像』, 創作과批評社, 1982.

13. 기자조선의 실재 여부 | 송호정

노태돈, 「기자동래설의 사실성 여부」, 『한국사를 통해 본 우리와 세계에 대한 인식』, 풀빛, 1998.

리지린, 『고조선연구』, 과학원출판사, 1963.

박대재, 「기자 관련 청동기명문과 기자동래설」, 『선사와 고대』 32, 2014.

송호정, 「대릉하유역 은주 청동예기 사용집단과 기자조선」, 『한국고대사연구』 38, 2005.

심재훈, 「상주 청동기를 통해 본 箕侯의 이산과 성쇠」, 『역사학보』 200, 2008.

이형구, 「대릉하유역의 은말주초 청동기문화와 기자 및 기자조선」, 『한국상고사학보』, 1991.

丁若鏞, 「箕子考」, 『我邦疆域考』, 1811.

安琬, 「北京遼寧出土銅器與周初의 燕」, 『考古』 75–5, 1975.

14. 위만의 출신, 연나라 혹은 고조선 | 박준형

권오중, 「樂浪郡의 設置背景」, 『논문집』 11, 세종대학교, 1984.(『낙랑군 연구』, 일조각, 1992 재수록)

김한규, 「衛滿朝鮮關係 中國側史料에 대한 再檢討」, 『부산여대논문집』 8, 1980.

노태돈, 「衛滿朝鮮의 정치구조 – 官名 분석을 중심으로」, 『汕耘史學』 8, 1998.(『단군과 고조선사』, 사계절, 2000 재수록)

박시형, 「만조선(滿朝鮮) 왕조에 관하여」, 『력사과학』 3, 1963.

서영수, 「衛滿朝鮮의 形成過程과 國家的 性格」, 『韓國古代史研究』 9, 1996.

이기백·이기동, 「위씨조선의 흥망」, 『한국사강좌 I (고대편)』, 일조각, 1982.

李丙燾, 「衛氏朝鮮興亡考」, 『論文集 – 人文社會科學』 4, 서울大學校, 1956.(『韓國古代史研究』, 博英社, 1976 재수록)

조법종,「중국학계의 고조선 연구 검토 — 동북공
정 전후 시기 연구를 중심으로」,『한국사학보』
25, 고려사학회, 2006.
千寬宇,「古朝鮮의 몇 가지 問題」,『韓國上古史
의 諸問題』, 韓國精神文化研究院, 1987.(『古
朝鮮史·三韓史研究』, 一潮閣, 1989 재수록)
三上次男(미카미 쓰기오),「衛氏朝鮮의 政治社會
的性格」,『中國古代史의 諸問題』, 1954(『古代
東北アジア史研究』, 吉川弘文館, 1966 재수
록)

15. 을지문덕은 고구려 사람이 아닌가 | 여호규

김원룡,「을지문덕의 출자에 대한 의론」,『전해종
박사화갑기념사학론총』, 1979.
김철준,「고구려 신라의 관계조직의 성립 과정」,
『이병도박사화갑기념논총』, 1956 ;『한국고대
사회연구』, 지식산업사, 1975.
신채호,『을지문덕』(단재신채호전집 제4권), 독립
기념관 한국독립운동사연구소, 2007.
이상원,「을지문덕 연구」,『국어국문학』 22, 1984.
이재호,「을지문덕과 목면의 이론에 관한 일고
찰」,『한국사연구』 39, 1982.

16. 대조영의 출신, 말갈인 또는 고구려인 | 김종복

김종복,『발해정치외교사』, 일지사, 2009.
동북아역사재단,『발해의 역사와 문화』, 동북아역
사재단, 2007.
宋基豪,『渤海政治史研究』, 一潮閣, 1995.
王承禮 지음, 宋基豪 옮김,『발해의 역사』, 翰林
大學 아시아文化研究所, 1988.
하마다 고사쿠 지음, 신영희 옮김,『발해국 흥망
사』, 동북아역사재단, 2008.
韓圭哲,『渤海의 對外關係史』, 신서원, 1994.

17. 처용 설화, 신라에 온 서역인 | 하일식

국립경주박물관,『新羅, 서아시아를 만나다』,
2007.
金東旭,『韓國歌謠의 研究』, 乙酉文化社, 1961.
金昌錫,「8~10세기 이슬람 제종족의 신라 來往과
그 배경」,『韓國古代史研究』 44, 2006,(『한국
고대 대외교역의 형성과 전개』, 서울대학교 출
판문화원, 2013. 재수록)
李龍範,「三國史記에 보이는 이슬람商人의 貿易
品」,『李弘稙博士 回甲紀念 韓國史學論叢』,
1969.
李龍範,「處容說話의 一考察 — 唐代 이슬람商人
과 新羅」,『震檀學報』 32, 1969.(『韓滿交流史
研究』, 同和出版公社, 1989. 재수록)
李佑成,「三國遺事所載 處容說話의 一分析」,
『金載元博士回甲紀念論叢』, 1969.(『韓國中世
社會研究』, 일조각, 1991. 재수록)
이희수,『한·이슬람 교류사』, 문덕사, 1991.

18. 이차돈의 순교, 역사에서 신화로 | 남동신

고익진,『한국고대불교사상사』, 동국대출판부,
1989.
남동신,「불교의 수용과 신라 사회의 변화」, 한국
국학진흥원 편,『경북학의 정립과 정신문화사
연구』상, 2007.
신종원,『신라초기불교사연구』, 민족사, 1992.
이기백,『신라사상사연구』, 일조각, 1986.
이병도,「신라불교의 침투과정과 이차돈 순교문
제의 신고찰」,『학술원논문집』 4, 1975.(『한국
고대사연구』, 박영사, 1976 재수록)
최광식,『한국고대의 토착신앙과 불교』, 고려대학
교출판부, 2007.

19. 백제 멸망과 의자왕의 3천 궁녀 | 조경철

고영섭, 『삼국유사인문학유행』, 박문사, 2015.

김영관, 「정림사지 5층 석탑에 새겨진 백제 멸망의 기록」, 『금석문으로 백제를 읽다』, 학연문화사, 2015.

김영하, 「7세기 동아시아 정세와 전쟁 — 신라의 백제 통합과 관련하여」, 『신라사학보』 38, 2016.

노중국, 『백제부흥운동사』, 일조각, 2003.

신종원, 「고대사 사료로서의 『제왕운기』」, 『한국사학사학보』 34, 2016.

양종국, 「백제 의자왕대의 정치와 대중외교 성격 검토」, 2012.

이도학, 『누구를 위한 역사인가』, 서경문화사, 2010.

이희진, 『의자왕을 고백하다』, 가람기획, 2011.

정동준, 「백제시대 망국의 리더쉽 — 무왕과 의자왕의 정치운영을 중심으로」, 『내일을 위한 역사』 58, 2015.

조경철, 『백제불교사연구』, 지식산업사, 2015.

20. 연개소문, 영웅 혹은 독재자 | 임기환

노태돈, 「淵蓋蘇文과 金春秋」, 『한국사시민강좌』 5, 1989.

임기환, 「6·7세기 고구려 정치세력의 동향」, 『한국고대사연구』 5, 1992.

김기흥, 「고구려 淵蓋蘇文 政權의 한계성」, 『西巖趙恒來敎授華甲紀念韓國史學論叢』, 1992.

전미희, 「淵蓋蘇文의 집권과 그 정권의 성격」, 『李基白先生 古稀紀念 韓國史學論叢(上)』, 1994.

노태돈, 「귀족연립정권과 연개소문의 정변」, 『고구려사연구』, 1999.

노태돈, 「연개소문 — 무모한 대외강경론자, 포악한 권력자」, 『한국사시민강좌』 31, 2002.

이문기, 「고구려 멸망기 정치운영의 변화와 멸망의 內因」, 『한국고대사연구』 50, 2008.

21. 김유신과 김춘추, 꿈과 야망의 결합 | 강봉룡

나카무라 슈야, 『김춘추 — 고대 최고의 외교 전략가』, 역사공간, 2013.

노태돈, 「연개소문과 김춘추」, 『한국사시민강좌』 5, 1989.

노태돈, 『삼국통일전쟁사』, 서울대학교출판부, 2009.

신라사학회, 『흥무대왕 김유신 연구』, 경인문화사, 2011.

연민수, 「신라의 대왜 외교와 김춘추」, 『신라문화』 37, 2011.

이영호, 「문무왕릉비의 재검토」, 『역사교육론집』 8, 1986.

주보돈, 「김유신의 정치 지향 — 연구의 활성화를 기대하며」, 『신라사학보』 11, 2007.

22. 원효와 의상, 불교적 이상 사회 | 남동신

김상현, 『신라화엄사상사연구』, 민족사, 1991.

金相鉉, 『역사로 읽는 원효』, 고려원, 1994.

남동신, 『원효』, 새누리, 1999.

이기백, 『신라사상사연구』, 일조각, 1986.

정병삼, 『의상 화엄사상 연구』, 서울대학교출판부, 1998.

23. 장보고, 골품제의 벽을 뚫은 인물 | 하일식

高慶錫, 「장보고 세력의 경제적 기반과 신라 서남해 지역」, 『韓國古代史研究』 39, 2005.

김문경 역주, 『엔닌의 입당구법순례행기(入唐求法巡禮行記)』, 중심, 2001.

김문경, 『9세기 후반 신라인의 해상 활동』, 해상
왕장보고기념사업회, 2006.
박남수, 「圓仁의 歸國과 在唐 新羅商人의 對
日交易」, 『韓國史硏究』 145, 한국사연구회,
2009.
신성재, 「9세기 전반의 新羅 政治社會와 張保皐
勢力」, 『學林』 24, 연세대 사학연구회, 2003.
莞島文化院 편, 『張保皐의 新硏究』, 莞島文化院,
1985.
정병준, 「이정기(李正己) 일가(一家)의 교역활동과
장보고(張保皐)」, 『대외문물교류연구』 4, 해상
왕장보고연구회, 2006.

24. 고구려보다 빠른 신라 건국 기록 | 강종훈

강종훈, 『삼국사기 사료비판론』, 여유당, 2011.
강종훈, 『신라상고사연구』, 서울대학교출판부,
2000.
노태돈, 「고구려의 성립과 발전」, 『한국고대사론
(한길역사강좌 12)』, 한길사, 1988.
盧泰敦, 「三國史記 上代 記事의 信憑性 問題」,
『아시아문화』 2, 한림대 아시아문화연구소,
1987.
末松保和(스에마쓰 야스카즈), 『新羅史の諸問
題』, 東洋文庫(일본), 1954.
今西龍(이마니시 류), 『新羅史硏究』, 国書刊行會
(일본), 1970.

25. 세 성씨가 교대로 왕이 된 신라 | 김재홍

강종훈, 『한국상고사연구』, 서울대학교출판부,
2000.
김철준, 『한국고대사연구』, 서울대학교출판부,
1990.
노태돈, 『한국고대사』, 경세원, 2014.
이기동, 『신라 골품제사회와 화랑도』, 일조각,
1984
전덕재, 『신라육부체제연구』, 일조각, 1996.
하일식 외, 『한국 고대의 신분제와 관등제』, 아카
넷, 2000.
하일식, 『신라 집권 관료제 연구』, 혜안, 2006.
한국역사연구회, 『한국 고대사 2』, 푸른역사,
2016.

26. 임나일본부설이 지닌 문제 | 강종훈

강종훈, 「4세기 백제 – 왜 관계의 성립과 그 배
경」, 『역사와 현실』 40, 2001.
김석형, 『초기 조일관계 연구』, 사회과학원출판사
(북한), 1966.
李進熙, 『廣開土王陵碑의 硏究』, 吉川弘文館(일
본), 1972.
주보돈, 『임나일본부설, 다시 되살아나는 망령』,
역락, 2012.
千寬宇, 『加耶史硏究』, 一潮閣, 1991.
末松保和(스에마쓰 야스카즈), 『任那興亡史』, 大
八洲出版(일본), 1949.

27. 고구려가 삼국을 통일하지 못한 이유 | 여호규

노중국, 「고구려·백제·신라 사이의 역관계 변화
에 대한 일고찰」, 『동방학지』 28, 1981.
노태돈, 「5~6세기 동아시아의 국제정세와 고구려
의 대외관계」, 『동방학지』 44, 1984 ; 『고구려
연구』, 사계절, 1999.
노태돈, 『삼국통일전쟁사』, 서울대학교출판부,
2009.
여호규, 「책봉호 수수를 통해본 수당의 동방정책
과 삼국의 대응」, 『역사와현실』 61, 2006.
임기환, 「6~7세기 고구려 정치세력의 동향」, 『한
국고대사연구』 5, 1992 ; 『고구려 정치사 연
구』, 한나래, 2004.

28. 신라에만 여왕이 나왔던 이유　|　전덕재

김기흥, 『천년의 왕국 신라』, 창작과비평사, 2000.
김상현, 「자장의 정치외교적 역할」, 『신라의 사상과 문화』, 일지사, 1999.
남동신, 「신라 중고기 불교치국책과 황룡사」, 『신라문화제학술발표논문집』 22, 2001.
이기동, 「신라 내물왕계의 혈연의식」, 『역사학보』 53·54합, 1972 ; 『신라 골품제사회와 화랑도』, 일조각, 1984.
전덕재, 「농민항쟁과 사회변동」, 『한국고대사회경제사』, 태학사, 2006.
전덕재, 「신라 경문왕·헌강왕대 한화정책의 추진과 그 한계」, 『동양학』 50, 2011.

29. 화랑과 화랑도의 실체　|　전덕재

고경석, 「신라 관인선발제도의 변화」, 『역사와 현실』 23, 1997.
미시나 아카히데(三品彰英) 지음, 이원호 옮김, 『신라 화랑의 연구』, 집문당, 1995.
박성현, 「박정희정권의 화랑도 교육」, 『역사와 현실』 96, 2015.
이기동, 『신라 골품제사회와 화랑도』, 일조각, 1984.
이순근, 「신라 귀족세력과 결합한 무인세력」, 『성심여자대학 논문집』 23, 1991.
전덕재, 「신라 화랑도의 무예와 수박(手搏)」, 『한국고대사연구』 38, 2005.

30. 화백회의는 민주주의의 원형이 아니다　|　전덕재

박남수, 「신라 화백회의에 대한 재검토」, 『신라문화』 21, 2003.
신형석, 「6세기 신라 귀족회의와 그 성격」, 『국사관논총』 98, 2002.
이기백, 「대등고」, 『신라정치사회사연구』, 일조각, 1974.
이기백, 「상대등고」, 『신라정치사회사연구』, 일조각, 1974.
이병도, 「고대남당고」, 『한국고대사연구』, 박영사, 1976.
전덕재, 「신라 화백회의의 성격과 그 변화」, 『역사학보』 182, 2004.

31. 고인돌을 만든 이유　|　김재홍

국립중앙박물관, 『청동기시대 마을 풍경』, 2010.
국립중앙박물관, 『청동기문화』, 범우사, 1992.
한국고고학회, 『(개정신판) 한국고고학강의』, 사회평론, 2010.
이영문, 『한국 지석묘사회 연구』, 학연문화사, 2002.
송호정, 『한국 고대사 속의 고조선사』, 푸른역사, 2003.
배진성, 『무문토기 문화의 성립과 계층사회』, 서경문화사, 2007.
한국역사연구회, 『한국 고대사 2』, 푸른역사, 2016.

32. 고대인이 순장을 한 이유　|　권오영

권오영, 「고대 영남지방의 순장」, 『한국고대사논총』 4, 한국고대사회연구소, 1992.
김세기, 『고분 자료로 본 대가야 연구』, 학연문화사, 2003.
김종철, 「고분에 나타나는 삼국시대 순장 양상」, 『윤무병박사회갑기념논총』, 1984.
이성준·김수환, 「한반도 고대사회의 순장문화」, 『한국고고학보』 81, 한국고고학회, 2011.

33. 신라 금관의 비밀 　　　｜이한상

국립경주박물관, 『신라황금』, 씨티파트너, 2001.
김병모, 『금관의 비밀』, 푸른역사, 1998.
박보현, 「부장현상에서 본 신라 금관의 용도」,
　　『고고학탐구』 5, 고고학탐구회, 2009.
이송란, 「신라관의 성립과 시조묘 제사」, 『미술사
　　학연구』 235, 한국미술사학회, 2002.
이종선, 『고신라 왕릉 연구』, 학연문화사, 2000.
이한상, 「신라 금관 제작공정 이해의 단서」, 『고
　　고학탐구』 9, 고고학탐구회, 2011.
이한상, 『황금의 나라 신라』, 김영사, 2004.
임재해, 『신라 금관의 기원을 밝힌다』, 지식산업
　　사, 2008.
최병현, 「황남대총의 구조와 신라 적석목곽분의
　　변화·기원」, 『제1회 국립경주문화재연구소 국
　　제학술대회, 황남대총의 제(諸)조명 』, 2000.
함순섭, 「고대관의 분류체계에 대한 고찰」, 『고대
　　연구』 8, 고대연구회, 2001.

34. 거대한 고분을 만든 까닭 　　　｜권오영

국립문화재연구소, 『韓國考古學專門事典 : 古墳
　　篇』, 2009.
대한문화유산연구센터, 『한반도의 전방후원분』,
　　2011.
중앙문화재연구원 편, 『동아시아의 고분문화』,
　　2011.
쯔데 히로시(都出比呂志) 지음, 고분문화연구회 옮
　　김, 『왕릉의 고고학』, 진인진, 2011.
崔秉鉉, 『新羅古墳研究』, 일지사, 2004.

35. 목간으로 본 고대의 일상 　　　｜윤선태

국립가야문화재연구소, 『한국목간자전』, 2011.
국립부여박물관, 『나무 속 암호, 목간』, 2009.

윤선태, 『목간이 들려주는 백제이야기』, 주류성,
　　2007.
이경섭, 『신라 목간의 세계』, 경인문화사, 2013.
이용현, 『한국목간기초연구』, 신서원, 2006.
橋本 繁(하시모토 시게루), 『韓國古代木簡の研
　　究』, 吉川弘文館(일본), 2014.
권인한, 「함안 성산산성 목간 속의 고유명사 표기
　　에 대하여」, 『사림』 31, 2008.
김영욱, 「고대 한국목간에 보이는 釋讀表記에 대
　　하여」, 『목간과 문자』, 창간호, 2008.
윤선태, 「안압지 출토 문호목간과 신라 동궁의 경
　　비」, 『신라문물연구』 창간호, 2006.
윤선태, 「월성해자 출토 신라 문서목간」, 『역사와
　　현실』 56, 2005.
이기동, 「안압지에서 출토된 신라목간에 대하여」,
　　『경북사학』 1, 1979
이성시, 「한국목간연구의 현황과 함안 성산산성
　　출토의 목간」, 『한국고대사연구』 19, 2000.
이수훈, 「함안 성산산성 출토 목간의 稗石과 負」,
　　『지역과 역사』 15, 2004.
이재환, 「한국 고대 '주술목간'의 연구 동향과 전
　　망」, 『목간과 문자』 10, 2013.
전덕재, 「함안 성산산성 출토 신라 하찰목간의 형
　　태와 제작지의 검토」, 『목간과 문자』 3, 2009.
주보돈, 「한국의 목간 연구의 현황과 전망」, 『목
　　간과 문자』 창간호, 한국목간학회, 2008.

36. 고분벽화의 세계 　　　｜전호태

김원룡, 『한국벽화고분』, 일지사, 1980.
박아림, 『고구려 고분벽화, 유라시아 문화를 품
　　다』, 학연문화사, 2015.
안휘준, 『고구려 회화 ─ 고대 한국 문화가 그림으
　　로 되살아나다』, 효형출판, 2007.
전호태, 『고구려 벽화고분』, 돌베개, 2016.
전호태, 『고구려생활문화사연구』, 서울대출판문
　　화원, 2016.

전호태, 『고구려에서 만난 우리 역사』, 한림출판
  사, 2015.
전호태, 『고분벽화로 본 고구려 이야기』, 풀빛,
  2000.

정종목, 「본격 탐사, 대왕암의 비밀」, 『역사스페
  셜』 3, 효형출판사, 2001.
황수영, 「문무대왕 해중릉」, 『불국사 삼층석탑 사
  리구와 문무대왕 해중릉』, 한국정신문화연구
  원, 1997.

37. 첨성대의 수수께끼 　　　　　│ 하일식

김용운, 「瞻星臺小考」, 『역사학보』 64, 1974.
남천우, 「瞻星臺 異說의 원인 ― 李龍範씨의 瞻
  星臺存疑 再論을 보고」, 『한국과학사학회지』
  9, 1987.
박성래, 「첨성대에 대하여」, 『한국과학사학회지』
  2-1, 1980.
백인수·김태식, 「첨성대의 수리적 철학」, 『경주사
  학』 31, 2010.
이문규, 「첨성대를 어떻게 볼 것인가? ― 첨성대
  해석의 역사와 신라시대의 천문관」, 『한국과학
  사학회지』 26-1, 2004.
이용범, 「瞻星臺存疑」, 『진단학보』 38, 1974.
장윤성·장활식, 「첨성대 회위정(回圍井) 가설」,
  『한국고대사연구』 54, 2009.
장활식, 「경주 첨성대의 파손과 잘못된 복구」,
  『문화재』 45-2, 2012.
정연식, 「선덕여왕과 성조(聖祖)의 탄생, 첨성대」,
  『역사와 현실』 74, 2009.
정연식, 「첨성대의 기능과 형태에 관한 여러 학설
  비판」, 『역사학보』 204, 2009.

38. 문무왕과 해중릉 　　　　　　│ 전덕재

김상현, 「만파식적설화의 형성과 의의」, 『한국사
  연구』 34, 1981.
김수태, 「문무왕」, 『한국사시민강좌』 13, 한길사,
  1993.
노태돈, 『삼국통일전쟁사』, 서울대학교 출판부,
  2009.

이 책의 집필진

※ 필진은 가나다순으로 정리했으며, 이름 옆에 지은이가 집필한 글 제목을 밝혔다.

강봉룡 | 「21. 김춘추와 김유신, 꿈과 야망의 결합」
목포대학교 사학과 교수이다. 신라사, 해양사 등의 분야에 관심이 있다. 대표 저서로 『장보고』, 『바닷길로 찾아가는 한국고대사』, 『뿌리 깊은 한국사 샘이 깊은 이야기 2 : 통일신라 발해편』 등이 있다.

강종훈 | 「09. 백제의 요서 진출에 대한 합리적 접근」; 「10. 일본 왕실의 기원이 백제라는 설」; 「24. 고구려보다 빠른 신라 건국 기록」; 「26. 임나일본부설이 지닌 문제」
대구가톨릭대학교 역사교육과 교수이다. 주로 삼국시대 정치사와 대외관계사에 관심을 갖고 연구해왔다. 대표 저서로 『신라상고사연구』, 『삼국사기 사료비판론』, 『한국고대사 사료비판론』 등이 있다.

권오영 | 「32. 고대인이 순장을 한 이유」; 「34. 거대한 고분을 만든 까닭」
서울대학교 인문대학 국사학과 교수이다. 관심 주제는 고대국가의 사회구조와 대외 교섭이다. 대표 저서로 『고대 동아시아 문명교류사의 빛 무령왕릉』, 『백제 역사와 문화』(공저), 『삼국시대 고고학개론』(공저) 등이 있다.

김재홍 | 「25. 세 성씨가 교대로 왕이 된 신라」; 「31. 고인돌을 만든 이유」
국민대학교 국사학과 교수이다. 한국 고대 사회경제사 및 문화사를 전공했으며, 특히 고대 촌락 생활사에 관심을 갖고 있다. 대표 논저로 『한국고대사 2』(공저), 『韓國 古代 農業技術史 硏究 — 鐵製 農具의 考古學』, 「고대 상어의 고고 환경과 문화권」 등이 있다.

김종복 | 「12. 통일신라시대인가, 남북국시대인가」; 「16. 대조영의 출신, 말갈인 또는 고구려인」
안동대학교 사학과 조교수이다. 관심 주제는 발해를 둘러싼 8~10세기 동아시아 국제관계사와 사학사이다. 대표 논저로 「발해와 당의 사신 파견을 통해 본 대문예 망명 사건의 추이」, 『발해정치외교사』, 『한국고대사 1』(공저) 등이 있다.

남동신 | 「18. 이차돈의 순교, 역사에서 신화로」; 「22. 원효와 의상, 불교적 이상 사회」
서울대학교 국사학과 교수이다. 고대에서 고려에 이르는 불교문화사를 전공하고, 그에 관한 연구를 지속적으로 하고 있다. 대표 논저로 『원효』, 「慈藏의 佛教思想과 佛教治國策」, 「의상

(義相) 화엄사상의 역사적 이해」, 「羅末麗初 전환기의 지식인 崔致遠」, 「『三國遺事』의 史書로 서의 特性」, 「『桂苑筆耕集』의 문화사적 이해」, 「천궁(天宮)으로서의 석굴암」 등이 있다.

박미선 | 「02. 필사본『화랑세기』를 둘러싼 논쟁」
대림대학교 강사이다. 신라사를 전공했으며, 불교가 신라와 신라인들에게 끼친 영향에 관심을 갖고 연구한다. 대표 논저로「신라 헌안왕의 선종(禪宗) 정책」, 「一然의 國王觀 —『三國遺事』「紀異」 편을 중심으로」, 「신라 점찰법회와 신라인의 업·윤회 인식」 등이 있다.

박준형 | 「14. 위만의 출신, 연나라 혹은 고조선」
연세대학교 동은의학박물관 연구원이다. 고조선사를 전공했으며, 대외 교류사에 관심을 갖고 연구한다. 대표 논저로「기원전 3~2세기 고조선의 중심지와 西界의 변화」, 「기원전 7세기 중반 동북아시아의 국제관계와 고조선의 위상」, 『고조선사의 전개』 등이 있다.

송호정 | 「03. 단군, 신화의 인물인가 실존 인물인가」; 「07. 고조선의 중심지와 영역」; 「13. 기자조선의 실재 여부」
한국교원대학교 역사교육과 교수이다. 고조선사와 부여사를 전공했으며, 한국 고대 문화의 원류에 깊은 관심을 갖고 있다. 우리 민족의 형성 문제, 그리고 학교 현장에서 올바른 한국 고대사 교육 문제에도 큰 관심을 갖고 공부한다. 대표 저서로『단군 만들어진 신화』, 『한국 고대사 속의 고조선사』, 『처음 읽는 부여사』, 『한국생활사박물관 2 — 고조선생활관』, 『아! 그렇구나 우리 역사』 1(원시)·2(고조선·부여·삼한)·6(발해) 등이 있다.

여호규 | 「06. 광개토왕릉비와 고구려인의 천하관」; 「15. 을지문덕은 고구려 사람이 아닌가」; 「27. 고구려가 삼국을 통일하지 못한 이유」
한국외국어대학교 사학과 교수이다. 관심 주제는 고구려 정치사, 고대 국제관계사, 공간구조사 등이다. 대표 저서로『아 그렇구나 우리역사, 고구려』, 『고구려 초기 정치사 연구』, 『고대 도시와 왕권』(공저), 『한국 고대국가와 중국왕조의 조공책봉 관계』(공저) 등이 있다.

오영찬 | 「08. 낙랑군 식민지설은 식민사학의 논리」
이화여자대학교 사회과교육과 교수이다. 관심 주제는 낙랑군의 역사와 문화이다. 대표 저서로『낙랑군 연구』, 『낙랑』(공저), 『중국 고고학에서 본 낙랑고분』(역서) 등이 있다.

윤선태 | 「35. 목간으로 본 고대의 일상」
동국대학교 역사교육과 교수이다. 고대사회의 외부 문화 접촉과 수용을 주제로 고대 동아시아 세계의 문화 교류를 복원하는 데 관심이 많다. 대표 저서로『목간이 들려주는 백제 이야기』, 『신라의 발견』(공저), 『미래를 여는 한국의 역사 1』(공저) 등이 있다.

이한상 | 「33. 신라 금관의 비밀」
대전대학교 역사문화학과 교수이다. 역사고고학을 전공했으며, 금속공예품을 통해 본 고대 사회에 관심을 갖고 연구한다. 대표 저서로 『장신구사여체제로 본 백제의 지방지배』, 『동아시아 고대 금속제장신구문화』, 『삼국시대 장식대도문화 연구』 등이 있다.

임기환 | 「04. 바보 온달과 평강공주의 사랑 이야기」; 「11. 중국이 동북공정을 추진한 이유」; 「20. 연개소문, 영웅 혹은 독재자」
서울교육대학교 사회과교육과 교수이다. 고구려사 연구에 주력하고 있으며, 최근에는 초등 역사교육에도 관심을 두고 있다. 대표 저서로 『고구려 정치사 연구』, 『고구려 유적의 어제와 오늘』(공저), 『현장검증 우리 역사』 등이 있다.

전덕재 | 「28. 신라에만 여왕이 나왔던 이유」; 「29. 화랑과 화랑도의 실체」; 「30. 화백회의는 민주주의의 원형이 아니다」; 「38. 문무왕과 해중릉」
단국대학교 사학과 교수이다. 신라 6부 및 왕경, 신라의 지방 통치 체제, 『삼국사기』 기록의 원전, 한국 고대의 음악과 고려악 등에 관심을 갖고 연구한다. 대표 저서로 『신라육부체제』, 『한국고대사회경제사』, 『신라 왕경의 역사』 등이 있다.

전호태 | 「36. 고분벽화의 세계」
울산대학교 역사문화학과 교수이다. 국립중앙박물관 학예연구사, 문화재청 문화재 전문위원 등을 지냈으며, 한국과 중국의 암각화, 고분벽화 등을 연구한다. 대표 저서로 『고구려 생활문화사 연구』, 『고구려 벽화고분』, 『울산 반구대암각화 연구』, 『고분벽화로 본 고구려 이야기』, 『벽화여, 고구려를 말하라』 등이 있다.

조경철 | 「05. 서동과 선화공주의 결혼 이야기」; 「19. 백제 멸망과 의자왕의 3천 궁녀」
나라이름역사연구소 소장이며, 연세대학교에서 한국사를 가르치고 있다. 특히 불교와 나라 이름에 관심을 갖고 연구한다. 대표 논저로 「한국사 속의 나라 이름과 국호계승의식」, 『백제불교사연구』, 『금석문으로 백제를 읽다』(공저), 『한국고대사』(공저) 등이 있다.

하일식 | 「01. 지어낸 『환단고기』, 만들어낸 '환국'」; 「17. 처용 설화, 신라에 온 서역인」; 「23. 장보고, 골품제의 벽을 뚫은 인물」; 「37. 첨성대의 수수께끼」
연세대학교 사학과 교수이다. 한국역사연구회 회장을 역임했다. 고대사회의 지배 체제와 사회구조에 관심을 갖고 연구한다. 대표 논저로 『신라 집권관료제 연구』, 「신라의 득난 신분과 아찬 중위제」, 「신라 왕경인의 지방 이주와 편적지」 등이 있다.